应用型民办高校创新研究丛书
丛书主编 邝邦洪

应用型民办高校内涵发展研究与实践

主 编 邝邦洪
副主编 易露霞 赵复查

北京理工大学出版社
BEIJING INSTITUTE OF TECHNOLOGY PRESS

内 容 简 介

办好高水平民办应用型本科院校，培养高素质应用型人才，服务区域经济社会发展，一直是广州工商学院努力的方向。多年来，广州工商学院积极为创建高水平应用型大学进行理论探索与实践，对应用型民办高校内涵建设与发展做出了新的研究与实践，形成了一批研究成果，为推动学院各项事业的发展发挥了积极的作用。本论文集反映了全院教学、教辅部门的智慧和力量，是不忘初心、牢记使命、辛勤耕耘、潜心研究的成果，集中体现了广州工商学院人用心、用情、用力为建设高水平应用型民办本科院校探索发展之路的教育情怀。

版权专有　侵权必究

图书在版编目（CIP）数据

应用型民办高校内涵发展研究与实践/邝邦洪主编．—北京：北京理工大学出版社，2020.8

ISBN 978-7-5682-8899-6

Ⅰ．①应⋯　Ⅱ．①邝⋯　Ⅲ．①民办高校－教育建设－研究－广州　Ⅳ．①G648.7

中国版本图书馆 CIP 数据核字（2020）第 147389 号

出版发行 /	北京理工大学出版社有限责任公司
社　　址 /	北京市海淀区中关村南大街 5 号
邮　　编 /	100081
电　　话 /	（010）68914775（总编室）
	（010）82562903（教材售后服务热线）
	（010）68948351（其他图书服务热线）
网　　址 /	http://www.bitpress.com.cn
经　　销 /	全国各地新华书店
印　　刷 /	北京虎彩文化传播有限公司
开　　本 /	787 毫米 × 1092 毫米　1/16
印　　张 /	18.75
字　　数 /	442 千字
版　　次 /	2020 年 8 月第 1 版　2020 年 8 月第 1 次印刷
定　　价 /	98.00 元

责任编辑 /	武君丽
文案编辑 /	武君丽
责任校对 /	周瑞红
责任印制 /	施胜娟

图书出现印装质量问题，请拨打售后服务热线，本社负责调换

前言

广州工商学院于 2014 年升为本科院校。教育部将广州工商学院定位为应用技术类型普通高校，主要为区域经济社会发展培养应用型、技术技能型人才。如何办好这所新的民办应用型本科院校？如何为区域经济社会发展培养应用型、技术技能型人才？如何创新应用型本科院校人才培养的模式？如何促进学院办出特色，办出水平？这些对于广州工商学院来说都是新的课题。

广州工商学院人很努力、很用功，积极为创建高水平应用型大学进行理论探索与实践，写出了一批论文，发表了个人的见解，集结在《创建高水平应用型大学的探索与实践》一书中，该书于 2015 年 11 月由广东高等教育出版社出版。四年的时间过去了，在这四年的时间里，广州工商学院人不忘初心，牢记使命，在创建高水平应用型大学的过程中辛勤耕耘，进行了新的探索与实践，对推动学院各项事业的发展产生了积极的作用。

广州工商学院人深刻地认识到，大学是培养人才的重要阵地，要把培养应用型人才作为重要任务，要切实提高培养应用型人才的能力。因此，学院的教学部门始终将培养应用型人才的理念融合在教育教学的实践中。关于如何培养应用型人才的研究，没有停留在宏观层面上的理论研究，而是注重理论与实践相结合，采取有针对性的措施，扎扎实实地走出了一条切合学院的应用型人才培养路径。这本论文集就集中反映了广大教职员工的积极探索与实践。例如，在师资队伍建设方面，学院高度重视"双师型"教师队伍的建设。各系部都清楚地知道，应用型本科人才培养目标的实现，必须要靠一支与之相适应的师资队伍。一是鼓励教师参加行业企业顶岗实践、考取"双师型"教师资格、外出进修培训；二是要求教师与行业企业紧密合作，把最新的管理经验、生产技术理论和知识引入教学，从根本上避免理论与实践脱离。在校企合作方面，学院各系部都高度重视校企的深度合作。电子信息工程系与国光电器、广州瀚信通信、广州粤嵌通信等 15 家大中型企业建立了长期稳定的校企合作关系。校企深度合作，全方位为学生提供专业职业规划、个性化就业指导、顶岗实习机会、毕业实习机会、毕业设计帮助、毕业论文撰写、就业企业跟踪等，对培养应用型人才取得好成绩产生了积极作用。物流系与企业深度合作，合作编写特色教材，丰富了应用型人才培养的教学内容；办订单班的人才培养模式，为企业培养了对口的应用型人才；教师积极参与校企合作的课题研究，为参与省级和国家级服务业标准化建设项目作出了突出的贡献。会计系与企业深度合作，开发了 11 门课程、14 部教材，2018 年与新道科技股份有限公司共同开设了"VBSE（"Virtual Business Society Environment，虚拟商业社会环境）跨专业综合实训"和"BSE 财务共享平台"两门综合类实验课程，优化了实践教学体系。此外，会计系还与广州市四柱清财务咨询有限公司合作，共同为广州汇贸优商贸有限公司等 52 家企业提供代理记账、汇算清缴、年报审计、工商注册、纳税等方面的服务，受到企业的一致好评。同时，这一深度合作也为会计专业学生实训技能的提升提供了切实可行的路径。在应用型人才培养方面，各系部都进行了新的探索。外语系为了达到为粤港澳大湾区输送涉外应用人才的目的，精心设计了《商务英语本科专业教学质量校级标准》，对该专业人才培养定位、培养目标、培养规格、课程体系、师资队伍建设等方面提出了具体的标准和要求。人才培养目标要求细化为三个"五"，即五种素质、五类知识、五种能力，要求培养的应用型人才具有从事国际商务和各类商务实践活动的能力。为了提高学生的应用能力，每年定期举办"外语文化节"活动，开展专业学习交流会、外文话剧大赛、外文配音大赛、商务口译大赛等，取得了良好的效果。近几年来，音乐系用心探索应用型音乐表演人才的模式与路径：一是构建人才培养的有效机制；二是明晰人才能力培养的具体目标；三是实施"教、学、模、表、评"五位一体的立体教学法；四是尝试人才培养的双模实训法；五是搭建人才培养的实践平台。这些探索为培养应用型音乐表演人才、落实"实用、能用、好用"的人才能力目标起到了积极的推动作用。同时，在如何办好应用型本科上，学院在学科、专业建设，提高教育教学质量，党建团建，立德树人，校园文化建设，法务建设，后勤服务，财务管理等方面，都进行了理论上的探索和实践上的总结。应当说，广州工商学院人自学院升本以来，在用心、用情、用力促进学校各项事业的发展上，谱写了新的篇章。

广州工商学院虽然在如何办好这所新的民办应用型本科院校，如何为区域经济社会发展培养应用型、技术技能型人才等方面进行了理论探索与实践，取得了一定的成绩，但这还远远不够，还需要在应用型本科的专业设置与课程开发、应用型本科人才培养的目标与规格、应用型本科人才培养的体系、应用型人才培养的途径与机制、应用型本科的教学工作与科研工作、应用型本科的学科建设，以及应用型本科的规模发展与质量提升等课题上下功夫深入研究，为创建高水平应用型大学、培养应用型人才提供更丰富的理论指引和实践指导，为新时代应用型本科院校的建设贡献力量。

邝邦洪

（广州工商学院院长、教授、硕士生导师）

2019 年 12 月

目录

民办高校创建高水平应用型大学的探索——以广州工商学院为例 …………………………………………………………… 邝邦洪　赵复查（1）

新时代官产学一体化创新学科建设的路径研究 …………………… 易露霞（9）

砥砺奋进开拓创新努力培养高水平应用型人才 …………………… 左连村（17）

民办高校培养高素质应用型人才的路径选择——以广州工商学院电子信息工程系为例 …………………………………………………………… 范仰才　梁瑞生（28）

开拓进取不改初心，砥砺前行牢记使命——工商管理系升本以来教育教学改革探索与实践 …………………………………………………………… 石丽明（38）

抓机遇　乘势头　促发展——音乐系升本后办学成效窥探 ……… 程建平（46）

商务英语专业建设的核心问题——以广州工商学院为例 ………… 高凤江（57）

稳步夯实发展基础，努力提升经贸系办学水平 …………………… 王学力（63）

普通专科向应用型本科跨越发展的探讨——会计系升本后的嬗变 ………… 程燕（76）

高职高专向应用型本科转型的研究——计算机科学与工程系本科建设之路 ………………………………………………………………………… 彭平（86）

以评估为契机，创建高水平应用型本科大学 ……………………… 邱云兰（97）

国际教育学院强化国际化的探索与实践 …………………… 喻勋良　王蓓蓓（105）

加强内涵建设，发展学院体育事业——升本后学院体育工作回望 ……… 刘嘉丽（113）

深化校企合作　凝练办学特色——基于广州工商学院的实践与思考 …………………………………………………… 林启德　杨志敏　刘强　陈小康（123）

立足办学定位　践行办学目标——广州工商学院教务处引领教学、服务教学的探索与实践 …………………………………………… 曾一帆　李赣　黄仁刚（127）

民办高校强化本科教学的研究与实践——以广州工商学院为例 ………… 赵复查（137）

践行办学理念　创新高校实验室建设——基于广州工商学院的实践研究 …………………………………………………… 林强　李乐欣　李忠全（145）

以评促建　求真务实——广州工商学院学位评建工作探索与实践 …………………………………………………… 鲍时安　吴丽云　贺佳乐（153）

民办应用型本科大学科研发展探讨——广州工商学院科研实践剖析 …………………………………………………… 孙淳　代青霞　陈小康（159）

发挥政治核心作用　凝心聚力立德树人——以广州工商学院为例 ……… 钟伟强（164）

高校共青团"立德树人"的探究与实践——以在"德学、五进"指导下的广州工商学院团委工作为例 …………………………………………… 洪卫烈（170）

基于"五进"的应用型高校德学教育体系构建 …………… 黄鹏　谭全　徐达（174）

弘扬"德学"思想　践行"五进"活动——美术设计系教学研究与艺术实践 …………………………………………………………………… 陈岫岚（184）

打造"德学""五进"思政课品牌的研究与实践——马克思主义学院升本以来工作成效 …………………………………………………… 谭玉兰　周静（192）

完善顶层设计与治理，推进学院稳健发展 …………………………… 李丹艳（199）
凝心聚力，共谱华章 ………………………………… 邓淑辉　刘三华（205）
以创建应用型大学为目标，不断提升办公室工作水平 ………… 李秀吉　赵万彬（214）
守正创新　推动媒体融合发展 ……………… 陈惠琼　雷保锋　李明山（220）
民办高校学报办理的若干思考 ……………………… 李明山　韦承燕（227）
民办高校创新图书馆建设的思考——以广州工商学院为例 …… 熊家良　张圣荧（233）
应用型民办本科招生工作探索 …………… 陈豫岚　钟丽花　张海（243）
安全稳定是民办高校发展的基石——以广州工商学院为例 …… 张承茂　李一加（251）
应用型本科院校法务建设及服务成效 …………………………… 杨俊（258）
切实做好财务工作　提升财务管理水平 ………………… 陆志丹　黄金要（264）
民办高校后勤保障体系构建的探索与实践——以广州工商学院为例 …… 李爱琼（274）
谋创新之策　建校友之家 …………………………………………… 杨丽（282）
民办高校创新工会工作的思路与实践 ……………… 魏杰　高亮　伍妙琼（289）

民办高校创建高水平应用型大学的探索
——以广州工商学院为例

邝邦洪　赵复查①

广州工商学院是一所集中社会力量创建的全日制本科民办高校，前身为广东商学院花都学院，由广州市花都环洋商贸有限公司于1995年投资创办，2004年更名为广州工商职业技术学院，2014年升为本科并更为现名。学校先后经历了中职、高职、本科的发展，现已形成以应用型教育为主的学科专业发展生态体系。升本后，学校为顺应社会的发展提出了创建高水平应用型大学的奋斗目标。这一目标的提出极具鼓舞性、引导性和创新性。如何实现这一目标，我们将从理论和实践的角度进行探讨。

一、创建高水平应用型大学的理论诠释

2015年，广州工商学院创办二十周年。由小到大，由弱到强，由创办到升本，广州工商学院付出了多少心血和汗水，只有奋斗者才能静心品味。创建高水平应用型大学，这是广州工商学院人提出的又一奋斗目标，它预示着广州工商学院美好的前景与催人奋进的梦想。如何创建？在创建中如何厘清思路？我们要从观念上好好把握，从理论上加强探讨。

创建高水平应用型大学，是地方本科院校顺应改革开放的潮流、提升办学质量、走内涵式发展的迫切需要，也是地方高校培养高水平应用型人才、促进区域经济发展的重要举措。"十三五"时期是广东省经济社会发展率先进入新常态、以创新驱动带动创业就业发展、提前进入小康社会的关键时期。此时，集中力量创建一批高水平应用型大学，是广东省实施创新驱动发展、促进经济社会可持续发展的动力源。学院要抓住这一有利时机，加速高水平应用型大学的创建。广州工商学院经过二十多年的发展，已顺利升为本科高等院校，2019年的学生规模已达三万。在这样的办学规模下，唯有提升内涵才能实现可持续发展的办学目标。创建高水平应用型大学，既是一个目标，又是一面旗帜，它能以观念的形式统揽学校发展的全局，使参与办学的多元主体看到学院发展的方向和希望，从而形成一股一往无前的力量。

创建是理想与现实的结合。通常，创建是指引导事物向预定目标发展的动态过程。它既是一种号召，也是一种行动，更是一种理性的向往。创建就像一面旗帜，号召办学的参与者为目标去奋斗；创建是一种行动，需要办学的参与者扎扎实实地去做，而不是坐而论道；创建是智者的思考，需要理性地参与，而不是无思考地蛮干。创建要一步一个脚印，踏踏实实地去实现目标。创建更是美好梦想的真情、真心、实在的努力与奋斗。

高水平是一个相对的、发展的概念，只有在比较中才能体现。以应用型大学为例，就办

---

①作者简介：邝邦洪，广州工商学院院长，教授，硕士生导师。
　　赵复查，高等教育研究所所长，研究员，硕士研究生导师。

学整体实力而言,有地方高水平、省市高水平、区域高水平、国家高水平。显然,学校要创建的高水平是区域和地方性的。就专业特色或文化而言,突出办学的专业特色,实现人无我有、人有我优、人优我创,这就是特色。突出区域文化,形成与地方经济社会发展相一致的人才培养方案,创建高就业率的"双创"育人平台和机制,实现对接地方的优质人才的发展,是学校创建高水平应用型大学的突破口。

应用型大学是一个类别的概念。我国现有的大学可分为研究型大学、研究教学型大学、教学研究型大学、教学型大学、应用型大学、高职高专院校等。应用型大学是指以应用型为办学定位,而不是以基础理论研究为办学定位的本科高等院校。其特征在于突出"应用"二字,是为满足地方区域经济社会发展的需要,从人才培养的"应用"特性出发定位的,与普通高校的教学型、高职院校的技术型相对应。应用型大学是一种较为独特的教育类型,具有特定的人才培养目标、培养规格、培养过程、培养方式和评价标准。它要求在满足和适应地方区域经济与社会发展需要的前提下,重点建设应用型学科与专业,设置应用型的课程体系,改革教学内容、教学环节、教学方法和教学手段,全面提高教学水平,培养具有较强社会适应能力和竞争能力的高素质应用型人才。应用型与研究型的本质区别在于教学实践环节的安排。应用型与实践是紧密联系的,没有实践的参与就不可能产生应用。它要求理论联系实际,并加大、加强、加深实践操作的内容,以一定量的时间组织学生参与实践,一切从应用出发,扎实组织实践,在实践中寻找理论支撑,用创新理论指导实践,从而达到培养应用型人才的目标。

二、创建高水平应用型大学的校本路径

创建高水平应用型大学是学校的奋斗目标。如何创建?从什么路径着手?以什么为抓手?这是学校不得不思考的问题。广州工商学院走过了20多年,有较为丰富的发展经历和文化底蕴,需要从实际出发去挖掘、去创建、去探讨。以"六特"为抓手、以德学为核心、以阶段为节点的有序推进,才能体现学校创建的基本路径。

(一)以"六特"为抓手的校本创建

"六特"是指抓住民办特点,突出应用特性,凝练文化特色,拓展教师特质,锤炼学生特技,强化区域特征。"六特",是紧扣学校创建高水平应用型大学的需要提出的,它体现了创建路径,符合了创建要求,遵循了创建规律,揭示了创建本质,彰显了创建特色。

1. 抓住民办特点,创建现代大学制度

创建现代大学制度,是当今大学发展的趋势。学院要创建高水平应用型大学,第一要务就是创建现代大学制度。这是由大学内部运行规律所决定的。首先,创建大学制度是民办高校发展的基础工程。一般说来,民办高校与公办高校的区别就在于投资的多元性、管理的自主性,以及运行决策的灵活性。要发挥民办高校这些差异性优势,唯一的选择就是建立具有校本特色的现代大学制度,因为现代大学制度为我们提供了可资借鉴的管理经验。民办高校的现代大学制度如何建立呢?只有实施董事会领导下的校长负责制,才能达到校长治校、教授治学、民主治理的目的。其次,建立现代大学制度顺应了大学发展的历史潮流。组织行为学的研究充分证明了一个真理,这就是在现存的有五百年发展历史的组织中,唯有大学千古不衰。其中的缘由是大学有自己的文化与制度,始终是引领社会发展的,其内部的管理体制

充分发挥了校长的治校权力、教授的学术权力、民主管理的智慧权力。不管社会如何变迁与发展，大学制度始终在不断完善，从来没有废止过。最后，创建现代大学制度是学院从实际出发的时代诉求。要创办百年大学，其制度一定是也应该是现代大学制度，这是广州工商学院人永远都应该牢记、永远都应该遵循的真理。

2. 突出应用特性，融合地方经济发展

创建高水平应用型大学理应突出应用性，这是学院的办学定位。至于如何定位于应用性，这必须从三方面着手。一是强化全方位的应用特性。要以应用性定位学科专业与课程的开发，要努力改变学生的专业知识结构，要以实践实训操作为主体安排实践活动，要以创新创业技能的培训与训练安排实习与见习，要以转变教师的教学理念为教学的出发点，要以创新学生的知识结构、教师的教学模式与技能为质量内涵的提升，要以硬件配套的要求加大教学仪器设备的投入。二是以应用性融合地方经济发展与产业升级转型。地方高校的显著特征就是为地方发展服务。如何通过发展来为地方服务？最基本的做法就是融入地方经济的发展。要在学科专业建设与课程开发中融入地方发展，在校企合作中融入教学与实践的操作，提升为地方服务的意识与能力，培养扎根地方的专用人才，还要改变单纯的学术育人的观点。三是为地方经济社会的发展提供人力资源的支撑。地方大学要为地方输送一定数量和质量的专业人才，这样才能保障地方经济社会的可持续发展。要提供人才资源的支撑，学校的做法应该是先扩大办学规模，以量取胜；其次是努力提升办学内涵，走服务地方经济发展的道路，把质量锁定在为地方企业与社会提供专业人才的要求上，以不同的方式、特殊的路径加大人才培养的力度。

3. 凝练文化特色，打造优势学科专业

所谓特色，是指人无我有，人有我优，人优我创，是实施再创新过程中出现的事物景象。特色一旦形成，就要不断地对其进行创新优化，使之处于发展的领先和独特地位。所谓特色专业，是指大学人才培养分类中具有领先性，独特性，新颖性，区域发展中不可替代的、体现区域文化的优势专业，是高校在历史发展中结合区域经济社会的发展、创新人才培养方案所形成的具有地域特点的专业。创建高水平应用型大学就是要不断凝练文化特色，把具有一定发展潜力的优势学科打造成特色专业，从而体现发展水平。从文化特色上打造优势学科专业，首先要将专业发展融入地方经济发展的产业链。目前，学校的冷链物流、皮具设计、食品安全、电子商务四个专业最具有地方产业链的嵌入性。提炼办学特色，是各专业发展奋斗的目标。其次，要从产业哺育专业群的角度拓展专业特色。学校要依据广州市建设世界一流物流中心的发展战略，打造以冷链物流管理为龙头的专业发展群；要根据佛山三水食品饮料产业集群的发展，打造以食品安全与健康管理专业为龙头与冷链物流相对应的专业集群；要紧跟花都狮岭中国皮具皮革制造中心的发展，打造皮具艺术设计专业，并形成专业集群的发展；最后，要以专业特色体现办学的文化特色。德学文化已初步形成学校的办学特色，在打造特色专业的过程中，既要体现地方经济发展的特色，同时也要体现学校的德学文化特色。经过努力与提炼，最终实现专业融入地方经济、德学渗入专业发展，从而打造出具有学校办学特色的专业文化。

4. 拓展教师特质，提升协同育人素养

建设一支高水平的应用型教师队伍，是创建高水平应用型大学的突破口。应用型教师的特质与学术研究型教师的素质，既有联系又有差别。二者的共性是高素质，即高学历、高职称，差别在于学术型教师更多地强调理论研究的素养，应用型教师则更多地强调实践动手能力和从业资格背景，即专业教师和技能师傅的双重身份。这里的特质，事实上指的是特殊素养和技能素质，即"一双两高三有"——双师型、高学历、高职称、有企业背景、有应用能力、有实践技能。目前，学校要做的工作主要有三点。一是优化教师队伍的结构。要通过三至五年的努力形成一支数量充足、结构合理、素质优良、能适应高水平应用型大学的教学工作、能承担创新创业教育指导工作的优质教师队伍。二是加大人才引进与内部培养的力度。未来几年，学校要加大高端人才引进的力度，对学科带头人、企业高技能"师傅"和具有"双师"特性的教师，制定相应政策，做到特殊人才特殊引进。另外，青年教师在学校占有很大的比重，加强内部培养是未来工作的重点，要通过组建教学、科研团队，引导青年教师成长。三是建立拓展教师特质稳定教师队伍的长效机制。要充分利用民办学校的政策优势，从顶层设计上拓展教师特质，建立稳定教师队伍的有效机制，确保人才成长、成熟，并在学校取得事业发展的成就。

5. 锤炼学生特技，塑造创新创业人才

培养高水平应用型人才离不开校企合作，要多元主体协同育人与创新。要从社会需求角度定位培养规格、设置应用型专业、设计培养复合型人才的课程体系，在教学过程中体现实践性，让人才评价体现多元性，从而培育出满足区域经济发展建设需求的高层次应用型人才。在措施上，一是通过校企联盟，成立协同创新中心，搭建协同育人平台。学校在企业挂牌，企业成为学校的实训基地，为在校学生提供实际工作的场所；或者企业将需要技术攻关的问题以立项的方式交给学校，学校组织教师和学生进行解决方案的设计，企业提供一定启动的资金。二是开展校企共育人才的培训班、定向班，实行师徒制。通过校企共同制订教学计划，共同开发课程教材，共同管理协同创新，不但可以提升学生对实际工作的适应性，掌握工作所需技能，同时也能为企业输送量身定制的人才，实现校企资源共享、学生毕业就业与岗位的无缝对接。三是学生到企业顶岗实践或岗位实习。常见的有"2.5+1.5"模式和"3+1"模式，即学生在校进行两年半或3年的理论学习后，到企业进行一年半或一年时间的顶岗实习或岗位实习，将所掌握的理论知识运用到实际工作中，通过理论指导、实践检验，巩固学生理论知识，锻炼学生能力。四是依托创新创业平台和孵化基地，以项目引导学生创新创业。在大众创业、万众创新的背景下，学生创新创业的环境越来越好，机遇越来越多。通过创业，学生不断充实自己的理论知识，提高自己的实践技能，为走入社会奠定良好的基础。

6. 强化区域特征，立足珠三角辐射广东

培养应用型人才的目的，是为促进区域经济发展、提升区域产业结构升级，做好人力资源的支撑。强化区域特征，就是要根据区域产业的特性来设置相应专业和培养相应规格的人才。学校有广州花都和佛山三水两个校区，皆位于广佛肇经济圈。要立足珠三角经济发展需要，培养应用型人才，从而进一步辐射广东其他地区。在专业发展上，要以区域社会经济发展的要求，及企业对人才的需求为导向，开发急需专业，调整传统专业，打造特色专业。冷链物流专业是学校与美国英格索兰和英格朗两家老牌著名冷链物流企业合作创办的国内首个冷链物流管理专业，契合了在广东建设世界一流物流中心的发展战略。它既具有创新特色，又具有区域特色，是学校的拳头特色专业，做大、做强、做精是其持续发展的目标。皮具艺术设计专业是学校根据广州花都打造狮岭（国际）皮革皮具城创设的特色专业；具有自主品牌设计与人才培养的双向功能,依托广州市花都区大家皮具设计研究院为地方培养急需人才。突出品牌意识,关注前沿发展,扎实做好特色专业的打造,为地方经济发展培养稀缺人才,是学校发展的另一目标。与此同时,学校还要顺应三水食品饮料产业发展的需要,打造食品安全与健康管理特色专业;做好电子商务、电信工程、网络安全等为地方经济服务的特色专业。通过特色专业的打造,培养基础扎实,动手能力强,具有创新意识、创业能力和敬业精神的高素质应用型、复合型人才。

(二)以德学为核心的文化创生

德学文化是以德学教育思想和"五进"实践活动为核心内容的文化体系。它是学校在长期办学实践中形成的特色文化,在育人中起到了重要作用。以德学"五进"构建德学文化,是学院提炼特色文化、创办特色专业、形成特色育人的基础。

1. 以德学"五进"构建特色文化

(1) 德学教育的文化意蕴。当前世界多极化、经济全球化和文化多元化趋势不断加剧,我国和世界的联系日益加深,随之涌现的现代西方思潮对高校师生带来的影响既有积极的,也有消极的。"以德为行,以学为上"[1]正是顺应时代要求而创立的一套德学教育思想。"以德为行,以学为上"指以崇高的道德准则作为人的行动指南,积极践行道德规范,把不断学习科学文化知识作为人一生至上的追求,从而树立终身学习的理念。中华民族五千年的历史和灿烂辉煌的文化,造就了中华民族特有的文化底蕴,如"恭、宽、信、敏、惠""富才厚德,人文化成""天下为公,讲信修睦""智、仁、勇三者,天下之达德也"等。"以德为行,以学为上"正是对中华民族优秀文化的传承与创新。"以德为行"就是以社会主义高尚的道德情操来指导自己的言行,把提升道德修养作为提高自身综合素质的核心和灵魂;"以学为上"指在求学方面,把学习放在重要位置上,树立终身学习的理念,通过学习增长知识,增强竞争的实力。具体说来,就是要求高校师生加强自身的道德修养,从增加爱国情感做起,从确立远大志向做起,从规范行为习惯做起,从提高基本素质做起,在学习中做到知行一致;在学习榜样的过程中树立德才兼备的成长观,在自我反思中鞭策和提升自己,在接受教育和文化的熏陶下逐步构建自身的德学文化。"三人行,必有我师焉。"这是以学为上的谦逊态度与古训,也是当今做人做事成功的出发点。行时以德为纲,慎独之处见德行,这是古之君子、今之伟人的做人之道。以德学教育引导师生,从而建立德学文化,是广州工商学院的文化创举。

(2) "五进"活动的实践内涵。"五进",即进课室、进图书馆、进实验实训室、进体育场馆、进社会。课室是教育的主渠道,进课室是"五进"实践活动的基础;图书馆是学生知识延伸和自我学习的场所,进图书馆是大学生知识储备和充电的过程;实验实训室是大学生学习专业技能的重要场所,进实验实训室是大学生提高职业素养的不可或缺的环节;进体育场馆是提高身体素质的保障,是造就健康体魄的重要途径;进社会是时代的要求,是培养社会素养及顺利进入社会的重要举措。"进课室"指大学生通过课堂学习,牢固掌握基本的文化知识和技能,学会科学学习,学会解决问题的方法,学会做人的态度,学会正确的思维方式,通过反思建构自己的知识体系;"进图书馆"要求学生科学合理地充分利用图书馆,科学选择书籍,补充自己的专业知识,了解社会行业动态,养成终身阅读的习惯;"进实验实训室"要求学生做好相关项目的知识准备,在实际操作中培养自己的创新意识和创新能力，积极参与校内外的各种技能竞赛，进一步提升自己的专业素养；"进体育场馆"要求学生在体育锻炼过程中增强体质，提高运动技能水平，增强团队合作精神，磨炼意志，完善人格，提升生命的意义；"进社会"要求大学生通过社会实践巩固理论知识，提升综合素质，培养科学态度，形成批判意识和创新能力，具有认识社会、适应社会、服务社会和奉献社会的能力与精神。[2]

（3）特色文化的创建功能。学校的文化基石就是学校的办学定位。广州工商学院的办学定位是培养面向生产服务一线的厚基础、宽口径、实践能力强的高素质应用型和技术技能型人才，办成一所具有鲜明特色的应用型本科院校。高水平应用型大学，突出的特点就是应用型。因此，高水平应用型大学特色文化创建的落脚点也应该是应用型。广州工商学院以德学教育为精神引领，以"五进"实践活动为路径，创建了具有应用特色的大学文化。大学文化的沉淀和发扬需要全体师生持之以恒地努力，"以德为行，以学为上"教育思想不仅适用于在校大学生，还适用于高校教师、党政管理人员[3]。推行"以德为行，以学为上"，可以时时强化高校教师和党政管理人员的德学修养意识，真正用自身高尚的品德、渊博的学识、执着的信念去教书育人、管理育人、服务育人，让大学生在学习期间注重德学修养，学会做人做事，注重提高自身的综合素质，努力使自己成为德才兼备的合格人才。大学生通过进课室、进图书馆、进实验实训室、进体育场馆、进社会，不仅可以形成牢固的理论功底，也能熟练掌握适应区域经济发展所需要的工作技能，同时也有利于培养和加强自己的创新能力和社会责任感。一批批德、智、体全面发展的高水平的应用技能型大学生，正是应用型特色文化环境熏陶与哺育的成果。

2. 以"五进"实践强化德学精神

（1）德学精神的本土追求。"以德为行，以学为上"作为新时期孕育的教育思想，其产生有着深厚的历史渊源和现实意义，同时也蕴含着丰富的人生哲理。德学作为一种精神，自古有之，但将其实践的路径具体化为高校活动的"五进"，则具有本土追求的人生价值和深刻的文化内涵。德与学作为人生的两大支柱，无论是在我国源远流长的文化发展中还是在西方道德教育发展中，都有研究的体现。在我国，孔子是早期提出德学思想的教育家，他认为最理想的人格是德学并重。近代教育家蔡元培，也十分注重人才的德才兼备。在西方，最早论证德学关系的是古希腊的先哲，他们普遍认为德与学是统一于一体的。而博学和道德是教育的重点内容，则受到文艺复兴时期教育学家的认可。当代西方国家也普遍重视德学并重的教学体系。进入21世纪，素质教育成为各大高校研究并践行的重要教育模式。"以德为行，以学为上"不但丰富和发展了古今中外的德学思想，更重要的是其德学内涵融入了"五进"实践。其本土的构建意义就在于，寻找到了高校人才培养中师生德学形成、发展、建构的活动路径。按"五进"的活动轨迹，师生的德与学就有了生成、发展与自我建构的环境，其活动场域承载了自然生态发展的特质。

（2）"五进实践"的价值创新。培养以知识为基础、以能力为重点、以服务为宗旨，注重人格、知识、能力、素质协调发展的应用型人才，是学院创建高水平应用型大学奋斗目标的举措。围绕创建目标，通过实施基于"以德为行，以学为上"教育思想的专业人才培养模式[4]，践行"五进"活动，促进了德学教育与专业教育的紧密结合，极大地提高了人才培养质量，同时也实现了学院教育价值的创新。近年来，学院各专业学生在国家级、省级比赛中取得骄人成绩就是最好的例证。例如，我校学生在2014年首届海峡两岸全国大学生流通业经营模拟大赛大陆地区总决赛荣获一等奖1项，二等奖2项，三等奖1项；在全国高校商业精英挑战赛营销模拟决策竞赛暨第三届海峡两岸大学生营销模拟决策大赛大陆地区总决赛中，我校5支参赛团队全部荣获大赛一等奖；在首届中国"互联网+"大学生创新创业大赛广东省分赛获优秀奖；在全国大学生企业经营管理沙盘模拟大赛广东赛区荣获二等奖；在2014年全国三维数字化创新设计大赛广东赛区获得一等奖2项，二等奖7项，三等奖3项；在2015年"多迪杯"全国大学生网站设计开发大赛荣获全国二等奖和三等奖；在第八届"用友杯"全国大学生会计信息化技能大赛荣获广东省赛二等奖和全国决赛一等奖；在2015年广东省高等职业院校技能大赛暨2016年全国职业院校技能大赛高职组电子商务技能广东省选拔赛中荣获二等奖；在第九届广东大中专学生科技学术节之"新道杯"大学生企业经营模拟沙盘大赛获广东省高职组团体二等奖；在广东省职业技能竞赛营销师大赛获三等奖；在2015年广东省大学生计算机设计大赛获得三等奖等。

（3）精神价值的应用构建。改革开放以来，西方各种社会思潮的传入对高校师生德学思想产生了较大的影响。这其中既有积极的影响，也有消极的影响。积极影响如增加了师生的主体意识、独立意识和民主意识，但怀疑主义和虚无主义思想传播也对部分师生树立崇高的理想信念和道德追求产生了消极影响，拜金主义和享乐主义倾向严重影响了一些人的道德意识，形成了贬低知识的不良风气。"以德为行，以学为上"教育思想的提出，对于提高师生的德学修养，促进高校教风、学风和校风建设，以及为社会培养德才兼备的合格人才都具有十分重要的意义。通过德学教育，大学生可以不断提升道德情操和精神境界，树立终身学习的理念，掌握专业知识和操作技能，不断增强业务能力和核心竞争力。通过"以德为行，以学为上"思想和"五进"实践活动，可以帮助教师树立正确的人生观、价值观，提升思想政治素质，防止急功近利，避免学术道德失范；端正学生的学习态度，培养学生创新意识，强化学生社会责任感，增强学生自律意识、公德意识；提高行政管理干部的服务意识、责任意识，培养其业务创新精神和创新能力。树立终身学习的理念，对于促进师生学习新知识、接受新事物、专注于自己的核心业务，促进自身发展，提高综合素质，培养高尚品格等都具有深刻意义。

（三）以阶段为节点的战略推进

创建高水平应用型大学是广州工商学院长期奋斗的目标。它是一面旗帜，由理想到现实还需要不懈努力。要实现创建目标，必须要有分步推进的战略，以及具体实施的时间节点。根据目标管理的阶段性原理，我们认为要实现创建的终极目标，至少要有奋斗三个五年规划的时间节点。创建周期可分为三个阶段，即"十三五"时期的夯实基础阶段、"十四五"时期的水平提升阶段，以及"十五五"时期的创建冲刺阶段。

第一阶段，夯实基础。这一阶段的主要奋斗目标有两个：一是通过2018年学士学位授予单位、授予专业的审核，获得学士学位授予权；二是通过2020年教育部本科教学合格评估，使办学水平达到国家标准。这两个奋斗目标的实现，是广州工商学院夯实创建基础的关键性指标。是否具有学士学位授予权，是判断学校本科教学水平是否达到学历教育水平与学术教育水平的标志。合格评估是国家对本科教学水平的一项综合评估，由一系列办学指标或观测点构成，是全面衡量学校本科教学是否符合国家办学水平的指标。经过两年的努力，这两个目标已达成。

第二阶段，水平提升。这一阶段的奋斗目标主要是优化办学资源，提升办学水平，从内涵建设上向高水平迈进。"十四五"期间是奋斗的时间节点，取得成功的标志是通过教育部第二轮评估，并获得优秀等级。教育部的第二轮评估是水平评估，主要评估学校办学水平的等级。要创建高水平的应用型大学，不能仅仅停留在合格的水平上，而要争取优秀水平。一所高水平的应用型大学，即使具有区域性，也必须达到国家办学水平评估优秀以上。那么，要达到教育部水平评估的优秀等级，学校应该做什么呢？首先，要了解优秀评估的指标体系，从观念上树立评优的思想。其次，要对照评估指标寻找建设差距，不断加大人力、物力、财力的投入，为创建高水平应用型大学奠定更为坚实的基础。

第三阶段，创建冲刺。这一阶段是创建的最后冲刺阶段，其时间节点为"十五五"规划时期。其成功的标志是达到区域一流水平，从而实现广州工商学院人的梦想——创建高水平的应用型大学。经过前两个阶段的创建，学校在第三阶段需要努力达到区域一流水平，即达到广州市、广东省同类民办高校的一流水平。这一阶段首先要摸清同类学校的情况和学校自身的不足，树立必胜的信念与信心，用补短板、创特色、争一流的精神赢得社会的认可。其次是鼓足干劲，做强、做精、做大学校的特色专业，让特色享誉地方、震撼行业、引领区域经济的发展，实现创建高水平应用型大学的最终目标。

参考文献

[1] 邝邦洪. 关于"以德为行，以学为上"教育思想的思考与实践 [J]. 高教探索，2011（3）：55-60.

[2] 钟伟强. 以德为行以学为上：来自广州工商学院"五进"的探索与实践 [M]. 广州：广东省高等教育出版社，2015.

[3] 邝邦洪. 以德为行以学为上：高校师生成长的基石 [M]. 广州：广东省高等教育出版社，2011.

[4] 易露霞，马超平. 基于"德学"思想的营销人才培养模式探究 [J]. 中国市场，2015（14）：114-117.

新时代官产学一体化创新学科建设的路径研究

易露霞[①]

在新时代背景下,近年来,我国的高等教育学科建设经过经济全球化的浪潮推进,实现了快速的发展。大数据时代,信息技术的快速发展给我国的高等教育学科建设带来了新的可能及创新驱动的可行性。学科建设是我国高等教育供给侧结构性改革中实现世界一流大学建设的一条关键路径,而创新型人才的培养是学科建设的一项重大核心任务。因此,共同探讨新时代背景下我国学科建设与创新型参与融合的相关性,对影响学科建设的因素进行深入挖掘,最终提出创新型参与融合的学科建设的协同互动机制,对于共筑中国高等教育学科建设、全面推进高等教育供给侧结构性改革以及实现新时代高水平大学建设新蓝图,都具有重要的理论指导与现实参考意义。

一、国内外研究综述

学界对学科建设的研究主要集中在教学法、人才培养与文化视角等三个方面。

(一)学科建设与教学法关系的研究

有学者从教学法入手研究学科建设,这类文献的主要观点是:学科建设的教学专长研究生于创新型教学艺术的获得与传播。这一学派的主要理论代表是 Huber 在 2010 年提出的学科建设系统组织教学奖学金模型(Community-Organizing for the Scholarship of Discipline,COSD)[1]。COSD 的特点是系统地研究教学和学习过程,并将此过程作为与学术界分享的前提,同时由受众来审查这些教学和学习研究成果。COSD 方法还认为,大学的教学一直以来被视为一个严肃的知识分子从事研究证据活动和得出研究结果的过程,但是这个行动型研究是一种实用研究主义在方法教育上的研究投射。这一理论印证了 Cross 的观点[2],意思是任何一个大学教授都可以成为教学和研究的研究员。换句话说,大学教授投资于大学研究学生的学习行为,通过有效地公开调查结果来实践并促进教学的进步。Kain 强调,大学的学科建设与社会学的立场是息息相关的[3],他认为,学科建设作为一种特殊的科学教学模式,可以视为一种文化制定,其中包括个人的事实经验影响教育及其结果。这允许探索社会学对科学的影响并以此了解教授在学科建设教育中的角色。

(二)学科建设与人才培养、学生期望值关系的研究

近年来,许多国外学者对于 COSD 方法的研究已经在许多领域发生了变化。其中,McKinney 在 2013 年对 COSD 方法进行了异质性分析,并强调了差异化异质性在与之相关的学科之间被感知和应用[4]。McKinney 认为,有效、重要的文化差异来自不同院系的研究人员关于生活方式、教育价值观和教学的看法与聚焦点的不同。而一个成熟型科学学科的形

[①] 作者简介:易露霞,广州工商学院副院长,教授,硕士研究生导师。

成,取决于教学焦点、教师所处环境和学生的期望值。如果该学科建设中的教授所采用的教学方法与学生的期望值相称,那么教授会接着用该教学观念去影响与该教学目标有关的科学学科研究。然而,也有学者认为,大学的学科建设不需要理会学生的期望值,其中的代表人物Tobin指出,成为一名有效的科学教师需要的不是去改变一个或两个变量来保持对青年学生期望值的实现,相反,有效的学科建设教学是很复杂的,需要教师制定成功有效的互动链,不仅仅是一个人。对于社交网络,学科建设是一个必须建立和维持学习环境流畅的交易行为[5]。教学活动是集体的,而且作为重要的参与者,教师和学生都有一种适当的、预期的感觉来体验这种形式的教学游戏,所以学科建设不是一味地去迎合学生的期望值。

(三) 学科建设与文化关系的研究

也有学者从文化的视角出发研究学科建设的要素组成。Clark从物理学家的声誉的角度出发,指出以爱因斯坦为代表的教授确定并积累了人类学家在物理学科的文化基础和多样化表征[6-7]。Leary从文化与隐喻的角度出发,指出学科建设就像一个提供隐喻的家庭模型,而不是一个连贯的领域[8]。这一点为后来的学者提供了思路,如Guyot和Bonami认为,每个科学学科都有其特点,除了其内部的科学领域认识论外,学术界和学术界科学家认为该学科具有一定的社会学意义与其要素组成相关[9]。科学领域与科学领域之间的具体关系同时受到学者和科学家社区的影响,该影响基于内部和外部的元素可以划分为科学和学术领域两大类学科。Prediger从文化的视角出发,认为研究学科建设的要素组成取决于六点,即①知识传播(包括接受的概念和定理、方法)、推理和提出论点,也是常见的意义和参考;②语言,包括其概念和含义;③如何使用其技术和工具;④规范、价值观和信仰;⑤社会组织(社会环境中的各个合作角色和规则);⑥启动和排除机制[10]。

(四) 评述

以上文献对学科建设从教学法、人才培养与文化视角等三个方面做了大量研究与理论探索,而从实证角度进行研究的文献较为有限,特别是按照Prediger的理论,研究学科建设的要素组成的六点要素中哪一个才是最为关键与发挥主导作用的、其具体参与融合的学科建设路径如何设计等。这些问题的研究还缺少实证和量化的支撑,因此,本研究在现有文献的基础上,通过模型构建和大数据挖据,试图为研究学科建设的路径提供实证和量化的支撑。

二、学科建设的模型构建

(一) 理论框架

本文以COSD理论作为研究框架。COSD理论指出,学科建设的实施主体是教授,因为它的主要目的是加强大学核心学科建设,通过大学学科建设来加强学生的学习效用。该理论指出,教授行为的日常实践需要发展教授给学生以专业知识的功用,这种宝贵的专长可以通过课堂活动得以最大化和丰富其相关研究成果,并在同行之间进行分享。COSD提供了一个指导框架,即根据北美高等教育的教育体验式构建教学理念,无论是学科建设里的课程教学还是实验实训评价,任何旨在从事高质量教学的教授,都必须遵循这种趋势,其中包括研究行动、反思性实践运动、同伴(同行)之间的教学评论等。从认识论的角度来看,Huber所提出的COSD可以从系统组织学的角度对学科建设的概念进行明确化,认为学科建设是一个跨学科研究领域,其范畴要大于高等教育学,必须结合社会学、高等教育学及创新学来研究，否则会限制学科建设对教学和学习的探究。基于这个角度，可以更广泛地研究处于系统社会的高等教育学里的更多的学科。

（二）COSD – Prediger 模型

Prediger 从文化的视角出发，认为研究学科建设的要素组成取决于六点。本文将 COSD 理论与 Prediger 提出的六个因素相结合，共建一个 COSD – Prediger 模型，并使用数据挖掘软件，对学科建设的主要影响因素进行实证分析。本文提出的研究问题是"学科建设的主要影响因素是什么""按照 COSD 理论，学科建设是如何使用系统组织教学特别是教学创新影响学科建设的""在 Prediger 的六点要素中，哪一个才是最为关键与发挥主导作用的""其具体参与融合的学科建设路径如何设计"。

三、结果与讨论

（一）研究结果

本研究借助基于数据挖掘的与学科建设关系密切的因素频次，如图 1 所示，该图直观地显示了与学科建设关系最为密切的因素，依次为产学一体化、官产学、创新、教学一体化。可见，与产学一体化和官产学这两个因素十分接近的因素与学科建设关系最为密切。基于此，本研究使用"学科建设影响来源——数据挖掘 COSD – Prediger"模型继续验证，深入探究产学研合作与特色重点学科建设的内在逻辑，从 Prediger 六因素中验证官产学是否与学科建设稳健相关。

图 1　基于数据挖掘的与学科建设关系密切的因素频次

图 2 为"学科建设影响来源——数据挖掘 COSD – Prediger"模型分析结果，结果显示，社会组织是重点学科建设最大的贡献因素，从 2012—2018 年的数据上升趋势看，社会组织维持着对学科建设影响高位主导因素地位。可见，构建重点学科必须大力发挥产学研合作这一社会组织因素，以产业需求特别是高校所在经济区域的产业需求为导向，重视和坚持特色重点学科建设的综合性、继承性和动态性。

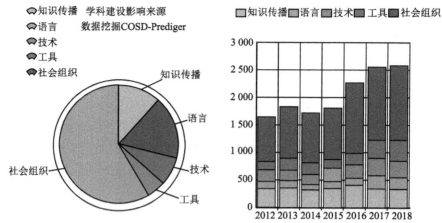

图 2 "学科建设影响来源——数据挖掘 COSD – Prediger" 模型分析结果

（二）讨论与分析

信息化、数字化、智能化等技术正在深刻地影响现代经济的发展，新产业和新业态所遇到问题往往超越某一专业技术领域本身，所以，重点学科建设变得更为复杂，需要综合利用多学科领域的技术，如网络信息技术、计算机技术、智能化技术等，甚至需要从环境、经济、社会、法律等视角来思考和解决复杂的现实问题。20 世纪 70 年代，美国斯坦福大学正是顺应了当时世界产业结构变革的趋势，通过集群化来推动产学研合作，从而将学科链转化为产业链，最终引领世界科技和产业进步。这为我国高校建设重点学科提供了有益的借鉴，只有产、学、研三个环节与因素良性互动、深度融合，实现利益分享与风险承担，重点学科建设才能焕发出勃勃生机，最终才能支撑地方区域产业技术进步和服务于地方经济转型升级。

四、官产学一体化创新高校学科建设的 SWOT 分析

（一）SWOT 分析法概述

SWOT 分析法在学术界特别是企业战略管理领域比较流行，也被市场营销界称为市场势态战略分析法。SWOT 分析法最初是由美国哈佛商学院的教授 Kenneth Andrews1971 年在《公司战略概念》一书中提出的，起初定位为一种企业管理战略的分析理论框架，通过 Kenneth Andrews 后期的系列调查分析，逐渐演化为以矩阵形式按照一定的秩序排列出来，然后运用系统工程的综合分析法，将各种管理战略因素综合考虑起来并进入矩阵进行数学分析，从中得出一系列相应的基于矩阵分析结论的方法。SWOT 分析方法最初应用在企业战略制定中，通过对比四个核心因素（即优势、劣势、机会、威胁）来分析企业管理与发展所要选择的战略。经过不断地发展与跨界演化，SWOT 分析法从企业管理学科出发，与其他学科如市场营销等结合，成为一种全方位、多角度的模型分析方法，用来分析各种经济体与机构的战略决策的优劣性。SWOT 分析的主旨在于分析各种经济体与机构组织的内部（SW）、外部环境（OT），并激励各种经济体与机构组织发挥自身优势，通过最大限度地利用市场机会来规避市场风险。

（二）SWOT 分析法的研究步骤

首先分析一个组织机构的内部情况，找出自身具备的优势（Strengths，S）及劣势

(Weaknesses，W)，并将其分别归纳到对应的矩阵项目中。然后分析一个组织机构所面对的市场外部条件与情况，分别找出市场外部机遇（Opportunities，O）和潜在的市场外部威胁（Threats，T）然后将其分别归纳到对应的矩阵项目中。将四项分类中所列出的因素按照 Priority - Order - Sequence 法则进行排序，将对组织机构影响较大的因素写在前面，制定决策时优先考虑，并依次写入到矩阵中的相应位置。构造矩阵可以出现四种可能的战略供决策时选择，如表 1 所示。

表 1　SWOT 矩阵

	S	W
O	S－O 战略：增长型战略，利用内生优势捕捉外部市场机会	W－O 战略：改善型战略，利用外部市场机会避开自身弱点与劣势
T	S－T 战略：改善型战略，利用内生优势规避或化解外部市场威胁	W－O 战略：防守型战略，规避或化解外部市场威胁，改进劣势

（三）官产学一体化创新型高校重点学科建设的 SWOT 分析

1. 官产学一体化对创新型高校特色重点学科建设的优势分析

企业利用高校的智力资源和研发成果获得所需的互补性研发产品和新技术，并利用官产学一体化平台将新技术转化为生产力，进一步提升企业的核心市场竞争力，接着利用产业规模扩大升级这一中间媒体促进高校智力资源和研发成果的商业化与产业化[11]。从高校的需求侧一方看，高校所需要的实训过程需要企业负责，由企业提供大学生实习岗位和实验实训基地，使大学生能通过到企业学习获取实战经验。在官产学一体化的纵深发展挖掘模式下，高校学生有可能参与企业产品的后续系列研发活动，真正培养符合社会需要的"五进"人才。从资源分配理论和共享经济学的角度分析，官产学一体化有利于校企双方主体之间资源要素的共享与达到帕累托效应。校企双方可以充分利用流动资金、劳动力资本，特别是信息等稀缺资源。优势分析证明，官产学一体化有利于通过发挥双方各自的优势达到企业节约脑力与研发成本、高校节约学生实训实践成本的好处。同时，利用内生优势捕捉外部市场机会还有利于校企双方增长型战略的选择，促进优势互补格局的实现，最终实现资源要素的最优帕累托配置，提高创新型高校特色重点学科建设的效率，节约社会资源，实现可持续发展。

2. 官产学一体化对创新型高校特色重点学科建设的劣势分析

各个高校的特色重点学科建设在当前定位与长远发展目标上存在一定程度的异质性，甚至在某些环节存在对立或潜在的异质性组织文化和行为准则。一方面，企业处于激烈的市场竞争中，对于相关行业市场发展的前沿与趋势十分敏感。从这一角度的供给 - 需求关系出发，企业必然要求高校的特色重点学科建设与市场前沿与潮流趋势相匹配，实现无缝衔接。可见，企业倡导应用型教育文化，按照西方经济学的观点，即企业以利润最大化为导向，必然关注高校特色重点学科建设的实用性，以获取和拓展更大的利润空间。另一方面，高校倡导研究型文化，更关注高校的特色重点学科建设与通识教育本身，注重学生综合素质的发展与提高。因此，如果企业和高校的价值取向不一致甚至排斥，双方又缺乏文化包容和合作培养的团队创新协调意识，必然会使企业和高校之间产生一定的异质性价值观认同障碍。

3. 官产学一体化对创新型高校特色重点学科建设的外部机遇分析

创新驱动的实质就是人才驱动，因为人才强、科技强，才能带动产业强、经济强、国家强。党的十九大报告明确要求，培养造就一大批具有国际水平的战略科技人才、科技领军人才、青年科技人才和高水平创新团队。教育部也相继出台了一系列鼓励创新型高校特色重点学科建设的政策、措施。这些政策的推出，在政策供给侧层面上为校企深度合作提供了前所未有的大好机遇。

4. 官产学一体化对创新型高校特色重点学科建设的外部威胁分析

Leea等指出，创新型人才的培养从其收益 – 回报本质上看属于企业的一种开发性投资，而由校企深入合作培养出来的相关领域的创新型人才则可以视为一种收益[12]。根据吴玉鸣提出的研究与开发合作溢出理论，企业在履行校企深入合作活动时需要投入大量资金，而这种收益具有不确定性[13]；何郁冰等的研究结论指出，校企深入合作活动的部分溢出效应加上潜在风险使企业最终无法获取全部的经济收益，这种收益风险直接导致部分企业特别是中小微企业对于从事校企深入合作活动的动力相对不足和缺乏激励机制[14]。可见，对官产学一体化主体各方来说，对创新型高校特色重点学科建设的投入同样面临着市场外部威胁——收益风险。

五、结论

根据实证结果与讨论，学科构建必须大力发挥官产学一体化合作这一社会组织因素，并推动官产学一体化创新型参与融合学科建设全程，要以产业需求特别是高校所在经济区域的产业需求为导向，重视和坚持特色重点学科建设的综合性、继承性和动态性。

基于实证分析结果，可以得出高校学科建设官产学一体化创新驱动要注意以下三点。

一是以应用型创新人才培养为目标。高水平应用型大学学科建设培养的人才要能直接为生产生活一线服务，具有较强的创新思维和强烈的创业意愿。按照教育供给侧结构性改革理论，应用型学科建设所"产出"的学生要有学术知识、使用技术和企业家禀赋三种素质，这样的学科建设培养的大学生社会适应能力强、工作能力强，能积极主动地参与到官产学一体化中来。反过来，来自官产学一体化中的学生实践能力的提高必然会提高学校的办学水平，实现高水平应用型学科建设官产学一体化创新的目的。

二是形成突出实践能力培养的教学体系。以应用型教育为特征的官产学一体化教学就是要打破原来的学科知识结构，逐步建立以职业能力培养为主的官产学一体化教学体系，这样的官产学一体化模式才能使学生胜任基层工作。另外，可以设置符合区域经济社会发展需要的学科专业，这是学科建设官产学一体化创新建设与发展最重要的方面。一个学科的专业决定了学科建设官产学一体化创新的高水平人才培养结构，学科专业水平也直接影响应用型学科建设官产学一体化创新的人才培养质量。

三是以为地方区域经济社会发展服务为宗旨，面向社会需要的行业、产业或前沿科学来设置学科专业。官产学一体化办学的目标定位要准确，要坚持培养高水平应用型创新人才，为地方区域社会经济的发展提供源源不断的应用型人才供给，官产学一体化产学研融合的创新科研成果要为地方区域经济社会发展服务，最终实现学科建设官产学一体化创新建设目标。

综上可见，官产学一体化创新是新时代高水平应用型大学建设特色重点学科的必然选择。高水平大学要着眼于未来科技发展和区域经济的新产业发展趋势，构建一个有利于官产学一体化创新的长效机制和共赢模式，以产业需求为导向，超前布局新学科，探索和丰富产学研协同育人内涵，不断提升教育质量，培养适应新时代需求的应用型人才，为建设社会主义现代化强国、实现中华民族的伟大复兴而不懈努力。

参考文献

[1] Huber MT. Community – Organizing for the scholarship of teaching and learning [J]. Transformative Dialogues: Teaching and Learning Journal, 2010, 4 (1): 1 – 4.

[2] Rivkin S G, Hanushek E A, Kain J F. Teachers, schools, and academic achievement [J]. Econometrica, 2005 (73): 417 – 458.

[3] Cross C. Oxygen radicals and human disease [J]. Annals of Internal Medicines, 1987, 107 (4): 526 – 545.

[4] McKinney K. The scholarship of teaching and learning in and across the disciplines [M]. Bloomington: Indiana University Press, 2013.

[5] Tobin K. Sociocultural perspectives on science education [M]. New York: Springer Publishing, 2012.

[6] Clark BR. The higher education system: Academic organization in cross – national perspective [M]. Berkeley: University of California Press, 1983.

[7] Clarkn BR. The "cooling out" function re "isited [J]. New Directions for Community Colleges, 1980 (32): 15 – 31.

[8] Leary DE. Communication, persuasion, and the establishment of academic disciplines: The case of American psychology [M]. New York: Aldine De Gruyter, 1992.

[9] Guyot JL. andBonami M. Modes de structuration du travail professoral et logiques disciplinaires à l'université [J]. Cahier de recherche du GIRSEF, 2000 (9): 1 – 65.

[10] Prediger S. Intercultural perspectives on mathematics learning – developing a theoretical framework [J]. International Journal of Science AMD Mathematics Education, 2004, 2 (3): 377 – 406.

[11] 周谷平. 构建充满生命活力的学校生态教育系统 [J]. 环境教育, 2002 (5): 16 – 24.

[12] Lee K, Ohtab T, Kakehi K, etal Formal boundary spanning by industry liaison offices and the changing pattern of uni "ersity – industry cooperati "e research: the case of the Vniversity of Tokyo [J]. Technology Analysis and Strategic Management, 2010, 22 (2): 189 – 206.

[13] 吴玉鸣. 官产学 R&D 合作、知识溢出与区域专利创新产出 [J]. 科学学研究, 2009, 27 (10): 1486 – 1494.

[14] 何郁冰. 产学研协同创新的理论模式 [J]. 科学学研究, 2012 (2): 165 – 174.

[15] 刘红. 新时代背景下产教融合校企合作的推进策略——2018 年中华职业教育社专家委员会会议观点综述 [J]. 中国职业技术教育, 2018 (13): 7 – 11.

[16] 易露霞, 尤彧聪. 基于体验模式的穗台高校人才培养交流合作模式研究 [J]. 改革与开放, 2018 (10): 101 – 103.

[17] 尤嘏聪, 易露霞. 制度创新驱动下的我国民办高等教育分类管理研究 [J]. 高教研究与实践, 2017, 36 (3): 23-28+79.

[18] 尤嘏聪, 易露霞. 我国民办高等教育分类管理研究: 现状、目标和实现路径 [J]. 中国高等教育评估, 2017, 28 (2): 37-42.

砥砺奋进开拓创新努力培养高水平应用型人才

左连村[①]

自2014年广州工商学院升本以来，在学院董事会和学院领导的直接领导下，物流系全系教职工积极进取，为实现学校的建设高水平应用型大学的奋斗目标而努力工作。截至2019年12月，全系学生已经达到1 865人，较升本前增加500多人，人才培养质量不断提升。物流系共有专职教职工78人，比升本前扩大50%以上，其中辅导员9人，专职实验员2人，行政人员3人，一线专任教师51人，高级职称教师13人。外聘教师41人，企业指导老师56人。物流系教职工的规模正在不断扩大，整体素质不断提高，发展势头良好。目前，物流系拥有一个省级特色重点学科（物流管理学科）、三个本科专业（物流管理专业、采购管理专业和食品质量与安全专业）和一个专科专业（物流管理专业）。物流管理专业是广州工商学院首批升为本科的专业，2018年顺利通过学士学位合格评估，首届物流管理本科专业560名毕业生获得学士学位并顺利毕业，社会反映良好。全系教职工砥砺奋进，开拓创新，为培养高水平应用型人才而努力工作。

一、加强组织领导，全面推进各项工作

（1）系领导明确分工，认真负责，加强组织管理，行政效率明显提升。升本以来，物流系领导团队经过组建和调整，能够充分发挥各个成员的优势，明确分工，认真负责，大大提高了行政效率。

（2）根据学院的要求，物流系成立了系务委员会，对系里的重大事项进行讨论和决定。升本以来，物流系每个学期都会召开多次系务委员会会议，决策效果十分明显，对物流系各方面的工作起到了促进作用。系务委员会由于吸收了教研室主任参与，推动了民主决策，调动了各个部门的工作积极性。各个系务委员和教研室主任认真负责，为物流系的发展积极献言献策，大大减少了决策失误。

（3）全系教职工团结一致，令行禁止，认真学习、贯彻党的教育方针，认真执行学校各种规章制度，工作部署迅速，全系形成了纪律性强、德学并举、你争我赶的学术向上的氛围。

二、加强师德师风教育，促进教师的综合素质

升本以来，物流系在学校的统一安排和布置下，不断加强师德师风教育，促进教风、学风、机关作风建设，为推动教育教学的发展提供了根本保证。

物流系经常开展师德师风教育，提高了教师自身的思想政治素质、职业道德水平。通过大会宣讲、小组讨论和个人撰写心得体会的方式，每个教师都认识到教育是国家强盛的根

---

①作者简介：左连村，物流系主任，教授，硕士研究生导师。

本，教师是教育强盛的根本，师德是教师素质的根本和人才培养的关键。每年的"三风"建设月活动，物流系教师都认真结合自身的思想和工作实际，撰写心得体会，以良好的师德师风开展自身的本质教学工作。

（一）在政治上不断提高政治站位

物流系教职工认真提高思想政治素质，牢记四个意识（政治意识、大局意识、核心意识、看齐意识），坚定四个自信（道路自信、理论自信、制度自信、文化自信），努力使每个课堂都体现课程思政的理念。全面贯彻党的教育方针，坚持马克思主义指导地位，坚持改革创新，以凝聚人心、完善人格、开发人力、培育人才、造福人民为工作目标，培养德智体美劳全面发展的社会主义建设者和接班人。

（二）不断提升业务素质，提高教育教学能力

通过师德师风教育，物流系教师都能自觉做到认真钻研业务，研究教育教学规律，提高教育教学质量，以自身的高素质去影响学生。自升本以来，教师提高了工作积极性，教研室里经常探讨教学、科研、论文和项目，教师的工作面貌焕然一新，不少教师获得"优秀党员""学年度优秀教职工"及"三风建设活动优秀教师"等称号。提升教师的业务素质是一个过程，教师们都在教学工作、科研工作、社会服务活动等领域努力地提升自己的能力。

（三）提高职业道德水平，自觉加强师德修养

通过师德师风教育，老师们增强了职业荣誉感、历史使命感和社会责任感，形成了爱岗敬业、乐于奉献、自觉履行教书育人职责、以高尚情操熏陶学生的良好状态。

（四）加强师德师风教育，促进物流系的"三风"建设

全系教职工围绕教书育人、管理育人、服务育人的方针，努力做到立场坚定、方向明确、教学科研创一流，为人师表当楷模，人才培养见成效。在教风建设方面，物流系始终把提高教育教学质量作为一切工作的出发点和落脚点，牢固树立以教学为中心的理念，努力提高教师素质，不断提高课堂教学质量。在学风建设方面，持续提出在学生中形成尊重课堂、尊重老师、尊重知识的氛围，全面推进学生的本科意识，督促学生养成自我学习的良好习惯。在加强教风学风建设的同时，也推进了物流系的机关工作作风建设。

三、以提升本科教学质量为重心，稳步推进全系教学工作

升本以后，物流系出现了本科教学与专科教学并存的局面。在继续做好专科教学工作的同时，高度重视本科教学的基础性建设和教育教学质量的提升，强化教学工作的中心地位，全面推进教学工作。

（一）明确培养目标和专业建设定位

物流管理、食品质量与安全、采购管理三个本科专业，在2014年到2018年间对人才培养方案先后进行了多次修订，也会根据校外专家的意见和建议进行修改和完善，不断明确培养目标和专业建设定位。本科专业办学指导思想明确，办学目标与定位准确，特色鲜明。物流系制定了五年发展规划和年度发展规划，发展规划与学校办学定位一致，符合社会发展需求，组织实施效果良好，同时主动适应社会人才需要，有比较鲜明的办学特色。

（二）规范课程名称，慎重选用教材，完善课程结构

（1）规范专业课程名称。对原来专科教学开设的相关课程的名称按照本科教学要求进行规范，如物流管理专业的物流学、宏（微）观经济学、国际贸易学、营销学及管理学等，都不同程度地变动了课程名称，使课程名称更加明确地体现本科教学的质量要求。

（2）高标准选用教材。坚持选用国家统一规划编写的教材及获奖教材，必要时适当选用院级规划教材。

（3）增加本科专业建设必要的课程，如冷链物流、跨境电商物流管理、物流法律法规、物联网等，完善课程结构。

（三）确立敬畏课堂的理念，狠抓课堂教学质量

（1）端正教学态度。在学校"五进"活动的推动下，物流系持续提出敬畏课堂的教学理念，要求老师和学生尊重课堂、尊重知识。作为老师，进课堂就是要带着强烈的教书育人的责任心，不断提高课堂教学的质量，要做到敬畏知识，准确掌握知识，创造性地传授知识，规范教学行为，全面提升学生的本科意识，督促学生养成良好学风。

教师课堂教学坚持"五带六度三结合"的做法，上课时要求做到带教材、带教案、带课件、带教学大纲、带教学进度表，在教学过程中做到具有较高的课室明亮度、讲课声音的洪亮度、课件的清晰度、板书的清晰度、教师与学生的互动度、突发事件的灵敏反应度，同时做到理论与实际相结合、教学与科研相结合、教书和育人相结合。

（2）充实教学内容，全面贯彻教学大纲。从各方面的听课情况来看，老师们都能做到教学目的明确、教学内容充实，全面贯彻教学大纲，重点难点突出，能做到科学性与思想性的统一。

（3）教学方法灵活多样。教师们能做到理论联系实际，注重启发式教学，运用多媒体教学手段，PPT和板书并用，课堂教学组织有序，小组活动频繁，师生互动明显，教学方法灵活多样，学生学习兴趣高。

（4）认真抓好课堂教学的各个环节，教学效果明显。老师们都能充分备课，认真授课；重视课堂教学环节的设计，重视课堂作业的布置和教学内容的预习与复习；充分利用教学时间，完成教学任务；把教学理念贯穿教学工作的全过程；重视和规范平时测试、中段考试和期末考试，保证教学工作的规范性、高质量和高效率。

（四）教学质量不断提升，教学成果明显

几年来，物流系的教学工作不断提升，得到了各方面的肯定。督导认为，物流系教师都能恪尽职守，敬业爱岗，认真备课，按时上课；都能采用多媒体授课，并结合板书，教学效果较好。而且，所有教师都能做到教风严谨，上课精神饱满，教学认真用心；课堂上能把握教学过程，能抓住教材章节要点，并用美观的PPT展示出来，深入浅出地讲透彻，用案例分析，注重学生钻研能力与创新精神的培养；能把握住本科教学的本质，教学方法上改变以前专科的教学方法，知识准确，例证恰当，条理清晰，重点突出，难点处理得当，具有较强的针对性和实用性，善于提问、启发讨论等。物流系老师参加学院组织的各种教学比赛，多人获得好的名次，多位老师先后在各种教学竞赛中获一、二等奖，每年都有教师获得网上评教"我最喜爱的老师"称号。

(五) 加强教学规范化管理

(1) 建立听课制度

为掌握课堂教学情况，及时解决教学工作中出现的问题，加强教学质量控制，培养良好的教风和学风，提高教学质量和办学水平，建立了系领导、督导、教师等不同人员的听课评课制度。领导不定时随堂听课有助于及时了解专业教学工作的情况，有助于突出教学工作的中心地位，为制定有关教学工作的政策提供了实际依据。根据要求，专业教师每学期互听次数不少于8次。

(2) 严格执行教学检查

坚持开展期初、期中、期末三个阶段的常规教学检查及日常教学检查，形成三点一线的教学检查制度。期初教学检查以检查教学秩序和教学准备情况为主；期中教学检查是教学质量的全面检查，以教学计划、教学大纲、授课进度和教学各环节检查为主；期末教学检查以监测考风、考纪为重点，成立考风、考纪巡视组，及时检查并互相反馈。

(3) 教学质量与学生评教及绩效考核结合

每学期进行一次教师教学质量评价。教师教学质量评价一般要结合学生评价、同行评价、教学督导评价和所在部门评价等多项指标进行，其中，学生评教、同行评价等也是评选"我最喜爱的老师"和优秀教职工的重要依据。

(4) 严格考试制度

按照"3+3+4"的评分制度，严格控制各类测试和考试的内容和形式，按照学校统一规定，规范管理，坚持标准，努力做到操作规范，正确无误，成绩公平公正。

(5) 严格教师教学档案管理

教师业务档案主要收集和记载教师在教学、教研、科研、社会服务等活动中形成的主要成果材料，如教学任务完成情况、教学水平、教学效果、科研论文、专著、译著、教材等，以及这些材料的历史评价、专家的学术鉴定材料和图片等。加强教师教学档案管理，对加强教师专业发展规划，规范教师业务管理，收集并积累教师业务水平信息，建立健全教师个人业务档案，以及在教师考核、晋升等方面发挥着积极作用。教师业务档案主要包含：①教师基本情况登记表，可将毕业证、学位证、专业技术职称证、职业资格或技能证、获奖证书等证书复印件以及发表论文和教科研相关材料的复印件作为支撑材料；②学期课程表；③学期教学任务书；④教学评价结果，即指学院组织教学检查的学生评教情况；⑤学期课程教学总结；⑥学期工作情况登记；⑦学期各类获奖证书复印件；⑧学期各类培训证书复印件；⑨学期取得的各类技能等级证书复印件；⑩学期开展的各类教科研课题的立项、结题及成果材料，如立项书、结题书原件和论文复印件、教材及其他教研成果证明材料；⑪参与企业顶岗实践、社会服务等活动的记录及相关材料；⑫年度工作总结。

(六) 坚持开展教研室教研活动

几年来，物流系根据专业划分为四个教研室，各教研室人员有交叉，教研活动有差异，但都能够认真组织教研活动，做到教研室教研活动经常化，平均每个学期3~4次，内容包括集体备课、说课比赛、教改经验探讨、公开课或外出考察学习等。教研室作为最基层的教学组织管理机构，经常开展教研活动保证了各项教学活动顺利稳定地进行。

在推进全面教学活动开展的同时，物流系重点加强本科教学活动的开展，形成了完备的本科教学资料，保证一切教学环节以本科教学的标准严格要求，顺利实现了所有教学和管理环节全方位地由专科教学模式向本科教学模式的转换。

在进行本科教学的过程中，注重学生五种能力（学习吸收能力、思考研究能力、开拓创新能力、沟通交际能力、实践操作能力）的培养。这五种能力的培养要求，系领导在新生开学的迎新报告中都已提出，实践效果良好，接下来还要根据学校提出的"六会"的要求对学生进行认真训练。

四、积极开展教科研工作，推动学术水平提升

升本以来，物流系不断加强科研工作，制定了物流系科研奖励条例，促进了科研成果数量和质量的提升，研究成果与升本以前相比发生了根本性的变化。

（1）成立了现代物流信息技术研究所，对教学科研工作起到了促进作用。

（2）召开专业学术研讨会。2015年，召开首届物流系应用型本科教学研讨会，全系教职工全部参加，积极撰写论文，大部分文章陆续在公开刊物发表。其中，左连村和陈石清撰写的《广东省发展应用型本科教育的思考》、刘炳康和王身相撰写的《广州工商学院物流管理专业应用型本科案例介绍》被选入广东省教育厅组织编写的《广东省应用型本科人才培养改革成果案例集》。首届研讨会的召开，促进了物流系教师的科研积极性。2017年4月，物流系作为主办方之一，成功召开了广东省冷链地方标准制定研讨会，这次研讨会对提升物流系在广东省同行业中的专业地位起到了积极作用。

（3）开展学术讲座。2016年10月，墨尔本大学Sig博士前来我院开展学术交流，并向全院学生开展了一场冷链物流学术讲座。广东省物流与供应链学会田宇教授、广东省物流行业协会执行会长分别在2019年4月和5月来物流系进行学术报告。2017年5月，广州市花都区质量技术监督局领导来我院开展了一场"冷链及标准化知识"专题讲座。2018年10月，王丽忠教授开展了"世界采购管理发展趋势和操作实务"的讲座。2018年5月左连村教授开展了"人才成长规律和毕业论文写作"讲座。2017年11月，左连村、陈石清、陈钧仪等开展了"关爱生命、忍受挫折、遵守法纪"的讲座，刘炳康老师开展了"关于冷链物流知识"的讲座等。

（4）外出参加学术会议。几年来，全系10多名教师先后参加了全国或全省组织的物流专业特别是冷链物流方向的专业研讨会，大大拓展了教师们的学术视野，增强了学术联系，提高了学术水平。

（5）发表学术论文。自2014年以来，全系公开发表论文100多篇，其中相当一部分为教研论文。自从物流系提出核心期刊工程以后，老师们都十分努力地提升论文发表期刊的档次，核心期刊发表文章已经有20多篇，学术水平明显提升。

（6）科研项目与课题申报。升本以来，物流系已获得校级以上立项51项，其中省厅级以上24项，同时积极参与横向合作课题研究、省级和国家级服务业标准化建设项目，影响较大。

（7）编写教材，包括与企业合作编写教材，共出版教材27本。物流系大部分专任教师参与了教材编写工作，提高了学术水平，锻炼了团队协作精神。

（8）积极参与教育部校企合作项目申报工作。2018年，物流系积极联系相关企业，参与教育部校企合作课题研究项目。

(9）积极参与创新强校工程建设规划中的课题申报，包括科研处和教务处，效果良好。

五、加强师资队伍建设，师资结构日趋合理

升本以来，师资队伍建设一直是重中之重。升本前，物流系专任教师只有 15 名，现有专任教师 51 人；12 名有副高级以上职称，其中 6 名有正高级职称，95% 以上的教师为硕士以上研究生，其中博士 2 名。升本以来，不少教师晋升为讲师和助理研究员，有 3 位教师晋升为副教授。特别是 2017 年，物流系增强了底薪加课酬的高级职称教师的聘用工作，共有 13 位教授、副教授加入到物流系的教师队伍，其中包括广东省政府参事。目前，物流系教师均具备良好的专业知识，教师梯队合理，师资队伍稳定，专任教师学历结构、职称结构改善明显；中青年教学骨干队伍已经形成并逐步成长起来，老中青相结合的教师队伍结构不断优化，完全能够满足专业教学要求。物流系加强师资队伍建设的主要做法包括以下几点。

（一）引进入职，优化结构

升本以后，每年都有新教师加入物流系的教职工队伍，特别是在学士学位评估的推动下，每年引进教师的速度比较快，包括各类职称的教师。2016 年，引进教授 1 位，副教授 1 位；2017 年引进教授 2 位，自己培养副教授 3 位；2018 年，引进副教授 1 位；2019 年，引进教授 3 位。拥有高级职称的教师比重不断增加，师资结构不断优化。中青年教师队伍扩大更为明显，仅 2017 年就有新入职的中青年教师 15 位，其中从国外引进硕士 2 位。2019 年 9 月，新入职专任教师 11 位。

（二）老新结对，培养提高

召开青年教师座谈会，激励青年教师早日获得高级职称。根据学校的安排，物流系副高级以上职称的老教师与青年教师签订业务指导合同，形成一对一指导机制，从教学到科研全方位对青年教师进行帮助指导。因为高级职称教师实行年薪制报酬机制，要求的条件中容易选择的是指导青年教师，而青年教师也有强烈的提高需求，人才培养的供求结合，产生了老新结对人才培养的有效机制。实践证明，该项措施在民营大学培养人才的过程中所起的作用是比较明显的。2016 年，物流系只有 1 位教师具备申报副高级职称的条件，而目前不仅有 3 位教师晋升为副教授，还有多位教师已经具备申报副高级职称的条件。

（三）国内进修，自我提升

升本后，物流系积极推进青年骨干教师的国内进修学习工作。2015 年派出 1 位教师在国内其他大学进修，2016 年派出 2 位教师在国内其他大学进修，2018 年和 2019 年分别派出 1 位教师赴国内其他大学进修。从进修效果来看，成绩斐然，新晋升的副教授基本出自外出进修的教师。

（四）培训考证，借力提升

2015 年，经系里统一安排，2 位教师参加了食品检验工高级培训，增强了物流管理（冷链物流）教学水平；1 位教师参加了全国高校骨干教师智慧物流技术与应用培训，以促进物流信息技术实践教学。2016 年，派 1 位教师到广西桂林进行高级物流师培训，后经过考试顺利拿到高级物流师资格证。同时，安排教师参加对分课堂教学法的培训等。教师们的培训与考证对教学、科研以及建立双师型教师队伍起到了积极作用。

（五）考研深造，在职学习

物流系多位教师、辅导员和教辅人员都积极报考硕士、博士研究生，其中1位已经考上博士在读，有2位已经硕士毕业，还有部分教辅人员正在攻读硕士学位，说明物流系教师的素质正在迅速提升。

（六）底薪加课酬，规范聘用

根据学校统一部署，物流系采用底薪加课酬的方式聘用副高级以上高级职称13位。这些教师通过亲自授课、指导青年教师上课和从事科研工作，以及公开以广州工商学院物流系的名义发表学术论文，对优化物流系师资结构、提高物流系的教学质量、提高青年教师的学术水平以及扩大物流系的社会影响力都起到了积极作用。

（七）外聘专业教师

目前，物流系已经有外聘教师41位，进展顺利，效果良好。

六、专业建设和学科建设成绩斐然

升本以来物流系的专业建设和学科建设成效明显，主要表现在以下几个方面。

（一）成立物流系专业指导委员会

2015年，根据学校建设高水平应用型大学的要求，物流系成立了专业指导委员会，由校内外专家组成，聘请物流企业的领导参与其中成为高校专业指导委员会的一个重要特色。专业指导委员会的成立对推进应用型本科专业建设起到了积极作用。

（二）成功申报三个本科专业

2014年，物流系物流管理专业作为首批升本专业获批招生，把物流系的办学水平推向一个新高度；2015年，成功申报食品质量与安全本科专业，并于2016年开始招生，发展势头良好；2016年，在原有本科专业建设的基础上，申报采购管理本科专业，最终顺利获批，并于2017年正式招生。三年之内连续申报成功三个本科专业，这对于一个以高职高专学校为基础的物流系来说，确实是一个飞跃式的发展。同时，每个专业都严格执行规范化和严格的本科专业的管理和建设标准。物流管理专业于2014年获得省财政物流管理专项建设支持经费80万元。

（三）省级特色重点学科获得审批，学科建设不断深入

升本以后，物流系提出"一体两翼，创新驱动，突出特色，稳健发展"的办学理念，以冷链物流作为物流管理专业的建设特色和发展优势，带动物流管理专业和食品质量与安全专业的协同发展。2016年，物流管理专业申报广东省高校特色重点学科并获得批准。把物流管理作为一个学科来发展，是升本以来物流管理专业的重大突破。近几年来，物流系物流管理专业加强冷链特色建设，取得了明显成绩，为省级特色重点学科建设提供了强力支持。

（四）升为校级重点学科

物流管理专业在成功申报省级特色重点学科之后，根据学校规定，自动成为校级重点学科，目前正在积极建设中。

（五）校级重点专业、重点课程的申报与获批

校级重点专业与合格课程的申报和确认，以及精品课程建设等，构成了物流系专业建设和学科建设的重要内容，并且成效明显。

（六）顺利通过学士学位授予权评估

物流管理本科专业成为广州工商学院首批具有学士学位授予权的专业，并已经顺利送走两届获得学士学位的毕业生。

（七）项目研究支撑专业和学科建设

目前，物流系已有8个省级专业建设项目、5个院级专业建设项目先后获得立项，主要包括2014年省级民办教育专项资金项目——物流管理专业建设，2014年，食品安全与冷链物流管理专业教学平台建设研究；2015年广东省级专业综合改革试点——物流管理，2015年广东教育教学成果奖（高等教育）培育项目——行业需求导向下冷链物流特色专业方向的创设与实践；2016年广东省物流管理特色重点学科，2016年广州工商学院物流管理重点专业（本科）等。

（八）课程建设支撑专业和学科建设

课程作为教学工作最基本的要素，是学校办学最重要的支撑条件之一，也是衡量学校学术水平、教学水平和教育质量的重要标志。物流管理专业通过重点课程、精品课程、资源共享课程建设，推动优质教育资源的共享，全面提高教学质量。目前，物流管理专业在课程建设上已经获得一定成效。

（1）冷链物流管理被纳入广东省精品资源共享课程。

（2）冷链物流管理、物流管理、易腐食品冷链技术等课程被确定为院级重点课程和资源共享课程。

（3）所有本科课程全部是合格课程。

（4）院级课程建设项目立项5项。易腐食品冷链技术、冷链物流管理、现代物流管理、创新思维、冷链物流等五门课程被纳入校内实训课程体系进行研究。

（九）冷链特色教材支撑专业与学科建设

物流管理专业依托专业特色，组织编写了一系列应用型本科教材。目前，物流管理专业共编写出版《冷链物流管理》等教材22部，另外还有校本教材4部。

七、实践教学不断加强

（一）不断修订教学大纲，形成理论与实践教学体系

通过校内组织讨论、聘请校外专家审核等方式，多次对本科教学的理论和实践教学计划进行审核，形成了较为完善的理论与实践教学体系。本科教学的理论体系主要是根据本科教学的要求提升理论层次和完善理论知识体系，这是一个相对比较成熟的领域。而实践教学体系则是需要进一步开发的教学领域。

（二）不断探索实践教学体系的内涵

实践教学体系是指各个实践教学环节通过合理的结构配置呈现的具体教学内容的综合。物流系对实践教学进行了初步探索并形成了一些共识，即实践教学应是在课内外、校内外，利用讨论、观摩、案例分析、实验实训、专题调研、专业实习、撰写论文及各种专业实践活动的综合教学行为。它是对学生所学基础理论和专业知识进行检验认证、操作运用和拓展创新的过程，并通过这一过程，培养和提高学生的学习能力、实践能力和创新能力，体现高水

平应用型大学的学生特色。实践教学体系具体包括如下内容。

（1）专业认知实践教学，主要包括专业介绍、行业企业的参观实习。

（2）公共基础课实践教学，包括基础课中的计算机、英语课程，以及理论课程中的实践环节。

（3）专业基础课实践教学，既安排在实训室实际操作，又安排到相关的物流企业现场学习实际的物流操作。

（4）专业课实践教学，即结合专业课将来的工作实际，通过实验、实训使学生进行专业理念、理论的实践验证。可以利用校内实训基地和校外实习基地进行实践教学。

（5）专业综合实践教学，即综合专业多门课程的校内实验实训基地的实践教学。

（6）毕业实践教学。

（三）完善实践教学条件

2015年11月，改版了物流系综合信息平台，加强了物流系网站建设，为师生学习提供了便利条件。2016年，完成中央财政支持实训基地建设项目。2017—2018年，继续加大实验室建设的投入，不断优化实验实训室的建设，完善和优化校内实践教学条件和环境。该年度从省级特色重点学科资金中拨出90万元用于新建和完善实验实训室，改善了中心试验室的软件和硬件设备，进一步增强了利用效率。2019年，进一步完善了物流管理实验室建设，电脑数量完全满足上课需要，增加了食品质量与安全专业实验室的面积，同时新建了采购管理实验室。目前已经建立8家校外实践教学基地，为学生的校外实习和实践教学提供了良好的条件。

（四）教师的实践教学能力不断增强，实践教学人员逐步到位

在落实实践教学体系的过程中，物流系不断强化对教师实践教学能力的培训，经常组织各门课程的实训教师培训，大大提高了教师的实践教学能力。另外，专兼职实践教学人员逐步到位。升本前，物流系没有专门的实践教学人员；升本后，根据学院实验室管理的要求，专职实验实训教师和兼职实践教学师资逐步到位。随着形势的发展，实践教学人员结构将会得到进一步优化。

（五）实践教学成效显著

（1）加强了学生对理论知识的理解和掌握，以及对行业、企业的了解，提高了学生的实践能力。

（2）启发学生的创新思维，培养了学生的创新能力。

（3）促进了实践教学的教科研工作。

（4）实践教学加深了校企合作。

（5）实践教学取得优秀成果。冷链物流标准化建设实验项目获得第三届校级教学成果特等奖；完成物流管理专业4家校外实践基地建设任务，其中，深圳市递四方速递有限公司校外实践教学基地获得校级二等奖；克服重重困难，高质量完成了首届本科生570人的毕业论文指导撰写和答辩工作，评出优秀毕业论文23篇；没有毕业生因为毕业论文不过关而不能毕业。

八、不断深化校企合作，扩大对外交流

物流系经过几年的发展，对外交流十分频繁，提升了办学思路和办学视野，扩大了影响力。

（一）成功建成八个校外实践教学基地

根据每个专业需要建设四个实践教学基地的要求，物流系已成功建成八个校外实践教学基地，正在建设另外四家校外实践教学基地。

（二）校企合作发挥了重要作用

（1）校企合作为实践教学搭建了平台，强化了应用型人才的培养。

（2）校企合作为教师提供了顶岗实习和丰富个人知识的机会，也为物流管理专业提供了实践教学的师资来源。

（3）通过合作编写特色教材，丰富了应用型人才培养的教学内容。

（4）推动了科研工作的展开，尤其是各类横向课题研究工作。

（5）通过校企合作，为企业培养了对口的应用型人才，比如订单班的培养模式等，增强了学校对社会的服务功能。

（三）与兄弟院校和相关机构进行学术交流

2015年与深圳职业技术学院物流管理教研室进行学术探讨，2016年与深圳华南国际物流公司进行深度交流，2018年与广东省物流行业协会进行深度交流，2019年与北京物资学院进行深度交流，收到很好的效果。

（四）积极开展国际合作

组织教师开展国际学术交流，拓展国际视野，了解学术和行业前沿状态，提高教师水平。

（1）出国考察交流。2015年及2016年，物流专业分别组织老师赴美国和澳大利亚进行学术考察与交流，拓展视野，提高教师专业水平，促进物流管理专业，特别是冷链物流专业的特色建设。

（2）邀请外籍教师前来讲学。2016年10月，邀请墨尔本大学Sig博士前来学院开展学术交流，围绕与墨尔本大学人才培养、学术研究、科研合作、教师进修、交换生等内容展开了深入交流。

（3）物流系的物流管理专业、食品质量与安全专业已经纳入我校国际教育的专业系列，并正在成为主要招生专业。食品质量与安全专业为放在第一位的招生专业。

九、人才培养质量快速提升

（一）认真开展德学教育和"五进"活动，不断加强学风建设

物流系牢固树立以培养人才为中心的教学理念，充分认识学校提出的德学教育对人才培养的重要性，认真贯彻落实德育工作精神，努力开拓德育工作的新局面。学工组紧紧围绕学院、学生处、团委和系部的中心工作，大力开展"以德为行、以学为上"的教育，推动"五进"活动的深入发展；立足本系实际，充分发挥学生干部的模范带头作用，抓实、抓细常规管理，打造以党带团、以团带班的学生自我管理模式，学生的素质教育和心理健康教育等方面均得到加强。全系学生形成了良好的学习氛围，做到了全系安全平稳发展，赢得了提升质量建设的时间。多彩校园文化活动的有序开展，保证了学校良好氛围的构建。

持续强化敬畏课堂的理念，强调课堂纪律，课堂学习氛围得到了极大改善。与升本前相

比，上午前两节课学生在课室吃早餐的现象看不到了，课堂上交头接耳的现象少了，学生学习的注意力集中了、学习积极性提高了。这些都是本科教育的基础性环节，通过课堂日常管理，推进并取得了良好效果。

此外，辅导员队伍素质明显提升。经过几年的变化发展，目前已形成9人的辅导员团队。辅导员大部分拥有硕士学位，工作认真负责，努力进取，素质不断提升，成为提高管理学生水平的重要保证。

（二）学生综合素质不断提高，优秀学生迅速成长

根据学院的要求，物流系主任专门为学生做了提高学术素养的学术报告，调动了学生开展学术研究的积极性。学生努力学习，以德为行，以学为上，全面发展。2014—2017年，先后有47人次获得国家奖学金和国家励志奖学金。

（三）实现了"四个一批"的目标，促进了人才的培养质量

目前，物流系提出了在学生中实现"四个一批"的目标，即申报一批创新创业项目、获得一批奖项、发表一批学术论文、产生一批硕士研究生考生，大大推动了人才质量的提升。

（1）申报了一批创新创业项目。升本以来，在学校的统一组织领导下，物流系积极参与学校组织的各类创新创业项目，获得了好的成绩。物流系多位教师指导学生成功申报10多项省级以上创新创业训练计划项目。

（2）收获了一批奖项。2014年以来，物流系学生在国家级各类比赛中获奖20项、省级比赛中获奖24项、市级比赛中获奖6项。同时，老师还积极组织学生参加各类专业比赛，不仅锻炼了学生，同时也提高了应用型本科教学质量。

（3）发表了一批学术论文。学生特别是毕业班学生积极开展学术研究，学术水平有所提高，成果明显。目前，已经有17名学生公开发表学术论文，有些是学生独立发表，有些是与教师共同发表。通过加强学术研究，学生学术水平明显提高了。

（4）涌现出一批硕士研究生考生。首届本科毕业生中，有20多人参加研究生考试，其中5人进入国家录取线，3人成功被省内名校录取。首届本科毕业生能够积极参加硕士研究生考试并被成功录取，标志着物流系人才培养模式的成功。

（四）学生参与社会实践的热情高涨

2017年已有50名学生参与冷链物流标准宣传工作，被广州拜尔空港冷链物流中心有限公司颁发国家级服务业标准化试点项目宣传员聘书；20名学生参与企业社会和客户满意度调查，被企业颁发国家级服务业标准化试点项目调查员聘书；2017年5月，由物流管理专业学生参与组织的广州工商学院第十七届科技文化艺术节暨物流系"冷"知识大学问，冷链物流与标准化科普展就为企业提供了一个标准化宣传平台；在学院开展的党的知识竞赛中，物流系获得三等奖；2018年"七一评优"中，大学生暑期社会实践活动被评为"大学生党员社会实践示范项目"；在学院第十八届校运会上，物流系获得广播体操第一名和团体总分第三名的好成绩；2019年，在各项比赛中又获得一批奖项。

广州工商学院升本以来，物流系在取得成绩的同时，也存在不少需要继续努力的方面，比如师资结构有待优化，科研成果质量有待提升等。应用型本科教育的模式还处在摸索之中，专业建设和学科建设任重道远，物流系将努力按照国家本科教育质量标准，全方位开展各项工作，为培养高水平的应用型本科人才而继续努力奋斗。

民办高校培养高素质应用型人才的路径选择
——以广州工商学院电子信息工程系为例

范仰才　梁瑞生[①]

广州工商学院升本以来，电子信息工程系的综合办学实力有了很大的提升，本科教育教学改革不断深化，人才培养质量稳步提高，各方面工作都取得了可喜成绩，为迎接本科合格评估、创建高水平应用型大学奠定了基础。

一、引言

应用型本科教育是一种为进入应用科学和现代技术领域就业的学生提供学术和职业准备的教育[1]，对促进教育链、人才链、产业链与创新链有机衔接，全面提高人才质量、扩大就业创业、推进经济转型升级、培育经济发展新动能具有深远意义。广州工商学院电子信息工程系根据学院应用型人才培养目标的定位，培养面向生产服务一线的厚基础、宽口径、实践能力强的高素质应用型、技术技能型人才，为迎接2020年教育部本科合格评估而奋进。

二、升本初期电子信息工程系的状况

电子信息工程系（以下简称"电子系"）成立于2000年，是学院成立较早、专业建设有特色的教学系之一。2014年，电子系的电子信息工程专业首批升本。当时，电子系除电子信息工程本科专业外，还有应用电子、通信技术、汽车电子、汽车服务与营销四个专科专业。本科应用型人才培养面临的突出问题如下：

（1）师资力量不足，缺乏高水平的专业带头人，高职称的教师数量少，年轻教师几乎没有本科教学的经历。

（2）教师科研能力不强，积极性不高，申请项目的人数或发表的论文极少，没有高水平论文。

（3）实验教学条件不能满足本科专业人才培养的需要。虽然2011年电子系从广州花都校区搬到佛山三水校区后，办学条件得到很大改善，但实验室的规划、管理，实验教学的内容和要求等还都停留在专科水平上。

（4）学生创新能力不强，参与竞赛的机会不多，创新活动平台亟待建设。

（5）教学管理制度不健全，管理队伍的素质亟待提高。

本科教学、应用型人才培养面临极大的挑战。制定的本科人才培养方案能不能按计划进行？应用型人才培养目标能不能实现？这些是当时电子系迫切需要解决的问题。

[①] 作者简介：范仰才，电子信息工程系副主任，副教授。
　　梁瑞生，电子信息工程系主任，教授，博士研究生导师。

三、实现人才培养目标的措施及成效

(一) 引进高水平专业负责人

学科负责人是一个教学部门（系）教学、科研、管理等方面的总设计师，是带动全局的关键，是事业的起步，应是研究型、学习型的人，这样的带头人才具有鼓动性和号召力[2]。为了贯彻落实高素质应用型人才培养计划，电子系首先注重引进高水平专业带头人。

1. 电子信息工程专业负责人——梁瑞生教授

梁瑞生教授是博士生导师，现任广州工商学院电子信息工程系主任、中国物理学会光学物理专业委员会副主任、广东省仪器仪表学会副理事长，曾任华南师范大学信息光电子科技学院副院长、广州光学学会理事长、广东省光学学会副理事长、广州市仪器仪表学会副理事长等。梁瑞生教授主要从事介观物理与光信息处理等领域的教学与科研工作；讲授过多门大学本科课程，编著了《信息光学》《现代物理与高新技术》等五部著作；主持和参与了国家973计划、国家自然科学基金等项目；发表了100多篇学术论文，被SCI收录50多篇；曾获华南师范大学教学成果一等奖，广东省高教厅科技进步二、三等奖，广东省优秀学术论文二等奖，广东省自然科学三等奖等奖项。

2. 通信工程专业负责人——胡先志教授

胡先志教授是硕士生导师，从事光纤通信教学与科研工作30多年，是国内知名的光纤通信专家，在国内光纤与光缆行业拥有较高的学术声誉；先后主持起草国家通信行业标准3项，已出版学术著作21部，出版光纤通信技术方面的译著10部，发表论文85篇，荣获科研成果奖励5项；现正在承担光纤通信技术和网络国家重点实验室开放课题"通信光器件前沿研究"和光纤光缆制备技术国家重点实验室开放课题"通信光纤与光缆前沿研究"的研究工作。

(二) 外引内培，组建高素质教师队伍

教育大计，教师为本。只有一流的师资队伍才能创造一流的教育业绩。对于一所专升本的民办普通高校而言，加强师资队伍建设、不断提高教育教学水平，是办好专业、培养合格人才最关键、最本质的问题[3]。电子系在重视引进高水平专业带头人的同时，也注重高职称专业教师及年轻硕士学位以上教师的引进与培养。通过外引内培，多措并举，电子系师资队伍结构得到很大改善。截至2018年12月，全系教职员工总数达52人，其中专任教师38人，教辅及行政人员14人；专任教师中有正高级职称的有6人、有副高级职称的有7人，硕士学位以上教师24人。与刚升本时比较，教师数量、质量、结构都有了很大提升，教师整体素质和教学能力满足教学工作需要。表1是2014年和2018年电子系教师队伍对比情况。

表1 2014年和2018年电子系教师队伍对比情况

年份	专任教师人数	职称结构				学历结构			
		正高	副高	中级	初级	硕士	本科	在读博士	在读硕士
2014	19	0	4	13	2	10	9	0	0
2018	38	6	7	14	11	24	14	1	1

1. 严把人才引进关，确保引进人才的质量

民办高校由于办学历史较短，办学条件（包括教师待遇）与一般公立高校相比有一定

差距，人才引进存在一定的困难，但电子系招聘专任教师的条件没有降低。老教师要求副高级职称以上，青年教师的引进一直坚持做好四个环节，即查看应聘者的简历（特别关注应聘者的科研及论文能力）、试讲、学术对话和综合考评。这样做，一是让应聘者充分展示自己的教学及科研能力，二是便于了解应聘者的学术研究潜力和综合素质。

2. 青年教师实行"三结合"培养模式

高职称的教师少、年轻教师多，是刚升本的民办本科院校的突出特点。为了尽快提高青年教师的教学能力和水平，电子系对青年教师实行走出去、请进来、内部培养相结合的模式。

所谓"走出去"，一是选派青年骨干教师到国内重点大学脱产进修、攻读学位或作为国内访问学者，共派出国内访问学者3人，在职攻读硕士4人（含3位教辅人员），在职攻读博士1人；二是利用一切可能的机会（包括寒暑假）安排青年教师到兄弟院校或合作企业参观学习、短期培训、社会实践等，先后共组织3次教师参观华南师范大学信息光电子科技学院、广东工业大学物理与光电工程学院、暨南大学电子信息学院等，7人次参加全国高校电子信息类课程教学改革研讨会、全国高等学校电子信息类专业人才培养高峰论坛、全国大学生电子设计竞赛指导教师高级研修班，先后5次组织教师到国光电器、飞达电器、国星光电、广州粤嵌科技等合作企业参观访问、社会实践。

所谓"请进来"，一是聘请省内重点大学的专家来做专题讲座；二是聘请企业工程师担任本科部分专业课或主干课的教学，系里安排青年教师跟班听课。

所谓"内部培养"，一是要求青年教师参加学校教师发展中心主办的各种教学能力提升培训班的学习，所有新入职的青年教师均要参加岗前培训；二是对青年教师实行导师制，老教师对青年教师进行一对一帮扶，包括跟班听课、检查指导、修改教案（课件）、安排试讲、科研指导等。

3. 积极开展各类教学技能竞赛，提升教师的教学能力

为尽快提高青年教师的教学能力和教学水平，学院每年都会开展各种形式的教学竞赛。为了选拔优秀选手参加学院的竞赛，每届大赛前系里都要先进行初赛。经常性地开展教学竞赛活动，大大促进了教师之间的相互交流、取长补短、共同提高。截至2018年，电子信息工程系先后有12位教师在学校的各类教学竞赛中获奖，其中获特等奖三项、一等奖和二等奖各一项、三等奖五项、优秀奖二项。表2为2015—2018年电子系教师参加学校各类教学竞赛获奖的情况。

表2　2015—2018年电子系教师参加各类教学竞赛获奖的情况

获奖教师	获奖名称	获奖等级	获奖时间
何小明	第四届青年教师教学竞赛	三等奖	2018—2019学年第一学期
孙靖舒等	第三届多媒体技能竞赛	二等奖	2017—2018学年第一学期
丁南	第二届实验实训教学技能竞赛	特等奖	2017—2018学年第一学期
丁士心	第三届说专业教学竞赛	三等奖	2017—2018学年第二学期
张鹏琴	第三届说课竞赛	三等奖	2017—2018学年第二学期
丁南	广东省第四届高校青年教师教学竞赛（理科组）	优秀奖	2017—2018学年第二学期

续表

获奖教师	获奖名称	获奖等级	获奖时间
刘伟慈	2016年教案评比十佳教案	优秀奖	2016—2017学年第一学期
易亚军	第二届说专业竞赛	特等奖	2016—2017学年第二学期
张书月	第二届说课竞赛	三等奖	2016—2017学年第二学期
刘伟慈	第二届说课竞赛	三等奖	2016—2017学年第二学期
熊银苟等	第二届多媒体课件竞赛	一等奖	2015—2016学年第一学期
廖伯勋	第一届实验实训教学技能竞赛	特等奖	2015—2016学年第一学期

（三）科学定位培养目标，努力培育专业特色

学校升本后，办学理念和目标定位明确，应用型人才培养体系逐步形成，专业布局和结构不断优化。电子系主动适应学院的办学定位、区域经济及社会科技，推进专业建设，带动教育教学改革创新，提高专业人才培养质量。本科专业数量由升本时的1个升到现在的2个，专科专业数量由升本时的4个逐步调整到现在只剩1个，顺利实现了以专科教育为主向以本科教育为主的转型。

1. 专业培养目标

电子信息类专业的培养目标是培养适应社会与经济发展需要，具有道德文化素养、社会责任感、创新精神和创业意识，掌握必备的数学、自然科学基础知识和通信工程专业知识，具有良好的学习能力、实践能力、专业能力和一定的创新创业能力，身体健康，可从事通信工程、电子信息相关领域中系统、设备和器件的研究、设计、开发、制造、应用、维护、管理等工作的高素质应用型人才[4]。

2. 专业培养特色

电子系以培养适应区域经济社会发展、具有良好人文素质及较强实践与创新创业能力的高素质应用型人才为目标，不断优化人才培养方案，努力培育专业特色。一是校企合作的应用型人才培养体系逐步形成，系、行业、企业共同参与人才培养，企业工程师来系为本科生授课，学生到企业实习做毕业设计（论文）；二是重视实践教学，人才培养方案中实践教学的学时占总学时的比例达到40%，建立了与人才培养目标相适应的"四层次""五模块"的实践教学体系；三是创建德学文化，践行"五进"活动，针对民办高校学生的实际，把德学教育与专业教育结合起来，大力倡导"五进"教育实践活动。

（四）改善办学条件，深化校企合作

高素质应用型人才应具有较好的专业理论基础，同时还应具有较强的实际动手能力。加强实验室建设，努力改善办学条件，深化校企合作，是培养高素质应用型人才的有效措施[5]。

升本以来，学院在本系实验室建设投入了大量资金，新建了电子创新实验室、嵌入式实验室，改建、扩建了物理实验室、电工电子实验室、电子技术实验室、通信实验室，校企合作共同投入资金建立了粤嵌众创空间，办学条件得到极大改善。目前，电子系有实验室16间，实验室面积有3 000多平方米，教学仪器设备固定资产有900多万元，可以满足目前校内实践教学的需要。

在加强校内实验室建设的同时，还深化了校企合作。目前电子系与国光电器、国星光电、瀚信通信、广州粤嵌等 15 家大中型企业建立了长期稳定的校企合作关系。依托基地，全方位为学生提供专业职业规划、个性化就业指导、顶岗实习、毕业实习、毕业设计、就业跟踪等服务。其中，国光电器不仅连续十年接收学生到公司实习，每年还资助电子信息工程系举办校内国光杯电子设计大赛。十年来，这项赛事为电子系开展"五进"实践活动，提高学生的团队协作精神、动手能力和创新能力发挥了积极且重要的作用。近两年广州粤嵌通信科技股份有限公司，每学期派工程师来系给本科生授课，2018 届本科毕业生有 20 人选择到广州粤嵌通信科技股份有限公司去做毕业设计（论文），有 2 人选择到佛山国星光电做毕业设计（论文）。企业一线工程师的实践经验丰富，毕业设计课题与专业结合紧密，学生收获大。2019 届毕业生毕业设计，我们及早通知企业拟题，上述两企业共拟了 60 个毕业设计题目，有 12 名学生选择到广州粤嵌通信科技股份有限公司去做毕业设计（论文）。

（五）多措并举提高教师的科研能力

教而不研则浅，研而不教则空。无论理论知识的学习还是实践知识的研究，都需要多角度、深层次的深入研究。科学研究是新时代高等教育的四大功能之一。教学是立校之本，科研是强校之路。要创办高水平应用型大学，在确保本科教学质量的同时，必须重视和加强科研工作。由于民办高校大多从职业教育起步，教师过去主要以教学为主，科研底子薄、条件差、经费投入有限。刚升本时，电子系的科研状况极不乐观。教师申报项目、撰写论文的积极性不高，获得的项目和发表的论文极少。为尽快改变电子系科研落后的状况，系里采取了多项措施。

1. 引进高水平教授，带动整个系的科研工作

每学期举行一次科研报告会，请高水平教授或校外专家做专题讲座（报告），让年轻教师及时了解国内外研究动态和研究热点；请新入职的高职称教师介绍其科研方向，研究领域相近的教师可以一起相互交流研讨，形成研究小组或研究团队；请在教科研上取得突出成绩的教师（含年轻教师）介绍申报课题或发表论文的体会和经验，提高教师申报项目的成功率。

2. 制定教科研奖励办法，拓宽科研路径

教师获得省级以上教科研项目、在正式刊物发表教科研论文、获教科研成果或国家专利、正式出版教材或专著、指导学生获省级以上学科竞赛奖励等，除获得学院相应奖励外，系里再给予一定的配套奖励。

3. 编辑电子信息工程系教工论文集

为促进教师之间的相互交流，展示教师的科研成果，系里将升本以来教师在各类正式刊物上发表的教科研论文编辑整理装订成册，已编辑了 2014—2015 年、2016—2017 年两册论文集。

通过以上举措，电子系科研状况大为改观，教师申报各级各类教科研项目、撰写教科研论文、编写特色教材或专著的热情不断高涨，水平不断提高。升本以来，截至 2018 年，电子系教师在各类刊物上正式发表教科研论文 135 篇，获各级各类教研项目 33 项、科研项目 12 项，获国家专利 60 个，编写特色教材或专著 11 本。利用各种教学方法及实践要领，为教学方法实践探索提供了理论保障，促进了教学方法理论体系的构建。表 3 和表 4 分别为

2015—2018年电子系教师在各类正式刊物发表论文情况、获各级教科研项目和国家专利情况。

表3 2015—2018年电子系教师在各类刊物发表论文情况

年份	总人数	专任教师	教辅及行政	论文总数	北京大学中文核心期刊、EI、SCI论文	一般论文	人均
2015	38	25	13	8	0	8	0.21
2016	40	25	15	20	3	17	0.50
2017	50	35	15	37	5	32	0.74
2018	52	38	14	70	5	65	1.35

表4 2015—2018年电子系教师获各级教科研项目和国家专利情况

年份	教研项目			科研项目			国家专利		
	省级及以上项目	校级项目	项目总数	省级及以上项目	校级项目	项目总数	实用新型	外观设计	专利总数
2015	1	2	3	1	0	1	14	0	14
2016	0	8	8	0	2	2	20	4	24
2017	3	6	9	3	1	4	20	1	21
2018	8	5	13	0	5	5	1	0	1

（六）优化人才培养方案，合理构建课程体系，稳步推进课程建设

电子系以人才培养目标为依据，以社会需求为导向，不断优化人才培养方案，合理构建课程体系，稳步推进课程建设，注重教学改革，强化实践教学，确保人才培养质量。

1. 构建"平台+模块"的课程体系，突出对应用型人才的培养

在本科生教育脱离实践的大环境下，本科专业教育不能以讲得多、讲得全为导向[6]，而应强调解决实际问题的综合能力，突出学生动手能力、创新能力的培养，减少传统学科教育中基础性、学科性课程的比例，提高应用性、创新性课程的比例，搭建了"平台+模块"的课程设置模式，强化了实践教学环节。

2. 严格执行人才培养方案，落实教学计划

人才标准以德为先，学校教化德行为要，课程体系知德合一，教师形象以道统文[7]。严格按人才培养方案实施人才培养，所有本科课程均准备了完善的教学资料，包括教学大纲、教案、电子课件、教学进度（教学计划）等，切实做到开课有计划、授课有大纲、调整有程序、过程有监控，使培养方案得到很好的执行。

3. 稳步推进课程建设

本科专业所有课程均已建设成校级合格课程，现已建成校级重点课程1门；在建校级重点学科1个，校级重点课程1门，创新创业课程2门，应用型人才培养课程1门。严格执行学校关于教材编写、评价和选用的制度，本科理论课教材选用国家级规划教材或省部级优秀教材的比例超过50%；鼓励教师申报校级特色教材建设项目，现有5本教材获得学校特色教材建设立项，已正式出版4本。

4. 重视实践教学

在人才培养方案中，实践教学的学时数（含课程实验、课程设计、毕业实习和毕业设计）占总学时数的比例达到40%，建立了与人才培养目标相适应的"四层次"（基本素质、专业基础、专业技能、综合训练）、"五模块"（素质拓展、基础技能、专业实验、工程实践、创新训练）实践教学体系。学生参与各类学科竞赛、申报各级创新创业训练项目的积极性逐年提高，成绩也越来越好。截至2018年12月，本科生在省级以上学科竞赛获得10项奖项；获大学生创新创业训练项目省级9项、校级22项。

（七）落实教学管理规章制度，完善教学质量监控体系

积极贯彻落实学院关于教学管理的各项规章制度，不断完善教学质量监控体系。

1. 建立教学检查制度

系、教研室坚持定期进行教学质量和教学秩序的检查，了解教与学的情况，加强对教学信息反馈过程的管理。开学初，检查教师教学资料（教案、大纲、课件、进度安排等）的准备情况，以及教学安排（上课时间、课室安排）是否有冲突、学生到校的情况等。学期中，检查教风、学风、教学进度（含实验）执行情况、作业布置和批改情况、辅导答疑、教师调停课情况以及学生对任课教师教学的满意度等。检查的方式有抽查、组织系部教学例会、开展学生座谈会、对学生进行问卷调查、抽查学生作业和实验报告等。学期末重点检查试卷命题、评分、教学资料归档等。

2. 建立教师听课评课制度

系领导、教研室主任定期深入课堂（包括实验、实习、实训课）听课，了解教师教学情况，及时发现和解决问题。教师之间相互听课，专任教师每学期听课不少于8学时，认真填写听课评课手册。平时要求各教研室经常开展教学讨论和交流、集体备课等。

3. 建立学生评教、教师评学制度

每学期期末，学生都要对任课教师进行网上评教，同时，任课教师也要对所教班级学生进行评学。教学督导组和教务处将这些数据汇总后反馈给系里，为系里分析和改进教学工作提供依据。由于措施得当、监控有力，电子系教师教学行为规范、教学秩序井然，学生学习状态良好，没有出现重大教学事故，教学质量得到全面提升。

（八）构建"五进"实践平台，提高学生创新创业能力

电子系为贯彻落实立德树人的根本任务，立育人之德，树有德之人[8]，着力培养具有良好的德学修养、扎实的专业基础、较强的实践能力的高素质应用型人才，积极构建"五进"实践活动平台，如国光杯电子设计大赛、众创空间、电子工艺室、学生创新室、电子创客协会等。通过开展"进课室、进图书馆、进实验实训室、进体育场馆、进社会"的实践活动，深化人才培养模式改革。截至2018年，电子系本科生在省级以上学科竞赛共获10项奖项获广东大学生科技创新培育专项资金项目"攀登计划"1项，获大学生创新创业训练项目省级9项、校级22项，学生公开发表论文13篇、获国家专利45个。首届本科生有8人参加2018年全国硕士学位研究生入学考试，有3人总分超过国家最低录取分数线，最终入学2人，其中，1人考取华南师范大学理论物理专业（为"双一流"专业）研究生，人才培养取得初步成效。表5和表6分别为2015—2018年电子系本科生在省级以上学科竞赛获奖情况，获各级创新创业训练项目、考研、发表论文、获专利情况。

表5　2015—2018年电子系本科生在省级以上学科竞赛中获奖情况

获奖项目名称	获奖等级	项目类别	获奖时间
ROS导航机器人	省级二等奖	2018年广东省大学生电子设计竞赛	2018年8月
智能捕蚊器	省级三等奖	2018年广东省大学生电子设计竞赛	2018年8月
旋转式海浪发电机	省级三等奖	第十九届广东大学生物理实验设计大赛	2018年10月
基于永磁体和高速旋转电动机的磁悬浮小车	省级二等奖	第十八届广东大学生物理实验设计大赛	2017年10月
用背景纹影法实现空气折射率梯度可视化	省级三等奖	第十八届广东大学生物理实验设计大赛	2017年10月
智能管家	省级三等奖	第十四届挑战杯广东大学生课外学术科技作品奖	2017年6月
智能管家	省级三等奖	"华资杯"广东省大学生计算机作品赛（广东选拔赛）	2017年6月
一种反射式声波聚焦装置	省级二等奖	第十七届广东大学生物理实验设计大赛	2016年10月
简易激光测距装置	省级三等奖	第十七届广东大学生物理实验设计大赛	2016年10月
LED旋转显示屏	省级三等奖	2016年挑战杯	2016年6月

表6　2015—2018年电子系本科生获各级创新创业训练项目、考研、发表论文、获专利情况

年份	获各级创新创业项目情况			考研情况			发表论文篇数	获国家专利		
	校级项目	省级项目	项目总数	报考人数	达线人数	录取人数		实用新型	外观设计	专利总数
2015	0	2	2	—	—	—	—	—	—	—
2016	3	2	5	—	—	—	0	20	4	24
2017	8	4	12	—	—	—	2	20	1	21
2018	11	1	12	8	3	2	11	1	0	1

（九）高度重视第一届本科生毕业设计（论文）工作

毕业设计（论文）是本科人才培养计划的重要组成部分，是本科教学过程中重要的实践性教学环节，是人才培养质量的全面检验，也是本科教育评估专家重点关注的内容之一。电子系高度重视首届本科毕业生毕业设计（论文）工作，成立了毕业设计（论文）工作领导小组，制定了工作进程表，有条不紊地按计划进行。指导教师认真指导，严格要求学生，

注重与学生的沟通，及时了解和解决学生在论文写作过程中遇到的问题。2018届毕业生238人，全部参加毕业设计（论文）选题，最终237人完成毕业设计（论文），并顺利通过论文答辩，1人因未按时提交合格论文被取消答辩资格。237人中，毕业设计获优的有25人，占10.6%；获良的有132人，占55.7%；获中的有50人，占21.1%；及格的有20人，占8.4%；不及格的有0人。有10位学生的毕业设计（论文）入选学院《2018届本科优秀毕业论文（设计）选编》。

（十）齐心协力，以评促建，电子信息工程专业获得学士学位授予权

自2016年学校召开第一次教学工作会议暨全面启动首批本科专业学士学位授予专业评建工作后，电子系高度重视，全系教职员工积极响应，全员参与评建工作。系里成立了评建工作领导小组，全面部署和领导整个评建工作。全系教职员工认真贯彻"以评促建、以评促改、以评促管、评建结合、重在建设"的方针，深入学习、深刻领会有关学士学位授权评审的文件精神和评审指标内涵，认真查找差距，制定工作方案，进行任务分解，责任到人。上下齐心协力，圆满完成了评建工作任务，给学院交了一份优秀的答卷。2018年3月28日至29日，省教育厅学位办组织专家对广州工商学院申请新增学士学位授予单位及新增学士学位授予专业的情况进行了实地考察。专家到系审阅了简况表、自评报告等申报材料，听取了专业负责人的汇报，考察了专业实验教学场地和设施，查阅了教学文件及相关资料，对专业负责人和教学骨干进行了深度访谈，还进行了随堂听课。专家认为："电子信息工程专业定位准确，培养方案符合专业定位，教学计划和课程体系合理且执行良好；教师队伍结构基本合理，数量基本满足专业人才培养的需要，且有较高学术水平，课堂教学效果良好；专业教学实验室配置较完善、设备较齐全，建有完善的校外实习基地，有效支撑了专业人才培养；建立了规范的教学管理制度并执行良好，教学质量有保障；专业人才培养突出了实践教学，实验开出率较高，毕业设计（论文）选题、过程管理严格。"2018年5月，经广东省学位委员会批准，电子信息工程专业成为学院首批学士学位授予专业，符合条件的2018届本科毕业生顺利获得了学士学位证书。2019年9月，电子信息工程专业被获准面向全省招收本科插班生。

四、结语

广州工商学院升本以来，电子系经历了学士学位评建工作，送走了第一届本科毕业生，有成绩也有问题，有经验也有不足。2020年，学院将迎接本科教学工作合格评估，这是事关学院前途和命运的大事。电子系全体教职工将认真贯彻"以评促建、以评促改、以评促管、评建结合、重在建设"的方针，认真学习、深入领会有关评建工作的文件精神和评审指标的内涵，总结学士学位评建工作的经验，按学院制订的工作计划，凝心聚力，扎实工作，全力做好整改和建设工作，逐步建立起保障教学质量不断提高的长效机制，切实提高本科教学工作水平和人才培养质量，为学院创办高水平应用型大学作出新的贡献。

参考文献

[1] 邝邦洪. 创建高水平应用型大学的探索与实践 [M]. 广州：广东高等教育出版社，2015.

[2] 邱云兰，邱伟华. 新课程下数学教育科研的思考 [J]. 曲阜师范大学学报（自然科学版），2016，42（4）：123-128.

[3] 廖青. 一流的师资队伍是一流教育的保障——管窥美国优质高等教育启示 [J]. 北京教育（高教），2012，（5）：77-79.

[4] 教育部高等学校教学指导委员会. 普通高等学校本科专业类教学质量国家标准（上）[M]. 北京：高等教育出版社，2018.

[5] 李学华，杨曙辉，王亚飞. 校企紧密合作培养通信工程高素质应用型人才 [J]. 实验科学与技术，2011，9（1）：91-94.

[6] 张力群，徐红，徐雷，等. 引领科学发展需要知识、能力、兴趣和勇气——复旦大学拔尖人才培养思考 [J]. 中国大学教学，2019（3）：8-12.

[7] 李长吉. 要重视"立德树人"的中国传统文化根基研究 [J]. 当代教育与文化，2019，11（1）：2-6.

[8] 曾云. 立德树人：中国古代教育思想嬗变的视角 [J]. 当代教育与文化，2019，11（1）：7-11.

开拓进取不改初心，砥砺前行牢记使命
——工商管理系升本以来教育教学改革探索与实践

石丽明[①]

学院升本后，工商管理系尊崇"以质立校、以生为本、突出特色、崇尚创新"的办学理念，坚持"以德为行、以学为上"教育思想，落实"德学五进"教育实践活动，树立"秉承精品意识、工匠精神打磨每一节课"的教风，着力为珠三角地区培养具有扎实的专业理论基础、较强的实践应用技能、自主创新创业精神和高度社会责任感的应用型工商管理人才。

一、精准定位，明确发展目标

学校明确提出了办学指导思想和定位，以教学工作为中心，以培养应用型人才为重点，不断深化改革，积聚资源，着力在规模效益、人才培养、师资队伍建设、专业建设、特色文化建设、社会服务等方面有更大、更新的突破，力争早日把学校建设成特色鲜明的高水平应用型大学，为地方经济社会发展作出积极贡献。

根据学校总体发展规划，工商管理系制定了《"十三五"专业建设与发展规划》，明确了专业建设与发展的思路，即立足珠三角地区，以区域经济发展需求为导向，培养高素质的应用型工商管理人才，构建以工商管理专业为核心的工商管理专业群，凝练专业特色，创建省级特色专业。

为落实工商系《"十三五"专业建设与发展规划》，在系专业发展与建设领导小组的指导下，各教研室深入企业、机关、社区，调查了解社会对工商管理人才的需求情况，为论证申报专业取得第一手资料。根据学校"快速增设本科专业，逐步调整专科专业"的部署，加强了专业论证和申报工作。2014年，经教育部批准开设了工商管理本科专业；2015年，增设了人力资源管理本科专业；2016年，获批劳动关系本科专业。同时，在2015年停止了经济管理专科专业的招生，2016年停止了人力资源管理专科专业的招生。在专业设置上，形成了以工商管理专业为核心的工商管理专业群，实现了以本科为主、专科为辅的目标，完成了由专科向本科的转变。工商管理系2014—2018年开设专业及招生情况如表1所示。

[①]作者简介：石丽明，工商管理系主任，教授。

表1 工商管理系 2014 – 2018 年开设专业及招生情况

专业层次	专业名称	申报时间	招生时间	招生人数			
				2015 年	2016 年	2017 年	2018 年
本科	工商管理	2014 年 3 月	2015 年 9 月	530	560	550	520
	人力资源管理	2015 年 3 月	2016 年 9 月	—	350	240	240
	劳动关系	2016 年 3 月	2017 年 9 月	—	—	120	150
专科	工商企业管理	—	—	340	300	420	350
	人力资源管理	—	—	170	200	—	—
	经济管理	—	—	180	—	—	—

二、对照国标，完善人才培养方案

人才培养方案是人才培养的纲领性文件，保证人才培养方案的质量是保证人才培养质量的前提。人才培养目标是一个专业在一定教育思想影响下，根据社会需求和学校资源对培养人才的目标定位。人才培养规格是对人才培养类型与主要标准的具体规定。应用型本科人才的规格应是知识面宽、实践能力强、学习能力和适应能力强、综合素质高的专业技术技能人才。这类人才一般具有两个方面的特征，一是体现高等教育的基本要求，达到本科教育层次的学业标准，具有良好的综合素质；二是符合应用型本科教育的特定要求，具有较强的实践能力，能够分析问题和解决问题。在培养模式上，应以适应社会需求为目标、以培养技术应用能力为主线，设计学生的知识、能力、素质结构和培养方案，构建课程体系。

工商管理学科中的各专业与市场经济联系紧密，在人才培养上坚持"面向企业、立足岗位；优化基础，注重素质；强化应用，突出能力"的原则，以工商企业管理岗位群所要求的知识和技能为标准，合理定位工商管理系各专业人才的培养规格，构建理论教学与实践教学有机结合的教学体系、课程体系和专业技能训练模式，突出实践性、应用性，强化学生综合素质的培养。

工商管理系各专业在人才培养方案的制定过程中，始终坚持以为区域经济发展服务为目标，特别是以珠三角地区工商企业对管理人才的需求为导向，从职业能力要求入手，构建人才培养的知识结构、素质结构、能力结构，探求本科应用型管理人才培养的新模式。围绕人才培养目标，统筹规划教学团队、课程体系和校内外实践教学基地等方面的建设，为人才培养目标的实现奠定坚实基础。通过企业调查、去同类院校交流学习、聘请专家和企业家等方式对人才培养方案进行评审，反复修订，不断完善，确保人才培养方案的科学性、准确性、前瞻性。《普通高等学校本科专业类教学质量国家标准》（以下简称《国标》）发布后，及时调整了三个本科专业的专业核心课、专业选修课、实践教学的学分比例，确保培养方案符合标准，切实可行。各专业人才培养方案在执行过程中运行正常，效果良好。

鉴于工商管理系各专业还处于初创阶段，人才培养模式选用了经典的"3.5 + 0.5"模式，将人才培养过程分为两个阶段，即专业素养培养阶段和专业能力训练阶段。课程体系由"四平台 + 三模块"构成。"四平台"，即通识教育平台、学科基础平台、专业技术平台和综合应用平台；"三模块"，即专业必修课模块、选修课模块和拓展项目模块。在选修课模块中增加了专业技术课选修模块，包括创新创业实训课程与技能类课程群。增加了实践教学课时，实践教学课时占总课时的 45%。加大了选修课的比重，以满足学生的个性发展需求，拓宽学生知识面。将学生参加学科竞赛、企业调查、发表论文、创新创业实践和考证等活动纳入课外拓展项目，达到规定标准，核定成绩，承认学分。

三、着力培育高素质、优结构的师资队伍

应用型本科人才培养目标的实现，需要建立一支与之相适应的师资队伍。《国标》规定，工商管理类专业应建立一支年龄结构、知识结构合理的师资队伍，有一批具有较高学术水平、教学经验、实践经验的教师担任主干课主讲教师和实验技术人员。工商管理类专业应用型本科专业师资队伍的构成和素质要求等有其自身特点：首先，在教师素质上，专业教师不仅能够传授本专业的理论知识，而且熟悉职业岗位工作程序，即所谓的"双师型"教师；其次，在教师结构上，具有实践经验的教师与理论教师的比例通常大于普通本科，以满足应用型人才培养的需要；最后，教师与企业紧密合作，有助于把最新的管理经验、生产技术理论和知识引入教学，从根本上避免理论与实践脱离。工商管理系根据专业发展需要，遵循师资队伍建设规律，坚持引进和培养并重的原则，在注重量的扩充的同时，采取切实措施，不断优化师资队伍结构。

（一）引进来，留得住，送出去

自升本以来，工商管理系加大引进力度，通过各种渠道招聘教师，不断扩充教师队伍，专任教师由 2014 年的 49 人增加到 111 人，无论是在职称结构、学历结构、专业背景等方面都达到了一定规模，基本满足教学需要。工商管理系专任教师结构如表 2 所示。

表 2　工商管理系专任教师结构

类别	职称			专业背景				学位		
	高级职称	中级职称	初级职称	经济学	管理学	法学	其他	博士	硕士	学士及无学位
人数	30	62	19	19	65	18	9	1	85	25
比例	27.0%	55.9%	17.1%	17.1%	58.6%	16.2%	8.1%	0.9%	76.6%	22.5%

积极开展师德教育，强化教师的使命感、责任感和归属感；关心青年教师的成长与进步，有计划地组织青年教师进修学习，注重教师执教能力和水平的提高；充分发挥老教师的传帮带作用，以老带新，强化对年轻教师的培养。切实解决教师工作和生活中的困难，保障教师的福利待遇；认真贯彻落实《广州工商学院实行青年教师导师制暂行办法》，为从事高校教学工作不满两年的新教师或已具有讲师资格准备申报副教授的教师配备具有副高级或以上职称的导师，进行为期一年的指导；明确指导教师的工作任务，制订培养计划和考核指标，为青年教师设计五年晋升高级职称的目标，使青年教师尽快转换角色，胜任工作，不断进步。通过"政策留人、事业留人、发展留人、感情留人"，营造尊重教师、关心教师、服务教师的氛围，教师队伍得以稳定。

采取选派教师做访问学者、加入学术组织、参加学术研讨会和企业实践等形式，加强对外交流，开阔视野。关注理论发展前沿，搭建学术交流平台，提高教师的理论水平和科研能力。自升本以来，本系作为团体会员先后加入了广东省人力资源研究会、广东省人才开发与管理研究会等，先后选派了 45 名教师参加"变化环境下的人才管理创新"高峰论坛、"HR

+三支柱"高峰论坛、"职业心理健康与积极组织建设"高峰论坛、"SPS案例教学法"研讨会等。鼓励教师继续深造学习，现有3名教师在国内（外）攻读博士学位。自2014年起，已派出5名教师做国内访问学者。利用暑假，安排青年教师去企业顶岗实践，深入企业、深入社会，培养教师的"双师"素质。

（二）强化教风建设，规范教学行为

（1）树立"秉承精品意识、工匠精神打磨每一节课"的教风，培养教师敬畏课堂的意识。教风是教师队伍在道德、才学、作风、素养、治教等方面的集中反映，是一个教学团队的精神旗帜。工商管理系在专业发展和教学管理中，注重教风的培育与建设，通过学习、座谈，全体教师达成共识，将工商系的教风归纳为"秉承精品意识、工匠精神打磨每一节课"，充分反映了广大教师从严治学、从严治教，把"水课"变成有深度、有难度、有挑战度的"金课"的职业信念。通过评选师德标兵、教学名师、优秀教师等，树立典型，以优良教风促进队伍建设。

（2）加强师德教育，规范教学行为。在教学活动中，教师始终处于主导地位。深化教学改革的关键在教师，保证教学质量的关键也在教师。在加强师资队伍建设时，坚持把师德建设放在首位，把师德教育贯穿教学管理始终，尊重教师、关心教师，促进教师全面发展。积极引导教师树立育人为本、德育为先的理念，消除其"打工者"心态，以身作则，言传身教，以良好的思想品质和道德风范去影响学生，以过硬的业务能力和精湛的教学水平去培养学生。认真贯彻落实《广州工商学院教学质量建设与评价基本标准（试行）》，在理论教学、实验实习、课程设计、毕业设计（论文），以及试卷命题和改卷、学业成绩评价等教学环节中，严格执行操作规范和质量标准，并取得了较好效果。

四、深化教改教研，全面提高教学质量

《国标》明确指出，任课教师应有较强的教学能力和科研能力。教学研究与改革是教育发展的内在驱动力，全面扎实开展教育研究，不断深化教育教学改革，是系部教学工作的重点。工商管理系在教研教改、提高教学质量方面采取了一系列措施，成效显著。

1. 实行首席教师制

充分发挥专业带头人的作用，在骨干教师中聘任首席教师，组成课程团队，明确首席教师的工作职责。在首席教师的主持下，制定教学大纲、教学进度表，统一教学内容、教学重点，组织编撰习题集、案例集，定期召开研讨会，汇总教学过程中出现的问题，讨论解决问题的办法。

2. 建立集中听课制度

在系督导小组的领导下，培育名师、创建名课，组织开展以高职称、骨干教师为主体的示范课和以青年教师、新入职教师为主体的公开课。通过集中听课，为教师搭建相互交流、相互学习、取长补短的平台，使青年教师学有方向、追有目标。自2014年起，每学期组织公开课4~5次、示范课2~3次。"晒课-追课"已形成良性循环，效果显著，并成为工商管理系的品牌项目，在课程建设中起到积极作用。

3. 开展各类教学竞赛活动，"以赛促教、以赛促改"

自升本以来，工商管理系积极组织教师参加校内外各类教学竞赛活动。通过各教研室组

织的初赛和由系里组织的复赛，层层选拔，选出最优秀的教师，以最好的教学风姿参加比赛。在各项赛事中，工商管理系的教师都有上乘表现，涌现出一批优秀教师。

4. 切实开展课程建设

根据《广州工商学院"十三五"课程与教材建设实施方案》，制定了课程体系改革总体思路，将各专业的课程分为合格课程、重点课程和精品课程三个层级。按照学校规定的课程标准，工商管理专业、人力资源管理专业、劳动关系专业开设的课程全部通过合格课程的评审验收，合格课程占比达100%。有三门专业核心课成为校级重点课程建设项目立项课程，其中，管理学和企业经营管理两门课已经通过评审结题，财务管理课程正在建设中。另外经济法、企业战略管理、生产与运作管理等课程已经作为系级重点课程正在建设中，为申报校级重点课、精品课做准备。

5. 严格选用教材、自编教材

教材是课程教学内容的载体，教材的质量关系教学内容的深度、广度和准确度。根据学校相关规定，确定选用教材的原则，即优先选用国家级和省部级规划教材、获奖教材、精品教材或公认的优秀教材以及最新出版教材。从2015年起，选用近三年出版的教材比例为92.1%，选用省部级以上获奖教材的比例为42.1%。学校制定的《广州工商学院教材建设与管理暂行办法》中，鼓励编写符合本校专业特点的高水平教材，将教材编写与出版列入学校的科研奖励范围，极大地调动了教师编写教材的积极性。本系近四年主编或参编的教材共9部，全部应用于课程教学，反映良好；还有已经立项的应用型本科教材《人力资源管理》和精品教材《项目管理》，正在编撰中。

6. 推进信息化教学，创新课堂教学手段与方法

学校高度重视多媒体技术在课堂教学中的应用，投资建设或改造了多媒体教室。工商管理专业的课程100%采用多媒体教学，为提高课堂教学质量，不断创新教学方法，积极采用雨课堂、微助教等信息化手段教学。为了满足"理实一体"的教学需求，在工商管理综合仿真模拟实验中心建立了四间一体化教室，包括行为观察与商务谈判室、企业行为沙盘实训室、实干邦·广工商创新创业实践教学开放区、劳动法律诊所。

7. 全面提升课堂教学质量

学生评教可以从侧面反映教师的课堂教学水平和学生对教师的认可度。自2015年以来，每个学期的学生评教结果显示，老师的教学水平、课堂组织与管理等普遍得到认可，并得到了较高的评价，优秀率逐年提高，特别是青年教师成长较快，涌现出一批深受学生欢迎的老师。

五、构建科学的实践教学体系，强化实践教学环节

（一）建立具有特色的实践教学体系

针对工商管理学科各专业人才培养目标的要求与特点，反复研讨，设计实践教学的环节和内容，逐步形成具有专业特征的递进式实践教学体系，将职业能力分成三个层次，即基础技能、专项技能、综合技能，在不同时期通过不同方式强化训练。基础技能主要包括语言表达能力、写作能力、沟通能力、办公软件应用能力，安排在第二、三学期，通过模块课程的设置和训练，加以培养提高；专项技能是指数据分析、战略选择、计划决策、统计报表、调

查预测、广告策划等管理方法运用能力，通过对应的"理实一体"课程进行操作训练；综合技能突出专业知识的综合应用能力，安排在第七、八学期，通过校内的仿真模拟综合实训和校外实践教学基地专业实习完成。实践教学课时占总课时的30%左右。

（二）加大投入，建设校内实验实训室

近年来，学校加大了对工商管理专业的投入，建立了1 860平方米的工商管理综合仿真实验教学中心，包括企业经营模拟仿真实训室、行为观察与商务谈判室、企业信息化管理实训室、企业行为沙盘实训室、实干邦·广工商创新创业实践教学开放区、人力资源管理沙盘对抗实训室、形象塑造与素质拓展室、人力资源综合实训、劳动法律诊所等，配置了踏瑞人才测评教学软件、踏瑞绩效管理智能反馈比赛教学软件、踏瑞大学生职前素质拓展系统、踏瑞人力资源设计与对抗比赛平台、踏瑞薪酬管理智能反馈比赛教学软件、新道新商战沙盘系统教学软件等，可以满足财务管理、统计学、市场营销、人力资源管理、经济法、沙盘模拟实战、商务谈判与礼仪、办公自动化与应用、专业综合实训等20多门专业必修、选修课和综合实训课约150个实验实训项目的教学需求。工商管理系实验实训室情况如表3所示。

表3　工商管理系实验实训室情况

序号	建设时间	实验室名称
1	2016年7月	企业经营仿真模拟实训室
2	2016年7月	企业行为沙盘实训室
3	2016年7月	行为观察与商务谈判室
4	2016年7月	形象塑造与素质拓展实训室
5	2017年7月	企业信息化管理实训室
6	2017年7月	人力资源综合实训室
7	2017年10月	实干邦·广工商创新创业实践教学开放区
8	2018年7月	人力资源管理沙盘对抗实训室
9	2018年7月	劳动法律诊所

（三）践行"五进"实践活动

通过第二课堂丰富实践教学的内容和形式，为学生自主学习和个性化发展搭建平台，促进学生的全面发展。

一是举办内容丰富的专业知识竞赛和专业技能竞赛，如读书报告会、案例分析大赛、沙盘模拟大赛、创业策划大赛、工商模拟实训等活动，调动学生的学习热情，达到以赛促学、以赛促教的效果。工商管理系校内专业知识、专业技能竞赛如表4所示。

表4　工商管理系校内专业知识、专业技能竞赛

序号	竞赛名称	参赛对象	主办单位	备注
1	读书报告会	系内各专业学生	工商管理系	已举办两届
2	工商管理模拟实训	工商管理应届毕业班学生	工商管理教研室	首届
3	案例分析大赛	全校各专业学生	工商管理教研室	已举办八届

续表

序号	竞赛名称	参赛对象	主办单位	备注
4	创业策划大赛	全校各专业学生	工商管理教研室	已举办十二届
5	沙盘模拟大赛	全校各专业学生	企业管理教研室	已举办十一届
6	劳动合同法知识竞赛	系内各专业学生	人力资源管理教研室	已举办七届
7	劳动关系知识竞赛	系内各专业学生	劳动关系教研室	已举办二届
8	劳动关系技能竞赛	系内各专业学生	劳动关系教研室	首届
9	电子商务技能大赛	系内各专业学生	电子商务教研室	已举办三届
10	主题辩论大赛	系内各专业学生	系团总支	每年一次

二是组织学生参加暑期社会实践、志愿者活动、暑期三下乡活动等，引导学生走出校门进社会。参加专业知识、专业技能竞赛，申报各类项目，如大学生创新创业训练项目、"攀登计划"、大学生质量工程训练项目等，巩固学生的专业知识，开阔学生视野，增强团队协作精神和逻辑思维能力，培养学生的职业能力。

（四）拓展校企合作规模，建立稳固的实践教学基地

为满足学生顶岗实习的需要，不断拓展校企合作的规模，建立稳定的实践教学基地。工商管理系校外实践教学基地如表5所示。

表5　工商管理系校外实践教学基地

序号	基地名称	建立时间	面向专业	接收学生人数
1	广东畅想未来网络科技有限公司校外实践教学基地	2017年4月	工商管理、人力资源管理	20
2	湖南大顺德造网络科技有限责任公司、广东鑫奇电气有限公司校外实践教学基地	2017年11月	工商管理、人力资源管理	60
3	广州助高健康生物科技有限公司校外实践教学基地	2018年6月	工商管理	60
4	广州创骐企业管理咨询有限公司校外实践教学基地	2018年6月	工商管理、人力资源管理	60
5	深圳市现代教育科技文化有限公司佛山分公司校外实践教学基地	2018年10月	工商管理、人力资源管理	120
6	海尔华南创客中心（依托单位：佛山海尔电冰柜有限公司）校外实践教学基地	2018年10月	工商管理、人力资源管理	20

六、践行"德学五进"，重在全面培养

（1）品学兼优，全面发展。秉承"以德为行，以学为上"的教育思想，树立良好的学风，培养学生德智体美劳全面发展，提高学生的综合素养，涌现出一批品学兼优的学生。2014—2018年间，有7人次获得国家奖学金、200人次获得国家励志奖学金。

（2）学生专业素养不断强化、科研意识有所提高。为培养学生的专业素养和科研意识，

工商管理系举办了工商管理前沿理论系列讲座，邀请校内外专家学者、企业家开论坛、做讲座，培养学生的专业素养、科研意识和创新思维。对于学术讲座的主题和内容，学生反映良好，对他们未来的职业生涯产生了潜移默化的影响。在教师的指导下，2019届应届毕业生以第一作者发表论文17篇、第二作者发表论文8篇。

（3）学生创新创业意识不断增强，双创教育硕果累累。据统计，2015—2018年，学生先后申报了40项创新创业训练项目，其中3项为国家级项目、2项为省级项目，有9项已经结题。

（4）课余时间积极开展主题班会、学术讲座、知识竞赛、技能竞赛、科技文化艺术节等活动，激发学生的学习热情，开阔学生视野，取得了可喜的成绩。据不完全统计，2015—2018年，工商管理系的学生参加各级各类比赛119次，国家级、省厅级竞赛获奖63项，近400名学生参与其中。

自学院升本以来，工商管理系不断探索，努力开拓，专业建设，日臻完善，已开设工商管理、人力资源管理、劳动关系三个本科专业。截至2018年年底，在校生3 783人（2019年工商管理专业应届本科毕业生472人）；教职工131人，其中教师111人，辅导员15人，行政管理人员5人。在教师队伍结构中，高级职称30人，占教师总数的27.0%；博士及硕士研究生86人，占教师总数的77.4%。2015年至2018年，学校累计向工商管理系各专业投入实验室建设经费478万元；投入经济与管理类图书资料经费426万元，馆藏图书92万册。为满足实践教学需要，已建立校外实践教学基地6家。

自2015年至2018年，工商管理系专任教师获得广东省社科基金项目2项、省教育厅项目3项、教育部协同育人项目2项、省高等职业技术教育研究会项目3项、广州市社科基金5项、校级科研项目18项、教研教改立项12项、横向课题2项等；发表论文351篇，其中核心期刊5篇；出版教材9部；取得各级各类优秀科研、教学成果奖26项。工商管理专业取得广东省教育厅特色专业建设项目立项，工商管理学科成为校级重点学科。有40项大学生创新创业训练项目立项，其中3项为国家级项目、2项为省级项目，有9项已结题；学生发表论文25篇，其中以第一作者发表的有17篇。

从高等职业教育向应用型本科的转型，绝非仅指教学内容与教学方法的变更，而是人才培养模式与教育教学模式的深层次改革"应用型"不仅体现在人才培养目标与教学内容上，而是贯穿人才培养的全过程。实践证明，教育教学模式的改变直接涉及教师的思维模式、行为习惯及切身利益，牵涉到学校内部管理模式，特别是教学管理、人事管理等方面，还涉及政府教育行政主管部门及社会对学校的评价体系等。总之，这是一场深层次的教育改革。我们要积极投入到这场改革中来，开拓进取，砥砺前行。

参考文献

［1］冯刚，金国峰．论中国教育现代化的方向目标［J］．中国高等教育，2019（01）：4-8.

［2］史秋衡，王爱萍．立德树人的历史责任与路径设计［J］．中国高等教育，2018（24）：4-6.

［3］陈宝生．落实　落实　再落实——在2019年全国教育工作会议上的讲话［J］．中国高等教育，2019（z1）：4-12.

抓机遇　乘势头　促发展
——音乐系升本后办学成效窥探

程建平[①]

2016年，音乐系音乐表演专业升为本科专业；2018年，音乐系申办舞蹈编导本科专业获批，并于当年招生。两个本科专业的相继开办，不仅提升了音乐系的办学层次，提升了全系教师的职业信心，更是激活了音乐系自2004年开办以来的办学热情。机遇和动力迎面而来，困难与压力也随其而至。在学院的正确领导及大力支持下，经过音乐系全体教职工的奋发努力，在升本后的两年多时间内，系办学面貌、教学潜力及发展势头均发生了根本性变化，尤其在专业建设、教学科研、师资队伍、人才培养、实验实训、"德学""五进"以及校企合作等方面取得了实质性的改观，为音乐系的后续发展奠定了坚实基础。回望音乐系升本以来的发展历程，窥探其升本后的办学成效，以下几方面值得归结和发扬。

一、及时调整学科发展规划及专业建设目标

升本以后，音乐系的办学层次由专科升为本科，这不仅是办学层次、办学声誉、办学效益的转变与提升，也意味着音乐系每位教师的职业生涯有了更高层次的定位与发展，意味着音乐系的生源质量及数量有了稳定的提升与保障。同时，它更意味着音乐系的办学水平和人才培养质量有了更高的标准与要求。

音乐系以"本科教学我做好准备了吗"的大讨论为基础，提早让全系教师进入本科教学的角色，提早对所承担的本科教学任务进行认真思考，同时，及时修订了音乐系2016—2020年专业建设与发展规划，全面调整了教学布局与人才培养思路，最大限度确保教学的针对性及实效性。

在指导思想上，依据学院创建高水平应用型本科大学的目标，牢牢把握应用型音乐表演人才的培养方向，紧紧盯住人才培养的社会需求和职业走向，针对广东省尤其是珠三角地区音乐人才培养的专业分布及社会大众对音乐文化的需求，以突出办学优势和发掘专业特色为根本，以培养应用型本科音乐表演人才为主旨，逐步淘汰相应的专科专业，积极筹办舞蹈编导本科专业，力求在办学层次、专业特色、招生规模等方面取得合理、快速而有效的发展。

在专业定位上，立足社会音乐文化艺术的发展需求，面向企事业、文化馆站、社区街道、培训机构等音乐文化服务和教育机构，在人才培养上坚持多能一专、多元发展、强化职业特长、突显能力优势的培养规格，力求在实用、能用、好用的"三用能力"培养上突显应用型音乐表演艺术人才的技能优势和专业特色。

在建设目标上，立足应用型音乐表演人才的培养目标，以音乐表演专业的应用型能力培

[①]作者简介：程建平，音乐系主任，教授，硕士研究生导师。

养为抓手,力求在职业定向性、专业适应性和技能特长性等方面赋予人才培养的"工商特色"和专业优势,努力成为广东省尤其是珠三角地区同类学校音乐表演专业人才的重要培养基地。

在工作思路上,坚持以本为本、以生为本、内强素质外树形象,以及"德学""五进"的办学思路,力求在夯实办学基础、稳固教学秩序、凝练专业特色、拓展艺术实践等方面下足功夫,做实工作,力求实效。

二、用心探求应用型音乐表演人才培养的模式与路径

在学院创建高水平应用型本科大学的目标指导下,音乐系紧紧围绕应用型音乐表演人才的培养,以实用、能用、好用的"三用能力"培养为指向,以"双模"实训为路径,强化"五进"意识,开辟艺术实践通道,搭建能力展示平台,积极探索切合自身发展的专业教学模式。为此,音乐系制定了人才培养的具体策略和模式,并在教学实践中予以实践。

(一)构建应用型本科音乐表演人才培养的有效机制

立足理论够用、技能实用、知识面宽、多能一专的人才培育规格,开辟多能一专、多元发展、突出职业特长、强化能力优势的实践路径,构建以"三用能力"的培养为主线,以进课室、到琴房、登舞台、进社会、入社区为辅助,以音乐实践、舞台表演、集体协作、应急应变、团队合作、人际交往等六种具体专业能力为参照,立体交叉、相互渗透、互补互动的有效育人机制,如图1所示。

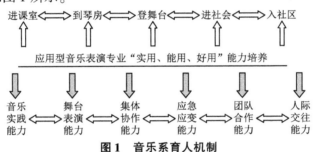

图1 音乐系育人机制

(二)明晰应用型本科音乐表演人才能力培养的具化目标

"三用能力"的培育是音乐系近年来一直倡导并着力探求的能力目标。实用,即教给学生的专业技能与未来工作需求较贴切、有用、适用,具有实际的社会应用价值;能用,是指学生所掌握的专业理论与技能技术在各类实践活动中管用、会用,能解决现实问题;好用,是指对学生德行及人品的要求,体现出育人的指向,尤其是德学修养的灌输与教育和优良人品的养成和培育。

实用、能用和好用三者之间相互贯通构成了一个合力点,支撑着应用型人才专业能力全面展示的有效度。对于新升格的音乐与舞蹈本科专业来说,所培养的人才只有具备了"三用能力",才能担负起国家与社会赋予的职责与使命。

(三)实施教、学、模、表、评五位一体立体教学法

根据学生专业基础及学习能力的实际情况,结合音乐技能课教学规律及特点,将理论与实践、理解与学做、模仿与表演、体会与评价相互交织,形成了一种教、学、模、表、评多元向、多层面交叉融合、渗透互动的五位一体的立体教学法。

1. 教

教什么和怎样教是教学质量与水平的基本保证。对教师坚持要求：改"满堂灌输"为"精讲多练"，力求理解与实践的统一；改"单一讲授"为"多科综述"，力求智能点与知识面的统一；改"主观训导"为"启发诱导"，力求直观与联想的统一；改"教会学生"为"学生会教"，力求技法与应用的统一。

2. 学

学什么和怎样学是人才培育与强化的基本要求。对学生始终强调四点。第一，要端正态度。与学习方法相比，学习态度只有一种，那就是时时刻刻都认真、勤奋和刻苦。第二，要善于思考。音乐表现的技能与技巧都是在瞬间完成的，且内在各种技法的联系与连贯光靠语言和文字是难以表述的，学会思考并善于思考至关重要。第三，要勤于练习。任何技能的形成都要付出大量的时间和精力，只有勤奋练习才能体会各种技能的内在真谛。第四，要勇于实践。把所学知识及掌握的技能运用并展示于实践中，检验所学知识与技能的实用性和效用性。

3. 模

模仿是学习音乐技能的基础。在此过程中，对教师的要求有三：一是示范指导的科学性与合理性；二是示范指导的直观性与可赏性；三是示范指导的针对性与有效性。对学生要求有四点：一是在模仿中尽快入门。对于音乐技能来说，初学时的"照葫芦画瓢"很重要，模仿得越像越好，越逼真就越能体悟到技能的核心真谛，从而尽快入门，走上学习轨道。二是在模仿中定位自我。每个人的自身条件和专业基础都不一样，对技能技巧的感触度及学习的兴奋点也不一样，要尽快发现自我优势，找准自我定位和专业走向，扬长避短。三是在模仿中掌握技巧。盲目机械地模仿只能是原样复制和照搬，容易养成不良习惯，要学会判别及自我纠偏，掌握技能技巧及其演绎方法。四是在模仿中创新发展。模仿的基础是学习，过程是提高，意义是传承，目的是创新。只有在模仿中融入创造性思维的意识和行为，才能真正从模仿中开掘出新的技能空间。

4. 表

表演是技能学习成效的展示。"台上一分钟，台下十年功。"当众表演是检验表演者实际功力及表演经验的有效途径。在具体表演形式上，始终注重：①小组表演，以教师教授的学生为主，原则上每月末进行一次表演实践；②班级表演，以行政班级为主，由班主任或班委会组织进行，每位学生当众进行表演；③舞台表演，每学期期中、期末各进行一次全年级的舞台表演实践，按照舞台演出的要求进行；④校内外有组织地演出，根据院系的安排，参加各级各类的校内外及社会、企业的演出。

5. 评

评价是音乐学习的重要环节。适时且适当的评价有利于学生了解自己的学习进度及程度，发现和发展自己的潜能，有利于促进学生音乐感知、表现和创造能力的发展及文化素质和价值判断能力的提高，更利于教师总结教学经验、提高教学水平。在评价原则上，强调导向性、整体性和可操作性。在评价内容上，强调关注学生对音乐学习与训练的兴趣和态度，对知识与技能掌握和运用程度及进度，以及学生音乐学习过程与方法的科学性及有效性。对于老师来说，主要是侧重于对教学态度、业务素质、方式方法、教学效果及对学生学习和训练的关爱及尊重程度的评价。在评价的实施中，采取当众即时评价（学生自评，教师点评）、阶段性的评价（针对某专场演出、某音乐活动、某专题展开班级或小组式的讨论）、学生间的自评和互评、教师间的自评和互评等方式。

（四）尝试应用型本科音乐表演人才培养的"双模"实训法

把课室与琴房、讲台与舞台、课内与课外、学校与社会等有机地结合起来，把有限的教学时间和无限的业余空间有机结合起来，使学生有效地把课本知识与课后艺术体验结合，把教师所教技能与舞台实践结合，把校内艺术观摩与社会艺术展示结合，进而提高知识与技能的应用能力。为提升学生的应用性、适应性和适用性能力，使学生毕业即就业、到岗即上岗、就任即胜任，音乐系探索并尝试实施了"双模"实训法，一是进行专业技项模仿实践，如课堂小组技能观摩、学期年级舞台观摩、年度技能比赛、毕业汇报音乐会；二是进行职业技项模拟训练，如音乐MIDI工作室、艺术策划工作室、彩欣雨及育韵等校外实习基地。

（五）搭建应用型本科音乐表演人才培养的实践平台

为广泛开展各类艺术实践，音乐系相继成立了系内的云诺古筝乐团、萨克斯重奏乐队、电声乐队、女子合唱团、舞蹈队等，让学生把课余时间和精力用于排练、演出、观摩、交流等艺术实践，有效提高了学生的专业表现能力。同时，以各种不同的演出形式及演出内容丰富了艺术实践的平台，使每个学生每学期都有舞台实践的机会。音乐系艺术实践常规形式与内容如表1所示。

表1 音乐系艺术实践常规形式与内容

实践方式	实践内容
教师音乐会	教师的舞台示范作用是促进艺术实践深入开展、提高学生参与度的有效动力
师生音乐会	师生同台演出，提高传帮带效用
校际艺术交流	校际同类专业间进行艺术交流，技艺切磋，有利于开阔视野，提高水平
校内定期演出	每月一次校内演出（三水或花都），增加学生登台实践的机会，丰富校园文化生活
社会公益演出	结合专项主题，走出校门，走进社会，融入民众，演示技艺，展示自我
社区慰问演出	走进社区，深入民众，历练技艺，收获经验
专业汇报演出	常规演出，定期举行，展示音乐才艺，汇报学习成果

三、着力提升教师的专业水平及办学的社会影响力

升本带来的另一个问题就是教学队伍及教学水平能否适应本科教育的要求。本科生的专业基础和素质比专科生高很多，本科生的学习目标、专业追求及学习积极性和专科生大不一样，本科人才培养的质量和要求比专科生高，考生、家长及社会对本科教学的期盼值较大。音乐系大多数教师没有本科教学的经历，这个问题十分突出。因此，加强师资队伍建设成为升本后的主要工作。

1. 尽力优化师资队伍的职称结构

坚持外引内培，一对一传帮带，努力提高师资队伍的职称结构。自2016年升本以来，音乐系先后引进了广东省具有高级职称的教师2名，本校晋升副高职称3人，招聘了合唱指

挥、钢琴、声乐及器乐教师多名。目前，全系有专任教师26人，其中高级职称9人，占比34.6%，中级职称12人，占比46.2%；另有教辅人员6人，中级职称的有4人；外聘专业教师6人；外聘企业专家15人；生师比达15.77：1，接近《国标》关于音乐和舞蹈专业的生师比要求。

2. 不断提高教师的专业教学水平

积极组织教师参加校内各类专业技能比赛及校外专题培训班，积极派出老师参加校外专题教学工作及到名校做访问学者，严格落实青年教师导师负责制，逐一分析青年骨干教师申报高一级职称的条件，尽最大努力为他们创造晋升机会。

3. 努力提升教师的科研热情和水平

2016年至今，音乐系教师先后发表论文共计84篇，人均每年发表1.12篇；教科研立项8项，其中省级课题2项；成功申报视唱练耳、声乐两门重点课程。

4. 积极扩大本系专业办学的社会影响力

通过开展各种各样的实践活动，参加校内外各类艺术演出，使课堂教学的水平展示于各级各类的竞赛及展演活动中，有效地提升了本系的办学知名度和影响力。升本以来音乐系师生参加各级各类演出及竞赛获奖情况（部分）如表2所示。

表2 升本以来师生参加各级各类演出及竞赛获奖情况（部分）

获奖时间	比赛名称	获奖类别及人数
2016年1月	广东省大学生第二届器乐比赛	三等奖1项，6人
2016年1月	广东省大学生第三届声乐比赛	一等奖1项，39人
		二等奖1项，1人
		三等奖2项，7人
2016年9月	广东省第十二届"百歌颂中华"大中专院校歌咏比赛合唱大赛	三等奖1项，39人
2017年11月	广东省第五届大学生艺术展演	三等奖2项，10人
2018年5月	广东省大学生第四届声乐比赛	一等奖1项，41人
		二等奖1项，1人
		三等奖2项，7人
2019年2月	第十三届广东大中专学生校园文体艺术节	三等奖1项，1人
		优秀奖1项，18人
2017年11月	花都区第四届合唱节	银奖1项，41人
2016年12月	澳门国际艺术公开赛	金奖3项
		银奖2项
		铜奖9项
2016年12月	金狮奖新马国际校园艺术节	金奖1项
		铂金奖4项

续表

获奖时间	比赛名称	获奖类别及人数
2016年12月	"德艺双馨"中国文化展示活动	金奖1项
		银奖2项
		铜奖2项
2016年12月	美都之星全国青少年才艺嘉年华	金奖2项
		铂金奖2项
2016年12月	香港国际钢琴邀请赛	二等奖1项
		精英奖1项
2016年12月	第十一届香港国际青少年艺术节	银奖2项
		铜奖2项
2017年6月	第七届亚洲国际艺术大赛	二等奖1项，1人
		三等奖1项，1人
2017年6月	校园未来星·第十四届中国优秀特长生展示活动	金奖1项，1人
2017年8月	勃兰登堡国际音乐比赛	三等奖2项，2人
2017年11月	2018华南地区第九届管乐·打击乐独奏、重奏展演	一等奖1项，4人
2017年11月	美国加利福尼亚州国际青少年艺术节	一等奖5项，5人
		二等奖11项，11人
		三等奖12项，12人
2017年12月	香港国际钢琴邀请赛	二等奖5项，5人
		三等奖11项，11人
		精英奖1项，1人
2017年11月	星光校园国际青年艺术节	金奖2项，2人
		银奖1项，1人
2017年12月	澳门国际艺术公开赛	金奖3项，15人
		银奖12项，12人
		铜奖12项，12人
2017年10月	"永远跟党走"中国青少年艺术节	银奖1项，1人
2017年12月	"德艺双馨"中国文艺展示活动	铜奖2项，2人
2018年4月	2018舒伯特国际青少年钢琴比赛	一等奖1项，1人
		三等奖1项，1人
2018年5月	德国威斯巴登国际钢琴比赛	一等奖1项，1人

续表

获奖时间	比赛名称	获奖类别及人数
2018年6月	2018年俄罗斯·国际青少年音乐节广东省总评选	铂金奖2项，4人
		一等奖6项，6人
		二等奖6项，6人
		三等奖1项，1人
2018年6月	墨尔本国际钢琴比赛	一等奖1项，1人
		二等奖4项，4人
		三等奖4项，4人
2018年12月	香港国际声乐公开赛	三等奖1项，1人
2018年7月	大阪国际音乐大赛	三等奖1项，1人
		优秀奖1项，1人
2018年7月	日本国际音乐公开赛	三等奖10项，10人
2018年8月	广东省第五届中国民族器乐大赛	演奏奖2项，12人
2018年8月	2018年"盛世华筝"国际古筝音乐节	一等奖2项，12人
		二等奖1项，1人
2018年9月	美国加利福尼亚州国际青少年艺术节	二等奖2项，2人
		三等奖2项，2人
2018年10月	肖邦国际青少年钢琴公开赛	铂金奖1项，1人
		一等奖1项，1人
		二等奖2项，2人
2018年10月	第五届香港国际音乐节	二等奖1项，1人
2018年10月	舒伯特国际青少年钢琴比赛	一等奖1项，1人
		三等奖1项，1人
2018年11月	第八届亚洲国际艺术大赛	一等奖3项，3人
		二等奖5项，5人
		三等奖2项，2人
2018年12月	香港国际钢琴邀请赛	一等奖2项，2人
		二等奖1项，1人
		三等奖14项，14人
2018年12月	澳门国际艺术公开赛	一等奖5项，7人
		二等奖14项，14人
		三等奖15项，15人

续表

获奖时间	比赛名称	获奖类别及人数
2018年12月	香港国际校园艺术节	铂金奖5项，5人
		一等奖8项，8人
		二等奖4项，4人
		三等奖1项，1人
2018年12月	"永远跟党走"——中国青少年艺术节	一等奖1项，1人
		二等奖4项，4人
		三等奖1项，1人
2018年12月	中国声乐艺术节	一等奖1项，1人
		二等奖3项，3人
		三等奖3项，3人
		优秀奖1项，1人

此外，音乐系师生先后在校内外举行并参与了35场专场音乐会及文艺演出，并将毕业音乐会扩展为毕业生系列专业音乐会，舞台实践跨度扩展为1个月，为学生提供了丰富多彩的全员参与的艺术实践平台。师生专场音乐会（部分）如表3所示。

表3 师生专场音乐会（部分）

时间	音乐会名称	组织者
2016年9月	音乐系迎新音乐会	音乐系团总支学生会
2016年10月	艺术交流专场音乐会（与广东技术师范学院音乐学院合作）	程建平
2016年11月	2014级主修生毕业音乐会	朱冉
2016年11月	赖晓芬老师师生音乐会	赖晓芬
2016年11月	学生钢琴专场音乐会	雷诗君
2016年12月	2014级毕业生汇报音乐会	帅斌
2017年3月	民族民间舞汇报演出	徐熔熔、尹微微
2017年5月	花都湖户外公益演出	程建平
2017年10月	喜迎十九大师生专场音乐会	程建平
2017年11月	秦之声师生音乐会	周秦
2017年12月	2015级毕业汇报音乐会	尹微微
2018年4月	春之声音乐会	程建平
2018年4月	赖海忠老师师生作品音乐会	赖海忠
2018年6月	南乐和弦古筝音乐会（三水、花都各一场）	陈妍
2018年6月	萨克斯重奏音乐会	刘人玮
2018年6月	2016级毕业汇报音乐会	康小曼
2018年10月	舞蹈编导专业汇报演出	尹微微、康小曼

续表

时间	音乐会名称	组织者
2018年10月	合声合唱专场音乐会	叶艺虹
2018年11月	魏赟露老师师生音乐会	魏赟露
2018年11月	秦之声音乐会	周秦
2018年12月	假如我的歌声有翅膀——学生音乐会	梁创、尼书豪

四、不断发掘实验实训室为本科教学服务的综合效用

升本后，音乐系根据目前教学情况及未来发展需要，尤其是针对应用型音乐表演人才的技能要求，本着"通盘构想、急用为先、整体规划、重点建设"的思路，先后对原有教学实验室进行了合理改建和完善，最大限度地发掘其教学辅助效用，逐步建立并完善了音乐系本科专业实验实训的教学设施辅助体系，很好地满足了现有本科专业教学及未来发展的需求。音乐系本科实验实训室配置情况如表4所示。

表4 音乐系本科实验实训室配置情况

实验室名称	面积/M²	实验项目
电脑音乐制作实训室	80.00	录音、混音、配乐、音乐编辑、制作等
演艺实训室	289.63	舞台表演、艺术观摩、专业实践、学习汇报及演讲等
合唱排练实训室	384.23	视唱、听音、声乐演唱、学术讨论等
电脑音乐制作实训室	66.78	配乐、音乐编辑、制作等
视唱练耳实训室	96.11	视唱、听音、声乐演唱、学术讨论等
多功能实训室	96.11	视唱、听音、声乐演唱、学术讨论等
民族乐器实训室	48.00	民乐演奏、器乐基础、即兴伴奏等
钢琴实训室	48.00	钢琴演奏、声乐演唱、即兴伴奏等
视唱练耳实训室	96.11	视唱、听音、声乐演唱、学术讨论等
卓夫教育钢琴实训室	384.12	钢琴演奏、声乐演唱、即兴伴奏等
钢琴实训室	48.00	钢琴演奏、声乐演唱、即兴伴奏等
钢琴实训室	96.11	钢琴演奏、声乐演唱、即兴伴奏等
钢琴实训室	216.00	钢琴演奏、声乐演唱、即兴伴奏等
钢琴实训室	85.43	钢琴演奏、声乐演唱、即兴伴奏等
声乐实训室	76.82	独唱、重唱、小组唱等声乐艺术表演
舞蹈实训室	384.12	舞蹈剧目、艺术实践、舞台表演等
声乐实训室	76.82	独唱、重唱、小组唱等声乐艺术表演
电声及流行音乐教学实训室	48.00	键盘演奏、器乐基础、即兴伴奏等
舞蹈排练室	186.00	舞蹈剧目、艺术实践、舞台表演等
数码钢琴实训室	85.43	键盘演奏、器乐基础、即兴伴奏等
西洋乐器实训室	48.00	键盘演奏、器乐基础、即兴伴奏等

实验实训室总面积为 2939.82 平方米，很好地满足了本科教学的需求。

五、努力推进校企合作的实质性进展

音乐表演专业究竟可与哪些企业在哪些方面进行哪些合作？这一直是困扰本专业校企合作工作的难题。经过几年的实践与探索，音乐系先后多次召开全系教工会，商讨并寻求校企合作的更多路径及可行性指向，同时发动全系教职工出主意、想办法，共谋校企合作的新发展，并根据以往的实际做法、已有经验，同时结合专业自身特点，经理性推断、感性预想，归结出了面向社会可实施的各种具体路径及可行性内容和形式，如表 5 所示。

表 5 音乐表演专业校企合作的路径与形式

合作类别	合作形式	合作内容
与生产经营企业的合作路径	音乐交流的延伸与拓展	传统而经典的音乐文化与企业音乐文化的相互渗透、交融、拓展和提升
	音乐骨干的培训与实践	企业文艺骨干、音乐爱好者的音乐理论与技能的定期授课与实践
	音乐演出的交流与合作	与企业音乐舞台节目的相互展演、联合演出等
	音乐知识的普及与推广	面向企业职工的音乐广播、板报、宣传册等，进行音乐知识的传播与普及
与文化娱乐企业的合作路径	音乐活动的策划与组织	利用节假日或厂庆、年庆等机会，适时举办富有针对性主题的音乐活动
	音乐演出的参与与协助	参与企业组织的对内对外的各类演出，发挥音乐骨干的协作和协助作用
	音乐艺术的宣传与推广	音乐名曲名剧的广播及板报等传播，包括舞台表演艺术常识的宣传和普及
	音乐作品的制作与录制	对企业文艺活动所需音乐作品经新创、翻唱、组合等形式进行重新制作及 MIDI 编配
与教育培训机构的合作路径	音乐教学的顶岗实践	深入社会音乐教学一线，包括高考培训、业余音乐教学等，体验岗位角色
	音乐考级的组织与指导	参与培训中心的各类音乐考级考证的组织和指导，熟悉工作环节
	音乐比赛的发动与组织	协助策划、发动并开展各种类的音乐比赛
	音乐家教的实践与体验	参与少儿等家庭音乐教学，检验所学专长，体验教学角色

续表

合作类别	合作形式	合作内容
与文化馆站的合作路径	音乐活动的开展与辅导	以街道馆站音乐文化的活动特点为主,开展各种形式的音乐辅导工作
	音乐文化的宣传和推广	结合街道馆站,针对社区音乐文化层次,开展多样的音乐文化宣传和技能推广
	音乐节目的展演与交流	以学生小分队、小节目型的演出为主,深入社区和群众进行展演
	音乐生活的活跃与开展	以学生小组为主,深入社区开展群众性舞蹈、合唱、乐队等音乐教学和训练

目前,经过不懈努力,音乐系已与广东智慧青少年宫教育发展有限公司、优汇教育机构、育韵琴行、广州文旅文化发展有限公司、广州白云艺术中学、广州米蒂动漫科技有限公司、广州星之苑琴行等开展了广泛的校企合作,建立了音乐系彩馨雨校外实践教学基地、音乐系育韵校外实践教学基地以及音乐系智慧青少年宫校外实践教学基地等三个校外实践教学场所,为学生提供了优质的社会实践平台。

六、积极践行"德学""五进"

音乐系在学生工作方面始终践行"以德为行、以学为上"的教育思想,坚持在本科生中开展课前5分钟演讲,真正使德学教育常态化。同时,始终将"五进"理念落实到人才培养的各个环节:进课室,让学生汲取成才的知识营养;进图书馆,为学生增加成才的学识含量;进实验实训室,使学生转化成才的能力素养;进体育场馆,增强学生成才的体魄;进社会,历练学生成才的未来意识。"五进"的渗透,营造了新常态下造就德、智、体、美、劳全面发展的现代大学生的培育氛围。实践证明,紧密结合艺术实践活动的学生管理,不仅提高了学生的专业能力,还大大提高了学生工作的管理效度。一是专业技能教学与各类艺术实践活动相结合,增强了学生集体意识和团队精神,提高了学生的专业注意力和团队凝聚力。对于学生来说,课外时间有事干了,多余精力有处释放了,同学间有机会交流了,大学业余生活丰富多彩了。二是专业技能课的师徒式教学方式,具有发挥教师专业魅力和育人职责、提高学生专业兴趣和促使学生积极参与艺术实践活动的独特优势。学生舞台露脸,老师脸上有光;学生比赛获奖,老师总结嘉奖;学生顺利毕业,老师尽责心安。三是多形式、多渠道、多频率的艺术实践活动转移了学生课外的注意力,调动了学生空闲时间的练习积极性。一旦学生忙着排练演出,各种学生问题产生的概率就会减小。同时,学生身边氛围和环境的改善,必然会营造出充满正能量的生活环境。四是有声有色的艺术实践活动有效激发了学生专业学习的自尊心、舞台表演的好胜心和艺术实践的上进心。

在"德学""五进"的引领下,音乐系在宽与严、疏与堵、导与管等环节上探索出了"德学"共融、"五进"渗透的学生管理及育人思路。

音乐系升本后的工作成效表明,工作思路明晰且前行的通道已拓展。眺望音乐系的未来,更感任重道远。本科教育需要定心与耐力,应用型人才培养更需要恒心与创新。经过持续不断的努力,相信音乐系会成为广东乃至岭南地区应用型音乐表演与舞蹈编导人才培养的重要基地。

商务英语专业建设的核心问题
——以广州工商学院为例

高凤江[①]

一、引言

进入21世纪以来,我国经济快速发展,已从对外贸易投资大国走向强国。"一带一路"倡议为我国经济和中华文化走向世界提供了新的发展机遇,也对国家高等外语教育改革和发展提出了新的挑战。企业走出去需要大批通晓海外投资、财务管理、资产运营、市场营销、公共关系及文化融合的复合型专业人才,而涉外企业来华投资,国内也需要外语水平良好,拥有招商引资知识,熟悉国际经济法、国际贸易法和WTO(世界贸易组织)规则的人才。面对国际化商务英语人才严重匮乏的现状,2012年,教育部将商务英语正式列入高校本科专业目录。这是国家对外开放的必然结果,也是国家外语发展战略规划的重要组成部分。广州工商学院外语系自2015年开始招收第一批商务英语专业本科生,截至2018年,该专业在校生已达2 160人,每年以540人的数量递增。令人惊喜的是,近两年来,文科生均以第一志愿录取,生源质量相对较高。从数量上来看,商务英语专业在校生已处在全国高校商务英语专业的第一方阵。

二、专业定位与人才培养目标

商务英语(Business English)是集国际商务知识和商务英语语言能力为一体的复合型专业,以国际商务知识为前提,以商务语言运用能力为出发点,以跨国经营为导向,关注商务英语实践的需要,培养学生用英语从事涉外商务活动的能力,是跨学科形成的一种新型专业。将英语语言和商务知识融为一体,即英语与商务相互联系,形成一个不可拆分的完整话语体系,目前属二级学科外国语言文学中的一个专业。办好这个专业,我们的任务还很艰巨,从某种意义上可以说,才刚刚起步,需要商务英语界全体同仁的潜心研究,创新设计,大胆实践,探索契合本学校优势和具有区域经济特色的商务英语专业人才培养体系。

根据《普通高等学校本科专业类教学质量国家标准》(以下简称《国标》)的商务英语专业要求,围绕以上专业定位,尤其突出地方院校为粤港澳大湾区输送涉外应用人才的目标,达到为粤港澳大湾区提供人力资源支持的目的,我们精心制定了《商务英语本科专业教学质量校级标准》,对该专业人才培养定位、培养目标、培养规格、课程体系、师资队伍、教学建设等方面提出了具体的标准和要求。人才培养目标要求细化三个"五",即五种素质、五类知识、五种能力。五种素质包括思想素质、专业素质、职业素质、文化素质、身

[①]作者简介:高凤江,外语系主任,教授。

心素质，五类知识包括语言知识、商务知识、跨文化知识、人文学科知识、跨学科知识，五种能力包括英语语言能力、跨文化交际能力、商务实践能力、思辨与创新能力、自主学习能力。在人才培养规格上，突出"一化双型"，即国际化、复合型、应用型。国际化，是指为粤港澳大湾区经济发展提供可靠的人才资源支持；复合型，即培养学生用英语从事国际商务的能力；应用型，即培养的人才能将所学知识如商务英语、跨文化交际等运用到商务实践活动中，从而满足涉外企业的不同任务与要求。

三、专业师资队伍建设与发展

商务英语专业的人才培养目标及所研究问题的跨学科等特点，对商务英语专业师资队伍结构、专业知识、教研能力提出了与英语专业和翻译专业不同的要求。商务英语专业教学理念的确立，教学方法、教学手段的改革与创新，教学质量的提高，都有赖于高质量的师资队伍。对商务英语教师而言，除了具备英语教师的职业能力、高尚的师德、扎实的英语基本功、专业知识、教学能力、科研能力外，还必须具备在商务环境中的英语语言应用能力，掌握相关商务语境特征与商务语言体系，并结合这些商务知识解决商务英语教育的若干问题。概而言之，商务英语教师要做好三个转变：其一，从纯语言教学转变为商务话语教学；其二，从纯语言技能转变为商务话语沟通能力；其三，从英语专业核心课程转变为商务英语核心课程。

具体而言，在加强商务英语教师队伍建设方面，我们成功地解决了以下几方面的问题。

（1）有计划地引导部分英语专业、翻译专业的青年教师转型，积极鼓励部分有条件的中老年教师转向合理的商务英语专业研究方向，通过在职培训与进修相关商务英语类课程、参加各类国内外学术会议、在教学中自学等，不断提高商务英语教学能力。针对商务英语教学中既要处理语言，又要处理专业内容的特点，鼓励并要求本专业教师通过阅读国内外相关教学法的理论著作，掌握各类教学法的原则与操作过程，如任务教学法、案例教学法、项目教学法、雨课堂合作教学法等。

（2）有效地加强对商务英语专业教学法与商务英语专业教育问题的研究。商务英语专业的研究不能只停留在语言学层面，它的复合型、应用型特点及应用交叉学科概念，使它与经济全球化的变迁和我国"一带一路"的发展密不可分。商务英语教学既要处理语言，更要处理国际商务活动。因此，商务英语教学研究必须采取语言技能和商务内涵融合的方法进行，如案例教学法、项目教学法、合作教学法、模拟仿真教学法等，通过运用现代教育信息化技术开展课堂教学。

（3）注重理论联系实际，不断提高商务英语专业教师的实践操作能力。制定了专业教师寒暑假顶岗实践活动机制，根据不同的课程，任课教师选择不同的校外企业实践体验，如进入贸易公司体验进出口贸易流程训练；进入银行国际部从事信用证、通关、结算、付款等各个流程的学习；进入证券交易所从事外汇和证券的实操；进入翻译公司从事商务英语口译、笔译实践等。几年来，所有商务英语专业教师已有计划地分批参加了顶岗实践活动，有效提高了教师用英语从事商务实践工作的能力，也明显提高了商务英语专业实训课的效果。

（4）学院一直注重专业教师队伍建设。一是采取了一系列措施，大力引进专业优秀人才。二是制定专业带头人与骨干青年教师激励政策的措施，着力培养优秀教学团队与专业团队教师队伍。三是加强中青年教师培养力度，通过老带新计划、新促老措施以及生师比标准的政策，使商务英语专业教师队伍在结构上发生了质的飞跃。可以说，经过四年的建设，商务英语专业教师的学历结构、知识结构、职称结构均已达到《国标》的基本要求。

令人欣喜的是，2018年10月，商务英语专业选派两名教师参加广东省教育厅联合上海外语教育出版社举办的第七届青年教师课堂教学大奖赛，分别获得二、三等奖的良好成绩。2018年12月，选派一名商务英语专业教师参加教育部商务英语专业协作组在华东师范大学举办的全国青年教师商务英语视听说课堂教学竞赛，获得全国二等奖的优异成绩。

四、专业课程体系与教材建设

专业是不同课程的组合或课程计划，是一系列有一定逻辑关系课程的结合。课程体系是专业建设的核心，关系到人才培养目标的实现。在《国标》指导下，根据广州工商学院新生入学的实际水平与校标确定的培养目标，以教务处颁布的四大平台为指导，从课程设置、课程基本要求、课程内容、课程实施、课程评价等多方面对商务英语专业的课程体系进行了反复调整与优化，牢牢把握课程结构与设置的依据，使之紧紧围绕经济全球化对人才能力需求这一要素。商务英语专业的重要使命就是辅助国家和地方顺利实施一系列全球化经济战略。粤港澳大湾区的经济发展趋向国际化，无论是国企还是民营企业都在拓展涉外业务，急需能直接从事国际贸易、国际金融、国际物流、招商引资等国际项目管理的复合型商务英语人才。实践已经证明，商务英语沟通能力决定各种交流的顺利进行，商务英语跨文化交际能力成为学生国际商务职场的基石。从某种意义上说，语言与跨文化交际能力的高低决定着一切商务活动的成败。基于此，商务英语专业课程设置体现了"三突出"：突出商务话语、突出跨文化交际、突出商务核心课程。针对新生入学时的语言基础，增设了《国标》中未列入的基础英语、英语语音、英语语法三门课程，确定了商务英语专业八门核心课程，包括商务英语知识模块（如基础英语、综合商务英语、商务英语视听说、商务英语阅读）、商务技能模块（如国际贸易实务、国际营销、国际商务法规、电子商务）。根据商务英语专业的特点，我们确定了核心教学内容和教学原则，所有技能课程强调以内容为依托和在商言商策略训练，知识课程要突出知识体系构建，教师课堂教学要与学生课外自主学习、网络信息化与自主学习平台对接。商务英语专业的课程体系如图1所示。

图1　商务英语专业的课程体系

教材是课程的物化，也是课程体系的关键构成要素，更是学生获取可靠专业知识的途径。本专业教材建设科学规范，选用教材有着严格的评估制度。近年来使用教材的省部级获奖率达到了54%，所有教材均达到了学校规定的标准。同时，我们还与省内知名涉外企业合作，以企业中真实的工作流程为依据，参照商务工作岗位对能力的基本要求开发教材。现已出版《亚马逊运营基础》《外贸英语函电案例与实训》《国际商务单证实务》三本实验实训教材。此外，我们还利用网络信息平台构建大数据下的英语云课堂教学资源，借助POCIB

平台，让学生在相对真实的情形中完成外贸流程的学习与实践操作，在综合商务英语、商务英语写作课程中形成了利用雨课堂进入情境、独立探索、效果评价的自学自导模式。

五、商务英语专业教学模式创新与实践能力培养

随着《国标》的出台和"一带一路"进程的加快，社会对商务英语人才的要求越来越高。作为经济全球化的必然结果，商务英语教学改革得到了广泛的重视和发展。商务英语专业人才培养定位与英语人才培养定位存在差别，能力要求也明显不同。以语言教学为主导的教学模式早已有之，但新时代背景和全球化市场需求赋予了商务英语专业崭新的使命和内涵。商务英语虽是交叉学科，却不简单等同于"商务+英语"，而是有着作为一门学科的必然属性。在市场迫切需要本土涉外商务人才和境外投资公司人才纷纷涌入我国的背景下，商务英语专业课程必须构建一套新的教学模式和体系，将本专业培养目标中的跨文化交际能力、商务实践能力作为核心任务考虑。

为了达到培养复合型、应用型人才的终极目标，顺利帮助学生完成从"商务英语知识输入"向"商务英语知识应用输出"的转变，所有商务英语核心课程均采用以任务、案例为基础的教学模式，在课堂教学中突出以学生为主体的教学方式，实现以现代语言教学理论——任务型、体验式、探究式为核心的教学模式。

《国标》对学生的语言运用能力培养方面有明确规定，首先要教会学生国际商务中所需要的商务英语，其次要培养学生用英语从事国际商务活动的能力。从普通中学录取的学生，入学时的词汇量不到 2 000 个，要在本科阶段的四年时间里掌握 8 000 个基本常用词汇、3 000 个商务英语专业核心词汇才能具备听、说、读、写、译的实际工作能力。在缺乏相应的语言环境中全面掌握这种能力不容易，而作为语言技能训练，学习者的全部专业基础知识都要依靠课堂的教学来解决。因此，提高教学质量，必须提倡对教学课堂最大化的追求。具体而言，以训练学生课上体验式为核心，同时将课前的研究性学习与课后的自主学习贯穿学习的全过程。在实践能力培养方面，基于国际化复合型商务英语专业人才培养理念，学院积极开展国际化交流与校企合作渠道。利用毗邻中国进出口商品交易会（广交会）的优势，商务英语专业与北京展创科技有限公司、北京荣峰时代科技有限责任公司、深圳中澳通网络信息有限公司、广州金嗓音文化发展有限公司等大型企业建立了特定的校企合作关系，每学期都选派 560 名商务英语专业学生赴广交会、跨国公司实习，在商务会展、经贸洽谈、产品推荐等方面积累经验、培养能力。为帮助学生获得跨国公司、国外大型企业工作的经历，外语系分别与马来西亚、新加坡、日本、美国等建立了国外学生实习基地，每年均选派优秀商务英语专业学生赴国外带薪实习。此外，为进一步落实学院"五进"措施，根据专业特点，外语系每年定期举办外语文化节。在活动期间，学生们利用第二课堂举办丰富多彩的与专业知识相关的活动，如专业学习交流会、外文话剧大赛、文化创意大赛、外文配音大赛、商务口译大赛等，每届都有 5 000~7 000 人参加，收获了宝贵的经验。

六、毕业论文

毕业论文是商务英语专业课程必不可少的组成部分，更是应用型人才培养的试金石。与其他体裁相比，毕业论文重点考察学生商务英语和专业知识的综合运用，以及实践与创新能力，更需要学生的研究能力与研究策略。毕业论文中必须表达自身观点，对所研究的问题能

用适当的方法提出可靠的论点。《国标》要求毕业论文可采用实践类和学术类形式，要符合行业和学术规定；用英文撰写，正文长度应不少于 5 000 词；实践类包括项目报告，如商业计划、营销方案、案例分析、调研报告等，对实践类毕业论文的指导和考查应有企业或相关专家参与。

依据学院教务处制定的《本科毕业论文指导工作指南》，我系分别制定了《商务英语专业毕业论文撰写研究》《商务英语专业毕业论文检查》《商务英语专业毕业论文答辩评分标准》等文件。近年来，我们组织系内高级职称教师及校外企业专家依据《国标》的要求编选了 600 个商务英语专业毕业论文选题供毕业班学生参考。与此同时，由毕业论文写作指导老师引导学生逐步认识选题的要领，从而培养学生逻辑分析的能力，为毕业论文的写作打好基础。

七、专业建设成果与人才培养质量

在学院创建高水平应用型大学的思想指导下，专业建设突出以区域经济国际化为导向，以粤港澳大湾区经济发展为己任，走以质量为引领的内涵式发展道路，以特色定位推进专业建设。外语系商务英语专业建设取得了明显成效。教师队伍中的职称结构与高学历结构得到了明显改变，教师的复合能力和跨学科能力进一步提升。商务英语专业教师的结构如表 1 所示。

表 1　商务英语专业教师的结构

	学历结构		职称结构				年龄结构				
	硕士及以上	本科	正高	副高	中级	初级	35 岁以下	36 至 45 岁	46 至 55 岁	56 至 60 岁	61 岁以上
人数	64	19	9	10	30	34	45	14	5	1	18
比例/%	77	23	11	12	36	41	54	17	6	1	22

2015 年 9 月以来，商务英语专业先后获得校级商务英语专业优秀教学团队建设项目和校级优秀专业特色建设项目；先后成功申报了广东省教育厅"十二五"规划和广东省哲学社会科学"十三五"规划外语专项重点课题，都是围绕商务英语专业建设与人才培养质量而展开的，具有引领、导向作用。同时，本专业骨干教师与跨国公司、高管人员一起编写了三部商务英语实操与实训教材，由国家级出版社编辑出版。

近年来，我们还组织教师参加国家、部委、省内举办的各类专业竞赛活动，取得了优异成绩，如青年教师冯伟婷获第一届"融通杯"全国商务英语教学视听说教学大赛二等奖，唐婧获第九届"外教社杯"全国高校外语教学大赛广东赛区商务英语专业组广东赛区二等奖，陈思云获第九届"外教社杯"全国高校外语教学大赛广东赛区英语专业组广东赛区三等奖。

特色人才培养模式下，商务英语专业学生的五种能力得到不断提升，已经基本达到"具有扎实的英语基本功、宽阔的国际视野、专门的国际商务知识与技能，掌握相关学科的基本知识和理论，具备较强的跨文化交际能力与较高的人文素养，能在国际环境中熟练使用英语从事工作的复合应用型涉外商务专门人才"的培养要求。

在积极践行"五进"活动中，学生的思想素质与专业能力不断提高，在各类专业比赛中获省级以上奖励多达 97 项。商务英语专业教学质量得到了学生及社会各界的认可，出现了招生、就业两旺的可喜面貌。

八、结语

从蒿草萌芽方破土到一棹白花次第开，商务英语专业的发展凝聚着各级领导与全体师生的心血和汗水。从质量内涵来看，我们工作有了十年磨一剑的韧劲；从新专业创新角度来看，我们有了"傲然风雪天地间，视之无畏唯我先"的底气；从专业长远发展来看，我们依然处在"路漫漫其修远兮，吾将上下而求索"的初级阶段。为了完成商务英语专业的使命，我们要不断提高对专业建设方向的认识，明确办学定位，完善培养方案，优化课程体系，改进教学手段，培养师资队伍，求真务实，以教学为本，以质量为根，抓根本而求生存与发展。

参考文献

［1］陈建平．应用语言学与我国外语教育［J］．外语界，2018（4）：8－12.

［2］刘法公．现阶段高校商务英语专业建设面临的形势与任务［J］．中国ESP研究，2018，9（2）：22－27＋135.

［3］孙毅．《高等学校商务英语专业本科教学质量国家标准》的地方性解读：国标与校标的对照［J］．外语界，2016（2）：46－51＋87.

［4］翁凤翔．论商务英语的"双轨"发展模式［J］．外语界，2014（2）：10－17.

［5］王守仁．关于高校外语教师发展的若干思考［J］．外语界，2018（4）：13－17.

［6］王立非，叶兴国，严明，等．商务英语专业本科教学质量国家标准要点解读［J］．外语教学与研究，2015，47（2）：297－302.

［7］钟美荪．实施本科教学质量国家标准，推进外语类专业教学改革与发展［J］．外语界，2015（2）：2－6.

稳步夯实发展基础，努力提升经贸系办学水平

王学力[①]

2014年是广州工商学院发展历史上的重要拐点，经教育部批准，学校从原来的专科层次高等职业技术教育院校升格为全日制普通本科高等学校。这一历史性转变，不仅使学校在整体办学层次上发生了重大变革，也让经济贸易系（以下简称"经贸系"）进入了一个全新的快速进步时期。在学校董事会、党政班子的正确领导下，通过全体教职员工的共同努力，我系的发展基础不断夯实，学科与专业建设硕果累累，呈现出良好发展势头。目前我系已成为全校本科办学专业最多、规模最大、实力最强、科研和教学成果最丰富、办学质量提升最快、学科与专业建设成效最好的教学系。

一、明确学校办学理念和目标定位，确立经贸系的未来发展战略

作为学校的办学大系，如何把经贸系做优、做强、做出特色，为学校发展作出更大贡献，始终是系领导班子关心的问题。我们认为，系是学校的二级单位，推动其发展的所有举措都必须在明确学校办学理念和办学目标的深刻内涵的基础上，始终围绕如何贯彻落实办学理念和办学目标这个主旋律。因此，怎样有目的和分阶段地推进发展工作、确立什么样的未来发展战略就成了不可回避的首要任务。

1. 学校办学理念和办学目标定位的主要内涵

2014年升本后，学校在"以质立校、以生为本、突出特色、崇尚创新"的办学理念指导下，坚持把培养具备"三强"（适应能力强、实干精神强、创新意识强）特点、综合素质高的应用型高层次人才作为根本任务。在人才培养中，大力践行邝邦洪校长提出的"以德为行、以学为上"和"进课室、进图书馆、进实验实训室、进体育场馆、进社会"的"德学""五进"教育思想。根据本科教育人才培养的特点，坚持在《普通高等学校本科专业类教学质量国家标准》（以下简称《国标》）指导下，以"厚基础、强技能、宽专业、充分就业"为目标制定人才培养方案和发展规划。

在办学理念、教育思想、人才培养方案、发展规划的统领下，考虑学校历史、发展基础和市场对人才的现实需求，学校把办学目标定位为创建高水平应用型大学。这个目标定位，为学校长远发展确定了方向，也为各二级办学单位制定自身的发展战略提供了明确的指引。

2. 高标准确立经贸系的未来发展战略

升本以来，通过上下共同努力，经贸系发展进入了快车道，办学结构已发生颠覆性改变，全日制本科教育成为绝对主导。目前，全系拥有四个本科专业和三个专科专业，横跨经济和管理两大学科门类，且已成长为本科专业数量最多、师生数量最多、进步最快的办学系。

2016年，经贸系拿到首批本科专业办学权后，开始考虑经贸系未来发展的方向问题。

[①]作者简介：王学力，经济贸易系主任，教授，硕士研究生导师。

通过深入思考和大量调研及研讨发现，尽管当时我系在师资力量、专业建设、各类教学资源等方面已具有一定积淀，但从结构、数量、质量等未来发展基础看，与办好高水平本科教育的需求相比，仍存在一定的距离和若干短板。要落实学校发展定位，推动经贸系更快、更稳地发展，亟须确立未来发展战略。

根据这样的基本系情，考虑长远的可持续发展，通过深入分析学校未来整体发展趋势和我系的基本情况，结合学校办学定位，我们提出了经贸系的发展战略，即以邝邦洪校长提出的"德学""五进"教育思想为引领，以学校创建高水平应用型大学的奋斗目标为指导，在未来若干年中，紧紧围绕"结构调整、转型升级"主轴，进行大刀阔斧的改革创新，坚持不懈地修炼内功、外引资源、固本强基、扩强补短，分阶段实现软硬件办学资源彻底和全方位的改造或新建，稳步夯实发展基础，不断提升办学水平，最终把经贸系建成以具有较强学术研究能力、社会经济服务能力和全日制本科办学能力，且专业办学有亮点、有特色的学校重要二级办学单位，同时为未来申报更高一级办学资格打下基础。

这个高标准发展战略的确立，为全系工作指明了方向，提供了明确的发展思路和追求目标，也成为推动我系各项工作最重要的理论指导。

二、强化系级管理顶层设计，有效服务全新发展需求

面对经贸系办学转为以本科为主、办学规模大幅扩张的新情况，以往的管理方式与运行模式暴露出明显缺陷和不足。重新进行系级管理的顶层设计，高效率、低成本地服务于全新发展需求就成为必然。

1. 改革创新系级管理体制与运行模式

根据新的管理服务对象和需求，经贸系从顶层设计层面开始改革创新，首先对系的管理体制及运行模式进行了如下大刀阔斧的变革。

（1）建立系主任领导下的集体领导体制。在学校规定的系主任负责制基础上，成立由系行政机构主要成员组成的系务委员会，委员会成员的工作采用分工与协作相结合的模式，所有涉及系的建设和发展的方向性、战略性举措的提出，均须交由系务委员会充分和深入讨论后形成集体决策。重大学术和专业建设事项，同时交系学术或学位委员会讨论、决策、审批。

（2）采取两级实体化管理运行新机制。由于规模日益扩大和办学主体层级转型，原来的一级集中管理体制的弊病日益显现。因此，我们设计了权责合理划分、资源跟随下放，激活教研室和专业层次的主观能动性和创新主体意识、集分结合的系和专业（教研室，含学工部）两级实体化管理的运行机制。

（3）建立系级财经预决算制度。对于学校每学年度给经贸系下拨的各项经费，采取分块预算的方式使用，学年末进行预决算分析，并形成年度经费使用情况分析报告，对有限经费合理使用、精细管理、有效监督和制衡、严密监控和调整。

（4）设计出新的审批机制。所有系内审批事项实行新的运行制度，采取从基层负责人到分管行政领导再到系主任的三级审批体制，前两层审批设立的目的是构建分管负责体制。

（5）落实学术与专业建设教授治系。成立系学术委员会、学位委员会等管理机构，包括设立有关教学、评估、职称评审、质量监控、学生创新创业等其他机构，形成完整的学术管理体系。对我系的教学科研、学科与专业建设、人才培养，以及其他建设与发展等重大事务，落实教授治系的支持体制。

（6）建立系档案管理规定及基本架构。建立规范的档案归档制度，对各类教学、科研、行政、财务、学生、党务等各种形式的年度档案（包括文字、图片、数据等）进行日常化、制度化归档。

在以上变革的基础上，大力改革系原有的管理运行流程，激励各分管口和各级自主、创造性地开展工作，促进系行政管理运行科学化、规范化、流程化，强化行政运行基础建设，基于规则和程序提升行政管理及各级决策的工作效率。

2. 建章立制，逐步建立全新的制度体系

要适应新的办学目标需求、保障新的系行政管理体制与运行模式有效实施，必须在落实学校有关管理规章制度的基础上，根据学校发展变化和本系特点，构建起完整的新规章制度体系，为系行政运行提供制度依据。一套好的规章制度体系，是确保管理公平、公正、公开的基础，也是降低管理成本、提高工作效率的根本保障。制度重于技术。完成制度建设是我系进行结构调整、转型升级的重要任务。近年来，我们按顶层设计、办公室行政、教学科研、党团学生工作、实验室管理、实验实训等板块，分类逐步推动系一级相关规章制度的制定。

通过努力，目前已完成《经贸系行政管理运行暂行办法》《经贸系行政议事规则暂行办法》《经贸系教学管理暂行规定》《科研管理暂行办法》《学生工作管理与激励条例》《系行政办公室管理条例》等一批系级管理规则的制定。这些制度或规则的建立，为我系管理的制度化、规范化、科学化，以及使系的各项工作有序、高效运行，奠定了坚实的基础。从目前出台运行的情况看，效果良好，也初步形成了经贸系的优良系风、凝聚力和战斗力。

3. 用规范化系务运行有效服务全新发展需求

基于系主任负责制的学校制度安排，经贸系在系务管理上，通过系行政班子成员的工作分工，厘清了集权与分权、民主与集中、分工与协作的边界和具体操作办法，建立了行政工作议事规则、财经工作管理机制、每周系务管理工作例会和定期教学科研工作例会制度。

在所有重大决策和常规管理方面，都坚持集体领导、分块负责、民主管理的原则，按照规范、程序、规则推动系务工作，并实行分管信息交流和通报制度。这样的制度安排，为经贸系平稳地从原以职业技术高等教育、专科层次办学为主转型到以全日制普通本科层次高等教育办学为主的全新发展需求提供了有效服务。

三、多渠道强化队伍建设，为长远发展集聚核心资源

高校办学最重要的核心资源是干部队伍和师资队伍，要创建高水平应用型大学，抓好这两支队伍的建设至关重要。经贸系自升本以来，在这方面锐意创新，多管齐下，实施结构调整、外引内培，通过几年的坚持，成效已逐步显现。

1. 努力抓好各级干部队伍建设和调整

"政治路线决定之后，干部就是决定的因素。"干部队伍是一个团队的关键少数，所以在结构调整中，首先关注的就是干部队伍建设。在学校领导和相关职能部门的大力支持下，我们通过选苗子、调位子、压担子、强示范、传帮带等办法，用直通车或过渡性安排等不同方式，大胆起用高素质青年教师担当大任。

经过几年的努力，经贸系完成了系行政及办公室、教研室、专业及学工干部队伍的第一轮调整。系领导班子全部由具有高级技术职称和研究生学历（或正在攻读）的人才组成，目前已打造出一支以青年教师为主体，以高职称、高学历人才为核心的朝气蓬勃的干部队

伍。假以时日，这支队伍一定能成长为具有较高业务素质和较强管理能力的具有战斗力的干部队伍，为经贸系的可持续发展提供重要支撑。

2. 多管齐下，加快专业师资队伍规模、结构与质量建设

打造一支高水平的师资队伍是经贸系完成结构调整、转型升级的关键，也能为学科和专业发展提供最重要的资源基础。因此，升本以来，师资队伍建设就成为经贸系工作的重中之重。通过几年的努力，经贸系的师资规模、结构和质量等呈现飞跃式进展，经贸系2014年、2018年专职教师情况如表1所示。

表1 经贸系2014年、2018年专职教师情况

年份	教师总人数	职称						学历	
		教授	副教授	高工	讲师	助教	博士	硕士	本科
2014	45	4	3	1	24	13	0	29	16
2018	98	9	11	5	44	29	2	78	18

经贸系进行师资队伍建设的方式是多管齐下，基本思路是：加快增量引进和存量提升，实行"派出去"和"请进来"相结合，学校培训和系内培养双管齐下，依托课程群和学术平台团队建设推动教师专业发展方向定位。通过数年努力，基本完成整个教师队伍的结构调整和转型升级，最终建立起一支与经贸系办学规模相适应、具有较高质量的教师队伍。具体工作上，经贸系采取了如下措施。

（1）加快外部引进。升本以来，随着办学规模的扩大，经贸系在学校的支持下，以"抓两头、兼顾中间"的方式加快师资引进，即瞄准211、985高校引进硕士学历以上青年教师，积极引进高水平高级职称教师、兼顾引进中年段教师。几年下来，采用多途径和方式引进全职教授6名、博士2名。经贸系教师队伍规模扩大到原来的两倍多，学历、职称等结构大幅改善，师资队伍质量提升明显。

（2）进行存量提升，即对原有教师队伍中存在部分教师能力不足的情况，通过内部培训或外部培养的方式加以解决。譬如，通过开展"转变教育思想观念"研讨会，明确本科教学的根本任务和特点，转变人才培养观念，激发教师转型升级的内生动力，逐步适应本科教学要求；采用说课的方式、说专业、跟听导师课的方式，对本科教学模式、教学内容和教学方法从理论层面进行探索，帮助教师转型升级；鼓励教师报考在职研究生进行学历提升，送出去参加短期培训、专题培训或访问学习，通过系的学术论坛和高级职称教师进行内部培训等。对于新进教师，除参加学校的相关培训外，系每年召开新教师座谈会，包括校情、系情介绍以及如何做合格的大学老师，从职业道德、职业规划、学术方向确定、教学方法和手段运用、工作生活等方面进行培育和探讨。在教学能力提升方面，强化教学互帮互学，通过教师之间的互听课、教研室和系组织的公开课、示范课、观摩课、教学竞赛，促进教学中的借鉴、学习和研讨，用不同渠道和方式促进教师（尤其新教师）教学水平的提高。在学术能力提升方面，鼓励教师申报各级各类自由竞争的纵向科技项目、横向项目、教学研究项目，辅导学生参加各种竞赛、国内国际各类学术会议，以及进入各类相关学术组织或专家库、参与国际学术交流，激励老师们发表学术论文、出版专著和教材等。通过上述举措，经贸系教师迅速成长，先后有9人入选广州工商学院优秀青年教师培养对象，6人晋升副教授，成为全校二级单位中入选人数及晋升高级职称人数最多的教学系，专职教师队伍质量实现了整体提升。

（3）"双师型"教师逐年增长。为落实学校创办高水平应用型大学的办学目标定位，我

系加强了"双师型"教师的培育工作，利用多种措施引导老师走"双师型"教师道路。经过几年的坚持，我系的"双师型"教师规模实现了持续增长，如图1所示。

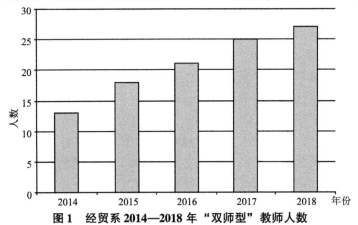

图1 经贸系2014—2018年"双师型"教师人数

（4）实行导师制。根据学校相关政策对所有新进入经贸系的青年教师配以指导导师，在教学、科研、社会服务、专业工作能力提升等方面给予一对一的帮助、引导和示范，帮助他们快速成长为合格的本科大学教师。

（5）强化青年优秀教师培养。近年来，我们加强了对优秀青年教师的培养和发展支持，具体做法是鼓励与帮助他们申报高水平纵向科研项目和发表高质量学术论文，积极推荐他们成为相关学术团体或专家库成员、担任社会服务兼职；支持他们到高水平大学做访问学者，开阔学术视野，提升学术品位；鼓励申报各种教师荣誉称号和学校优秀青年教师培养计划，帮助他们实现职称提升，大胆破格提拔他们到系和专业相关管理岗位任职等。

（6）打造精干高效的辅导员和教辅队伍。学生工作和教务与实验室管理等教辅工作，是经贸系高质量运行不可缺少的部分。近年来，根据结构调整、转型升级需要，经贸系对这部分队伍也实施了规划、引进、调整、提升等多项举措，取得了良好成效，有力配合了全系办学的转型升级。

经过几年的不懈努力，如今经贸系专业师资队伍规模已扩大到升本前的两倍多，师资队伍的质量也大幅提升，职称结构、学历结构、年龄结构等主要观测指标改善显著，已形成了以专职教师为主体、兼职教师和企业导师为补充的三个师资资源库，基本上能够满足经贸系本科教育的师资需求。

四、聚焦学科与专业建设，不断提升各项办学基础的水准

学科和专业建设是本科高校最重要的任务之一。近年来，经贸系按照"建专业、搭平台、组团队、定方向、强激励、出成果"的思路，积极推进学科建设与专业建设，通过政策引导、精细规划、激励和监督、提升执行力等方法，全面推进全系的学科和专业建设工作，成绩斐然。

1. 专业办学形成以本科为主的新局面

经贸系围绕强化学科专业建设，优化学科专业结构，构建具有竞争优势、特色鲜明、适应社会经济发展需求的学科专业体系，通过资源整合，根据社会需求和资源优势，积极申办本科专业。2016年，我系成功申报了国际经济与贸易、市场营销两个本科专业；2017年又新增电子商务、投资学两个本科专业。至此，经贸系实现全面升本，横跨经济与管理两大学

科门类，形成以本科层次办学为主的新局面。

2. 以国标统领全系专业建设

2018 年，教育部颁发了《普通高等学校本科专业类教学质量国家标准》，成为学校所有专业建设的指南，也是开展专业建设的统领。经贸系按照《国标》要求，不断加强教师队伍建设，积极探索多类型、多维度、多方向的专业人才培养模式，优化专业人才培养方案，构建应用型课程体系，改革课程教学内容，创新实践教学，培育专业特色及亮点。通过全系师生员工的共同努力，已经取得了初步成效。

（1）教研室成为专业建设的主体（注：一个专业对应一个教研室）。在专业建设领域，改变过去由系全部包揽专业建设的做法，推行本科院校的主流性办法，即把建设的责任主体落实到专业教研室，强化教研室的能动性、创新性和责任意识；相关资源、权利、责任都随之下放，建立起责、权、利匹配机制，配齐四个本科专业的专业负责人，建立以教研室负责人和专业负责人为主的双首长专业建设负责制。系则承担宏观规划、统筹及管理、专业交叉融合的协调及资源调配、监控与激励、支持与服务等功能。新机制实施以来，效果逐渐显现。

（2）以《国标》及市场需求为基础制订专业培养计划。升本以来，我系始终坚持"以学生为中心，突出产出导向，主动对接经济社会发展需求"的原则，分别制订了 2018 级、2019 级本科专业培养计划，基本解决了 2016 级、2017 级人才培养计划中存在的弊病和问题。在各专业培养目标上，不断创新和改革，调整了人才培养方向：国际经济与贸易专业根据"一带一路"倡议对人才的新需求，将国际商务和跨境电商两个专业方向优化为国际商贸和跨境电商；市场营销专业根据产业转型升级对人才的需求，采取与电子商务专业共建的模式，将营销策划和销售管理优化为大数据营销和新媒体营销；电子商务专业采取与国际经济与贸易、市场营销专业共建的模式，增设了新媒体营销与大数据分析两个方向；投资学专业根据信息技术的发展对人们消费方式及投资理财方式的影响，将数理金融和投资理财两个方向优化为商业银行、证券投资和"互联网+"技能三个方向。经贸系各本科专业人才培养方向如表 2 所示。

表 2　经贸系各本科专业人才培养方向

专业	年级	培养方向
国际经济与贸易	2016 级、2017 级	国际商务
		跨境电商
	2018 级	国际商贸
		跨境电商
市场营销	2016 级、2017 级	营销策划
		销售管理
	2018 级	大数据营销
		新媒体营销
电子商务	2017 级	—
	2018 级	跨境电商
		新媒体营销与大数据分析

续表

专业	年级	培养方向
投资学	2017 级	数理金融
		投资理财
	2018 级	商业银行
		证券投资
		"互联网+"技能

3. 学科各类平台建设实现重大突破

升本以来，我系在学科各类平台建设方面不断推出重大举措，也获得了重大成果或重要进展，实现了重大突破。

（1）高水平学科建设平台实现突破。2016 年，我系国际贸易学获批成为广东省重点特色学科，成为学校两大省级学科平台之一；同年 12 月，市场营销本科专业成为校级专业综合改革试点项目。2017 年 10 月，市场营销专业成为校级重点建设本科专业。2019 年，市场营销专业历经多年建设，完成建设任务，通过省级验收，正式获批成为广东省高等职业教育重点专业。

（2）系级学术研究平台启动运行。2018 年，为了促进学科建设发展，推动学术探索、凝练研究方向，培育面向社会经济相关领域的服务能力，发挥学科带头人、专业学术带头人的引领作用，我系成立了国际贸易环境与政策研究中心、品牌文化与贸易服务协同创新研究中心两个系级科学研究机构，推动广东省特色重点学科建设，促进科学研究，打造科研团队，培养科研骨干。这两个学术平台的建立，为经贸系的学科建设产生了积极的作用。

（3）打造"学术探索"论坛和"经贸观察"讲座两个学术与学业能力提升平台。为强化学术研究氛围、提升教师的研究能力、交流学术研究信息，经贸系面向教师开设了"学术探索"论坛。为提高本科生对专业学习的兴趣，强化学生对社会经济相关领域前沿的动态了解，促进学生扩展专业知识面、培养学术兴趣，促进学生创新创业及参加高水平专业竞赛，拓宽学生专业学习眼界，使学生跟踪社会经济、产业发展最新动态，经贸系面向学生开设了"经贸观察"讲座。这两个平台的建立，对全系的教学科研和学生综合素质及能力培养产生重要作用。

4. 课程及课程群建设实现优化与跨界融合

因多年从事高职高专层次办学，以前各专业课程体系建设均存在一定的专科痕迹。课程建设的系统性、科学性、规范性、标准等都存在不少问题，需要改变或优化。升本以后，经贸系以培养高素质应用型经贸人才为目标，按照《国标》提供的指导和参考，结合专业特色、培养方向及发展需求，充分利用国际贸易学这个广东省特色重点学科、市场营销这个校级重点培育专业，以及学校的合格课程、重点课程、精品课程建设，积极在各专业本科人才培养方案、教学计划制订中改革课程教学内容，构建应用型课程体系。与此同时，推进优质课程和课程群建设工程，并已逐步产生成效，课程及课程群建设水平和效果得到显著提升。

（1）构建出课程建设质量标准。通过不断探索、归纳和总结，经贸系在课程建设方面建立起了一套可操作性、针对性强的合格课程、重点课程、优秀课程建设质量标准。经统筹规划、分期、分批建设，采取自评自建与集中组织审评相结合的方式，普及与提高相结合，少数重点、优秀课程与合格课程相结合的方式，促进教学改革深化，提高课程建设的功能和实效。

（2）在课程基础上开展课程群建设。为进一步提高教学质量，经贸系下大力气抓课程资源整合，从课程体系层次抓建设。各专业对教学计划中的所有开设课程从课程地位和作用、课程特点、内在关联和学科的纵横向联系等进行分析，并最终划分出若干课程群，为建设专业内宽口径的教学研究分类，组成教学团队，指导学生参加各类竞赛、实验实训、创新创业等打下基础，促进课程建设水平提高。

（3）跨界或跨专业实现课程及课程群建设模块化。在优化专业课程体系的同时，我系还关注课程和课程群建设的跨界或跨专业融合，通过系统规划，协同共建专业方向、优化课程群。譬如，国际经济与贸易、市场营销、电子商务专业共建跨境电商模块，市场营销、电子商务共建新媒体营销与大数据分析模块。这些举措，不仅呼应了由社会经济发展的最新趋势和动态产生的人才需求，也实现了专业建设、课程及课程群建设最大限度的资源共享和效率提升。

5. 教师专业化定位与能力提升

升本以后，为了推动教师队伍逐步完成转型升级，适应本科专业教育的新需要，经贸系大力推动所有教师根据职业生涯规划、学术兴趣及所处专业发展需求，进行自己的专业发展方向定位。之所以进行这项工作，根本原因在于，高等职业技术教育和专科高等教育与全日制本科教育对教师各方面能力的要求存在重大差异。全日制本科大学教师必须高度专业化，即其教学、学术研究、社会服务均聚焦在相同领域。

为了适应这个新的现实需要，我系采取建设专业课程群的办法，让每位教师明确自己的专业发展定位，同时确定学术研究方向；在稳定的专业方向上，从事教学和教学研究、科学研究、社会服务、学生竞赛与创新创业指导；逐步提高科研质量和服务社会经济发展的能力，不断提升教师的专业和学术水平，以便未来晋升相应专业技术职称，最终成为不同专业领域的专家。同时，大力鼓励教师参与各种学术团体、国际国内的学术会议，促进教师了解学术界前沿、动态及趋势，建立学术联系，提升科研素质和能力，扩大我系及学校在学术界和社会的影响力。

6. 教学质量监控体系有效运行

为了保证教学质量，经贸系经过几年探索，围绕教学条件、教学过程、教学效果等关键环节，建立起一套完善的质量监控体系，用以有效地监控所有教学环节，规范教学管理，最大限度地杜绝教学事故，促进教学质量提升。这个体系的核心节点如下。

（1）所有涉及与教学相关的事项，诸如教师评优推优、课题申报、合格课程评审、项目评审、教学竞赛等，均交由系学术委员会讨论、评审、投票决定。

（2）将教学管理列为每周系务委员会固定研讨内容，及时解决教学及教学管理中存在的问题。

（3）建立每月召开一次教研室主任例会的制度，从宏观上指导教研室做好教学管理顶层设计，从微观上解决教研室实际困难；学习和贯彻学校各类教学文件，通过研讨交流，让不同教研室之间互相学习、取长补短、发现问题、借鉴经验。

（4）定期开展各种教研活动，对教学中的重大事项进行研讨，同时坚持教师间互相听

课的制度;

(5) 建立教学信息采集与处理制度。制度化开展期初、期中、期末三个阶段的常规教学检查信息采集,通过学生信息员及时反馈日常教学信息,通过教学巡视主动发现信息。信息采集中,一旦发现问题,及时沟通处理(建立快速反应机制)。

(6) 建立院、系两级教学督导,加大督导力度与频度。通过听课,掌握不同类型、不同层面课程(包括仿真实验课)的一线教学情况,对教学管理工作进行监督和检查。

经贸系教学质量监控体系的建立和有效运行,对提高全系教学质量、防控各种教学质量事故出现起到了良好作用。

五、学术科技成果喜人,教学与教学研究成绩斐然

升本以来,全系教师在各种规划不断落实和政策的激励、引导下,参与学术科技研究和教学研究与改革的积极性、创造性空前提高,教学科研的潜力开始不断释放,进入了经贸系教研与科研进步的黄金期。可以说,近几年是经贸系教学科研能力提升和成果产出发展最快的时期。

1. 科研成果获新突破

经贸系不断加强对学术研究的重视,科研项目和各类科研成果取得新突破,科研实力进一步提升。2014—2018 年,经贸系先后获得校级以上科研项目 39 项,其中省厅级以上项目 18 项,如表 3 所示。

表 3　经贸系 2014—2018 年校级以上科研立项情况

年份	2014	2015	2016	2017	2018
项目数量	4（1）	8（2）	11（6）	7（6）	9（3）

注：括号中数字为省厅级项目数量。

2019 年伊始,我系又有 3 项科研项目获得广东省级哲学社会科学研究项目立项(我校共有 4 项课题获立项),有 2 项获广州市社会科学规划项目立项(全校共获 5 项)。

2014—2018 年,全系老师在各类期刊发表学术论文的数量快速增长,如图 2 所示,共发表 542 篇,其中 EI/CPCI 有 21 篇,CSSCI 有 3 篇,北大核心期刊有 18 篇,出版各类专著、教材 32 部。

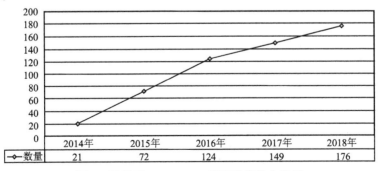

图 2　经贸系 2014—2018 教师发表论文数量

近年来,我系科研发展迅速,教师的科研积极性不断提高,科研项目立项、学术论文发表、学术专著和教材出版等,均在数量和质量上获得了新突破。

2. 教学能人增加，教学研究硕果累累

（1）优秀教师群体不断扩大。经贸系在申报各类教师荣誉称号方面，成果丰硕。例如，马超平老师获得"南粤优秀教师"称号，曾素梅老师获得"广东省民办教育优秀教师"称号，李勤昌等多位老师获得学校"我最喜爱的老师"称号。同时，我系教师在广东省和学校组织的各类青年教师教学竞赛、说课竞赛、优秀教师公开课等活动中取得较好成绩，一些优秀老师脱颖而出。例如，鲁朝云老师获得广东省第四届高校青年教师教学大赛三等奖，鲁朝云和谢育玲老师分别获得学校第三届青年教师竞赛特等奖、一等奖，张晓英老师获得学校说课专业竞赛特等奖，谭晓丽老师在学校说课竞赛活动中获得二等奖，尤彧聪老师成为学院教学督导力荐的"金课"教师，杨美玲、王健等老师先后展示优秀教师公开课。

（2）教学研究立项数量及层次不断提升。在教学研究领域，通过深化专业建设和教学改革，激发教师的教学研究积极性，申报各类教学研究立项，全面提高办学质量，提升专业建设水平，改进课堂教学质量。2014—2018 年，经贸系总共成功申报各类教研教改课题 43 项，其中，一批省、部下达教改课题获得立项。在校企协同育人研究与实践方面，2017—2019 年，经贸系先后有 4 项校企联合申报的产学合作协同育人项目获得教育部高教司立项，如表 4 所示。

表 4　2017—2019 年经贸系获得的教育部产学合作协同育人项目立项

立项时间	项目名称	项目类型	合作企业
2017 年 8 月	基于 PBL 模式下的市场营销应用型人才培养模式研究	教学内容和课程体系改革	新道科技股份有限公司
2018 年 10 月	电子商务专业产学研融合长效合作模式的研究	教学内容和课程体系改革	达内时代科技集团有限公司
2019 年 3 月	商业银行模拟运营实践条件和实践基地建设项目	实践条件和实践基地建设	成都杰科力科技有限公司
2019 年 3 月	跨境电子商务基础课程理实化教学构建	教学内容和课程体系改革	上海敏学信息技术有限公司

2016 年 12 月，广东省教育厅项目"校企合作与产业技术创新研究"成功立项，"供给侧改革下广东高职院校营销人才培养创新驱动机制研究"获广东省高等职业技术教育研究会立项。

（3）精品课程建设成绩斐然。近年来，经贸系完成了一批具有特色的精品课程创建，如省级精品视频公开课走进市场营销，校级精品资源共享课管理学、微观经济学、大学生创业实务、经济学基础、市场调查与预测，创新创业教育课程大学生创业实务、创新创业调研实务，应用型人才培养课程经济学、国际贸易理论与实务（双语）。这些成绩的取得，使我系课程建设和教学整体水平进一步提升。

（4）教学成果不断涌现。升本后，经贸系在若干层级上的教学成果奖项不断产生，如我系获广东教育教学成果奖（高等教育）培育项目 1 项；2016 年 9 月，"市场营销教学团队"建设项目成功结题；2018 年 3 月，"'四通五融六结合'应用型营销人才培养模式探索与实践"项目获得广州工商学院教学成果二等奖。

六、促进校企合作不断深化，创新和拓宽实训基地建设内容

作为应用型本科高校，在学生培养上，校外实践实训拥有更为重要的作用。升本后，经贸系大大加强了校企合作工作。在系的统筹规划下，校企合作更加注重激发专业（教研室）的能动性，基于新设计的运行机制，系和专业通力合作，共同开发符合本科专业校外实训的校外实践基地，创新校企合作模式，拓宽和深化校企合作的内容，使校企合作和校外实训基地在我系的人才培养中发挥更大的作用，也获得了学生的广泛认同。

1. 构建校企合作工作的运行新机制

近年来，经贸系根据学校指导，强化校企合作，并改革了原来由系包办的工作模式，构建起了一套校企合作工作的运行新机制。2016年以来，校企合作力度大大加强，取得了较好效果。系行政运行实行两级实体化管理后，校企合作采取了由系负责统筹规划与指导、资源预算、审批监控、服务支持，教研室（专业）具体承担校企合作和校外实训基地建设、运营、维护的运行模式。对校外实训基地，系里采取申报评审制度，由系行政和学术委员会评审通过后，拨付一定资金进行先期孵化，成熟后申报学校评审，争取学校的校外实训基地资金支持，最后签约和挂牌，进入正式建设营运。

2. 多维度加深和拓宽校企合作

高水平应用型本科人才的培养需要学校与企业共同参与，深度合作。学校升本以来，经贸系在校企合作方面继承了以往经验，同时更加注重合作内涵建设，多维度加深和拓宽合作领域、层次和合作内容，如除校企共建实训基地之外，还在学生联合培养、能力提升、联合申报项目、企业导师聘请、赞助各类学生活动和专业竞赛等方面进行探索，校企合作深度和广度都得到了不断深化。

学校升本以来，尤其是2016年以来，经贸系在新设计的校企合作工作运行机制下，在校企合作中大力推进高质量的校外实训基地建设，成效越来越好，具体表现在以下四个方面。

（1）规模日益扩大。近年来，在原有校企合作的基础上，经贸系新增合作企业27家（其中不少是行业龙头、上市公司或500强企业），已经与63家企业开展校企合作，其中深度合作25家。

（2）质量不断提升。2014年，"广州飞旺网络科技有限公司市场营销专业校外实践教学基地"获广东省教育厅立项；2015年，"广州工商学院海通证券广州东风西营业部校外实践基地"获广东省教育厅质量工程立项；电子商务应用服务协同创新发展中心2016年9月成功申报学院创新强校项目；2017年，深圳市东捷运通国际货运代理有限公司获学院校外实践基地立项；2018年，"京东"和"海通证券"获学校校外实践基地立项，在学校评比中分别排名第一、第二；2018年，与达内时代科技、美东（广东花都美东电商产业园）、平安保险共建实训基地。在2014、2015、2016学年的学院校企合作考评工作中，经贸系连续获学校的校企合作一等奖荣誉称号，2018年获"校企合作工作特色奖"。

（3）合作的形式走向多样化。近年来，经贸系的校企合作举措及效果精彩纷呈。与万德检测技术股份有限公司合作开办定向班；与易卖通电商平台（赣州唯宅汇科技有限公司全资子品牌）合作开办电子商务创业班；与企业合作共同举办"挑战杯"和专业技能竞赛；与世界500强中国人保财险协同育人；邀请企业导师为学生开讲座。根据"互联网+"时

代的要求，2016年5月，增开相关学科前沿课程及应用技术型课程，与京东联合培养电商人才，校企共同组建讲师团，开设网络服务营销、京东校内实训、客户服务管理等课程。2016年4月，与广州普惠海珍馆连锁有限公司共建普惠跨境电商校园体验中心，为切实提高学生对跨境电商的理论认知和实践能力，开设跨境电商研习创业班培训会；2016年5月，与京东共同组建了广工商·京东校园实训中心，京东选派4名员工长期在"JDer京英荟"校园实训授课及指导学生实训，成效优良；2018年，在京东客服中心在全国的100多家院校及项目组中，业绩综合评比排名第一；引入企业支持，每年承办"模拟经营节"，培养学生的创新创业能力。

（4）校企协同创新第二课堂。市场营销专业牵头成立了营销学会，下设营销营，作为本专业独具特色的实训平台，已经成为培养学生创新、创业能力的孵化器和服务企业的智库。目前，已经设有3个以企业命名、以企业真实经营项目为运作内容的工作室（分公司、中心）。在这些实体中引进竞赛机制，学生充分展现日常知识的积累和解决问题的能力，彰显营销专业学生捕捉市场机会的敏感度。这部分学生在毕业后甚至在校学习期间就开始自己创业，成为创新创业型人才。

3. 学生在各类竞赛和创新创业比赛中获骄人成绩

升本后，经贸系加强了对学生参加各类竞赛的计划和指导，强化了参赛的专业针对性和对参赛类别、等级等的遴选和提前计划。根据管理规则，对我系各类学生科技活动、创新创业活动、各类竞赛和其他学生活动进行组织、管理、监控、评比、总结工作，效果明显。

2016年以来，通过以赛促学、以赛促教来提高学生职业核心能力，迄今为止已成功举办或参加"挑战杯"中国大学生创业计划竞赛、网络推广策划大赛、模拟经营节、"海通杯"模拟炒股大赛、全国高校商业精英挑战赛"国泰安杯"营销模拟决策竞赛、"工匠杯"电子商务技能大赛、全国大学生"智汇杯"多组织企业供应链虚拟仿真经营大赛、全国高校互联网金融应用创新技能竞赛南部赛区比赛、第八届POCIB全国外贸从业能力大赛（2018—2019赛季）、"联盟杯"互联网+虚拟仿真经营大赛全国总决赛、"博导前程杯"全国电子商务运营技能竞赛、全国高校经济学综合博弈实验大赛等多项竞赛活动，效果显著，成绩优异，受到《广州日报》、《南国教育报》、广东省教育厅网站等多家媒体和网站的关注。学生在各类省级以上赛事中获得优异成绩，获省赛二等奖、三等奖多项，国赛一等奖、二等奖、三等奖多项；师生在历届"挑战杯·创青春"广东大学生创业大赛、省高等职业院校技能大赛（报关技能大赛、电子商务技能）等大赛中取得了优异成绩。2016年，17名师生到台湾地区参加2016年海峡两岸大学生营销模拟决策大赛，勇夺亚军、季军，还获得一等奖3项，得到较好的社会反响。培养质量的提高，使经贸系获得了社会的认同，学生就业形势良好，近两年毕业生就业率均高于98%。

与此同时，我系教师在指导学生参与各类竞赛与其他评比活动中，有70人次获得各级各类奖励，有100多人次带领学生参加各类大赛获得奖励共计77项，其中国家级11项，省级31项。

七、结束语

学校升本以来，经贸系在学校董事会、党政班子的正确领导下，锐意改革创新，在发展战略、顶层设计、机制体制、规章制度、队伍建设、学科和专业建设、教学科研、校企合作、实验实训基地建设等方面，全方位、多层次、立体化精准发力，解放思想，外引内培，对经贸系进行了改革创新，成绩斐然。经过几年努力，经贸系在本科办学的资源积累方面取得了巨大进步，可持续发展基础得到夯实，结构调整、转型升级取得了重大进展，本科办学水平有效提高，开启了未来不断提升的希望之门！

普通专科向应用型本科跨越发展的探讨
——会计系升本后的嬗变

程燕[①]

高水平应用型大学是广州工商学院的奋斗目标,会计系本着创新研究、管理育人和服务育人的理念,全体教职工共同努力,在升本后实现了五大转变,即师资队伍由疲于应付向较强教学团队转变;教学质量由只关注课程与课堂向系统教学质量提升转变;校企合作由单纯输送实习生向搭建共同育人平台转变;人才培养质量不断提高,毕业生从低层选择权向多层次选择权转变;潜心打造专业特色,从向规模要效益和质量朝向特色要规模和层次转变。

一、师资队伍:由疲于应付向较强教学团队转变

2014年初,会计系(原财金信息管理系)教职工总共不足60人,专任教师不足40人,教授只有1人,副教授只有3人,硕士学历占比不足30%。升本后,针对专业师资队伍的现状,我系制订了专业团队建设规划和教师职业发展规划,明确建设目标。从内外结合两方面考虑,坚持引聘名师、培养骨干、校企合作、专兼结合的原则,积极拓宽师资队伍的来源渠道,实行引进与培养相结合,健全管理机制,采取"引、聘、送、下、带"和专任教师与企业技术人员互兼互聘、双向交流等措施,致力于"双师"结构教学团队的建设,打造"双师"结构的优秀教学团队。

(一)措施

1. "引"

从生产一线引进企业高级管理人员、技术人员担任专业课、实践课的教师,通过引进教学名师、学科带头人,以及提高"双师"教师待遇等方式,加大师资培养力度。

2. "聘"

聘请企业、行业专家担任客座教授,对现场技术、技能水平要求较高的课程,聘请专家、技术人员开展专题讲座、讲学,并请他们做兼职教师,建立稳定的联系,充分利用社会资源。

3. "送"

选拔部分骨干教师到重点院校的对口专业进行深造,攻读学位,重点是对从企业引进的、实践应用能力强而理论相对薄弱的教师进行培养。

4. "下"

让中青年骨干教师下到基层单位(包括校内外实训基地、相关企业等)进行顶岗实践锻炼,对于没有相关专业实践经验的教师尽可能多地安排他们到生产、建设、管理和服务的第一线实习,以丰富他们的专业实践知识,提高实践技能。

---

①作者简介:程燕,会计系主任,教授。

5. "带"

以老带新，以强带弱。对专业带头人和骨干教师进行重点扶持和培养，并以专业带头人和骨干教师作为导师，指导中青年教师，定期对中青年教师进行实习、实训、课程建设和学术研究等方面的培训，提高中青年教师的教学和科研水平。

（二）成效

由于目标明确，措施得力，具体办法有效，近几年来，会计系教师团队建设成果显著。

1. 引进和培养

先后引进和培养了47位具有高级职称的人才充实教师队伍，引进硕士60多位，教师队伍的职称结构、学历结构逐步优化，高职称、高学历教师的比重均有较大提升。

2. 专兼职结合

聘请了115位企业高管和专业人士作为兼职教师，44位高校教师作为兼课教师，并多次请这些教师来校讲学；专兼职教师比例达到1∶1.48。

3. 骨干教师培养

通过参加国内学术研讨会和各类培训、课题研究等，继续对骨干教师进行培养。近两年，共有5名教师在职攻读硕士学位，3名骨干教师到国内著名高校做访问学者，30余名教师参加各级别学术会议。

4. "双师培养"

通过引进和培养，会计系的"双师型"教师比例达到42.41%。通过让教师利用假期到企业实习锻炼等途径，持续对"双师"教师进行培养。近年来，参加顶岗实践的中青年教师有100余人次，使会计系"双师"素质教师的比例达到了100%。

5. 教科研成果从可有可无向"两个轮子"并行的局面转变

学院先后出台科研奖励政策、职称评审政策，配套制定了科研奖励措施，充分调动了教师投入教科研工作的积极性，使教师科研能力不断提升，科研工作已经形成多出成果、快出成果、"你追我赶"的局面。截至2018年12月，全系教师年人均发表论文超过1篇，专职教师发表论文300篇；获得市厅级项目立项5项，院级教科研项目立项20项；在研省级质量工程项目1项，完成校级质量工程10项，在研23项。

6. 建立了青年教师导师制度和教学名师、专业带头人、骨干教师培养选拔制度

中青年教师申报高一级职称的积极性和能力迅速提高，仅2017、2018两年就有6位教师晋升副教授，30多位教师晋升中级职称，中青年教师的教学水平、科研能力逐年提高。

二、教学质量：由只关注课程与课堂向系统教学质量提升转变

2014年以前，由于专业多、教师少，每个教师需要承担多门课程，有大量教学课时，教学管理与要求就只能关注课程、抓住课堂。升本后，为全面提高教学质量，我系不断探索，系统培养全面升级。

（一）优化人才培养方案和课程体系

专科阶段课程设置为"三模块、两类型"，即公共基础模块、专业基础模块、专业技能模块，以及理论类和实践类课程。在优化人才培养方案的过程中，首先是根据《普通高等学校本科专业类教学质量国家标准》（以下简称《国标》）要求及市场需求确定各专业的人

才培养目标和规格标准、就业范围或岗位群，再确定人才培养的基本知识与素质、职业基础能力、职业技术能力、专业核心能力，接着确定各模块课程结构和基本内容、各门课程所培养的能力及支撑能力的知识内容，确定专业核心课程和主要实践环节。

会计系每年召开专业建设指导委员会会议，在广泛听取校内外教育专家及行业企业专家对人才培养的意见和建议后，制定各年级人才培养方案，在原基础上增设课外拓展项目模块，特别是从首届本科生开始，人才培养方案增加了"BSE（虚拟商业社会环境）跨专业综合实训"课程和"BSE财务共享"课程，加强了学生跨专业综合能力的训练，也让学生对最新的财务思想和理念有所了解。

（二）注重学生政治素养、职业操守和爱国主义情操的培养

会计系注重学生素质的培养，尤其是把政治素养、思想品格和职业操守摆在重要的位置，按照加强学生思想政治、品德和法律教育的要求进行相关课程建设与改革，以提高学生思想政治素质、道德水平和遵纪守法意识。针对财会职业的特殊性，开设了财经法规与职业道德等课程，加强学生的职业道德教育。

1. 以"以德为行、以学为上"教育思想为引领

积极开展学生思想政治和品德教育，围绕学校开展的"五进"活动，采取"一个共育"（校企共育）、"二个共建"（党团共建、军民共建）、"三个加强"（加强安全和学风建设，加强辅导员队伍建设，加强学生班干部队伍建设）、"四个结合"（教与学相结合，帮与扶相结合，严与爱相结合，心理健康与"五进"相结合）等措施，开展了卓有成效的学生工作，激发了学生的爱国热情和学习积极性，提高了他们的思想素质、心理素质和道德修养，培养了他们的法律意识和遵纪守法的观念，增强了他们的学习能力和读书兴趣，进而促进学生思想政治素质和道德品质的逐步养成。

2. 以"五进"活动为平台

教育引导学生积极践行"进课室、进图书馆、进实验实训室、进体育场馆、进社会"活动，将教学、训练、比赛、阅读等环节进行有机衔接，形成教书育人的最大合力；将提高学生的理论知识和专业操作能力有机结合，将读好书与做好人有机结合，学生受益颇多。

（三）注重课程建设和教学方法改革

1. 提高教学质量，从课程建设做起

根据课程的现状，结合本地区区域经济发展和人才市场需求，抓好专业主干课建设，以重点课程建设带动相邻的系列课程建设，制订出10个课程标准，有计划地开展重点课程和精品课程建设，目前已完成8门重点课程和4门精品资源共享课程的建设。

2. 改革教学方法，实行教学方法多样化

鼓励教师更多地采用情景教学法、案例教学法、项目导向教学法、技能模拟训练教学法等。如基础理论课程主要采用启发式、案例式、讨论式的教学方法，职业能力目标定位于提高学生分析问题的能力；而职业能力和技能类课程，如财务会计、成本会计、税务会计、财务管理、会计实务操作、会计电算化等，则采取情景教学法、项目导向教学法、任务驱动教学法、技能模拟训练教学法，职业能力目标定位于全面培养学生的职业素质和提升岗位操作技能。会计系各专业充分利用校内会计手工和电算化生产性实训基地仿真的教学系统，在会计综合实训过程中，以现实中一个一般规模企业、一个月的实际经济业务核算任务为载体，让学生按项目在会计实训室先手工完成会计各项业务的处理，再将手工会计核算转换成网上

模拟操作，让学生进一步熟悉和掌握会计电算化操作的方法和技能。指导教师一边教，学生一边做、一边学，工学交替，学练并重。仿真职业场景使学生在教与做的过程中学到了真实的技能，极大地调动了学生的学习热情。

（四）出版及修订系列教材

培养应用型技能型人才是应用型本科院校的重要使命。根据这一要求，结合会计系特点，我系确定了6门会计实训核心课程，并与广州安正达会计师事务所、广州尚宜企业服务有限公司、深圳国泰安信息技术有限公司、广州洪鑫服饰实业公司、新道科技股份有限公司和金蝶软件（中国）有限公司等合作，修订了6本实训教材，具体包括《会计技能训练》《中小企业会计实训》《成本会计实训》《税收筹划与税务会计实训》《会计电算化实训》《审计实训与典型案例分析》，组成一个系列。同时，要求学生每学期切实上好一门实训课程，循序渐进地培养会计专业技能。该系列实训教材修订再版，是会计系"校企共育"培养模式实践的一项重要成果。另外，还组织教师编写了《税法实务》《财务管理》《中级财务会计》《会计信息系统》等核心课程教材。

三、校企合作：由单纯输送实习生向搭建共同育人平台转变

升本之前，高职高专的培养目标要求有扎实的实践环节与实践条件，会计系已与30多家企业签订实习单位协议，每年派出学生顶岗实习，但是大部分合作功能也仅限于此。升本之后，我们充分认识到校企合作在应用型本科人才培养中的作用，因此十分注重校企合作的实践性和纵深性，在与60多家企业的合作中，建立了12家校外实践教学基地，充分利用企业和学校的资源，共建共管，优势互补。校企共同制订人才培养方案，共融文化，实现了课堂教学与实践教学一体化。

（一）深度合作，共同培养

自升本以来，会计系联合4家校企合作单位组建了由会计系主任为委员会主任、合作企业代表参加的会计系专业教学指导委员会。委员会每年召开一次会议，共商专业建设大事，共同制定人才培养方案、课程标准，共同设计实验实训项目。目前，合作开发课程11门，编导教材14部。2018年，与新道科技股份有限公司共同开设了"BSE跨专业综合实训"和"BSE财务共享平台"两门综合类实验课程，优化了实践教学体系。

（二）捐资助学，扶贫帮困

在校企双方的共同努力下，合作企业对专业建设给予了资金上的支持和帮助，尤其是对贫困学生的帮扶，资助资金总额超过50万元。

1. 企业投资

广州安立信会计师事务所、广州君联税务师事务所和广州尚宜企业服务有限公司共投资10万元，与会计专业共同创办广州市四柱清财务咨询有限公司。

2. 企业家捐助

从2014年起，企业家徐老先生资助会计系10名特困生每人每月300元生活费，每学年第一学期都给会计系送来36 000元现金。

3. 爱心人士捐款

2016年5月，我系前往广州洪鑫实业服饰有限公司交流，促成了社会及企业爱心人士从2016年9月份开始资助会计系10名特困生的工作。

4. 签订捐赠协议

2016年11月，会计系与深圳市地藏心文化传播有限公司签订了定向捐赠协议，该公司承诺资助会计专业2016级三名特困生三年学费，以及四年每生每月800元生活费，合计216 900元。

（三）利用资源，服务社会

会计系充分利用自身资源，为企业和社会提供培训服务和技术服务，取得了很好的社会效益，赢得了企业的赞誉。

1. 加强会计系与广州市四柱清财务咨询有限公司的合作

校企共同为广州汇贸优商贸有限公司等52家企业提供代理记账、汇算清缴、年报审计、工商注册、纳税等方面的服务，并与其进行了深度合作，受到合作企业的一致好评，也为会计专业学生实训技能的提高开辟了通道。

2. 加强与校企合作单位之间的互动

近一年，共为企业举办了10多场讲座，专门培训企业管理人员，特别是财务管理人员。

（四）校企合作搭建良好的育人平台

与以往校企合作企业方为学生提供实习岗位、就业机会不同，会计系的校企合作单位广州智冠企业管理咨询服务有限公司提供的是一个读书平台，会计系在该公司的支持下筹建了一间会计特色图书室，成立了会计系师生读书会和读者俱乐部，采用纸质图书+APP平台+视听室+观影室+分享会+企业家面对面的读书形式，构建了看、听、说结合的新读书模式。读书会定期组织读者举办读书分享会（校园读书角活动），推荐优秀读书分享的学生签约企业"读书团"，录制读书的音频和视频，引导学生在较短的时间内了解书中的精华，培养读书兴趣，提高读书效率，营造校园良好的读书氛围，为学生综合素质的提高和以后的就业搭建平台。

良好的校企合作关系，为学生创造了良好的实习条件和环境，也创造了更多的就业机会。会计系联合经贸系每年举办一次以校企合作单位为主的招聘会，三年来，校企合作单位每年为毕业生提供顶岗实习和毕业实习岗位412个，接收毕业生就业达230人。

四、人才培养质量不断提高：毕业生从低层选择权向多层次选择权的转变

专科阶段，由于入校门槛低、培养时间短，学生毕业之后选择权较小，选择面也比较窄，一般会从中小微企业的出纳等初级岗位做起，起薪低，上升空间及横向迁移都受到限制。2019年，会计系第一届本科毕业生，有232名学生报名参加研究生复习考试，13名学生被录取，人才培养质量已经有了质的飞跃。

（一）学生努力学习，全面发展，成绩喜人

2016—2018年，会计系先后有234人次获得国家奖学金、国家励志奖学金。首届本科毕业生就有6名同学考取国内大学硕士研究生，4名同学考取国外大学硕士研究生；近三年来，学生获得全国比赛奖项200多人次，获得省级比赛奖项148人次，获得市级及校级比赛奖项不计其数。

（二）开展了形式多样的第二课堂活动

学生党团的学习活动、社团活动、"五进"活动及其他社会实践活动，大大开阔了学生的视野，培养了学生的兴趣，提高了学生的综合素质。以系团总支学生会为基础，先后成立缘梦公益志愿服务队、二级心理辅导站轻语轩团队、党务工作服务站等学生组织，围绕学生第二课堂、团学活动、学生干部队伍培训、志愿服务、心理辅导、党务工作等开展专题活

动。学工组带领团总支学生会开展了会计技能大赛、"德学杯"系际辩论赛、"德学"励志格言比赛、新生篮球赛、趣味运动会、特色主题班会、"读书月"活动、宿舍文化艺术节等活动；在二级心理辅导站的组织下，开展了2016、2017级班级素质拓展之"奔跑吧，青春"——"五进"之"进体育场馆"活动，缘梦公益志愿服务队积极开展"进社会志愿服务"活动，并连同轻语轩团队开展暑期"三下乡"实践活动等。这些活动极大地丰富了学生的第二课堂，提高了学生的思想素质，增强了学生的体质，培养了学生的读书兴趣，强化了学生的社会服务意识和能力。

此外，学生学术水平有了明显的提升，已公开发表学术论文40多篇。

五、潜心打造专业特色：从向规模要效益和质量朝向特色要规模和层次转变

自2014年升本开始，学院的目标就是建设高水平应用型大学，尽快提升为有硕士授予权的民办高校。但是上升的路径在哪里？怎样上规模、求效益、保质量、跃层次？是走老牌学校慢慢积累之路，还是走经济实力强的高校的弯道超车之路？显然，两条道路都不适合新兴的民办高校。唯有走特色创品牌、品牌造声誉、声誉造平台、平台上层次的道路，才能找到自身的生存空间与位置。会计系正是看到了打造特色在发展中的重要性，才潜心在以下几个方面下工夫，争取创出一些品牌与声誉，为学院的发展做一些基础性工作。

（一）创新并实践"校企共育——三课堂联动"的人才培养模式

会计系经过多年研究、探索、实践、提炼、总结，构建出"校企共育——三课堂联动"的人才培养模式，已形成一个可推广可复制的、适合于应用型本科财会类专业高的素质应用型人才培养范式。

会计系创建和施行的"校企共育——三课堂联动"人才培养模式的总体框架如图1所示。

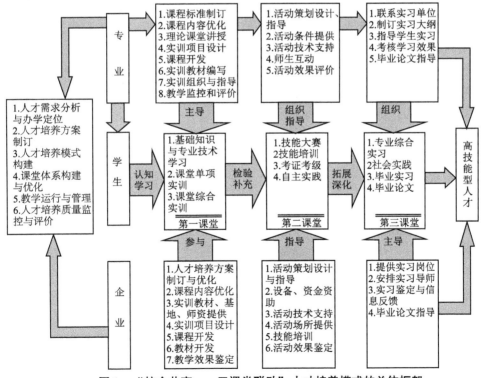

图1 "校企共育——三课堂联动"人才培养模式的总体框架

该模式可以具体概括为以下几点。

1. 组织"三个课堂"

"三个课堂"是指培养、提高学生职业能力的三个实践教学环节。第一课堂的实践教学包括与理论融为一体并在校内进行的实训项目，或课程仿真模拟训练、课程综合训练、专业综合训练等；第二课堂的实践教学是指学生在课外参加的诸如会计技能训练、各类培训、考证强化、自主实践、专业技能竞赛、科技创新活动等；第三课堂的实践教学主要是指在校外进行的实践教学活动，如社会实践、毕业实习、社会调查、顶岗实习、技术服务等。第一课堂的实践教学主要解决"会不会"的问题，即基本知识掌握、基本能力和专业能力问题；第二课堂的实践教学主要解决"熟练不熟练应用"的问题，即专业应用能力问题；第三课堂的实践教学主要解决综合应用能力问题，即岗位综合技能问题。第二课堂的实践教学是对第一课堂的补充和延伸，第三课堂的实践教学是对第一、第二课堂的拓展和深化。"三课堂"互为补充和完善，且对学生能力的培养循序渐进、逐层提高。

2. 形成"校企共育"

由于会计工作的特殊性，完全依赖校外实习基地是办不到的。利用自身拥有的"双师型"专兼结合的教学团队、校内大型的仿真程度较高的生产性实训基地和较好的企业合作关系，听取行业企业专业人士和校企合作单位意见，优化人才培养方案，设计课程体系和课程内容，编写实验实训教材，采取校内实训和校外实习"两条腿走路"的办法，立足校内，拓展校外，内外结合，将学生知识、能力、素质的培养和专业技能的训练分布在三个课堂之中，实现校企共同育人。

3. 建立"联动机制"

为保证"三个课堂"的有效贯通，会计专业建立了一套联动机制，"三个课堂"校企全程参与。"第一课堂"，要求专业任课教师、实训指导教师、行业企业兼职教师除精心组织校内理论与实训教学外，还必须认真指导学生策划和设计第二课堂教学活动。为巩固一、二课堂所取得的教学成果，部分专业任课教师、实训指导教师和企业导师直接参与学生顶岗实习和毕业实习（即第三课堂实践教学）指导工作，结合会计综合业务的处理，锻炼学生综合运用专业知识的能力，提高学生的岗位综合技能。

"校企共育——三课堂联动"是财会专业结合专业特点创建的一种新型人才培养模式，其核心理念是强调校企共同参与应用型财会人才培养，保证实践教学四年不间断，切实提高学生的职业素养和职业能力。

（二）产与学相融互补，校企协同创办四柱清财务咨询有限公司

经过几年的酝酿、准备，2015年9月，经学院董事会研究决定，同意会计系联合广州安立信会计师事务所、广州君联税务师事务所和广州尚宜企业服务有限公司成立广州市四柱清财务咨询有限公司，学院董事会投入注册资本30万元，无偿提供营业设备50万元、营业场地260多平方米，从会计系抽调两名专任教师负责公司运营与管理，并同意会计系专任教师参股和兼理公司业务。两家事务所及广州尚宜企业服务有限公司参股10万元，抽调注册会计师和注册税务师共3名，常年为公司提供审计报告、所得税汇算清缴鉴证报告、资产评估报告等业务的技术指导和背书。2015年11月，公司在工商管理部门正式登记注册成立，利用区位优势、资源优势、技术优势，以服务学生、服务学院、服务区域经济社会发展为宗旨，面向花都新华工业区汽车产业基地、狮岭国际皮革皮具产业基地和花都空港物流产业基地的中小微企业及机构单位，开展会计、审计、评估、财税、咨询等服务业务，同时为全院师生提供一个生产实践、实验实训、科学研究和科技创新的平台。在运营过程中，该公司采取合作单位与会计专业相互配合、取长补短、分工协作、各负其责的做法，在所属公司业务处理过程中，事务所主要负责高端业务处理，包括审计报告、所得税汇算清缴鉴证报告、评估报告的起草和出具；会计专业负责中低端业务的处理，本专业中的高级会计师、会计师、高年级学生及毕业实习生在公司里主要承担各类业务接洽工作、服务单位的工商登记注册工作、代理记账报税工作、内部账务调整及核查工作、评估资产登记清查工作、所得税汇算清缴鉴证报告工作底稿起草工作、审计报告工作底稿起草工作等，以人力资源优势弥补事务所业务力量不足的短板。公司经过三年多的努力，服务企业和单位52家，承接的业务逐步拓展，社会效益和经济效益逐渐显现。

广州市四柱清财务咨询有限公司创办的初衷是为了解决四个问题，一是会计专业毕业生校外实习效果差、点面分散、管理难度大的问题，二是会计专业校内教学工学结合、真账实做的问题，三是会计专业毕业生对口就业的问题，四是会计专业切实服务企业的问题。随着公司的成立、业务的不断拓展，该公司为企业服务的项目由单一的工商登记注册、代理记账和报税发展到税收筹划、财务顾问、会计培训、财务咨询、项目论证、大数据分析、审计、评估等，公司所承接的业务逐步涵盖不同类型、不同规模的企业和组织单位，业务内容齐全，处理方法各异。公司根据业务开展的需要和专业教学的安排，两年吸收了1 200多名毕业生参加公司组织的"会计快上岗"培训和考证培训，51名学生参与公司的经营与业务处理，开展毕业实习。学生所学的专业知识和所需掌握的专业技能在公司专业人员的指导下，由低到高地得到了检验、训练、巩固和提高。学生无须走出校门就能接触到不同类型企业真实的会计资料，实现工学结合、真账实做，同时也减轻了教学实习管理的难度。

该公司自2015年开始，根据一些代理记账单位和小微企业的意见和委托，在会计专业二年级学生中选拔和定向培养专职财务人员，让这些学生在参与公司代理记账等业务时，作为代理记账单位的准员工，一边训练专业技术，一边熟悉代理单位的生产经营状况、财务状况等，待学生毕业时，直接进入这些代理单位就业。这种做法非常具有实际意义，不仅解决了毕业生对口就业的问题，而且满足了用人单位的未来需求。就市场而言，这种办法得到了很多用人单位的认同，具有很好的发展空间。三年来，除公司自身吸收了4名优秀实习生就业外，还向一些代理记账单位和小微企业成功推荐了281名实习生。

财务咨询服务公司的创办和运营，有效地提高了会计专业的教学质量和服务能力，逐步解决了长期困扰会计专业建设的上述四个问题，基本实现了会计专业实践教学"八个合一"，即实验实训室与公司业务部合一、学生与会计核算员合一、教师与财务主管合一、教学内容与实际工作任务合一、教学资料与实际会计核算资料合一、作业与实操合一、教学与科研合一、育人与创收合一。

（三）将企业搬进校园，实现专业实训与市场岗位需求的无缝对接

在互联网时代，云计算的出现创造了一些新型的商业模式，不断影响着互联网以外的行业，并进一步影响会计、审计行业，将会计工作的各个方面推向了一个新的时代。在新商业模式和管理技术背景下，会计核算工作可以完全交由财务机器人"云完成"，传统的核算型

财务正在往管理型财务、战略型财务转变,未来企业需要的财会人员更多的是结合新技术、新管理模式的云财务管理会计师。

将企业搬进校园,产教融合协同育人,是新形势下财会人才培养的必经之路。但是原有的实验教学项目一般是配合某一门课程的实验,使得面向专业综合性的实验教学项目欠缺。实验项目本身是让学生验证所讲内容,而不是为配合创新型产业经济人才所必须要求的设计型、探究型、综合型实验。通过建立大型新商科实训中心,产教融合建立健全综合实验实训项目,培养满足区域经济转型需求的合格管理会计师,是新时期会计专业建设的必然选择。

有鉴于此,会计系及时将会计发展的前沿信息反馈给学院领导和董事会,董事会、院领导充分意识到要紧跟社会经济的发展步伐,果断投入千万元资金,与企业合作,共同建设最先进的实验室,共同打造最先进的实践教学课程,主动适应区域经济建设对财会人才需求的新形势。

经多方面考察、反复论证,我系最终决定与新道科技股份有限公司合作,在原有实验室的基础上构建包括教学实验、竞赛训练、师资培训、技能测试、社会服务"五位一体"的综合实训基地。现已建成面积1 600余平方米、可同时容纳260人实验、技术设备先进的虚拟仿真财务共享专业实验室与跨专业综合虚拟仿真实验中心,它是目前全省最大VBSE综合实验室和全国第一家VBSE共享实验室。融入先进教育教学理念,将企业搬进校园,具有较高技术含量和鲜明的专业特色,弥补了原来实践教学体系的不足,并成为广州工商学院实验室建设的标志性成果。

1. 综合实践教学能力得到提升

VBSE财务共享中心实践教学平台训练,使学生能够在以下几个方面有所提升:一是了解在共享财务模式下企业财务工作在组织、岗位分工、业务与管理流程等方面的变化;二是认知共享财务组织内不同岗位的核心业务流程、工作内容及财务信息系统工具,感知业务财务人员的工作任务、流程及信息系统工具,了解共享财务与业务财务之间的数据需求和数据服务内容;三是感知"大智移云"(大数据、智能化、移动互联网、云计算)等新技术在共享财务模式下的应用。通过BSE跨专业综合实践教学平台训练,学生可了解在多类社会组织中不同岗位的工作,培养在现代商业社会中从事经营管理所需的综合执行能力、综合决策能力和创新创业能力,感悟复杂市场营销环境下的企业经营,学会工作与思考,从而培养全局意识和综合职业素养。

2. 实验教学环境得到改善

这种改善具体体现在以下几个方面。一是系统性。总体设计符合国家中长期教育改革与发展规划纲要的主基调,考虑了服务地区经济,培养高素质、高技能人才的教育本位,统筹教学能力、科研能力、服务能力、学院品牌等多方面需求,有严谨的内在逻辑和鲜明的特色。

二是先进性。中心规划站在新阶段"十三五"规划的新起点上,全面利用信息技术,以实践教学基地建设为契机,实现教育教学理念创新、课程体系创新、师资培养创新、实验环境创新、信息技术创新和运营管理机制的创新。

三是全面性。以实践教学基地建设为切入点,覆盖其他专业群,形成会计和其他经济管理专业的有机融合和良性互动。

四是开放性。通过联合行业、企业等多种方式引入企业资源,不断提高学院人才培养质量；企业管理者进入教室言传身教，学校老师进入企业加强实践指导，校企形成良性互动；利用学校的优势，联合组织教学研讨、赛事等活动，使学校成为师资培训基地、企业家管理经验分享和传播的平台、学术交流的平台。

五是实用性。基地建设要充分体现专业融通、资源整合，要打破专业壁垒，最大限度地实现教学资源的共享，整体设计应具有可操作性。同时积极开展对企业和社会的科研和服务活动，让实践教学基地发挥最大的效用。

3. 实践教学效果得到提升

这具体表现在三方面。一是高互动。老师利用资讯科技设备、平台及应用软件将资讯融入教学，学生可在教室内或平台上发表自己的学习成效、作品；可提供一个师生共同讨论、互动的教学环境。高互动学习环境能使班级成员在无线通信的学习情境中视实际需要，弹性且有效地运用面对面互动、人机互动、计算机中介互动，以及群组同步互动等各种不同互动方式建构知识，进而促进有意义的学习。

二是开放式。将虚拟实验和真实实验进行有效整合，构建适合实验中心课程实际的实验教学体系，形成"虚实结合、优势互补"的启发式、探究式实验教学模式；搭建开放式实验教学管理平台，实时更新实验教学内容，循序渐进地开展虚实结合实验教学，推进学生自主学习、合作学习、研究创新性学习；建立多元化的实验评价体系，实现对学生客观、全面、开放和科学的评价，保障开放式虚实结合实验教学的正常、有效进行。

三是沉浸式。在实验学习过程中，学生能够全身心地投入实验活动，专注于实验内容与过程，大大提高了实验学习效果。在这个过程中，学生可以产生、获得强烈程度较高与持续时间较长的沉浸感。

学院升本后，会计系会计学、财务管理两个本科专业从无到有，在校生达到5 741名，会计学学科成为全校首个重点学科，会计专业获批省级重点专业。会计学、财务管理两个专业顺利取得学士学位授予权，为合格水平评估做了扎实的基础性工作，同时为学院将来晋升为有硕士授权的单位而积极努力。

参考文献

［1］邝邦洪，赵复查，佟艳芬，等．民办高校创建高水平应用型大学的探索——以广州工商学院为例［J］．韩山师范学院学报，2017，38（1）：102-108.

［2］邝邦洪，乔丽媛，李赣，等．创建高水平应用型大学培养服务区域应用型人才的探索与实践［J］．广东职业技术教育与研究，2016（4）：62-67.

［3］孙明，温燕．民办高校建设高水平应用型大学的思考与对策［J］．高教学刊，2017（14）：45-47.

高职高专向应用型本科转型的研究
——计算机科学与工程系本科建设之路

彭平[①]

2014年，广州工商学院获准开办首批3个本科专业，分别是数字媒体技术、电子信息工程和物流管理，分属管理学和工学两大学科。从此，计算机科学与工程系（以下简称"计算机系"）开始了从职教专科向应用型本科的转型之路。几年来，我系在学院及各职能部门的带领和支持下，有计划、分阶段地抓本科专业建设，强化本科专业内涵建设，正在实现从高职高专向应用型本科的历史性跨越。我系与学院一起成长，学生人数从2014年初的815人发展到2019年初的2 461人，整整增长到原来的3倍；5个专科专业转变为4个本科专业，全系教师也由升本之初的38人扩展到89人，是原来的2.34倍。同时，系专管专用实验室有28间，比升本前增加了6间，且新增实验室全部是面向本科教学需要而配置的专业实验室，实验条件大幅改善，基本满足我系各专业实践教学的需要。不仅学生拥有良好的学习、实验环境，教师办公条件也大为改观，除各种办公室之外，我系还拥有一间90平方米的会议室。

2018年3月，计算机系首批数字媒体技术本科专业学士学位授予权顺利通过评审。至此，我们初步完成从高职高专到应用型本科的转型。在学科建设与专业布局上，我系赶上了时代的潮头，拥有数据科学与大数据这样的新工科专业，并正在建设、发展人工智能专业。

回顾2014—2018年的本科专业建设工作历程，我们主要在以下九个方面做了努力。

一、专业定位

如何准确地给计算机专业发展定位，加大教学改革力度，构建与区域经济社会深度融合的创新型人才培养模式，是建设应用型工科专业面临的重要课题。根据我校的办学定位——立足珠江三角洲地区，服务广东，以管理学学科专业为主，适度发展工学学科专业，多学科专业协调发展，我系"十三五"发展规划所确定的专业发展目标是：适应珠三角区域现代信息技术发展对应用型人才的需求，发展具有特色的、以数字媒体技术、网络工程等专业为主，适度发展新工科的计算机专业群。这样的定位与我系的外部状况和现有自身条件基本相适应。

2019年的政府工作报告提出了发展"产业级人工智能应用"，还进一步阐明"做大做强新兴产业集群，实施大数据发展行动，加强新一代人工智能研发应用，在医疗、养老、教育、文化、体育等多领域推进'互联网+'"，把"人工智能""大数据"这样的技术词汇写进政府工作报告是不同寻常的。对此，我系积极响应国家发展战略，布局并落实计算机系

[①]作者简介：彭平，计算机科学与工程系主任，教授。

的发展规划。

2019年2月18日，中共中央、国务院印发《粤港澳大湾区发展规划纲要》。根据这个纲要，我们将计算机专业建设的定位调整为：适应大数据、智能化时代对整个社会经济的渗透影响，发展以大数据、智能化为代表的，以新工科为主，从粤港澳大湾区IT岗位需求为导向的计算机专业群。

二、师资队伍建设

一个学校的人才培养质量取决于多种要素，其中第一要素就是师资队伍的质量。所有高校竞争的焦点都在人才，民办高校人才短缺更是一个普遍存在的问题。升本以前，计算机系的教师大部分多年从事职业教育，基本不能满足本科专业发展要求。为此，2015年，我系在学院人事政策的框架内，制定了师资队伍三年发展规划，明确要求在学院统一计划下，通过内培外引，逐步改善现有师资队伍的年龄、职称和专业结构。规划要求重点做好以下几件工作。

第一，大力引进具有高级职称且具备较好计算机专业带头人素质的高级人才。

第二，大力引进计算机各专业应届硕士研究生。

第三，适当引进兄弟院校有讲师职称的中青年计算机专业教师。

第四，大力培养现有青年教师。

第五，对于不适应计算机系发展要求，经过约谈、警示后仍然不能调整、改变的教师，聘用到期后不再续聘。

当前，计算机专业人才社会需求旺盛、就业渠道广泛。根据广东省教育厅发布的《2018年广东省高校毕业生就业质量年度报告》，一个计算机科学与技术专业硕士毕业生初次就业薪资平均为12 543元/月，比7 693元/月的广东省硕士研究生其他专业毕业生初次就业薪资平均水平高出4 850元/月，引进专业人才工作难度可想而知。经过努力，截至2019年3月，我系教师数量从2014年的41人发展到89人，其中专任教师71人，具有高级职称的有17人，其中包括教授5人、副教授11人、高级实验师1人；具有职业技能高级职称的有4人；具有高级职称的教师人数在专任教师中的占比为29.6%。50岁以下高级职称人数占高级职称人数的比例为35.3%。师资队伍的年龄职称结构从哑铃形开始向橄榄球形转变，结构明显改善。尽管师资队伍建设成绩与规划目标还有差距，但基本能够满足计算机各个专业教学的需要。

在规划要求重点做好的五项工作当中，第一项还是取得了不错的成绩，在师资高流动性（接近20%）的背景下引进教授5人、副教授6人。第二项未能实现，引进计算机各专业应届硕士研究生人数是零，本硕专业均为计算机的应聘者寥寥无几，主要原因是当前民办高校教师薪资水平与社会上计算机专业硕士毕业生初次就业薪资水平有较大距离。第三项超额完成，学校的发展变化有目共睹，影响力在不断增加，对兄弟院校专业教师具有一定吸引力。第四项超计划完成，即先后派出3名青年教师到中山大学、华南理工大学做访问学者一年，6名青年教师晋升副教授（省评1人，校评5人）。按全校5年培养50名青年教师晋升副教授的规划，我系已提前完成。第五项工作最难做，先后劝离3人，1人试用期满没有转正。2014年与2019年师资队伍总体结构如表1所示，教授与副高的年龄结构如表2所示，引进与培养人数如表3所示。

表 1　2014 年与 2019 年师资队伍结构总体

时间	教师总数	专任教师人数	高级职称人数	讲师人数	"双师型"人数	硕士学历以上人数
2014 年 6 月	41	30	7	16	8	29
2019 年 3 月	89	71	17	41	20	76

表 2　2014 年与 2019 年师资队伍中教授与副高的年龄结构

时间	教授	副高	50 岁以下		50 岁以上	
			数量	占比	数量	占比
2014 年 6 月	3	4	0	0%	7	100%
2019 年 3 月	5	12	6	35.3%	11	64.7%

表 3　2014 年与 2019 年师资队伍引进与培养人数

时间	引进人数		校内培养人数		国内访问学者人数
	讲师	副教授	讲师	副教授	
2014 年 6 月	0	1	2	0	0
2019 年 3 月	14	9	19	6	3

目前，计算机系拥有 2 名广东省民办优秀教师、5 名广州工商学院优秀青年教师；11 人成为系骨干教师，8 人获广州工商学院"我最喜爱的老师"称号。此外，计算机系一向重视青年教师的实践能力培养和继续教育，升本以来，我系教师参加校外培训学习达 29 人次，是升本前的 4 倍多。

三、专业建设与质量工程建设

从专业定位出发，我们在首个本科专业数字媒体技术专业的基础上，相继增加了网络工程、软件工程、数据科学与大数据技术三个本科专业。与此同时，我们相继停招了多媒体技术、动漫技术、软件技术、应用技术四个专科专业。2019 年，计算机系成为 100% 的本科专业系。根据当前云计算、人工智能、虚拟现实、数据科学与大数据技术、机器人等新技术产业化发展趋势，特别是人工智能和大数据技术已经成为国家发展战略的新形势，计算机系在 2018 年年初提出创建大数据专业的意见，限于学校专业建设的总体布局，一时没能提上日程。2018 年 6 月中旬，广州工商学院邵宝华董事长看到了这个新兴技术领域的发展机遇，提出办大数据专业。大数据专业由此成为广州工商学院 2018 年向广东省教育厅申报的四个新专业中唯一获得通过的新专业。这是机会，同时也是挑战。按照计算机系现有的条件和实力，想办好这个专业，需要持续的努力。因此，在强化本科专业内涵建设上，我系主要从以下五个方面开展工作。

第一，根据专业定位不断优化并修订专业人才培养方案。
第二，课程建设与课程体系建设。
第三，课堂教学与教学管理。
第四，实践教学体系建设与毕业设计。
第五，校企合作与校外实习基地建设。
按照"平台+模块"的人才培养方案，平台由通识、专业、实践教学三个部分组成，模块由必修、选修和拓展三部分构成。各专业人才培养方案经过修订优化，突出了应用型本科的课程体系要求，强化了实践教学的内容与形式，比如对于数字媒体技术专业，在知识结构上，将原来过多的艺术课程变为设计与开发类课程占主导的工科课程体系。听课制度包括有组织的听课评课与随机随堂听课两种形式。每学期开展的教学竞赛、实验实训技能大赛和说课大赛有力地促进了课堂教学质量的提升。打造金课，使磨课活动有组织、有计划、分阶段、全覆盖进行。教学管理包括教学规范制定和实施、教学监管规范、试卷出题与批改规范以及毕业设计与实习的管理规范等。2014年以来，我系实践教学体系不断完善，从数字媒体技术专业的3D实训到大规模参加广东省计算机设计大赛，从校企合作的订单班实习到较大规模参与度的企业外包项目等，都取得了可观成绩。最重要的是人的改变，从专科职教的许多不规范行为方式逐步转变为适应本科教学要求的教育理念和做事方式。对毕业设计工作高度重视，毕业设计从选题到指导教师的过程管理、完成设计的节点检查、最终答辩都做到规范化。毕业设计题目类型多样，由平面设计、UI设计、3D设计、移动APP开发、微电影制作、VR等类型构成。作为四年大学学习的总结和检阅，两届毕业生的毕业设计中均涌现了一批好的作品。

升本以来，计算机系建设合格课程累计达到126门，组织编写适合广州工商学院计算机本科专业课程要求的各类教材16部，如表4所示。

表4 2014—2018年建设合格课程及编写教材数据统计

年份	合格课程/门			编写教材/部
	上半年	下半年	合计	
2014	13	13	26	4
2015	16	9	25	5
2016	8	16	24	1
2017	12	18	30	4
2018	5	16	21	2
累计		126		16

提升教学质量是提升人才培养质量的重要环节，包括说课和说专业竞赛、青年教师教学竞赛、完成质量工程项目等方面。教师在各类教学说课竞赛中的获奖情况如表5所示，完成质量工程项目数据如表6所示。

表5 教师在各类教学说课竞赛中的获奖情况

	院级获奖等级				省级获奖等级	
	特等	一等	二等	三等	二等	三等
数量	1	5	4	12	2	8
累计			22			10

表6 完成质量工程数据

院级项目数	省级项目数	合计
15	3	18

四、科学研究

民办高校曾经普遍存在教师科研水平不高、科研能力较弱的问题。升本前，由于科研投入不足、科研重视不够、科研环境较差等原因，学校整体科研工作比较落后。升本以后，为适应广州工商学院向应用型本科转型的要求，院领导高度重视，学校科研投入逐年增大，计算机系在这方面着重做了三项工作。

第一，在学院科研奖励的基础上，制定计算机系科研奖励制度。

第二，积极鼓励教授、副教授作为青年教师的指导老师，帮助青年教师提升科研能力。

第三，采取"请进来、走出去"的方式，请专家教授来系做学术报告，为教师访问、参加学术会议创造有力条件。

第一项工作包括对教师科研项目申报、科研项目立项、公开发表论文、大创项目立项、申请专利等进行奖励。第二项工作，对本系所有具有培养潜质的青年教师安排了教授配对。第三项工作，先后邀请中山大学博士生导师、广东省计算机学会大数据专业委员会主任印鉴教授做"大数据及其应用"专题报告，国际地质统计学学会委员、中国矿业大学教授孙洪泉博士主讲"分形几何与分形差值"等。

通过努力，逐渐改变了计算机系科学研究的基本面貌，全系教师积极参与科研。系里先后有三位青年教师到中山大学、华南理工大学做访问学者；科研论文发表数、科研项目申报数、科研项目立项数均大幅增加，论文质量也明显提升。教师申请国家专利的数量也从无到有、从少到多，并且增长速度非常之快。2014—2018年，计算机系教师论文发表数据、教学、科研项目申报数据、在各类专业比赛中的获奖数据、获得著作权与专利权的数据分别如表7、表8、表9、表10所示。

表7 发表论文数据

年份	全部论文		核心期刊论文	
	数量/篇	人均/篇	数量/篇	占比/%
2014	11	0.26	0	0.0
2015	36	0.72	1	2.7
2016	82	1.36	4	4.9
2017	97	1.29	6	6.2
2018	147	1.67	12	8.2
累计	373		23	

表8 教学、科研项目申报数据

时间	总数	国家级/项	省级/项	院级/项	人均/项
2014年6月	19	0	3	16	0.46
2019年3月	82	1	36	45	0.92

表9 在各类专业比赛中的获奖数据

时间	省级	院级	累计/项	人均/项
2014年6月	13	0	13	0.31
2019年3月	15	26	41	0.78

表10 获得著作权与专利权数据

时间	著作权/项	专利权/项	合计
2014年6月	0	0	0
2019年3月	14	37	51

五、校企合作协同育人

校企合作协同育人是应用型本科高校培养学生的必由之路。高质量的人才培养模式需要通过三方面的努力。一是充分的市场调研，与行业企业专家共同制订专业人才培养方案；二是探索适合本地区经济需要、适合本专业学生实际状况、发挥校企双方各自优势、专业共建资源共享、形成双赢的长期稳定的校企合作关系；三是不断探索深度合作并注重创新，不仅是技术创新、实训内容创新，还包括校企合作形态与机制上的创新。要想实现校企合作协同育人工作的目标，需要做好以下四个方面的工作。

第一，加强领导。计算机系由一名系副主任主管校企合作工作，同时安排系办公室主任配合副主任协同进行校企合作工作。

第二，随着本科毕业生数量逐年增加，在巩固已有校外实训基地建设的同时，逐年增加新的实训基地，以满足人才培养的需要。

第三，重点寻找有实力、有影响的大公司作为深度、紧密型校企合作的伙伴，以提升校企合作质量。

第四，把校企合作内容从传统的实训拓展扩展为从人才培养方案制定、课程体系建设、课程建设到实验室建设和实训项目开发一体化的联合办学，发挥各自优势，提升人才培养质量。

经过几年的努力，校企合作共同搭建了"四位一体"的协同育人平台，培养了学生创业创新能力。"四位一体"指共同开发模块化"企业课程"；基于企业外包项目的协同育人；校企共建众创空间，搭建创新创业平台；校企共建学生竞赛平台，培养学生创新能力。按照广州工商学院校企合作办公室的统一部署，校外实训基地拓展工作按照计划进度全部完成。目前，计算机系共有校外实践教学基地5个，校外实训基地15个，基本满足本科学生毕业实习的需要。计算机系所确定的校企合作协同育人的基本思路和目标是清晰的，如果没有企业联手，根据现有师资力量和技术条件，办好数据科学与大数据技术、人工智能这样的新工科专业是一个不可能完成的任务。2014—2018年计算机系校企合作情况如表11所示。

表11 2014—2018年计算机系校企合作情况

年份	企业数	基地性质
2014	40	校外实习实训基地
2015	35	校外实习实训基地
2016	38	校外实习实训基地
2017	36	校外实践教学基地3个，校外实习实训基地33个
2018	20	校外实践教学基地5个，校外实习实训基地15个

六、实验室建设

应用型本科实践教学体系的基本支撑就是各个专业实验室的建设。如果要充分体现应用型，就应该强化实验室建设的整体水平和质量，及时更新实验设备，规范管理，充分利用实验室，提高学生对实验课教学效果的满意度。为了有效开展实验室建设工作，我系将实验室的建设与实验室管理分开，由两个系副主任分别负责。实验室项目的申报则由专业教研室负责，系领导及专业带头人进行实验项目论证评估并筛选后向学院推荐。面对升本前实验室设备陈旧、数量不足的状况，我系一直鼓励并动员专业教师申报实验室项目，积极申报符合本科实验教学要求的专业实验室项目。几年之中，计算机相继立项并建成三维动画实验室、网络配置与应用实验室、网络综合布线实验室等一批符合本科实验教学要求的专业实验室。这些实验室的启用使计算机系专管专用实验室的条件大为改观，无论是设备的质量还是实验室的数量、容纳学生的数量均能够满足专业实验的要求。实验室管理工作也逐步规范化，人员岗位责任明确，安全落实，维护制度化，管理有序。新增实验室设备总投入452万元，新增实验室管理员3人。实验室走廊的文化墙布满了当前IT技术的新热点、新技术、新趋势等富有时代性的文字和色彩，使计算机系实验室的周边也充满浓郁的科技氛围。计算机系实验室建设数据如表12所示。

表12　计算机系实验室建设数据

时间	专业实验室数/间	实验管理员/人	资产总额/万元
2014年6月	22	1	944
2019年3月	28	4	1 396

七、专业比赛与大创项目

应用型本科高校培养出来的人才，除了具有本科学历、学士学位之外，还应有职业技能证、专业比赛获奖证、大创项目获奖证等。人才培养质量和效果，除了要看社会，还要看上述证书，因此，计算机系十分重视这方面的工作。通过专业比赛、大创项目带动专业课程改革、教学改革，以及调动学生学习的积极性，是人才专业素质重点"专业能力"的表现。2014年以来，计算机系主要做了以下三项工作。

第一，领导重视并在经费上给予有力支持。

第二，制定奖励制度，鼓励老师参与。

第三，充分动员学生报名，有效组织。

经过持续努力，我系累计获得193项专业比赛奖项，其中国家级专业比赛奖22项、省级专业比赛奖171项；大创项目28项，其中国家级3项、省级9项、学院级16项。专业比赛奖项和大创项目的立项验收，不仅数量逐年增多，而且质量也在逐年提高，呈现专业比赛获奖全面丰收、大创项目星星之火燎原的大好局面。2014—2018年计算机系学生在专业比赛中的获奖情况如表13所示，大创项目数据如表14所示。

表13 2014—2018年计算机系学生在专业比赛中的获奖情况

时间	总数	一类			级别		
		国家级	省级	合计	国家	省级	合计
2014年	11	0	0	0	0	11	11
2015年	22	0	1	1	3	18	21
2016年	36	0	6	6	8	22	30
2017年	78	0	20	20	7	51	58
2018年	46	0	25	25	4	17	21
累计	193	0	52	52	22	119	141

注：一类指教育部、省教育厅主办；二类指非教育系统主办。

表14 大创项目数据统计

年份	级别			合计
	国家级	省级	院级	
2014	0	0	0	0
2015	3	0	2	1
2016	2	0	0	2
2017	10	1	4	5
2018	13	2	3	8
累计	28	3	9	16

八、对外交流与合作

国际视野和开放办学是一所高校成功的另一重要指标。以提高人才培养质量为出发点，在专业建设、教研教改、科研水平提升方面，鼓励、加强对外交流活动，积极参与行业专业学会的各种活动，并在其中发挥有效作用。截至2019年3月，计算机系教师先后有50人次参加校外各类学术交流会议，大约是升本前的4倍。这些学术交流活动不仅让教师有机会了解外部世界，更新知识，学习到有价值的新东西，也对扩大广州工商学院的影响力起到了积极的作用。2014年6月以前和2014年6月至2019年3月，计算机系教师参加校外会议情况分别如表15、表16所示。

表15 2014年6月以前计算机系教师参加校外会议情况

序号	会议名称	参加人数	参会时间
1	广东岭南职业技术学院交流学习会议	5	2013年3月12日
2	广东培正学院计算机系交流学习会议	8	2014年3月18日

表16 2014年6月至2019年3月计算机系教师参加校外会议情况

序号	会议名称	参加人数	参会时间
1	清华大学高校教育系统领导干部创新管理高级研修班	2	2014年7月7日—2014年7月11日
2	广东省高职高专云计算与大数据专业委员会成立暨学术交流大会	2	2014年10月15日
3	广东行政学院专业建设学习交流会	4	2014年12月24日
4	中层干部北京大学高级研修班	2	2015年7月18日–7月21日
5	广东省计算机学会大数据、云计算学术交流会议	4	2016年5月20日
6	2016广东省计算机学会年会暨学术报告及表彰大会	2	2016年10月23日—2016年10月24日
7	中软国际软件工程人才培养交流会	2	2016年10月28日
8	广州大学华软软件学院学习交流会	13	2016年11月24日
9	广东科协与计算机学会联合主办2017年度学者讲坛学术会议	3	2017年10月19日
10	"融合创新、加快一流课程与教材建设"研讨会	1	2018年4月21日—2018年4月22日
11	产教融合专业建设研讨会	3	2018年6月23日—2018年6月24日
12	首届广东省校企合作协同育人项目对接会	1	2018年7月2日
13	2018年第十九期广东省珠江学者讲坛	1	2018年9月15日
14	2018年广东省大学计算机课程改革主题研讨会	1	2018年9月26日
15	2018年第二十四期广东省珠江学者讲坛	3	2018年10月25日
16	传智播客2018年大数据和人工智能高校专业建设研讨会	2	2018年10月27日
17	"产教融合、创新发展"专题论坛	2	2018年11月17日—2018年11月19日
18	广东省计算机学会大数据专委会委员2018年会暨大数据专业学术会	1	2018年12月29日
19	2018年广东省计算机学会年会	1	2018年12月30日

九、立德树人

人才培养的质量首先是"德",一个人没有德,他就是一个缺失方向的人,这样的人能力越强可能会给社会造成的破坏也越大。所以计算机系对学生的思政工作、学风建设高度重视。每届新生入学,系主任都亲自为新生上开学第一课,要求学生树立正确的世界观、人生观、价值观,树立正确的专业思想、职业思想。计算机系始终坚持"以德为行、以学为上"

的育人思想，在制度化、精细化、系统化和体系化的学生思政建设方面取得丰硕的成果。

按照"以德为行、以学为上"的教育理念，大力开展"进课室、进图书馆、进实验实训室、进体育场馆、进社会"的"五进"活动，紧紧围绕学院创建应用型本科院校的目标，开展德学育人系列活动，巩固思政工作和学风建设成果。思想政治教育工作面更广，方式更丰富，效果突出。具体的做法有：①2014年升本以来，每学年初，系主任主讲新生德学教育第一课，把好思政教育第一关；每学年末，毕业生离校前，系主任讲"最后一堂课"，把好学生正式踏入社会前的最后一关；②党总支书记主抓师生党员思想政治理论学习，按照"三会一课"要求，提升党员的党性修养和理论水平；③辅导员强化学生日常思想政治教育，每学期以专题形式开展德学讲堂200余学时，覆盖全体学生；④从单纯思政课做思政转变为课程思政，将思政融于一般课堂。

德学育人抓"五进"，重在加强领导、落实制度、创新德学育人工作方式方法。自升本以来，我系在德学育人上形成了系统化的工作模式，构建了由系部领导分管主抓、学管队伍落实、专业教研室全力配合、全体教师共同参与的全员育人体系，并积极沟通各职能部门，合理利用协同育人基地、校企合作单位资源，实现全方位育人。以"三风建设"活动月为基调，以"德学"课堂、技术讲座、特色主题班会等方式，引导学生主动进课堂和课室，学会科学学习和解决问题的方法，学会做人的态度和正确的思维方式，并通过评优评先营造良好的学习氛围。以读书分享会、名人优秀事迹分享交流、征文比赛等方式，提高学生进图书馆、阅读书籍的积极性，开阔视野，拓宽知识面。将兴趣爱好与专业学习相结合，以竞赛、实训方式强化实践能力。通过校内外专业技能竞赛、IT科技文化节、校企实训项目、专业兴趣小组学习等方式搭建平台，以项目成品、竞赛奖项巩固进实验实训的成果；通过新生军训、"新生杯"篮球赛、大学生体育文化节、校运会，青马工程培训、班级素质拓展培训等方式，带动学生走出宿舍，走向体育场，锻炼身体，同时培养团队协作意识和集体荣誉感。与社会公益机构共同构建"协同育人"社会实践基地，定期开展关爱老人、儿童志愿服务；利用教学实践周和实习实训，组织开展大学生暑期"三下乡"、寒暑假专业实践、顶岗实习、毕业实习；以RD义务维修、雷锋学习月、公益先行等开展诚信感恩教育。思政工作和学风建设成果显著。经过大创项目的孕育，学生创立了不名工作室、广州科技因特有限公司等具有一定校园影响力的IT运作实体。

思政工作队伍建设的不断加强，使计算机系的工作效率和质量明显提升。目前，计算机系共有思想政治教育辅导员10人，其中5人为思想政治教育助理研究员，9人为研究生。根据学生思政工作开展的需求，我系设置党团建设指导老师、二级心理辅导站指导老师、资助工作经办人、"五进"活动专员等，确保大学生思想政治教育和日常管理服务工作顺利开展。辅导员办公室下设学生党务工作中心、团总支学生会、二级心理辅导员站三个学生组织，并成立了RD电脑义务维修服务队、启晨志愿服务队两支志愿者团队，以自我服务、自我管理、自我成长为目标，协助开展各项工作。2014年和2019年计算机系立德树人情况如表17所示。

表 17　2014 年和 2019 计算机系立德树人情况

时间	学生总体到课率/%	获得国家奖学金/人	大创项目		
			国家级/项	省级/项	院级/项
2019 年 6 月	80	0	0	0	0
2019 年 3 月	90	10	3	9	39

四年的转型之路，我们虽然向前迈了一大步，取得了令人欣慰的成绩，创造了计算机系建系以来多个第一，但需要面对、解决的问题仍然很多，与一些兄弟院校相比，仍然有较大差距。从深层次来讲，问题主要有三个。第一，青年教师刚入职就上讲台，缺乏助教阶段，使课堂教学变成年轻教师练手的场所，教学质量受到影响。第二，教学班比较大，现在基本是 60 人左右，无法有效开展过程化考核、个性化教学。第三，将应用型培养目标误读为只要动手做就可以，轻视理论学习，这是危害极大的，没有理论武装头脑的人只会跟着别人干，不会有能力独立完成任务或者带别人干。从结果来看，培养出来的学生没有什么后劲。在师资队伍方面，尚未有博士学位，专业领军式带头人缺乏，专业领域的研究团队没有形成。另外，计算机系缺少省级重点建设学科或者专业、省级特色专业，以及经过工程教育认证的专业；本科毕业生考取研究生尚未实现零的突破。这些都在告诉我们，转型升级任重而道远，计算机系今后要走的路还很长，还没有骄傲的资本。但是我们相信，只要不忘初心，继续努力，我们的目标就一定会实现。

以评估为契机，创建高水平应用型本科大学

邱云兰[①]

一、问题的提出

2014年经教育部批准，原广州工商职业技术学院更名为广州工商学院，并升格为全日制民办普通本科应用型大学。为此，学院的发展目标也调整为"创建高水平应用型本科大学"。应用型大学以本科教学为主，根据条件和需要适当发展研究生教育；教学和科学研究以服务地方为宗旨，重在"应用"，培养地方需要的应用型人才，产生地方需要的应用性成果；要求以体现时代精神和社会发展要求的人才观、质量观和教育观为先导，以在新的高等教育形式下构建满足和适应经济与社会发展需要的新学科方向、专业结构、课程体系，更新教学内容、教学环境、教学方法和教学手段，全面提高教学水平，培养具有较强社会适应能力和竞争能力的高素质应用型人才。升本后，基础教学部有了很大发展，为迎接教育部的本科合格评估而奋进。

二、以本为本，为创建应用型本科前行

广州工商学院注重内强素质，外树形象。基础教学部注重加强师资队伍建设、课程建设、学科建设、学科竞赛、教育科研。

（一）师资队伍概况

升本前，具有研究生学历的教师相对较少，基础教学部优质师资不足。但基础教学部招聘的专任教师没有放低要求，专任教师学历要求达到硕士以上，聘任教师职称要求达到副教授职称以上。2013年9月，基础教学部有教师共7人，其中副高级职称以上的教师有2人，教授1人，副教授1人；硕士学位的教师有3人；文学教师2人，体育教师4人，教务员1人。

（二）强化课程建设，实施课程标准

广州工商学院招专科层次的学生时，其课程建设是参照当时全日制公办专科学校层次的课程开设标准。按照课程标准开设有关专业，开全、开足、开齐相关专业课程。按照专业课程实施课程目标，彰显专业特色，构建课程目标，按照课程目标所规定的有关要求施教，收到良好的实效。

升本后，董事会和学院领导严格按照本科有关专业设置的要求，特别是按照本科合格评估的有关要求，狠抓工作落实，落实课程建设的相关指标体系，明确本科合格评估的意义和

[①]作者简介：邱云兰，(1956—)，广东乐昌人，广州工商学院基础教学部主任，教授，主要从事数学教育教学的实践与研究。

作用，明确我院全日制普通民办本科办学的定位和办学目标。

（三）潜心教学改革，营造教科研氛围

1. 潜心教改

课程改革的关键是课堂，课堂改革的关键是教师。教师上课，如果照本宣科，对着多媒体课件讲，不互动、不提问、不板书、不引导、不考查，不考虑学生的感受，课堂的学习氛围就不浓，学生缺乏思考、参与，学习积极性不高，提问少，能接受的学生不多，课堂教学普遍不受学生欢迎。

教师是课程教学改革的关键，教学改革要把实践上升到理论，撰写论文、主编著作。撰写论文不仅仅是解决教学中的问题，而是通过问题的解决，总结出一些带有启发和规律性的东西，从而更好地引导教学实践[1]。基础教学部重视教学改革和教法创新，提出以学定教、以情优教、以赛促学、以学促赛、赛课结合的教改理念。

2. 科研与竞赛

教育科学研究是指教育工作者在教育理论的指导下，利用科学研究方法对教育教学过程中的现象与问题有意识、有目的、有计划地研究，从而揭示教育现象和客观规律的创造性研究活动。教育科研是指在科学研究中能发现问题、分析问题、解决问题，或在分析问题、解决问题时能有所发明。新课程的实施更新了教师的教育观念，促进了教师的专业发展。教师发表论文、申报课题助推教师教学发展。但升本前，教师的教科研氛围不浓，在学术期刊上发表论文少，很少有人申报课题、著书立说，基础教学部一学期发表的论文只有几篇。

教师的专业技能竞赛和学生竞赛不但要看领导的重视程度，还要看教师的专业基础和学生的基础知识。在学院领导的高度重视下，教师和学生积极应对竞赛，并取得了一定的成绩。教师的专业素养和学生的实践应用能力得到了进一步的加强。

三、以评促建，为创建应用型大学奋进

升本后，学院的发展继续向"创建高水平的应用型本科"迈进，和谐办学，科学发展，践行"以德为行、以学为上"的教学思想，学院的办学规模、办学层次、办学水平有了很大的提升。

（一）融入专业，外引内培，推进以本为本教育师资队伍的体系建设

1. 外引内培，多措并举，推进以本为本教师队伍职业化

如果说以本为本是高等教育发展的前提，那么师资队伍的建设就是关键。升本后，学院优质师资不足，高级职称的教师更少，没有职称及职称不高的年轻教师较多。为此，董事会和院领导采取外引内培的方法，推进创新创业教育师资队伍体系的建设。"外引"是指从全国高校招聘在教学一线的专家教授和博士到校任教，精选在广东高校担任过行政职务且具有丰富教育教学和管理经验的专家教授到相应的领导工作岗位。"内培"包括校内、校外的培训，邀请知名专家教授到校培训中青年教师，选送中级职称以上的优秀年轻教师到985名校做访问学者。青年教师是学院发展的未来和希望，为青年教师的成长和发展创造良好的政策环境是学院和系部的责任和使命。为提升青年教师的整体素质和学术水平，实现建设特色鲜明的高水平应用型大学的发展目标，根据《广东省"强师工程"实施方案（2017—2020年)》的要求，结合我院青年教师队伍实际，特设立"优秀青年教师培养计划"及"青年骨

干教师培养计划"。基础教学部根据学院对年轻教师的培养计划，推荐褚青涛、龙彩燕、李萍、邱代东、高媛媛等老师为广州工商学院优秀青年骨干教师和优秀青年教师培养对象，使他们更快成长、成熟，更快获得高级职称。

由于学院董事长和学院领导重视教师队伍的建设，基础教学部优质师资得到进一步优化，招聘的专任教师均要求硕士学历以上，聘任的老教师要求副教授以上。截至2019年9月11日，基础教学部在职在编教师52人（不含外聘代课教师），其中，教务员1人，副高职称以上的教师14人，占全体任课教师的27%，正高职称教师8人，博士2人，副教授6人；青年专任教师共37人，全部具备硕士学位以上学历。基础教学部目前设置5个教研室，文学教研室、基础数学教研室、应用数学教研室、公共艺术教研室、军事理论教研室。其中，文学教研室14人（含教务员）中，有正高职称3人、博士1人、副高职称教师2人；基础数学教研室17人中，有教授2人、副教授3人；应用数学教研室16人中，有教授2人、博士1人、副教授1人；公共艺术教研室4人中，讲师2人；军事理论教研室1人，教授1人。外聘的17位教师中，副高职称以上的6人，其中教授2人，博士3人。

2. 加强"双师型""双能型"教师队伍建设，确保以本为本的人才培养质量

一所学校的办学水平，不仅与"双师型""双能型"教师队伍建设有关，而且与是否树立以本为本的办学理念有关。董事长和学院领导、系部领导高度重视"双师型""双能型"、教师队伍的建设，实施本科生导师制，根据学院制定的"双师双能型"教师认定标准，积极引进具有企业背景和实践经验的教师、技术员，指导学生的专业实践，引导专业课专任教师增强专业实践技能，加强教师"双创"教育的技能培训，树立典型，以点带面，以面带片，为建设高水平的应用型本科提供智慧，为大学生教育的成功提供必要的启发和整合。教师不仅要献身于自己的专业，还要在教学中体现人文教育精神并做出示范，立德树人。

（二）载体筑基，推进应用型大学人才培养方案的进一步完善

1. 修订人才培养方案，确保创新创业与校企合作、产教融合的有机结合

目前，创新创业与校企合作、产教融合尚能满足应用型本科人才培养之需，人才培养方案需要以《国标》为准则、以市场需求为导向修订，完善应用型大学校企合作产教融合培养体系，如产教渗透融合、产教延伸融合、产教重组融合等。学校从广州和珠三角地区经济社会发展需求、学院现状及发展出发，突出学院原来的发展格局，坚定走转型发展之路，加强专业建设，注重学科专业之间的相互关联和支撑。例如，在人才培养方法第二课堂学分中，拟定创新、创业实践学分，在校企合作、产教融合实践基地，将学生参加学科竞赛等折算为创新创业，适当增加实践教学课时，并严格考评实践教学成绩。落实"需求导向、能力为先、知行合一、重在创新"的人才方案，把创新、创业、校企合作、产教融合融入应用型本科人才培养的全过程；激励教师将学科前沿、创新思维和创新能力的培养等融入课堂教学，拟定在公共选修课设立创新创业类模块，调整专业课程设置；构建公共基础课、专业课、选修课一体化机制，注重课堂教学中实践能力、创新能力的培养；把第一课堂的理论与第二课堂的实践有机结合。

学校的办学水平，还与课程建设和教学改革有密切的关系，关系到应用型人才培养质量。课程建设要根据有效的课程教学内容和要求来实施，主要体现三方面：一是关注学生诉求和未来发展的教学内容；二是以学生为主体的教学方法；三是注重学习过程的形成性评

价[2]。围绕这三点，尝试从课程体系、目标、内容、教学方法、课程评价展开调查研究，发现问题、分析原因、及时解决。调查问卷结果显示，大二学生对"你对通识课的评价"的回答中，选择"一般"占 46.15%，选择"较好"的占 31.52%，学生对课程开设的专业满意度比预期要好。但对 2018 年首届本科毕业生的问卷调查结果表明，学生对开设的课程满意度不理想，比预期的差一些。为了搭建应用型高校人才培养的综合平台，让学生从中受益，基础教学部严格按照教育部本科人才培养方案配备教师，制订教学计划，修改课程目标，落实课程（包括通识课）标准。通识课分为两部分：一部分是专业基础必修课，目前基础教学部所开设的专业基础必修课有高等数学、微积分、线性代数、概率论与数理统计、经济数学、大学语文、应用文写作等；另一部分是通识必修课，包括政治理论、外语、计算机、体育、军事、大学生心理健康教育、视觉设计、音乐表演等。

2. 选好用好教材，确保人才培养目标的实现

教师的教学知识最首要的来源自然是教材。教材是课程的核心文本，课堂是教师、学生、教材这三个要素在相互作用中生成的动态环境。这些年来，我们所选用的教材都是近几年出版的国家规划教材，要用教材必须先备教材、吃透教材、备好教材，以学定教是有效使用教材的前提[2]，要研究教材的教法、学法、学情、解法、通解、特解、多解等，变通概念公式与各知识之间的纵横联系[3]。用教材教不仅要求教师把教材当作引领学生寻求真知的工具，而且要求教师在进行教法和学法设计时不要被教材束缚，要以批判的、创造性的眼光研究教材和教法。把握教材的基本点和至高点才能高屋建瓴，才能不被教材所左右，不被错误所迷惑。联系教师的教和学生的学，为促进学生个性和潜能发展搭建新的平台。《国家中长期教育改革和发展规划纲要（2010—2020 年）》强调，提高教学质量是教育改革的关键，是高等教育发展的中心任务，是建设高等教育强国的基本要求。因此，基础教学部严把教师的质量关，招聘的专任教师职称和学历要求均达到教育部本科人才培养方案中的要求；要求教师积累"内功"，提升专业素养，教学严格按照教育部本科合格评估所规定的有关要求进行。从硬件和软件中找差距、补短板、强师资，规范课程建设，落实课程标准。基础教学部为了更好地促进年轻教师快速成长，近年来，选送讲师职称以上的优秀中年教师李萍、邱代东、龙彩燕等到北京师范大学、中山大学、华南理工大学做访问学者，进一步优化了优质教师队伍，进一步增强了学校的办学实力，提升了中青年教师的专业素养、教科研水平和教学能力。近年选送的教师在做访问学者期间，均在北大核心期刊和有关学术期刊发表论文一篇以上。

（三）融入教改教研，推进应用型大学教学质量的进一步提升

通过教学改革，建立课堂教学创造新体制；围绕培养名师、教坛新秀、优秀教学团队，不断健全"全员磨课、打造金课"、奖励激励机制；通过"全员磨课、打造金课"，融入和助推专业发展，点滴浸润教师的公共理性，从而进一步优化教师的专业知识和教学艺术，为促进教学质量的提升打下坚实的基础。

1. 潜心教改是应用型大学教学质量提升的根基

潜心教改，实施"以学定教"模式的研究与实践探索。在把握教学目标、教学重难点、关键点、延伸点的同时，进行学情分析、学法研究，联系学生实际，研究学生学习该课程的重难点、容易点、易错点等；把学生的自主探索与有效指导有机结合起来，在帮助学生改进学习方法的同时，给学生学法研究的途径和技巧；通过作业、测试、提问、访谈、课堂观察，了解学生的学习需求，解决学生的实际问题。在课堂教学的实践中，让学生预习教学内容，把教学内容融入有效互动、合作学习和自主探索中，让学生发现新知、概括经验、把握规律、倡导理念、展示成果。展示从最初的浮于表面应付、流于形式到以点带面、以面带片、深入学习、紧扣教学内容转变，深入思考问题、提出问题、分析问题，并对问题的提出和解决有一定的见解；学生经过多次启发和教育后，学生从最初的不愿意发言、不愿意做题，到积极主动发言、主动做题。

学生访谈结果说明，"以学定教"模式的研究与实践探索初见成效，深受学生欢迎，学生对这种教学模式是肯定的。有些学生在座谈会上对领导说，这种教学模式的课堂氛围好、学生收获大，特别是经过点评、追问、拓展、提升后，有茅塞顿开的感觉，很受启发。一个提问，一个追问，一个质疑，一个激励，学生各抒己见，智慧火花闪亮课堂。升本以来，每学期教务处都要求学生评教，基础教学部的教师评优率高，90 分以上的教师占上课教师的 90%以上，在学院排名前列。2018 年，学院督导办组织专家对每一个教学单位学生评教前三名的教师进行听课评教，全院评出 10 名教师的课为"金课"，基础教学部的梁琼、朱鹏先教师的课名列其中。升本后，邱代东、刘晓燕、朱鹏先、张琼等教师分别被评为"我最喜爱的教师"。在学院举办的年轻教师说课比赛中，高媛媛教师获第四届说课比赛特等奖，张丽华、谢小军等教师荣获第三届、第五届说课比赛二等奖。基础教学部学生评教统计如表 1 所示。

表 1　基础教学部学生评教统计

年份	平均分	优秀率	学院排名前 100/人数	说课比赛获奖等级	"金课"/人数
2014	89.30	52.6%		二等奖	
2015	88.15	45.5%		二等奖	
2016	89.70	56.3%		二等奖	
2017	91.40	71.4%	2 人	特等奖	
2018	91.70	88.9%	5 人	二等奖	2 人

2. 潜心教育科研是促进教师成长、提升教学质量的关键

教育科学研究是指教育工作者在教育理论的指导下，利用科学研究方法对教育教学过程中的现象与问题有意识、有目的、有计划地进行研究，从而揭示教育现象和客观规律的创造性研究活动[4]。有效的教研需要有教育实践中的一手资料，需要教师对资料的潜心研究。例如，对数学素质教育的研究，对数学学科性质的研究，对数学教学模式、教学设计、教案、学案和教法的研究，研究逐步趋向科学化，而且涌现了许多有价值的研究成果，促进了教育研究及学科的科学化发展。

升本以来，基础教学部每一学年召开一次教科研研讨会，主任主持会议，邀请教科研能力强、勤于耕笔的专家教授和优秀的中青年教师发言，主任总结。专家教授和优秀中青年老师积极参与，积极发言，学术氛围浓，到会老师深受启发。教科研工作，要牢固把握好"教""研""写""新"之间的关系："研"是关键，是"教"与"学"的延伸和提高；"教"是"研"的前提和基础；"写"是"研"的实践转化为传播成果的途径；"新"是"教""研""写"的根本。研出效率和成果需要措施和奖罚机制，也需要学习型组织，有核心成员。这些成员要身体力行,特别是"领头雁"要率先示范。"领头雁"是教科研方案的总设计师,是带动全局的关键,是事业的起步。领头雁应是研究型、学习型的人,具有鼓动性和号召力[5]。一个不爱学习、不会学习、不爱科研、不会科研的人,是无法带出这项事业的生机活力的。

教而不研则浅,研而不教则空。无论是理论知识的学习还是实践知识的研究,都需要多角度、深层次地思考和研究。身处教育情境中的不少老师放弃寒暑假休息时间,坚持围绕自身教育教学实践开展教育研究。2014 年升本以来,基础教学部教科研氛围浓,申报课题、发表论文、著书立说的数量越来越多,质量越来越高。陈妙云、禤胜修、周建江、孙水玲、李萍、褚青涛等老师编写的教材及作品深受读者喜欢,余国良、时凌、李萍、邱代东、朱鹏先、谢小军等老师撰写的论文质量较高,在北大核心期刊上刊发,姜云霞等老师在学术期刊上发表的论文较多,在学院和省教育厅均申报了课题立项。基础教学部教科研氛围呈现出良好的态势,教师申报课题、发表论文、编写教材和著作情况如表2 所示(限作品署名为广州工商学院)。

表2 基础教学部教师申报课题、发表论文、编写教材和著作情况

年份	申报课题		编导教材和著作		发表论文					
	校级/项	省级/项	教材/部	著作/部	一般期刊/篇	科技核心/篇	北大核心/篇	SCI 期刊/篇	合计/篇	人均/篇
2014	2	1	0	3	3	0	0	0	3	0.5
2015	4	1	0	3	17	0	0	0	17	0.52
2016	6	0	0	0	25	0	2	0	27	0.82
2017	3	0	0	1	38	0	2	1	41	1.11
2018	2	1	0	2	74	3	3	2	82	1.90
合计	17	3	0	9	157	3	7	3	170	

(四)质量立校,以赛促学

教学质量的提高,不但与教师队伍的整体素质、业务水平、专业技能有关,而且与教学改革学科竞赛有密切的关系。课堂教学改革不能单单依靠课堂,还要依靠课外的学科竞赛。基础教学部以竞赛为契机,坚持以赛促教、以赛促学、赛课结合的办学特色,组织学生参加全国大学生数学建模比赛和数学竞赛等活动,均取得优异成绩。

1. 教师专业技能竞赛

2014 年升本以来,学校根据校情和教师队伍年龄结构及专业特色,注重课程体系的构建,科学合理地建构跨学科体系。根据教师的专业技能,精心组织年轻教师和专家教授,每年举行一次年轻教师说课比赛、专家教授说专业比赛活动。2017 至 2018 学年和 2018 至 2019 学年,基础教学部推荐的教师参加学院说课比赛分别获得特等奖和二等奖,有效地促进了教师专业素养的进一步提升。

2. 学生竞赛与考研

一个系部的生机,关键看该系部师资队伍的学历、职称、年龄结构和竞赛实力。基础教学部实施以考博、考研来强师强生。升本以来,在就业形势严峻、本科生教育脱离实践的大

环境下，部门推出数学竞赛及考研辅导班，明确竞赛、考研、考博的目的和定位，引导教师考博，精心组建考研、数学建模比赛、数学竞赛辅导教师队伍，合理安排辅导时间，科学选择辅导内容和方法等，明确这些活动作为提升师生学历和课堂教学有益补充的辅导性地位，给想提升学历和实践应用能力的教师和学生创造条件，不但有效地促进了教师专业素养和学历的提升，而且为提升教学质量，为学生参加竞赛、考研，为教师提升学历助了一臂之力。通过辅导，基础教学部姚焕诚等两位年轻数学教师考上华南理工大学等博士研究生，不少学生考上华南师范大学应用物理等专业的硕士研究生，不少学生参加全国数学建模比赛和数学竞赛并取得佳绩。例如，2018年11月中旬，由中国工业与应用数学学会和广东省教育厅共同主办的2018年全国大学生数学建模比赛广东省分赛中，我院四支队伍分别荣获省二等奖1项、三等奖1项、优秀奖2项，获奖学生人数占学院总参赛人数的40%。此外，在中国数学会和广东省数学分会共同主办的2018年全国大学生数学竞赛中，我院学生获得非数学专业组广东省一等奖1项、二等奖3项，三等奖4项。

在广东省教育厅和学院董事会、院领导、教务处、党办、团委及系部等相关部门领导的关心和支持下，基础教学部成立竞赛指导组，组织学生系统地学习数学建模等知识，开展专门的讲座和培训课程，全面提升学生的数学建模能力。在学院"德学"教育思想和"五进"实践活动的指导下，通过参加数学建模比赛和数学竞赛，充分锻炼了我院学生的动手能力，培养了学生的创新思想和解决问题的逻辑思维，提升我院在人才培养、教学服务、数学课堂改革等方面的水平。学生在全国大学生数学建模比赛和数学竞赛中的获奖情况如图3所示。

表3 学生在全国大学生数学建模比赛和数学竞赛中的获奖情况

年份	数学建模比赛				数学竞赛			
	一等奖/项	二等奖/项	三等奖/项	优秀奖/项	一等奖/项	二等奖/项	三等奖/项	优秀奖/项
2017			1	2				
2018	1	1	2		1	3	4	
合计	1	2	4		1	3	4	

注：2018年第一次组织学生参加全国数学竞赛，2017年未组织学生参赛。

四、结语

教是为了学，学是为了用，高校教师执教的目的是培养大学生将知识转化为社会财富的能力[6]。十年树木，百年树人。只有遵循自身发展的规律，践行质量立校，以生为本，突出特色，崇尚创新的教育理念，坚持以生为本，才能培养出优秀的应用型大学专业技能人才。在大学大规模扩招的背景下，教育部的本科合格评估意义深远。基础教学部以本科合格评估为契机，不忘初心，不负梦想，奋勇前行，不断提升基础教育学科的教学质量，以培养应用型、技能型的优秀本科人才为宗旨，用拼搏来成就梦想，用平凡来塑造辉煌。

参考文献

[1] 张永超. 教研创新的反思与对策 [J]. 数学通报, 2013, 52 (4): 28-31.

[2] 尹曼芬. 大学通识课程的有效教学案例剖析 [J]. 大理学院学报, 2013, 12 (3): 80-84.

[3] 邱云兰. 高等数学复习题变式多解的研究 [J]. 韶关学院学报（自然科学版）, 2014, 35 (6): 87-91.

[4] 张生春, 王变变. 农村初中数学教师教育科研现状调查 [J]. 数学教育学报, 2013, 22 (4): 58-61.

[5] 邱云兰, 邱伟华. 新课程下数学教育科研的思考 [J]. 曲阜师范大学学报（自然科学版）. 2016, 42 (4): 123-128.

[6] 唐田田, 祝庆利, 曲翠平. 新时期高校教师的新修养 [J]. 教书育人（高教论坛）, 2019 (6): 56-57.

[7] 教育部师范教育司. 教师专业化的理论与实践 [M]. 北京: 人民教育出版社, 2001.

[8] 刘思思, 鲍锐. 构建应用型本科创新创业教育体系——以金陵科技学院为例 [J]. 教书育人（高教论坛）, 2019 (6). 20-22

[9] 博耶. 美国大学教育——现状、经验、问题及对策 [M]. 复旦大学高等教育研究所, 译. 上海: 复旦大学出版社, 1988.

[10] 董玉成, 韩菲. 大学数学教师识别典型错误的案例研究 [J]. 数学教育学报, 2014, 23 (4): 21-25.

[11] 齐民友. 数学教育的改革要遵循数学科学的发展（续）[J]. 数学通报, 2006, 45 (9): 1-5.

[12] 邱云兰. 高等数学"以学定教"模式的研究 [J]. 曲阜师范大学学报（自然科学版）. 2018, 44 (4): 125-128.

[13] 戴圩章. 立足"新常态"追求新发展——江苏省如皋市第一中学学校管理的探索与实践 [J]. 教学与管理, 2015 (28): 9-11.

[14] 张生春, 王变变. 农村初中数学教师教育科研现状调查 [J]. 数学教育学报, 2013, 22 (4): 58-61.

[15] 闫震普. 师生命运共同体的内涵、意义及构建策略 [J]. 教学与管理, 2019 (3): 13-16.

[16] 邱云兰. 有效使用高等数学规划教材的思考 [J]. 曲阜师范大学学报（自然科学版）, 2019, 45 (2): 122-128.

国际教育学院强化国际化的探索与实践

喻勋良　王蓓蓓[①]

广州工商学院国际教育学院成立于2016年8月，是广州工商学院统一管理的二级教学单位，主要承担中外联合培养项目的招生及教育教学工作。

国际教育学院自成立以来，坚持国际化教育理念，引进国外先进教学理念和优秀教育资源，执行国际通用教学标准，充分结合国内外优质教学资源，专注于培养专业化、国际化的应用型技术人才。学院积极推进国际交流与合作，建立健全国际教育教学运行机制和管理体系，探索国际化人才培养模式，旨在为学生打造良好的国际化学习环境和提供一流的出国留学服务。目前，国际教育学院已与英国、美国、澳大利亚等国超过20所优秀大学建立了深度合作关系，并开设"2+2"学分互认联合培养国际班、"3+1+1"本硕连读、游学等国际交流项目，为学生的国际化培养打下坚实基础。

一、学院简介

《国际教育学院管理办法》规定，国际教育学院实行院、部、科（室）三级管理制度。学院现设有3个教学部，实行既统一又独立，即"一规范、四统一、五自主"（学院坚持本科教学标准规范办学；学院领导班子统一、规章制度统一、办学标准统一、网站建设统一；各教学部自主拓展项目、自主招收学生、自主管理学生、自主聘用师资、自主解决办学条件）的管理模式。各教学部下设项目办公室、教学办公室、学工办公室、招生办公室、教研室等。

二、学院基本情况

（一）专业

国际教育学院按专业建设划分为一部、二部和三部，承担各部所开设专业的教学管理与运行工作，覆盖管理学、经济学和工学三个学科。其中，一部设有工商管理、工商管理（MBA培养方向）、会计学、会计学（ACCA）、市场营销、物流管理、食品质量与安全等7个本科专业；二部设有财务管理、财务管理（特许金融分析师）、国际经济与贸易、视觉传达等4个本科专业；三部设有人力资源管理1个本科专业。

（二）学生规模

截至2019年6月，国际教育学院有3个年级（2016级，2017级，2018级），39个教学班，全日制在校学生411人，其中35人已出国学习。

[①]作者简介：喻勋良，广州工商学院副院长，副教授。
王蓓蓓，国际教育学院办公室主任。

（三）生源质量

学院生源质量逐年提高。2016级文科录取最低分数线402分，最高519分；理科最低分数线390分，最高594分。2017级文科录取最低分数线415分，最高475分；理科最低分数线357分，最高466分。2018级文科录取最低分数线451分，最高508分；理科最低分数线378分，最高491分。

（四）管理队伍

国际教育学院的管理队伍随着招生规模的扩大逐步成型，现有专职管理人员15人。其中，专职教学副院长1人，专职办公室主任1人，专职办公室干事1人，专职项目主任3人，专职辅导员6人，专职教务员3人。

三、教学建设与改革

国际教育学院通过多种模式进行教学建设与改革，不断加快教育国际化步伐。

（一）师资建设

在师资建设方面，国际教育学院根据学校建设高水平大学的要求不断进行提升。学院师资分为三大部分，即通识课程模块教师、语言课程模块教师、专业课程模块教师。其中，通识课程模块教师依托广州工商学院基础教学部在职专任教师；语言课程模块教师依托合作雅思教育机构在职教师；专业课程模块教师中，国际教育学院专职教师、广州工商学院在职教师、校外聘请的专业教师各约占三分之一。学院不断招揽人才，2019年第一学期专业课程共聘用教师37人，其中教授及副教授10人，占比27%；讲师13人，占比35%；博士3人，占比8%；硕士30人，占比81%；具有海外教育及工作经历的15人，占比41%。这些教师分别承担国际教育学院管理学、营销学、会计学、市场调查与预测、微观经济学、食品化学、食品营养学、食品工艺学、食品质量与安全、财务会计、基础会计、管理信息系统、金融学、商品学、微积分、统计学、财务管理、税法、世界经济概论、经济学基础与应用、金融证券基础知识、中小企业会计实训、会计信息系统、宏观经济学、计量经济学、货币银行学、CFA金融英语、定量分析、国际经济学、计算机应用基础、图形图像处理、平面构成等多项课程的教学工作。

（二）专业建设

在专业建设方面，截至2018年12月，国际教育学院已完成工商管理、工商管理（MBA培养方向）、会计学、会计学（ACCA）、市场营销、物流管理、食品质量与安全、财务管理、财务管理（特许金融分析师）、国际经济与贸易、视觉传达、人力资源管理等12个专业人才培养方案的制定和修订。在人才培养方案及专业发展规划的制定过程中，均突出了人才培养的国际特色，突出了人才培养中外模式的融合和衔接，突出了基础知识与各种能力相结合的培养目标。

（三）课程建设

在课程建设方面，根据"2+2"项目学生先在国内完成基础课程学习，再在国外完成选修课程学习的实际情况，确定将商科专业基础课程或者专业核心课程作为建设的重点。这些商科专业基础课程包括管理学、会计学、营销学、统计学、宏观经济学、微观经济学、高等数学等。同时，参照国外合作院校教学计划与文件，组织教师对各门核心课程教学大纲、进度表、教案等进行认真编制。设立专业课程教师遴选标准，即有硕士及以上学位，有海外教育或工作背景，能够使用汉语与英语两种语言授课，较为熟悉国外教学理念，熟悉并使用国外先进教材。学院还制定了《双语专业课程教师教学指引》，敦促教师尽可能实施课前指定学生阅读、课中多做训练、课后集中反思的教学模式。

国际学院开设的 15 门专业课程全部成为广州工商学院合格课程。这些课程包括经济意识、商务意识理解、管理学、会计学、宏观经济学、会计职业道德、统计学、市场营销学、税法、商品学、金融学、基础会计、管理学、微积分、金融管理等。

（四）教材建设

在教材建设方面，国际教育学院通识课程的教材均为国内优秀教材；语言课程的教材基本为国外教材；专业基础课程选用的国外优质教材约占 70%，国内优质教材约占 30%。

（五）硬件建设

在硬件建设方面，国际教育学院也不断增加投入，用于改善国际化办学条件。据不完整统计，一部和二部已投入超过 1 000 万元，用于改善办学条件，其中，配置课室 16 间（一部 11 间，二部 5 间），普通课室、多媒体课室、计算机房等配备齐全；配置休闲阅览室 2 间（一部和二部各 1 间）；配置教学及行政用房多间，满足学生及教师的需求。在图书资源方面，国际教育学院图书文献资源依托图书馆，基本满足学生的学习需求。

（六）教学改革

在通过多种模式不断加快教育国际化步伐的同时，国际教育学院也在不断探索教学改革，包括以下三点。

（1）制定《"12236"教学改革方案》并开展实施，即坚持本科教学质量 1 个标准；调动教师与学生 2 个方面的积极性；培养学生与国外高校要求的语言和学术 2 个能力对接；实施教学理念、教学方法、考核模式 3 个转变；推动教学规章制度、教师队伍建设、导师制度、质量监控制度、激励奖惩制度、学习环境氛围等 6 项建设。

（2）组织开展"民办高校创办国际班实践探索研究"项目，并获得 2017 年广州工商学院"广东省民办教育研究基地项目"的立项。

（3）建立和完善领导干部听课制度、教学检查制度、考试巡视制度等，确保人才培养工作的质量。

四、学生学习效果

国际教育学院通过网上评估、学生座谈会等多种形式获取学生的学习效果，力求在教学上进一步改进。根据学生座谈会反映，学生对学院的教学条件、课程安排、教学水平等方面总体感到满意。另外，学生网上评教的结果显示，学生对国际教育学院教师的教学水平总体感到满意。就专业课程而言，在参评的 54 名教师中，学生评价为优秀的有 49 人，约占 90.74%；学生评价为良好的有 5 人，约占 9.26%。就语言课程而言，在参评的 8 名任课教师中，学生评价优秀率为 100%。就通识课程而言，在参评的 19 名教师中，学生评价优秀率为 100%。就专业课程而言，在参评的 27 名教师中，学生评价为优秀的有 22 人，约占 81.48%；学生评价为良好的有 5 人，约占 18.52%。

五、国际拓展

沿着 2016 学年外事工作顺利发展的良好态势，2017 学年和 2018 学年国际教育学院外事工作在原有基础上不断拓展，积极面对改革，继续秉持办学多元化、国际化的理念开展工作，取得良好成绩。在巩固会计学、工商管理、电子商务、食品质量与安全、市场营销、财务管理、国际经济与贸易等 7 个本科专业的联合培养教育项目的基础上，新增会计学（ACCA）、工商管理（MBA）、财务管理（特许金融分析师）、视觉传达设计、人力资源管理等 5 个联合培养本科教育项目，力争通过专业多元化进一步提升学院在高校外事交流中的实力。

学院同时积极通过各种途径对外宣传和介绍学院国际交流工作情况，建立国际教育学院自有中英文官网，进一步向现有或潜在合作机构及有意报考我院的学生展示我院的形象，提升学院在同级别高校中的竞争力。

学院积极主动拓展外事交流，与不同的境外院校及教育机构建立全方位、多角度的合作，开放办学及外事交流活动硕果累累，成绩喜人。通过与欧美、大洋洲等地区的多家知名教育机构的交流，既实现了学生迈出国门学习的梦想，也让学生在国际化学习交流中进一步全面了解国际化办学，拓宽了国际视野，收效甚好。

2017 年开放办学的成果如表 1 所示。

表 1　2017 年开放办学的成果

序号	国家	学校名称	合作交流成果	对接专业
一部 [工商管理、工商管理（MBA 培养方向）、会计学、会计学（ACCA）、市场营销、物流管理、食品质量与安全]				
1	澳大利亚	伍伦贡大学	签署国际教育合作备忘录	工商管理
2	美国	纽约理工大学	签署国际教育合作备忘录	工商管理、市场营销、会计学
3	美国	堪萨斯州立大学	签署国际教育合作备忘录	食品质量与安全、市场营销、物流管理
4	英国	卡迪夫城市大学	签署国际教育合作备忘录	食品质量与安全、会计学
5	英国	哈德斯菲尔德大学	签署国际教育合作备忘录	工商管理、市场营销、物流管理
6	英国	贝德福特大学	签署国际教育合作备忘录	市场营销
7	英国	中央兰开夏大学	签署国际教育合作备忘录	工商管理
8	英国	英国 BPP 大学	签署国际教育合作备忘录	会计学
二部 [财务管理、财务管理（特许金融分析师）、国际经济与贸易、视觉传达]				
9	美国	卫理公会大学	签署国际教育合作备忘录及学分互认合作计划	国际经济与贸易

续表

序号	国家	学校名称	合作交流成果	对接专业
10	美国	卫斯理安大学	签署国际教育合作备忘录及学分互认合作计划	国际经济与贸易
11	美国	太平洋路德大学	达成国际教育合作及签署合作文件意向	国际经济与贸易
12	美国	美国格林斯伯勒大学	签署国际教育合作备忘录及学分互认合作计划	财务管理
13	澳大利亚	弗林德斯大学	签署国际教育合作备忘录及学分互认合作计划	财务管理

2018年开放办学的成果如表2所示。

表2　2018年开放办学的成果

序号	国家	学校名称	合作交流成果	对接专业
一部〔工商管理、工商管理（MBA培养方向）、会计学、会计学（ACCA）、市场营销、物流管理、食品质量与安全〕				
1	英国	英国BPP大学	学生已顺利出国就读"2+2"联合培养	会计学
2	澳大利亚	伍伦贡大学	学生已顺利出国就读"2+2"联合培养	工商管理
3	英国	考文垂大学	签署国际教育合作备忘录	会计学
二部〔财务管理、财务管理（特许金融分析师）、国际经济与贸易、视觉传达〕				
4	澳大利亚	弗林德斯大学	签署"2+2"联合培养合作协议	财务管理、国际经济与贸易、视觉传达设计
5	美国	太平洋路德大学	签署"2+2"联合培养合作协议	财务管理、国际经济与贸易、视觉传达设计
6	美国	南新罕布尔大学	签署"2+2"联合培养合作协议	财务管理、国际经济与贸易、视觉传达设计
7	英国	西英格兰大学	签署"2+2"联合培养合作协议	财务管理、国际经济与贸易、视觉传达设计
8	英国	英国创意艺术大学	签署"2+2"联合培养合作协议	视觉传达设计
9	英国	格林多大学	签署合作协议（校际合作、科研探讨、师生交流）	财务管理、国际经济与贸易、视觉传达设计
10	英国	罗伯特高登大学	签署合作协议（校际合作、科研探讨、师生交流）	财务管理、国际经济与贸易、视觉传达设计

2017 年拓展外事交流情况如表 3 所示。

表 3　2017 年拓展外事交流情况

时间	交流活动	具体内容
2017 年 3 月 17 日	英国哈德斯菲尔德大学来访	签订合作协议
2017 年 3 月 21 日	英国 BPP 大学来访	签订合作协议
2017 年 4 月 13 日	英国中央兰开夏大学来访	签订合作协议
2017 年 4 月 20 日	英国贝德福特大学来访	签订合作协议
2017 年 7 月 7 日	英国卡迪夫大学来访	签订合作协议
2017 年 9 月 3 日	美国卫理公会大学来访	开设迎新课堂并介绍卫理公会大学状况、留学生政策
2017 年 9 月 15 日	澳大利亚弗林德斯大学来访	开设学术讲座
2017 年 9 月 28 日	美国卫斯理安大学来访	围绕美国留学的利与弊及美国毕业后就业问题等开设讲座
2017 年 11 月 2 日	英国哈德斯菲尔德大学来访	举办公开课
2017 年 11 月 8 日	英国谢菲尔德哈勒姆大学来访	举办公开课
2017 年 11 月 9 日	第二届国家体验展——澳大利亚	设立教育、环保、美食、游戏、摄影等 5 个摊位，为广大师生展现澳大利亚文化
2017 年 11 月 29 日	英国诺森比亚大学、阿尔斯特大学留学生分享会	英国留学生与海外高校招生官为学生分享英国留学趣事及留学要点讲解
2017 年 12 月 7 日	美国太平洋路德大学来访	双方签订深度合作协议，太平洋路德大学商学院院长为国际班学生分享国际商业市场学术课堂
2017 年 12 月 13 日	英国专升硕内测讲座	英国专升硕直通车讲座

2018 年拓展外事交流情况如表 4 所示。

表 4　2018 年拓展外事交流情况

时间	交流活动	具体内容
2018 年 4 月 12 日	澳大利亚弗林德斯大学来访	让学生了解澳大利亚文化，学习大学生理财与分析知识
2018 年 4 月 19 日	美国太平洋路德大学来访	让学生了解美国经济发展概况
2018 年 5 月 17 日	英国格林多大学来访	让学生了解英国人文概况、英国教育、英国生活和英国留学优势

续表

时间	交流活动	
2018年5月25日	美国中西州立大学体验课堂	欢迎晚会与口语对答环节，让学生体验新型户外课堂
2018年9月25日	意大利佛罗伦萨美术学院来访	与学生分享平面设计专业的就业前景，传授意大利最前沿的平面设计理念，分享国外学生作品
2018年10月18日	英国西英格兰大学体验课堂	让学生体验国外专业课堂（辩证思维看世界）以及为学生介绍了西英格兰大学
2018年11月9日	美国迈阿密大学来访	让学生了解学校概况（小班教学，语言班，学生宿舍，饭堂，社区安全）以及申请迈阿密大学所需要的条件
2018年11月13日	英国六校访问我院	就合作事宜进行交流，为学生打造一个更好的学习平台及提供更多留学机会
2018年11月20日	英国中央兰开夏大学交换生来访交流	就教学制度以及教学风格和内容等进行探讨及经验交流
2018年11月22日	冰雪文化节	通过举办活动让学生体验不同文化及艺术
2018年11月22日	南新罕布什尔大学来访	为学生分析美国留学优、劣势以及介绍南新罕布什尔大学的基本情况
2018年11月26日	英国创意艺术大学来访	为学生介绍英国创意艺术大学的基本概况，解说国外摄影专业作品完成的全过程及纺织设计的发展和未来事业发展机遇
2018年12月3日	澳洲学姐回校宣讲	分享学习经验

六、"五进"活动

在不断完善国际化教育的同时，国际教育学院在办学过程中不忘初心，积极响应"以德为行、以学为上"的教育思想，贯彻落实"五进"实践活动要求，倡导"五进"实践活动。进课室、进图书馆、进实验实训室、进体育场馆、进社会，这看似简单的"五进"，对"德学"教育的贯彻、"德学"文化的形成起到了推动的作用，对培养学生德智体美全面发展起到了积极作用。

学院还积极评选"五进"班集体，鼓励学生积极参加学校各类学术讲座、英语角讲座及英语技能大赛等。

在"进课室"方面，学生一直保持极高的到课率，出勤率接近100%，并高质量完成老师布置的各项作业。

在"进图书馆"方面，学生更是积极好学，充分利用课余时间到图书馆翻阅各种书籍，汲取课堂以外的大量有益知识。

在"进实验实训室"方面，学生积极进入校内外实验实训室进行技能实际训练，通过实践能力的训练不断提高实际操作能力和团队协作精神。

在"进体育场馆"方面，学生除了积极报名参加学校组织的各类球赛等体育竞技比赛，还积极参加校运会并获得多个优异奖项。

在"进社会"方面，学生不仅在暑假积极参与暑期实践活动，还集体组织假期旅游，接触社会的同时也增强了集体凝聚力，既积累了社会实践经验，也增强了集体向心力和整体荣誉感。

通过积极参与"五进"活动，学生更加深刻地理解了"五进"精神，以积极的态度直面生活和学习的各种挑战。

七、结语

国际教育学院是一个年轻的、富有活力的、充满干劲的学院，在学院领导和各兄弟系部的支持和帮助下，学院将继续深化国际化办学理念，朝着正确的方向积极前进、成长壮大，力争以不断完善的姿态迎接新的挑战！

加强内涵建设，发展学院体育事业
——升本后学院体育工作回望

刘嘉丽[①]

广州工商学院升格为本科院校后，在学校领导的高度重视、大力支持和体育部全体教职员工的共同努力下，我院的体育工作取得一定成效，尤其是2014年11月成立了学院体育工作委员会、2016年10月学院又决定设立体育部，我院的体育工作进入了发展的快车道。近几年在建立健全体育组织机构、师资队伍建设、体育教学改革与课程建设、体育科学研究、学生体质测试、课外体育活动以及运动训练竞赛等多方面取得了一系列的成果。

一、建立健全体育组织机构

（一）成立学院体育工作委员会

按照2014年教育部下发的《高等学校体育工作基本标准》的要求，为加强我院的体育工作，2014年11月，我院成立了体育工作委员会。委员会由分管学院体育工作的副院长担任主任，由体育部主任担任副主任，学院体委常设机构放在体育部。成立学院体育工作委员会，使我院在建立健全体育工作组织机构上迈出了重要的一步。体育工作委员会统筹开展学院体育工作，发挥了各项管理职能，在我院体育事业的发展中起到了关键性的作用。

（二）设立体育部

2016年10月，学院将体育教学部从基础教学部中独立出来，设立了体育部。体育部承担着全院的体育教学与科研、运动训练与竞赛、学生群体活动、学生体质测试等工作任务。体育部设立之初仅有17位专任教师、6位外聘教师，至2019年，师资队伍已发展到33位专任教师、多位外聘教师。

二、师资队伍建设成效显著

师资队伍建设是高校发展的一项战略性任务，是提高教育教学质量、开展高水平科学研究和产生创新成果的基础。为了建设一支业务精湛、综合素质较高的师资队伍，体育部十分重视师资队伍的建设，主要做了以下几方面的工作。

（一）引进教师，为提高体育教育质量奠定基础

近几年，体育部高度重视引进具有高级职称的教师和具有硕士学位的教师，建立了一支相对稳定的教师队伍。2019年，我院体育部33位专任教师中，有教授4人、副教授4人、讲师20人、助教5人；还有一定数量的外聘教师。教师中（含外聘）具有高级职称的人数占53.4%。专任教师中，具有高级职称的人数占24.2%，具有硕士学位的教师占78.8%。

[①]作者简介：刘嘉丽，体育部主任，教授。

教师队伍的学缘结构合理，青年教师大多是北京体育大学、华中师范大学、华南师范大学、福建师范大学、云南师范大学和广州体育学院等院校毕业的硕士研究生。35 岁以下的青年教师有 22 人，占 66.7%。

（二）建立导师制，做好"传、帮、带"

体育部将师资队伍建设工作落到实处，建立了导师制，做好"传、帮、带"。体育部的青年教师多，在指导青年教师的工作中，我们主要采用分工合作的方法。为每位青年教师指定了高职称的指导教师，由指导教师对其进行教学、科研等实务全方位指导；要求几位教授尽职尽责地对所有青年教师进行全面的指导。指导教师对青年教师的课堂教学、论文选题、论文修改、课题申报书的填写、基本行为规范等多个方面都进行了悉心的指导。通过实行"传、帮、带"的导师制，使青年教师在教学、科研等诸多方面取得了明显的进步。

2018 年、2019 年，体育部有 2 位青年老师在教授们的悉心指导和自身的努力下，达到了副高级职称的条件，顺利晋升为副教授；还有 2 位教师将在两年内达到条件，申报副教授。

（三）选派教师外出参加各级各类培训班

为了不断提高青年教师的教育教学水平，体育部重点选派进校工作时间较长或已在学院工作 3 年以上并能在学校稳定工作的青年教师外出学习和培训。近几年，每年都选派 4~6 名青年教师外出参加培训，已选派 15 人、20 次分别参加了中国大学生体育协会、省教育厅组织的各级各类专业技术培训班。例如，全国高校定向运动教练员和裁判员培训班；全国荷球教练员和裁判员培训班；全国高校健美操教练员和裁判员培训班；广东省高校微课慕课培训班；广东省篮球、排球、足球、乒乓球、健美操教练员和裁判员培训班等。青年教师将学到的新知识、新技术与教学、训练相结合，不断提高教育教学能力和水平。

（四）组织全体教师赴外省民办本科院校学习交流

为了开阔青年教师的视野，学习兄弟院校的教育教学经验，2017 年 6 月底，体育部自筹经费赴厦门工学院、集美大学诚毅学院，进行了为期 3 天的学习和交流，在两所学院都受到了院方的热情欢迎，学院图书馆和体育馆的大型电子屏幕上都打出了欢迎词，两所学院主管体育工作的副院长都亲自出面接待我们体育部的全体教师，并做了交流讲话；与两所学院体育部的领导、教师就高校体育教学改革、体育课程模式的创新、课外阳光体育活动的组织形式、运动队的训练和竞赛机制等多方面进行了深入的交流，教师们收获颇丰。同时，通过走出去学习交流，也宣传了我院的办学思想、学院总体情况，提高了我院的知名度。

（五）采取多种途径提高教师的综合素质

1. 举办体育安全专项技能培训班

体育伤害事故是影响学生身心健康、给正常的高校体育教学秩序带来负面影响的不稳定因素，严重的还会危及学生的生命。近些年，高校体育意外伤害事故时有发生，如运动中摔伤、中长跑测试出现猝死等现象。

为提高青年教师对体育突发事件的应变能力和紧急救护技能，更好地解决体育教学和体育锻炼中可能出现的安全隐患，体育部在 2015—2018 年分别组织了四次体育伤害事故专项知识与急救技能培训班，邀请医院的院长和护士长为每年新进校的青年教师进行体育伤害事故知识讲解和急救实操技能培训，使青年教师基本掌握体育伤害事故的处理方法，具备一定的急救技能，了解处理体育意外伤害事故的三级预案流程。体育部已有32位专任教师先后参加了体育伤害事故专项知识与急救技能培训班。

2. 组织全体教师参加拓展训练培训班

高校体育教师应具备良好的综合素质，拓展训练就是提高人的综合素质、增进团队协作意识、强调体验式学习的一种有效的学习方式。2017年3月，体育部利用周末的时间组织全体教师赴逸群拓展花都基地参加了拓展训练培训班。此次培训也是一次针对性强、具有实际内容的师德教育活动，使教师的自身综合素质及能力得到了锻炼和提升。通过此次拓展训练培训，全体教师增强了责任意识、团队精神，培养了吃苦耐劳的品质，并能将在拓展训练中学到的拓展项目内容和方法运用到实际教学中，对培养学生的综合素质起到了促进作用。

（六）教师团队教学和科研成果大幅提升

通过多种渠道、多种形式的学习、培训和教授，体育部教师队伍的综合素质和教育教学水平不断提升，尤其是青年教师，在各类学习和培训中学到了在读书期间未接触到的知识和教育教学技能，学到了作为高校教师应具备的基本行为规范，为尽早胜任本科院校的各项工作打好了基础。

1. 教育教学方面的成果

近几年，体育部集体和教师个人多次获奖，如体育部获得2016—2017学年、2017—2018学年、2018—2019学年教学考核优秀单位奖，成为学校为数不多的连续三年获此殊荣的教学单位；青年教师中，有1人在全国大学生体育竞赛中获优秀教练员、2人在广东省大学生体育竞赛中获优秀教练员；1人获学院教师说课比赛一等奖，1人获学院教师说课比赛三等奖；1人获学院"十佳优秀教案"奖；2人获学院专业教师实验实训教学技能竞赛二等奖，1人获三等奖；2人获学院青年教师课堂教学竞赛三等奖；2人在学院多媒体课件评比活动中获三等奖；3人获学院"师德先进个人"称号；8人被评为学院"我最喜爱的教师"。

2. 教科研方面的成果

（1）课题立项。2017年，青年教师获得广东省科技厅项目立项1项。另外，近几年，青年教师中有11人获得了院级科研、教学质量工程项目，其中有7项已结项。有3人参与了省级课题的研究，都已结项。

（2）发表论文。近几年，体育部青年教师的科研学术能力逐步提高，2015—2019年，体育部共发表113篇论文，其中中文核心期刊论文5篇。仅2018年就发表论文43篇，人均1.30篇，其中有40篇论文是青年教师发表的。

（3）编写校本教材。2015年，由两位教授牵头，组织编写并出版了适合我院体育教学实际的《大学体育》教材。该教材于2016年9月通过了教育部全国高等学校体育教学指导委员会的审定，成为全国民办高校唯一一本经全国高等学校体育教学指导委员会审定的大学体育教材。通过几年的使用，反馈较好。

（4）出书立著。2016年，体育部2位教授和6名青年教师参与了学院党委书记钟国强主编的《以德为行 以学为上：来自广州工商学院"五进"的探索与实践》一书的编写（约50 000字）。此书已于2016年出版，在学院师生中广泛使用。

2018年，体育部2位教授参与了学院院长邝邦洪教授主编的《践行"五进"立德树人》

专著的编写（约50 000字），此书已于2018年3月出版，在学院师生中广泛使用。

三、建设课内外一体化发展的特色体育课程体系

在学院升本前，我院的体育教学一直延续传统的教学模式，即专科学生只上一年的体育必修课，全院一年级学生全部按照体育课程的规定，使用统一的教学内容进行教学。2014级本科生进校的第一学期也按照传统的体育教学模式上体育课。所以，学院升本后，体育工作的首要任务就是进行体育教学改革。

（一）改革大学体育课程教学模式

2015年3月，我院的体育课程开始进行教学改革。首先，按照教育部《全国普通高等学校体育课程教学指导纲要》的要求，为2014级本科生开设了篮球、排球、足球、网球、羽毛球、乒乓球、定向运动、健美操等八个项目的体育选项课。按照"三自主"的原则，学生可根据个人的兴趣，在一年级选择一个体育选项班学习，二年级则可选择另一个体育选项班进行学习。本科生通过两年的体育课程学习，掌握了两个体育项目的体育理论知识、专项技能以及锻炼身体的方法，为其进行终身体育运动奠定较好的基础。

在体育课程教学改革之初，体育部全体教师齐心协力，尽最大的努力克服了学院体育教学资源短缺等种种困难，坚持改革不动摇。经过一个学年的努力，体育教学改革受到了学生的普遍欢迎，教学效果较为显著。

根据我院的体育教学资源，从2016年起，大学体育课程逐年增加了体育选项课的数量。目前，已面向一、二年级本科生和一年级专科生开设了篮球、排球、足球、网球、羽毛球、乒乓球、毽球、荷球、定向运动、武术套路、散打、健美操、体育舞蹈、瑜伽、跆拳道、游泳等16个项目的体育选项课，达到了教育部《高等学校体育工作基本标准》中提出的"深入推进课程改革，合理安排教学内容，开设不少于15门的体育项目"的基本要求。

近几年，学生对大学体育课程的满意度逐年提高，在2018年教师的学生评教分数中，最高的达到了95.17分，平均分达到了93分。

2017年10月，大学体育课程获得院级精品资源共享课程立项，已于2019年10月结项，我院大学体育课程的建设目标是建设省级精品资源共享课程。

（二）在教学实践中不断完善课程体系

按照教育部2002年颁布的《全国普通高等学校体育课程教学指导纲要》中对大学体育课程目标、课程设置、课程结构、课程内容与教学方法、课程建设与课程资源开发、课程评价等几个方面的基本要求，我们在课程体系的规划、设计、实施和评价中始终以培养学生的终身体育意识、使学生基本形成自觉锻炼的习惯、使学生熟练掌握两项以上健身运动的基本方法和技能为指导思想。

体育课程内容和教学方法安排的合理性直接影响课程的教学质量，我院的大学体育课程在实践中不断探索、改进，逐步完善。每个学期末，教研室都积极组织教学研讨活动，2015—2018年间先后5次调整和修改课程教学大纲，目前基本形成了适合我院体育工作实际且具有一定特色的大学体育课程体系。

大学体育课程的16门体育选项课中，都包含了以下几个部分的主要内容。

1. 体育与健康理论

体育与健康理论占教学内容的 10%，包括健康的内涵、影响大学生健康的因素、科学锻炼身体的原则与方法、运动中常见的生理反应和运动损伤及处理方法、奥林匹克文化等理论知识。通过体育与健康基本理论的学习，引导学生逐步树立健康第一、终身体育的现代体育意识，使学生较好地了解体育与健康的基本知识，学会编制可行的个人锻炼计划，掌握常见运动创伤的处理方法。

2. 专项理论

体育课程各个体育选项班的专项理论课占课程的 5%，分别讲授专项运动发展概况、特点及锻炼价值、竞赛规则及裁判法的运用。通过专项理论的学习，激发学生的体育兴趣，使学生具有一定的体育文化欣赏能力，掌握组织群众性体育竞赛的基本方法，为今后走出校门积极参与社会体育活动做些力所能及的工作。

3. 基本技能

体育课程中，基本技能的内容是球类选项课和非球类选项课的主要内容，占课程的 45%。学生通过基本技能的学习和体育锻炼过程，要掌握两项健身运动的基本方法和技能，学会科学锻炼身体，提高运动能力，并通过体育活动来改善心理状态、调节情绪，在运动中体验运动的乐趣和成功的感觉。

4. 基本战术与比赛

体育选项课中，基本战术与比赛占课程的 10%。学生在基本掌握专项技能的基础上，将基本技术与战术相结合，掌握一些常见的专项战术。能够开展教学比赛，从中培养学生的体育道德和合作精神，正确处理竞争与合作的关系，启发学生的思维、锻炼意志。

5. 身体素质练习

针对高校学生身体素质逐年下降的问题，2014 年 7 月，教育部下发的《高等学校体育工作基本标准》中明确提出"每节体育课须保证一定的运动强度，其中提高学生心肺功能的锻炼内容不得少于 30%"。

我院大学体育课程中身体素质练习内容占课程的 30%。在每次体育课的后 30 分钟，各体育选项课都会根据学生体质测试项目和时间安排的情况，组织学生进行身体素质练习。身体素质练习以校园跑、跳绳、田径场中长跑为主，并兼顾学生其他身体素质的全面发展。通过体育课上的身体素质练习，学生的心肺功能、耐力、速度、力量、弹跳、柔韧、协调等素质都得到明显的提高，同时学会多种练习的方法，为进行自我锻炼奠定了较好的基础。

（三）努力建设课内外一体化的特色体育课程

体育课程具有较强的实践性，学生必须通过自身的身体活动掌握基本的体育知识和技能，并承受适当的运动负荷，才能促进身体的健康发展。目前，普通高校的体育课程是每周一次 90 分钟的体育课，很难满足学生的体育需求。因此，课程目标的达成不仅需要课堂教学，还必须延伸到课外锻炼、运动竞赛中才能实现。

2016 年起，我院大学体育课程逐步向课内外一体化模式的方向发展。其特点是学生不但在课上学习专项技能、锻炼身体，课后还积极参与相应的社团继续学习和锻炼，巩固课上学到的专项技能和素质，熟练掌握之后参与社团每学期或每学年举办的各类体育竞赛，一部分学生可参加学院组织的体育竞赛，成绩较好的学生还可参加学院专项运动队的训练并代表学院参加省级大学生体育竞赛或国家级大学生体育竞赛。

定向运动、荷球是我院重点建设的特色项目，2016年首先实现了体育教学、课外体育活动、训练与竞赛相结合的课内外一体化体育教学模式。2018年，篮球、排球、足球、网球、乒乓球、健美操、羽毛球七个项目也逐步实现了课内外一体化体育教学模式，目前尚有瑜伽、跆拳道、游泳三个项目未成立学生社团，毽球、散打、体育舞蹈、瑜伽、游泳五个项目未组建学院运动代表队。我们计划在2019—2020年将我院大学体育课程开设的所有体育选项课全部实现课内外一体化体育教学模式。

（四）创新听课评课形式

2017年以来，体育部将听课评课作为提高教学质量的重要抓手，将常规性的听课评课工作做出了自己的特色，在提高青年教师教育教学水平方面取得了显著的效果。体育部的听课评课分为常规和特色两种形式。

1. 常规性听课评课

常规性听课评课包括部主任听课、教研室主任听课、兼职督导听课、教师相互听课。

2. 体育部特色听课评课

（1）兼职督导组织听课。体育部的兼职督导由经验丰富、责任心强的教授担任。学期初，由体育部兼职督导制订并公布详细的督导工作计划。兼职督导每次听课都邀3~5位青年教师一起，课后与授课教师、听课教师一起讨论、评议。评议之后，由一位听课教师写出听课报告初稿交督导进行修稿，最后将修改定稿的听课报告发至体育部微信平台与全体教师分享、交流，并汇编成册、存档。

（2）教研室组织听课。每个学期初，教研室主任制订并公布教研室听课安排，每学期的第五至第七周组织教师集体听课6~7次，在排定的集体听课时间内，没有课的教师都要参加听课。每次集体听课结束后要进行充分的讨论，总结课的亮点和不足。每学期每位教师至少参加2次教研室组织的听课，每次听课指定一位负责教师，课后组织讨论并写出听课报告。

体育部的每份听课报告字数都在3 000字以上，且图文并茂。每学期编写的听课报告都在4万字以上，已编印出5本高质量的听课报告。通过精心组织和实施听课评课，青年教师的教学能力得到了提高，写作和学术能力也得到了明显的提升。

四、广泛开展校内群众性体育活动

（一）综合性运动会规模不断扩大

每年一届的综合性运动会是我院的大型体育盛会，每年11月分别在两个校区举行。自2014年11月开始，我院运动会的比赛规模逐年提高，参加的学生人数逐年增加，比赛形式也在不断丰富。运动会增加了跳高、男子三级跳远、20人100米迎面接力跑等比赛项目，2017年和2018年的运动会上又增加了开幕式的表演。在2018年两个校区的运动会开幕式上，进行了健美操、武术、体育舞蹈、120人瑜伽的集体表演，还进行了540人同时出场的第十套广播体操表演。精彩纷呈的表演，充分展示了我院学生践行"进体育场馆"活动的丰硕成果，也吸引了更多的学生参与、观看并为运动会做志愿服务。

2018年学院运动会在每个校区均设比赛项目24项，参赛运动员共2 225人，裁判员170

人，参与运动会服务的学生1 000多人，打破了女子1 500米、女子跳高、男子铅球三项院纪录。

2014—2019年，我院运动会上共打破15项院纪录，学生在体育运动技术水平方面有所提高。

（二）春季、秋季体育节步入常规化

2017年4月开始，我院将全年的多项单项体育赛事进行了整合，采用举办春、秋两季体育节的形式开展全校性群众体育活动。

每年的春季体育节在4月1日—4月30日举办，其间举办学生篮球、排球、足球、网球、健美操等单项体育赛事；秋季体育节在10月5日—11月10日举办，其间举办荷球、羽毛球、乒乓球、毽球、定向越野等单项体育赛事。春季、秋季体育节期间，参与比赛的学生人数近2 000人，学生裁判员近300人，在比赛现场助阵加油、观看比赛的学生在3 000人以上。

每年在学院春季、秋季体育节举办之前，各系（院）都会分别举办多项体育比赛，为学院体育节的各项体育比赛做好准备，参与系（院）级比赛和训练的学生人数均达到2 000人以上。各系（院）组织的基层体育竞赛活动和学院举办的春季、秋季体育节，参与人数逐年增加，学生参与体育活动的积极性得到了有效提高。

每年举办的学院综合性运动会，春秋两季体育节以及学生体育社团、各系（院）组织的各级各类体育活动，极大地丰富了校园体育文化，对推进和践行"五进"之"进体育场馆"的教育活动起到了积极的促进作用。

（三）组织学生开展阳光体育健康跑活动

从2017年10月开始，我院试行利用"运动世界校园"APP跑步平台，在2017级学生中广泛开展校园阳光体育健康跑活动。学生体质测试中心制定了《2017—2018学年第二学期校园阳光体育健康跑实施办法》，规定学生每周课外跑步3次，男生每次最少跑1.2千米、女生每次跑1千米以上，积极组织2017级学生在课外走下网络、走出宿舍、走向操场。95%以上的学生按照要求完成了一个学期跑36千米（男生）或30千米（女生）的锻炼计划。

2018年9月，我们在2017级本科、2018级本科和专科学生中正式实施"运动世界校园"APP跑步活动，体育部下发了《2018—2019学年第二学期校园阳光体育健康跑实施办法》，逐步增加了学生课外健康跑的里程数，并将学生校园阳光体育健康跑的完成情况与期末体育课程考试成绩挂钩。为此，学院体育工作委员会与教务处联合下发了《广州工商学院校园阳光健康跑违规处理办法（试行）》，使学生课外体育组织管理走向规范化和制度化。

（四）体育社团充分发挥作用

目前，我院有学生体育社团13个（足球、篮球、排球、羽毛球、网球、乒乓球、毽球、定向运动、啦啦操、街舞、武术、轮滑、自行车）。每个体育社团均有1~2名指导老师，基本上都由体育部的青年老师担任。每学期，指导老师与社团成员一起研究、制订活动计划，各体育社团每学期都有切实可行的活动计划和较充实的活动内容。指导老师经常性地进行指导，使体育社团在"进体育场馆"活动中发挥了应有的作用。

五、实施《国家学生体质健康标准》

2014年，教育部颁布了《国家学生体质健康标准（2014修订）》。该标准从身体形态、身体机能、身体素质和运动能力等方面综合评定学生的体质健康水平，是促进学生体质健康发展、激励学生积极进行体育锻炼的教育手段，也是评价学生综合素质、评估学校工作和各地教育发展的重要依据和指标。

（一）成立学生体质测试中心

升本之后，学院领导高度重视我院的学生体质测试工作。2014年10月，我院购置了《国家学生体质健康标准》测试仪器，建立了2个学生体质测试室，体育教研室指定专人负责学生体测工作。

2016年11月，学院设立了体育部学生体质测试中心，负责组织、实施全院学生的体质测试工作，任命了学生体质测试中心主任。学生体质测试中心主要负责我院《国家学生体质健康标准》的具体实施，所做的工作包括：每年度我院学生体质测试工作计划的制订，测试工作时间的安排，测试的组织和实施；体质测试工作人员的培训；每年度的测试数据整理和上报；完成学生体质测试的年度工作报告等。

（二）学生体质测试工作落到实处

2014—2019年，我院学生体质测试工作稳步推进，学生体质测试合格率逐年提高。

2014年10月，我院首先对2014级本科生1 047人进行了测试，合格率91%，优良率16%。

2015年度，我院参加测试的人数为12 537人。合格率92.25%，优良率16.3%。其中本科生4 095人，合格率95%，优良率为17.4%。

2016年度，我院参加测试人数为18 857人，合格率96.44%，优良率13.06%。其中，本科生8 519人，合格率97.20%，优良率18.8%。

2017年度，我院参加测试人数为21 673人，合格率96.57%，优良率12.10%。其中，本科生测试13 440人，合格率97.31%，优良率18.6%。

2018年度，我院共测试23 584人，合格率为97.07%，优良率13.30%。其中本科测试17 703人，合格率为97.52%，优良率14.65%。

2019年度，我院参加测试24 135人，合格率97.20%，优良率12.39%。其中，本科测试20 640人，合格率97.50%，优良率13.13%。

六、运动队参加省级、国家级体育竞赛取得标志性成果

高校运动队是一所学校对外交流的重要窗口，是提升学校知名度、扩大学校影响力、打造学校体育品牌的途径之一。同时，也是学校全面推进素质教育、促进校园体育文化建设的重要方面。

我院升本之后，2015年开始着手建设学生运动队。运动队建设初期，我们即制定了重点建设定向运动、荷球两个特色项目的建设方案。可喜的是，近几年，这两个特色项目都取得了突破和标志性的成果。我院的体育竞赛工作在两个特色项目的带动下，逐步向全面发展，目前已有定向运动、荷球、男子篮球、女子排球、男子足球、乒乓球、网球、健美操、

跆拳道、田径、武术共 11 个项目的运动代表队。各运动代表队坚持每周 2~3 次的课余常规性训练，运动技术水平逐步提高，带动了学生"进体育场馆"的积极性。

（一）特色项目获佳绩

1. 定向运动代表队

定向运动是我院特色项目。2015 年 10 月，我院首先组建了定向运动代表队。我们聘请了全国定向运动训练的"金牌"教练、广东技术师范大学的著名定向运动专家来我院兼课，同时负责指导体育部的青年教师进行定向运动的训练。通过一年的培养，我院青年教师较好地掌握了定向运动的训练理论和方法，指导学生训练，参加广东省和全国大学生定向运动比赛，取得了以下显著的成绩。

（1）获 2017 年全国学生定向运动锦标赛本科乙组男子短距离赛金牌、本科乙组男子中距离赛银牌、女子团体总分第五名、男子团体总分第七名、总团体总分第六名。获 2016 年全国学生定向运动锦标赛大学本科丙组男子团体总分第三名、总团体总分第七名。

2016—2018 年，定向运动队在全国学生定向运动锦标赛本科组比赛中，共获冠军 1 个、亚军 1 个、第四名 2 个、第五名 2 个、第六名 2 个、第七名 4 个、第八名 4 个、三等奖 15 个。

（2）获 2016 年广东省大学生定向运动锦标赛本科甲组女子百米赛冠军、2018 年广东省大学生定向运动锦标赛本科甲组男子混合接力赛冠军。

2015—2018 年，定向运动代表队在广东省大学生定向运动锦标赛本科甲组比赛中共获冠军 2 个、第四名 1 个、第五名 1 个、第八名 5 个。

2. 荷球代表队

荷球是我院的特色体育项目之一。2016 年 10 月，我院组建荷球代表队。教练员通过两次参加全国高校荷球教练员培训班，荷球理论水平和训练水平明显提高。2017 年 8 月，我院荷球代表队在第九届全国荷球锦标赛中获得本科组第八名的成绩，2019 年 8 月，又获得第十一届全国荷球锦标赛大学组第六名；实现了我院体育集体竞赛项目进入全国大学生体育竞赛前八名的突破。

（二）多个代表队逐渐崭露头角

2018 年我院乒乓球队获广东省大学生乒乓球锦标赛甲组女子单打第二名。

2018 年我院健美操队获广东省大学生健美操锦标赛甲组规定动作一级套路比赛第五名。

2019 年我院跆拳道队获得广东省大学生跆拳道锦标赛甲组女子 46 公斤级金牌、甲组男子 51 公斤级金牌、甲组男子 70 公斤级铜牌和多个奖项。

2019 年我院田径队获广东省第十届大学生运动会田径比赛甲组男子铅球银牌。

2019 年我院网球队获广东省大学生网球锦标赛甲组男子双打第三名、女子双打第五名。

2019 年我院足球队获广东省大学生足球联赛甲组第四名。

2019 年获得广东省大学生健美操锦标赛甲组规定动作一级套路第四名、甲组自选花球舞蹈啦啦操第六名。

综上所述，广州工商学院升本之后，各项体育工作稳步推进并得到较快速的发展，在学院广泛开展的"进课室、进图书馆、进实验实训室、进体育场馆、进社会"的"五进"实践教育活动中发挥了重要作用。但是，工作中仍有许多不足，由于受体育场馆短缺等条件的限制，在发展中还存在一定的困难和亟待解决的问题。

2020 年，我们的工作重点将放在迎接教育部本科教学工作合格评估的迎评促建上，做好完善大学体育课程的考核评价体系、继续推进课内外一体化教学模式的建设、建立健全运动队的管理机制等工作。深化教学改革，不断提高教育教学质量。不忘初心，鼎力前行，为把广州工商学院建成高水平的应用型大学而努力！

深化校企合作　凝练办学特色
——基于广州工商学院的实践与思考

　　林启德　杨志敏　刘强　陈小康[①]

当前，产教融合、校企合作培养应用型人才成为各民办高校纷纷采取的教育教学模式。广州工商学院是一所办学20多年的民办本科院校，通过与企业进行良好合作关系的构建，立足企业需求视角，形成了鲜明的特色教学，为民办高校办学模式变革提供了有效的经验参考。通过校企合作模式办学，重视企业需求，促进高校应用型人才培养，对于提高人才综合素质和教育教学质量都有重大意义。

一、广州工商学院进行校企合作办学的历程

经过几十年的发展，我国的民办高等教育已经步入一个全新的历史发展时期，在办学实践过程中，部分民办高校针对教育教学改革进行了合理布局和规划，并不断结合区域经济社会发展需求，建立起一批高水平的民办院校，为实现应用型人才培养奠定了基础。

广州工商学院在办学历程中不断探索校企合作培养应用型人才的发展道路，自2014年以来，先后与100多家企业建立了校企合作关系，切实立足市场需求进行专业人才培养方案的制订。2014年，计算机系和广州漫游计算机科技有限公司进行了第一期"动漫游戏"订单班的筹建。基于该尝试，也启动了广州工商学院联合企业办学的步伐。从2014年到2017年，实现了四期"动漫游戏"订单班的开设，为企业输送了大量优秀人才。2018年，美术设计系与广州名动漫教育咨询有限公司成立"名动漫"订单班，计算机系与广州天翌云信息科技有限公司成立了"天翌云"订单班。在实践教学改革上，与企业联合培养本科应用型人才，不仅强调进行专业基础理论知识的学习，同时也重点突出了学生技术应用能力的提升。

据统计，自2014年以来，学院获教育部产学合作协同育人项目立项有35项，建立本科专业校外实践教学基地40家，共建产学研育人平台8个，社会服务28项，订单班9个，与行业企业共同开发教材24部，企业支持技能竞赛赞助21项。应该说，学院在校企合作办学模式的探索上取得了显著的成效，促进了学院教育教学改革，为学生实习就业提供了强有力的保障。

二、广州工商学院深化校企合作特色办学模式的实践分析

在办学的过程中，学院始终坚持"以质立校、以生为本、突出特色、崇尚创新"的办

[①] 作者简介：林启德，校企合作管理中心副主任。
　　　　　　杨志敏，校企合作管理中心办事员。
　　　　　　刘强，校企合作管理中心办事员。
　　　　　　陈小康，校企合作管理中心主任。

学理念。校企合作模式的引入，使学院始终能够不断进行办学方向上的合理探索，同时在对学生进行教育教学时，重视高素质及高技能人才的培养，形成了一条具有鲜明特色的校企联合办学之路，并在具体的实践操作上取得了突出的成绩。

（一）以区域经济发展为导向，进行校企合作办学模式的探讨

在对校企合作办学模式的探索上，广州工商学院始终能够立足实践，重视珠三角地区区域经济发展情况，并结合各专业人才发展，积极与地方企业行业开展产学研合作，先后与100多家企业签订了合作协议。同时，结合珠三角地区经济发展状况，合理进行学校发展战略的制定。根据广州地区要建设"世界一流物流中心"的战略，学院在专业规划上，通过引入更多合作机会，与广州拜尔空港冷链物流中心有限公司和广东省物流行业协会冷链物流专业委员会建立战略合作关系，创办了全国首个冷链物流专业方向。通过该专业的设置，开展果蔬绿色空港冷链质量安全与标准化研究、RFID在空港冷链运输中的过程记录可行性研究和冷链物流术语标准及绿色冷链物流术语标准建设等多项研究，发布了全国首个冷链物流行业团体标准，为更好地推动广州实现"世界一流物流中心"建设目标提供了有效的支撑和帮助，并在此基础上，根据粤港澳大湾区建设，成立了智慧冷链产业学院。此外，学院还积极为地方和企业提供优质服务，为广州都市圈网络科技有限公司多个项目提供了技术支持，为广州汇贸优商贸有限公司等22家企业提供了代理记账、汇算清缴、年报审计、工商注册、纳税等方面的服务，并结合广州花都区皮革产业发展，与花都区中小企业文化促进会和花都区知识产权局合作，申请获得皮包类外观设计专利100多项。

通过和地方企业之间合作关系的构建，确保学院在专业设置和社会生产服务上始终能够立足市场，培养的人才能够契合地区经济发展需求，不仅为社会输送有较高专业水平的优秀人才，也让广州工商学院在全国民办高校中享有较高的声誉。

（二）以创新理念为指导，进行校企合作实践

在开展校企合作实践培养高素质人才的过程中，广州工商学院始终以创新理念为指导，重视协同创新，坚持专业创新，确保为企业输送更多优秀人才。

在进行校企合作关系构建的过程中，广州工商学院以技术项目合作为引领，开展实践教学活动，重视科研成果转化，使学院各教学单位在进行本科人才培养时能够始终立足企业发展需求，培养应用技术型人才。学院为此建立了实习实训基地及新的评估指标体系，建设了40多家专业性强的可持续合作发展的本科校外实践教学基地，确保学院输送的人才能够切实满足企业的发展需求。

结合多年的实践经验，广州工商学院在人才培养的过程中已经形成较为稳健的校企合作办学方式，立足创新视角，开展特色办学，确保学院始终保持较强的办学活力。升本以来，学院与企业共同建立了广工商·东校园实训中心、粤嵌众创空间、跨境电商·新零售实训基地、新商科综合实验室和粤港澳大湾区智慧冷链产业学院等多个产学研育人平台，这些平台发挥着重要的实践育人功能。在协商过程中，广州工商学院力求在合作办学的过程中不仅能够充分实现学院自身作用的发挥，为学院更好地发展奠定基础，同时也能够充分考虑学生及企业多方面的协同发展。实践证明，成效是显著的。

（三）以应用型人才培养为目的，进行校企一体化办学探索

在办学的过程中，广州工商学院以应用型人才培养为目标，重视校企合作的内涵建设，

进行校企一体化办学探索。在人才培养上，采取各种培养模式，培养企业真正需要的人才，实现人才质量的提升，以发展的眼光来进行应用型人才培养策略的制定。

在具体的实践操作上，为了更好地提升人才培养质量，广州工商学院进行了产学研一体化教育办学模式的探索，强调在进行人才培养上实现校企合作协同育人意识的深度融合。在专业化人才培养上，逐步实现以实践应用为导向的全方位、全过程的人才培养模式的构建。在合作的过程中，强调的是双方合作效益的凸显，通过学校和企业的联合办学，让学校能够真正参与企业的经营过程，结合企业经营、生产流程的规划和设计，合理进行企业所需人才的培养，并通过不断融入企业实践教学资源，确保双方在合作的过程中能够实现人才、信息和技术的融合发展。截至2018年年底，学院与5家企业建立了全方位的产学合作协同育人关系，合作内容包括共同培养、共建实践平台、教学课程改革、师资共享和创新创业等。例如，与广州粤嵌通信科技股份有限公司、广州名动教育咨询有限公司、易第优（北京）科技股份有限公司、达内时代科技集团有限公司和新道科技股份有限公司等的合作的培养模式，就包括成立"订单班"、共建实验室、教师培训实践、共同举办有关技能竞赛等，合作项目达20余项，取得了较大成效。这种密切的合作，极大地发挥了校企联合办学作用，真正达成校企一体化合作，更有利于学院在进行人才培养的过程中真正深入企业发展的具体环节，进行更高匹配度的专业人才的培养。

三、深化校企合作特色办学模式的思考

探索深化校企合作的新型合作模式，助力高水平应用型大学建设，实现应用型技术技能型人才培养目标，学校应紧密结合国家发展战略，在现有基础上推动产学研的深度融合，不断优化学科建设、人才培养模式和科技创新体系。

（1）突出粤港澳大湾区智慧冷链产业学院的引领示范作用。粤港澳大湾区智慧冷链产业学院以《粤港澳大湾区发展规划纲要》为指导，校企资源共建、共享、共管，是集应用型人才培养、培训、科研攻关、成果转化、孵化以及市场推广等内容为一体的重要的实体性育人平台，支撑地方和国家冷链产业发展。在此基础上，各教学系特别是工科专业系，应以粤港澳大湾区智慧冷链产业学院的发展为典范，积极成立产业学院，依托产业和市场能力，在合作企业共建多个高端专业实验实训室，改善专业结构，打开校企之间人才、信息和技术等资源融通的瓶颈，解决校企合作难题。通过强化产教融合、校企合作，深化教育教学改革，推动本科应用型、技术技能型人才培养模式的不断改革创新，提升人才的社会竞争力，实现全方位、全过程、互通互融的校企合作协同育人长效机制，使产业学院成为学校高水平应用型大学建设发展中的一张特色"名片"。

（2）探讨共建以地方优势企业为支撑、以系为单位的应用技术中心（研究院、研究所）合作模式，围绕专业技术技能应用、研究，让企业和学生参与进来，共同承担国家及地方重要的科技创新或咨询项目，提高专业的社会影响力，并在此基础上，努力构建"九院（所）—（创业科技）园—（技术转化）中心—联盟"的产学研用一体化的发展体系。我们要依托产业合作联盟切入市场，以市场导向总体带动专业的科研及技术水平，并大力提升服务质量，促进科技成果转化、市场推广，实现学科专业持续发展，为应用型人才培养提供动力，助推地方产业和社会经济发展。

四、结论

应用型人才教育的核心目的在于实现应用的目标,从社会对人才的需求为驱动,实现本科教育和专业素质教育的融合。广州工商学院在专业人才的培养上,通过校企合作模式的引入,实现特色化办学。本文在研究过程中,对广州工商学院的校企合作办学模式进行了实践研究和分析,指出广州工商学院在进行特色办学过程中如何实现校企合作办学模式的目标,明确了在校企合作办学模式实践上的主要方式和发展思路,为更多应用型院校进行校企联合办学模式的实践操作提供了一些经验指导和参考。

参考文献

[1] 刘强,林启德. 地方本科高校转型背景下校企合作深度教育研究与实践 [J]. 吉林广播电视大学学报,2018(6):35-36.

[2] 陈世文. 深化校企合作是增强应用型本科院校办学活力的主要途径 [J]. 科学导报,2014(24):199-200+201.

[3] 谭永宏. 基于校企合作的应用型电信人才培养模式探索与实践 [J]. 亚太教育,2016(11):78-79.

立足办学定位　践行办学目标——广州工商学院教务处引领教学、服务教学的探索与实践

曾一帆　李赣　黄仁刚[①]

《国家中长期教育改革和发展规划纲要（2010—2020年）》指出："不断优化高等教育结构。优化学科专业、类型、层次结构，促进多学科交叉和融合。重点扩大应用型、复合型、技能型人才培养规模。"这是第一次将应用型人才培养写入正式文件。吴中江和黄成亮认为，应用型本科人才是应用型人才的主体构成，我国大规模开展应用型本科人才培养仅仅十多年时间，至今人们对应用型本科人才培养的基本规律都存在概念不清、认识模糊的现象，培养措施和方法更是难觅真谛，因此，对应用型本科人才及其培养进行研究与探讨极具现实意义[1]。潘懋元和车如山则从发展目标、学科专业、服务面向、教学、人才培养、师资队伍和科学研究七个方面阐述了应用型本科院校的定位问题[2]。

广州工商学院2014年5月经教育部批准升格为民办应用型普通本科院校，2018年获学士学位授予单位资格。升本使学校站到一个新的发展平台上，进入一个新的历史阶段。2014—2018年是学校发展的战略机遇期，也是艰苦创业期。如何走出一条适合民办应用型本科院校的人才培养之路？作为学校教学管理工作的核心部门，教务处在此过程中应该担当什么角色呢？

《高等学校教学管理要点》（教高司〔1998〕33号）规定，高校教务处的基本任务是：研究教学及其管理规律，改进教学管理工作，提高教学管理水平；建立稳定的教学秩序，保证教学工作正常运行；研究并组织实施教学改革；努力调动教师和学生教与学的积极性。归纳起来，教务处的基本职能就是引领教学、服务教学。结合本校的校情，就是要始终以提高应用型人才培养质量为己任，立足广州工商学院的办学定位，践行"创建高水平应用型大学"的办学目标，贯彻"以质立校、以生为本、突出特色、崇尚创新"的办学理念，践行"以德为行、以学为上"的教育思想，致力于新时代本科教育教学管理和服务、教学建设和改革工作，开拓进取，在实现既定目标的奋斗道路上不断前行。

作为民办应用型本科院校的教务处，在引领教学、服务教学时，应当明确的总体工作思路是：以教学工作为中心，不断更新教学观念，引领全校从高职教育转向本科教育，及时适应本科教学；坚持以制度建设为依托，规范教学管理，全面提升教学管理与服务水平；坚持以协同创新为引领，着力推进教学改革，全面提升人才培养质量。为此，我们主要在九个方面展开了探索与实践。

[①]作者简介：曾一帆，教务处处长助理，副研究员。
　　李赣，教务处处长，教授。
　　黄仁刚，教务处教务科科长。

一、确立教学中心地位

人才培养是高校的根本职能；人才培养质量是学校办学水平的根本体现，是学校的生命线。教学工作是人才培养最基本、最重要的一环。民办应用型本科院校教务处要始终坚持教学工作的中心地位不动摇，深化本科教育理念，把人才培养作为教育教学的根本任务；要深入学习贯彻全国教育大会、新时代全国高等学校本科教育工作会议精神，落实"立德树人"，坚持"以本为本"。确立教学工作中心地位的主要举措如下。

1. 保证教学的中心地位

民办应用型本科院校的教务处应努力助推全校"领导重视教学、经费优先教学、制度规范教学、管理服务教学、硬件保障教学、政策激励教学、科研反哺教学、舆论宣传教学"的良好氛围的形成，认真落实新时代高校本科教育工作会议精神，制订全面振兴本科教育工作的实施方案，深入开展教育教学思想大讨论，探索高水平应用型大学内涵式发展路径，使本科教育理念深入人心。

2. 健全和完善管理体制机制

一是形成教学工作集体研究常态机制。自升本以来，广州工商学院领导班子坚持每周召开一次校长办公会，教务处每学期组织两次教学工作例会、一次教学工作专题会议、两次教务员全体会议，以确保全校教学工作的有序运行。二是保证经费优先教学。学校年度经费预算遵循优先保障教学经费投入的原则，教学基础条件建设、教学运行和教学改革经费大幅增加。2018 年，生均年教学日常运行支出达 2 635 元，是本科教学工作合格评估指标的两倍。三是健全教学保障机构。升本后，学校设置了学术委员会、教学指导委员会、学位评定委员会、教师发展中心、教师教学发展中心、教育教学督导办公室、创新强校工程办公室和学位办公室等教学咨询、评审、培训与监督机构。

3. 将本科教育放在教育教学工作首位

升本后，民办应用型本科院校都面临着一系列与高职教育截然不同的新形势、新问题和新任务。教务处应坚持以本为本，全力做好从全面适应本科教学到加快振兴本科教育的引领工作。升本后，教务处先后组织开展了应用型本科学术论坛、本科教学质量季、"对标"培训班、新时代本科教学工作会议精神"大学习、大讨论"等活动，先后筹备举行了两次全校教学工作会议，举办多期应用型本科教学能力培训活动，使教师本科教学意识得到不断强化。由教务处牵头，2017 年 12 月，学校成功加入全国应用技术大学（学院）联盟，为全面深化本科教育教学改革提供了更广阔的交流平台。

4. 不断强化教学管理队伍建设

民办应用型本科院校教务处要引领教学、服务教学，协助学校选拔一批高职称、高素质、懂管理的优秀教师到各级教学管理工作岗位，优化教学管理队伍的整体结构。学校主要领导、主要职能部门负责人，以及教学管理核心岗位的人员，都具有从事教学或教学管理工作的经历；系部（院）专设教务员，校、系两级教学管理与学生管理部门建立联席工作机制，形成人才培养工作齐抓共管的局面，建立了一支较为完备的校、系部（院）两级教学管理人员队伍，其中教授 15 人、副教授 8 人、中级职称 23 人。

二、重构学科专业格局

著名教育学家潘懋元认为，应用型本科院校的主要任务在于实施应用型本科教育，培养大量应用型创新人才，因此，必须加强学科专业建设，通过学科带动和促进专业的建设与发展[2]。民办应用型本科院校的教务处要切实做好学校学科专业发展规划的制订工作，立足办学定位，着眼长远，主动适应区域社会经济发展，坚持控制规模、优化结构、培育特色与协调发展的原则，科学谋划专业布局，强化专业内涵建设。

1. 合理建构学科专业体系

建立一批与区域社会经济发展相匹配的、有一定影响力的优势本科专业，尽快缩减专科专业规模。广州商学院的应用型本科专业从升本时的3个已增加至2019年的24个，涵盖管理学、经济学、工学、文学和艺术学五大学科门类；专科专业则暂停了21个，由33个缩减至12个。通过几年的发展，学校逐步形成了以经管类学科为主、其他学科协调发展的学科专业体系。

2. 开展对标学习，补齐发展短板

2018年初，教育部颁布实施《普通高等学校本科专业类教学质量国家标准》（简称《国标》），对专业内涵建设提出了更清晰明确的标准和具体实施要求。面对这一新形势，教务处主动谋划，引领带动各专业"对标"开展专业内涵建设。如通过举办领导干部专业类教学质量国家标准培训班、制订《落实〈普通高等学校本科专业类教学质量国家标准（试行）〉实施方案》等形式，在全校范围开展学习、研讨对照《国标》的活动。通过学习，全校上下已达成"对标"的共识，正在对照《国标》的要求，找差距、补短板，扎实开展专业建设工作。教务处撰写的《以本为本落实"国标"——我校举行学习新时代全国本科教育工作会议精神暨领导干部专业类教学质量国家标准研讨班》被省教育厅官网转载。

3. 坚持以特色重点学科为引领，着力培育重点专业

学科建设为专业内涵式发展提供科研保障。针对民办应用型本科院校学科建设基础相对薄弱的状况，教务处积极推动学科专业协同发展。如我校在升本第三年就获批国际贸易学物流管理两个省级特色重点学科，并建设省级重点专业2个、校级重点专业3个，主持省级专业综合改革项目1项，初步形成以省级特色重点学科为龙头、以省级重点专业为主干、以校级重点专业为支撑的多层次专业建设格局。通过"以点带面"的示范作用，专业建设质量全面提升。

4. 推进质量工程建设，深化教研、教改

教务处根据《广东省"十三五"高等教育"创新强校工程"总体方案（试行）》要求，以质量工程为抓手，逐年增加质量工程配套经费，不断深化专业内涵建设。如在学校"创新强校工程"办公室（挂靠教务处）的协同努力下，接受省教育厅"创新强校工程"考核的得分逐年提高，由2014年的36.42分提升至2018年的57.48分；省厅下达的"创新强校"专项经费也逐年增加，由2014年的零跃升至2018年的230万元；2016年通过省教育厅"民办高校质量工程"项目建设验收检查，名列全省第四。截至2018年年底，已建设省级质量工程项目32项、校级297项，累计投入经费1275万元。通过推进质量工程建设，充分调动了教师投入教学与改革的积极性，极大地推动了学校教育教学改革事业的发展。

三、深化教育教学改革

民办应用型本科院校的教务处要立足高等教育教学改革，贯彻以生为本的教育理念，依托学科专业建设、课程和教学体系建设、教学支持和保障体系建设，引领教学改革探索与实践，提升人才培养质量。

1. 不断完善人才培养方案

人才培养方案作为人才培养的总体设计与实施方案，其质量不仅取决于制订者的专业能力，也与学校管理部门对制订工作的质量控制密切相关。教务处要着力于明晰人才培养目标、构建应用型人才培养课程体系、加强应用能力导向的实践教学体系建设。升本后，教务处制订了《应用型本科人才培养方案制订和优化指导性意见》，初步形成"四平台＋三模块"的课程体系，并先后组织了三轮修订。特别是《国标》颁布后，组织各教学单位认真对照专业类《国标》要求，规范设置培养目标、培养规格、课程体系、学分学时分配、学业进度，突出实践环节在应用型人才培养中的重要地位，各类专业实践教学课时占比均符合《国标》及本科教学工作合格评估的要求，将创新创业教育贯彻人才培养全过程，开设创新创业通识必修、选修课程。

2. 努力提升课程与教材建设水平

民办应用型本科院校教务处要充分发挥引领课程与教材建设的职能，明确建设思路和具体建设目标，制订实施方案。在升本后，教务处制订了《广州工商学院"十三五"课程与教材建设实施方案》，明确了"以合格课程为基础、重点课程为支撑、精品课程为引领、精品教材为依托，兼顾学生专业性和职业性，适应应用型人才培养"的课程与教材建设思路。截至2018年年底，全校先后建成精品资源共享课、精品视频公开课20门，其中省级精品视频公开课2门；校级重点课程14门，校级合格课程429门；校级规划教材建设项目42项，公开出版教材60部，其中本科教材26部；开设在线开放课程145门，累计修读人次超过28 000，共投入经费达102.7万元。

3. 稳步推进学分制改革

学分制是应用型人才培养目标实现的重要依托，民办应用型本科院校教务处要因地制宜，积极开展学分制实施路径的探索，以满足本科生多元化的学习和发展需要。教务处先后制订了《学分制管理实施办法（试行）》《创新创业学分管理办法》《辅修专业管理办法（试行）》等文件，设创新创业学分、"德学""五进"学分、科研成果学分、社会实践学分等素质拓展学分认定项目；加大专业选修课开设的力度，在人才培养方案中要求专业选修课学分占比不低于15%，各专业必须开设两个专业方向模块和至少24学分的专业选修课；将于2020年下半年开设首批辅修专业，实现本校各学科间的交叉渗透，使学有余力的学生拓宽知识面，优化知识结构。

4. 持续引领课堂教学改革

课堂教学改革是新时代应用型本科高校提升人才培养质量的重要导向。教务处通过信息化建设、督导员听课评议、教学竞赛、教师培训等方式，持续引领信息化教学、案例教学、项目教学等课堂教学方法改革，先后开展了"本科教学质量季""思政课质量年""全员磨课，打造金课"等教学改革和质量提升专项活动；每学年都开展青年教师课堂教学竞赛、实验实训教学竞赛、多媒体课件评比等活动；积极引导教师开展翻转课堂、对分课堂、"雨课堂"等新型教学模式的探索与实践,力推课堂教学改革向深度、广度发展,取得了良好效果。

5. 不断强化实践教学

实践教学环节的质量在一定程度上决定了应用型本科人才培养的整体质量,因此,民办应用型本科院校教务处要不断强化实践教学改革。教务处在传统验证性实验教学的基础上,加大了培养实践操作能力、创新能力的综合性和设计性实验的开设率,2018年达到86.7%;优化本科生实习、毕业论文(设计)环节设置,鼓励本科生在实习与社会实践中完成毕业论文(设计),2018年本科生毕业论文(设计)选题源于生产与社会实践的比例达51.5%;对高职高专学生全面实行"2+1"学制,提升高职学生专业技能与创业就业竞争力。

6. 实施课程考核改革

课程考核是实现课程培养目标的有力保障,是检验学习效果和提升学习动力的主要途径。民办应用型本科院校教务处要立足应用型课程体系和学生整体水平,不断加大课程考核改革力度。升本后,教务处积极施行"三三四"的成绩构成比例,强化对学习全过程的考核与评价,较好地提升了学生的学习专注度,首届本科生修读课程的通过率达到98.9%;先后开设专业英语、商务英语四级和八级考点课程,增设计算机等级考试科目,拓宽学生职业能力提升渠道;形成考务工作校、系两级管理模式,提高课程考核管理效率。

四、推进创新创业教育

教育部部长陈宝生在新时代全国高等学校本科教育工作会议上强调,要加强创新创业教育,持续深化创新创业教育改革,推动创新创业教育与专业教育紧密结合,全方位深层次融入人才培养全过程,造就源源不断、敢闯会创的青春力量[3]。作为民办应用型本科院校,培养具备创新创业精神的高素质应用型人才责无旁贷。教务处作为创新创业教育的牵头部门,要立足人才培养定位,以提升学生创新创业能力为目标,贯彻落实国务院、省教育厅深化高等学校创新创业教育改革的文件精神,将创新创业教育贯穿人才培养全过程。

1. 完善顶层设计

成立组织机构,制订工作方案,是"双创"教育工作开展的前提。学校先后成立了创新创业教育工作领导小组、创新创业教育工作委员会、创新创业教育工作办公室(挂靠教务处)等机构,完善了"双创"教育机构的设置。教务处牵头编制和修订了《广州工商学院创新创业教育改革实施方案》等相关文件,完善了"双创"教育管理体制机制;在组织管理、项目实施等方面指导创新创业教育学院开展工作;在人才培养方案中增设了创新创业教育非课程型项目模块,开展创新创业学分认定工作。

2. 普及创新创业课程

民办应用型本科院校教务处必须通过必修课和选修课相结合的方式,从理念和行动上对全体学生实施创新创业教育。为此,教务处面向全体本、专科学生,开设了创新创业基础、创新创业训练两门通识必修课,先后开设12门创新创业通识选修课;立项建设省级创新创业课程3门。

3. 建立创业导师团队

为建设一个富有创新精神、勇于投身实践、具备创业指导能力的创新创业导师团队,教务处制订了《大学生创新创业导师管理办法》,通过培训、选拔、认定,聘用校内导师29

人、校外导师 19 人，并推荐"全国万名优秀创新创业导师人才库"校外导师 1 名。

4. 协调创新创业孵化基地建设

根据各级政府有关政策规定，对照省级创业孵化基地建设标准，立足学校实际，充分利用社会资源指导、积极协调实施省市级高校创业孵化示范基地项目建设。学校已完成 1 500 平方米的校内创新创业孵化基地建设。教务处开展走访调研，与学校周边的佛山市三水高新创业中心、佛山市宇能国际—南海跨境电商产业园、佛山市裕丰房地产代理有限公司等签订了共建大学生创新创业孵化、实习基地协议，为开展"双创"教育提供了良好的环境和场所。

5. 服务学生考研深造

应届本科毕业生考研，是民办应用型本科院校教学工作、人才培养质量和学风建设的一项重要表征，直接影响学校的品牌形象、社会声誉和办学竞争力。教务处多措并举，积极为应届本科毕业生考研做好服务指导工作，实施了《本科生考研奖励暂行办法》，鼓励有志向的学生报考研究生，连续两年开设免费的校内辅导班，200 余名学生参加辅导；对考取研究生的应届本科毕业生给予 5 000 至 10 000 元的奖励。首届本科毕业生有 38 人参加研究生入学考试，11 人超过国家最低录取分数线，最终 5 人考上研究生，有 1 人考取"双一流"学科。

6. 强化学生科研创新能力的培养

大学生科研创新能力培养是应用型本科院校教学质量的重要一环，对于学生的成长与个性化发展十分重要。教务处注重引导学生参与科研，参加各类学科技能竞赛，先后制（修）订了《在校生科研成果奖励暂行办法》《学生学科技能竞赛暂行管理办法》，学生的科研热情不断高涨、水平不断提高、创新成果不断涌现。升本以来，我校学生以第一作者公开发表学术论文共计 207 篇，获得著作权 2 项；大学生创新创业计划训练项目实施良好，累计立项 182 项，其中国家级 10 项、省级 40 项，已成为广大学生创新创业能力提升、成果展现的一个重要平台。教务处全力做好学生参加各类技能竞赛的组织、协调工作，学科竞赛连创佳绩，截至 2018 年年底，学生在国家、省市级学科专业技能比赛中获得各层次、各等级奖项共 872 个，为学校增光添彩。

五、规范教学质量管理

当前，我国高等教育进入了以提升质量、促进内涵发展为特征的新常态阶段[4]。规范教学质量管理，构建教学质量保障体系，不仅是适应国家高等教育发展形势的必然选择，也是教学秩序规范运行的内在要求，更是培养高素质应用型人才的有效手段。民办应用型本科院校教务处必须根据新时代国家高等教育发展规律和地方经济社会发展需要，构建适宜自身办学定位和办学理念的教学质量保障体系。教务处突出学校"以质立校"的办学理念，坚持教学管理规范化，为建立稳定的教学秩序和良好的教学运行机制提供了保障，为人才培养质量的提高打下了良好的基础。

1. 健全和规范教学管理制度

教务处要不断完善教学管理制度的顶层设计，在管理工作中始终坚持"用制度说话"。升本以来，教务处开展了三轮教学管理规章制度制（修）订工作，累计修订并完善了 63 份教学管理文件，建构了较为完备的管理制度体系。2017年12月，出台了《教学质量建设与评价基本标准》，涵盖系部（院）教学工作考核、专业建设、课程建设等10大项内容，为教学质量保障体系建设提供了具体的量化标准。

2. 发挥教授治学的作用

建立健全校长负责、教务处牵头、系部（院）为基础、各职能部门协调配合的本科教学管理组织体系。教务处在专业设置、培养方案制订、制度修订、质量工程项目评审等工作中，充分发挥了学校教学指导委员会的决策咨询、审议监管和宏观指导作用；调动教授治学的积极性，在教育教学、科学研究等方面充分行使学术权力。

3. 规范本科生毕业论文（设计）、学位评定管理工作

民办应用型本科院校本科生的毕业论文（设计）、学位评定、毕业答辩工作完成的质量，充分体现了教务处的教学质量保障能力。为此，教务处编印了《本科毕业论文（设计）指导工作手册》，对毕业论文（设计）的工作流程提出了明确的要求和职责，包括指导教师的职称、专业背景；每名指导教师指导学生不超过10名；毕业论文（设计）选题、开题、撰写、教师指导、答辩、评优、归档各环节的管理等。2018年评选出首届优秀毕业论文（设计）36篇，编印了《2018届本科优秀毕业论文（设计）选编》。严格规范完成学位评定工作，制（修）订了《学位委员会章程及学位授予实施细则》，2018年，学院学位评定委员会为首届1 009名本科毕业生授予了学士学位，有50名学生因考试作弊等原因未能取得学位。

4. 抓好教学质量建设常规化工作

教学质量建设贯穿人才培养全过程，要将教学质量保障工作常抓不懈。教务处坚持实行由校领导、职能部门、教学单位共同参与的开学、期中、期末教学检查制度；坚持教学管理民主化，充分发挥学生在教学质量监控中的主体作用，现已建成一支拥有380人的教学信息员队伍，彰显了"以生为本"的办学理念。加强考试巡查力度，把端正考风、考纪与校风、学风建设相结合，"铁腕"整治考试违纪，学校考风考纪得到根本性扭转，2018—2019学年第一学期期末考试全校违纪率下降至0.09‰，为历年来最低；全国大学英语四、六级考试连续五年无违纪现象。严格教材选用，确保意识形态安全。

六、努力提升教师教学能力

师资队伍是关系民办应用型本科院校可持续发展的关键性问题，也是大多数民办本科院校共同存在的短板。教务处要遵循学校引进与培养并重的工作思路，结合校情，多措并举，不断强化教师师德师风、教学能力建设，为打造一支结构合理、师德良好、敬业爱岗、相对稳定的"双师"结构的师资队伍而努力。

1. 进一步规范教师课堂教学

必须高度重视意识形态安全工作，守住红线。对此，教务处出台了《课堂教学管理实施细则》，严把任课教师思想政治素质关，严格规范课堂教学管理，维护课堂教学秩序，升本以来从未出现政治安全事故。

2. 全方位开展教师教学能力培训、教学竞赛

教学培训、竞赛不仅是对教师教学能力的充实和考查，也是教学展示与交流的主要途径，更是以训促教、以赛促教、提升教师教学能力的重要举措。自升本以来，教务处先后组织了"中青年教师课堂教学能力提升""中青年教师课堂教学方法与教学手段改革""'双创'课程教学方法"等专题培训,举办课堂教学主题讲座7次,邀请国内知名专家来校讲学,累计培训中青年教师近2 000人次;组织开展说课、说专业、实验实训教学、多媒体课件评比等竞赛活动,先后有20余人次获省级青年教师教学竞赛三等奖等奖项。

七、弘扬校园文化特色

高等教育的兴校之本在于彰显办学特色与提升办学质量的有机结合。作为民办应用型本科院校,广州工商学院同样面临着新的历史命题,如何实现"突出特色、崇尚创新"的办学理念。为此,学校开展了"打造高水平应用型大学特色校园文化"的思想大讨论,在全校上下形成了"打造'德学'文化氛围,践行'五进'活动"的独具特色的校园文化。教务处积极开展探索与实践,促进学生德智体美劳全面发展。

1. 提出彰显办学特色的应用型人才培养理念与框架

遵循应用型院校办学和学生成长成才规律,教务处针对民办院校学生的实际,确立以学生发展为中心、以学生学习为中心、以学习效果为中心的教学观念,以"五进"实践活动为重要实施路径,初步总结出了培养会学习、会应用、会表达、会合作、会健体、会创新的应用型人才的理念与框架,开展了相应的理论研究工作,列为制(修)订本科人才培养方案指导性原则之一。

2. 大力倡导"五进"教育实践活动

与教学单位、职能部门联动,开展形式多样的主题活动,彰显办学特色。如大力倡导"五进"(进课室、进图书馆、进实验实训室、进体育场馆、进社会)教育实践活动;将德学教育与专业教育结合起来,开设"德学教育"通识课程并纳入专业人才培养方案,形成全方位的育人格局;组织实施寒暑期社会实践活动,对考核合格的学生予以认定素质拓展学分;每学期召开一次学生代表或教学信息员代表座谈会,与学生交流"五进"活动心得;完成了两本《本科专业阅读书目》近3 000本推荐书目的编撰工作,要求本科生进图书馆博览群书,以拓展专业视野、丰富专业学识、提升专业素养。

3. 深入办学研究,凝练特色成果

教务处承担着组织教学研究、引领教学改革的重要职责,应当通过自身团队深入开展研究,着力打造办学特色研究成果。教务处积极参与"德学""五进"的理论与实践研究工作,先后参与编撰《践行"五进",立德树人》、《以德为行 以学为上:来自广州工商学院"五进"的探索与实践》《立德树人之路》等,积极助推学校特色校园文化的传播与弘扬,在同类院校中产生了良好的影响。

八、全面深化协同育人

《教育部关于加快建设高水平本科教育全面提高人才培养能力的意见》(教高〔2018〕2号)指出,要"构建全方位全过程深融合的协同育人新机制"。作为民办应用型本科院校教务处,要面向区域经济建设与社会需求,深入探索研究,不断健全产教融合、协同育人、国际合作办学的人才培养模式,探索专业、课程建设与行业标准的深度融合。

1. 致力于校企共建专业

加强校企合作共建项目引进,打造校企合作亮点,将社会优质教育资源转化为教育教学内容，服务于应用型本科人才培养工作，促进学校专业内涵建设。我校根据广东省"建设世界一流的物流中心"的发展战略，在国内率先创办了冷链物流管理专业方向，在本科物流管理专业人才培养方案中嵌入冷链类课程，有 63 位首届本科生毕业论文（设计）选择冷链物流研究方向；为协助广州狮岭中国皮革皮具制造中心的发展，创办了皮具艺术设计专业方向，在本科视觉艺术传达专业人才培养方案中嵌入皮具设计的课程；为配合佛山三水食品饮料产业发展，创办了食品质量与安全专业；针对广东省中小企业众多、企业用工行为不规范、劳资纠纷较多的现实，学校在 2017 年申办了劳动关系专业，成为拥有该专业的广东省第一家民办高校。升本后，在历年本科专业人才培养方案制订过程中，教务处都要求各教学单位聘请企业高管、技术骨干作为专项工作领导小组成员，各专业不少于两名，共同参与人才培养方案的修订与论证。

2. 不断丰富协同育人成果

民办应用型本科院校教务处要积极推进校企共建产学研合作平台、定向班，共编教材，开展社会服务项目合作，以提升专业实践教学水平。升本以来，我们已完成教育部产学合作协同育人项目、广东省校企合作协同育人项目立项 51 项；建成校内外实习基地 116 个，产学研育人平台 3 个；2018 年，学校首家产业学院——智慧冷链产业学院建成，积极参与粤港澳大湾区建设，在香港等地设立了办事处，并于 2019 年开始招收首批本科生。

3. 理顺国际合作办学管理机制

民办应用型本科院校应结合自身办学特点，推进与国外高水平大学开展合作办学项目，教务处在其中具有协调、指导、监督的职能。自升本以来，学校的国际合作办学实现零的突破，办学规模持续扩大，目前已开设工商管理、会计学、食品质量与安全、国际经济与贸易等 10 个专业的学分互认联合培养国际班，在校生总人数达 337 人。教务处协调指导国际教育学院，不断完善制度建设，理顺培养方案制订、学分互认、学籍管理、教学运行等环节的管理机制，保证国际合作办学有序开展。

九、提升团队能力水平

教学管理是高校管理工作的核心，是稳定教学秩序、提高教学质量、培养高素质应用型人才的基本保障。民办应用型本科院校教务处要根据学校发展态势，不断加强自身队伍建设，完善组织架构，强化人员教研科研能力，树立"管理即服务"的理念，提升管理服务整体水平，建立起一支真正能够引领教学、服务教学、具有较高综合素养的教学管理团队。

1. 逐步完善职能架构

根据民办应用型本科院校发展需要，及时完善职能架构。教务处同时承担着"创新强校工程"办公室、教师教学发展中心、创新创业教育办公室、学位办公室等机构的管理工作，凸显了教务处协调监督和保障支撑的工作职能。为了强化实验实训教学，完善实验实践教学管理，2017 年初增设了实践教学科。

2. 不断优化管理机制

为了加强与各教学单位的沟通，教务处对教学管理中存在的各类问题及时提供解决方案和服务指导。如在教学运行组织、考务管理、专业课程建设、教学竞赛、经费管理等环节不断下放管理权限，在增强教学单位自主权的同时，也促使自身工作重心从事务性工作转移到宏观指导、引领教学、服务教学上来。

3. 努力提升服务效能

切实加强工作作风建设，强化服务意识，对此，教务处制定了《教务处机关工作作风建设五项规定》，使全体同事牢固树立"管理即服务"的工作理念；主动适应两校区办公的客观需要，每学期都制订了两校区工作排班表，确保每位同志至少在三水校区办公3天，保证了两校区管理服务效率；在日常工作中贯彻"以生为本"的办学理念，进一步优化办事流程，提升信息化服务水平，让广大师生满意。

4. 全面强化教科研能力

办学层次的提升，对教学管理工作也提出了更高要求，教务处坚持对教学管理团队开展能力提升培训，全体人员都能加强学习、持续提升，共同进步。升本以来，教务处全体人员都能将本职工作与教科研有机结合，教科研氛围空前浓厚，取得了一批有代表性的研究成果。在各类出版物公开发表论文77篇，其中北大中文核心期刊4篇；主持省、市级各类课题11项，指导省级大学生创新创业项目6项，主持校级教科研课题16项，获校级教学成果一等奖1项。

教育部部长陈宝生在新时代全国高校本科教育工作会议上强调："应用型高校也要加强一流本科教育。建设高等教育强国需要各类人才，我国有一大批应用型高校，要根据办学传统、区位优势、资源条件等，紧跟时代发展，服务地方需求，在应用型人才培养上办出特色、争创一流。[3]"这为应用型高校加快振兴本科教育赋予了新的历史使命。作为学校教务主管部门和职能部门，我们应不辱使命，引领教学、服务教学，立足应用型本科高校的办学定位，以建设高水平应用型大学为目标，贯彻学校办学理念，将专业教学质量国家标准落到实处，继续推进人才培养改革，培养更多高素质应用型人才。

参考文献

[1] 吴中江，黄成亮. 应用型人才内涵及应用型本科人才培养 [J]. 高等工程教育研究，2014（2）：66-70.

[2] 潘懋元，车如山. 略论应用型本科院校的定位 [J]. 高等教育研究，2009，30（5）：35-38.

[3] 陈宝生. 在新时代全国高等学校本科教育工作会议上的讲话 [J]. 中国高等教育，2018（z3）：4.

[4] 马廷奇. 高等教育如何适应新常态 [J]. 高等教育研究，2015，36（3）：6-10.

民办高校强化本科教学的研究与实践
——以广州工商学院为例

赵复查[①]

广州工商学院是一所新升格的民办本科院校,其发展速度、发展规模、发展质量都获得了社会的良好评价。为提升本科发展的内涵,巩固办学速度与规模带来的成效,学院"十三五"规划提出了创建高水平应用型大学的奋斗目标。围绕这一目标,学院又提出了"转变教育教学观念,强化本科教学意识,提升办学内涵,创建合格应用型大学"的办学理念。这是学院董事会和院领导根据学院的办学实际,为突出高水平应用型大学的创建,抓住学院内涵发展,奠定学院办学基础,夯实学院发展路径,实现百年大学梦想而提出的重要举措。

一、强化本科教学的重要意义

"我们必须把本科教育放在建设高等教育强国的核心地位、培养社会主义建设者和接班人的关键地位、国家富强民族复兴的先导地位去认识和推进,从思想、理念、标准、模式、文化、体系等方面系统谋划和推动,树立教育自信,体现中国特色,追求世界一流,形成高水平本科教育的中国方案"。这是教育部部长陈宝生在"六卓越一拔尖"计划2.0启动大会上的讲话。本科教育的落脚点是本科教学,对于民办高校而言,强化本科教学意识具有十分重要的意义。

1. 强化本科教学是体现办学定位、实现创建目标的重要举措

创建高水平应用型大学是广州工商学院的奋斗目标。如何创建?以什么层次创建?这涉及办学层次的定位问题。广州工商学院刚从高职院校升格而来,还有部分专科专业,这是学院办学发展的历史印迹。学院的"十三五"发展规划中明确强调,到2020年,学院将不再招收专科专业的学生。显然,广州工商学院要创建的高水平应用型大学是以本科教育层次为主体的。厦门大学潘懋元教授认为,从世界高等教育的发展历史来看,最早的高等教育就是本科教育,后来才逐步发展出纵向的研究生教育与横向的专科教育。可见,广州工商学院以本科教育作为创建高水平应用型大学的定位是十分正确的。因为本科教育是高等教育形成的基础,是高等学校赖以生存、发展和赢得长期认同的基石。与此同时,本科教育也是大学展示办学力量、服务社会和履行教育使命的最重要平台。高等学校的职能,即人才培养、科学研究、社会服务和文化传承之间并不完全是并列的关系,而是以人才培养为核心的递进关系,强化人才培养就是抓住了办大学的根本。本科教育在人才培养工作中处于重要地位,是大学教育的主体组成部分。通常,一个国家的本科教育水平直接决定了一个国家高校人才培养的质量。

---

① 作者简介:赵复查,高等教育研究所所长,研究员,硕士研究生导师。

2. 强化本科教学是遵循教育规律、全面提高教育质量的基本要求

潘懋元指出，本科教育是高等教育的基本。然而，对于这个"基本"，却存在世界性的迷失问题。从美国高校近年来不断出台的报告和举措中可以看到，美国正在积极探索本科教学改革，努力寻回本科教育在大学中的"本位"。同样，我国也存在迷失现象。我国研究型大学往往比较重视科学研究和研究生培养，科学研究摆在第一位，研究生培养摆在第二位，然后才是本科教育。高等教育质量的提高是一个复杂的系统工程，涉及多种要素及其相互之间关系的处理。我们要遵循教育规律，强化本科教育意识，牢固树立本科教学工作的地位，积极探索本科教学改革与实践，努力提高本科教育的质量。

3. 强化本科教学是推动社会发展、促进区域经济转型升级的社会诉求

大学本科教学具有推动社会发展的重要价值，因此大学本科教育也承担了社会的众多诉求。当前高等教育与人的发展和社会发展需求脱节，难以满足培养学生的创新精神、实践能力及社会责任感的要求。社会公众对于培养本土大师级人才与创新型人才的渴望，要求我国大学本科教学必须朝着一流的目标迈进，必须培养出一流人才。伴随着社会发展的转型，我国需要从工业大国转变成工业强国，从高等教育大国转变为高等教育强国，而这需要大学的原始性创新来提供不竭的原动力。自强不息，追求卓越，精益求精，止于至善，是中华民族的优良传统。像广州工商学院这样的新办本科院校更要奋起直追，通过强化本科教学意识，培养区域经济发展所需的人才，从而满足地方经济社会发展的需要。

二、强化本科教学的实践路径

民办本科高校有自身的办学特点，有政策制定和灵活运作的高效管理方式，这是民办本科教学所具备的优势。在当下我国追求高等教育强国发展的路上，我们更应遵循大学教育自身的规律，通过自身优势分析，寻找一条适合自身发展的、具有民办教育办学特色的、能充分体现强化本科教学的有效路径。

1. 树立以学生为中心的办学理念

以学生为中心的办学理念，在广州工商学院的体现是"以生为本"。学校的根本目标是教书育人，离开"学生"这个根本，学校就失去了存在的意义。"以生为本"的办学理念，首先体现在管理理念上，学校的一切管理活动都要围绕学生的成长去做。一切有利于学生成长的管理就是好的管理，一切影响或阻碍学生成长的管理就必须进行改革。在实践中，"以生为本"的理念要求关注每一个学生的成长，而不只是关注个别典型或少数优秀学生的成长，要把关心学生、爱护学生、促进学生成长当成我们的"天职"。在教学管理上，要把激发学生学习的内动力放在首位，要激起学生学习的兴趣，引导学生探索知识、智慧、能力与精神在实现人生价值与意义上的作用；要通过专业选择、课程选择、学分制的完善把学习选择权还给学生；要建立保障教学质量的内生机制，形成自下而上重视本科教学的合力，改变以往单纯依赖自上而下行政驱动的被动管理局面；要实行管理重心下移，把本科教学的责任交给系部、专业、课程，实行层层把关的管理责任制；要加大本科教学经费的投入，确保生均经费达到或超过国家标准。

2. 增强立德树人的人才培养理念

立德树人的人才培养观，要求本科教育体现"育人为本"的教育原则。在教育活动中，要把引导学生树立正确的世界观、人生观、价值观和荣辱观放在首位，要把社会主义核心价值体系融入本科教育的一切活动；要把"以德为行、以学为上"的教育思想贯穿教育教学活动；要通过"五进"实践活动塑造和提炼富有学院办学特色的"德学文化"；要通过"德学""五进"活动塑造具有典型意义的广州工商学院人才。强化本科教学的立德树人观，还要正确处理"成人"与"成才"的关系。当前，我们的教育更多地注重"成才"的培养，而在一定程度上忽视了"成人"的教育。有关研究发现，本科教育"成人"比"成才"更为重要。在教育教学整体环节的设计上，既要体现学生知识体系掌握的设计，又要重视合格公民教育、意志品质教育、社会责任教育和人文精神教育；要坚持育人为本、德育为先、能力为重、全面发展的教育原则，为每个学生提供适合的教育形式和教育资源，为多样化、个性化、创新型人才成长提供良好环境，让每个学生都能成为有用之才，成为德智体美劳全面发展的社会主义建设者和接班人。

3. 重视交往互动的教学改革理念

当前，学院教学工作存在着与全国高校一样的"五重五轻"问题，应该引起学院上下的足够重视。"五重五轻"问题，一是重教师、轻学生，对教师"怎么教""教什么"关注过多，而对学生"怎么学""学什么"关注过少；二是重讲授、轻互动，即重视教师单方面的知识传授，忽视教学过程中的师生互动；三是重结果、轻过程，即重视学生对教师所讲知识的记忆，忽视学生认知的主动建构；四是重数量、轻质量，即重视教学时数、课程数量，轻视教学质量和学生的成功体验；五是重课堂、轻课外，教学呈现出断点式形态，学生对相关学科的认识与理解只发生在课堂上，教师较少关注学生在课外的学习与应用。要解决这些问题，真正实现本科教学价值的回归，应该在教学理念、教学组织形式，以及具体教学方式与方法上做有益的探索。

（1）在教学理念上，要从传统的以教师、知识传授为中心，转到以学生学习为中心上来。要构建以学习者为中心的课堂教学模式，强化基于交往对话的互动式师生关系，推行启发式、讨论式、探究式的课堂教学方法。课堂教学要强调双向互动、开放式教学，向思维训练、方法训练过渡。

（2）在教学组织形式上，要倡导班级教学组织形式的改革，大力推进大班讲座、中班教学与小班讨论的有机结合，有条件的系、部要实施小班化教学。鼓励学生按照自身兴趣组织学术性社团，依据社团的学科属性配备相应的指导教师，增加学生与教师在课下近距离接触的机会。在人才培养过程中要引进导师制，采用师承教育，将跟师学习贯穿整个学习过程，倡导"名师共同带徒、弟子集体跟师"的理念。

（3）在教学方法改革上，要尊重学生的自主选择性，增加学生学习的主动性，促进师生关系的互动开放性，提高课堂教学的有效性。在互动式教学方法改革中，要求教师由"唱独角戏"转变为师生互动讨论，包括走下讲台、走到学生中间，不看讲义，讲出观念、思想，善于提问，启发讨论，编用案例，分组讨论等。良好的教学方式应该具有"三性"，即教师教学的学习性、学生学习的研究性以及师生交流的开放性。探究式教学、问题化教学、对分课堂、翻转课堂，以及以解决问题为核心的校企合作、实验实训、创新创业等，都是当前本科教学应该关注的方法问题。

4. 立足教学质量监控的督导理念

广州工商学院教育教学督导办公室是在董事会领导下开展工作的，直接对学院董事会和学院院长负责。其主要职责是根据党和国家的教育方针、政策、法规和学院的办学章程、制度，对学院所属各行政部门、教学部门和教辅部门进行监督、检查、评价与指导，旨在保障教育方针和政策的贯彻执行，提高学院的教育教学质量，促进学院教育事业的发展，提升学院的办学水平，为创建高水平应用型大学提供质量监督与政策保障。

根据广州工商学院督导条例的规定，教育教学督导办公室将履行如下职责。

（1）通过教育督导，全面贯彻高等教育法规、教育方针、教育政策，促进国家和省各类评估指标的落实，推进学院各方面的建设。

（2）通过教学督导，审查专业指导书和教学计划，检查并评估教案、教学大纲、教学安排的合理性及执行情况。督导办公室每学年制定并完成听课计划。

（3）督导教师队伍建设，检查并评估教师培养情况。

（4）督导教学设施设备的配备和使用。

（5）督导并评估素质教育的实施和学生工作。

（6）督导并评估确保教育教学质量提高的各环节运转情况，突出工学结合和实践教学。

（7）督导并评估教风和学风建设，深入教学一线，了解教风、学风建设情况和师生对教学管理方面的意见，并对学院教学管理工作提出建议。

（8）督导并评估后勤服务工作和校园安全文明建设。

（9）督导办学经费的投入和使用。

（10）根据学院安排，开展专项督导工作。

（11）根据学院兼职督导员聘任和管理办法，负责学院兼职督导员的聘任、工作安排和相应的管理。

根据国家有关督导条例和教育教学法规的相关规定，民办高校的教育教学督导应该具有监督、指导、评估与反馈的功能。监督是指上级对下级的监察和督促。监督职能是教育督导机构最核心和最能体现这一机构本质属性的职能，目的在于使下级部门迅速有效、准确、积极主动地贯彻执行教育方针及各级政策，完成教育、教学和教育管理等方面的工作任务，全面实现教育目标，优化教育管理，达到立德树人的目的。指导是指上级对下级在工作方面的指导，如在工作内容、程序、方式、方法等方面给予具体指教与引导。成功的指导必须建立在事实调查和基于事实的评价基础之上，以督导人员与被督导人员之间的相互信任为条件。评估是督导部门依据教育方针、教育政策和教育目标，利用现代教育统计、教育测量等手段，通过调研、访谈、查阅相关资料等方式，对教育管理部门、教育者、教育对象所进行的价值判断。督导评估对提高部门教育管理质量、贯彻教育方针政策和推动教育事业的发展有巨大的作用。反馈是控制论的重要概念，是指一个系统输出的信息作用于被控对象后所产生的反应，再把这种反应作为信息收回，并对控制系统信息的再输出产生影响的过程。教育督导是教育管理的反馈系统，是上级各项方针、政策、指令任务、执行情况以及方针政策本身问题的反馈。反馈是检查决策是否正确、执行是否有效的依据，通过督导反馈可提升教育教学的管理水平，实现教育活动的优化。

三、强化本科教学的实践反思

应用型本科的教学有其特定的教育教学规律。遵循这些规律，提升教育质量，确保应用型人才的培养目标，是教育教学督导办公室的责任。根据学院董事会和行政领导的要求，督导办围绕学院教育质量的监控与提升，在督导队伍建设、督导原则与方法的创新，以及通过督导简报引导教育教学等方面做了大胆的探索与创新。

1. 坚持督导队伍的兼职主体性

学院督导办在董事会和院领导的关心和支持下，在组建督导队伍时，一切从实际出发，多年来一直坚持以专职督导为引领、以兼职督导为主体、以专家督导为辅助的原则，建立了较为稳定的督导队伍，并展现了"两高一好"的局面。

一是专、兼职督导职称高。学院近几年专职督导由懂高等教育教学规律、具有丰富教学经验、办事公正、身体健康并具有副高级以上职称的专家担任，兼职督导由各系选派具有教学经验、专业基础深厚的教授、副教授或是具有一定教学经验、教学评价靠前的讲师担任。随着办学规模的扩大，各系引入越来越多教授、副教授，目前兼职督导中具有副教授以上职称的人数比例在95%以上，督导队伍的综合素质上了新台阶。

二是工作热情高。拥有副教授以上职称的大都是从公办高校退休的老教师，专、兼职督导员正是从这些人中选出的，他们往往责任心强、为人正直、有耐心，根据督导工作的安排，能按时、按质完成任务，有的甚至经常超额完成听评课任务，表现了很高的工作热情。

三是督导效果好。以兼职督导为主体的最大优势是能充分利用系（部）教师的资源，弥补专职督导人员的不足。教学督导的重点一般是新入职的教师、外聘教师，或是学生反映较大的教师。听评课任务涉及学院各个系部的各个专业，如果仅靠专职督导，其能力与精力往往达不到预期效果。以兼职督导为主体的督导队伍建设能根据各系部不同学科、不同专业的特点，有步骤、有重点、有针对性地听评课，促使督导工作走向专业化、精细化，同时也能引起各系部对教学工作的重视。

2. 坚持督导原则的总结研讨性

教育教学督导是一项十分严肃的工作。在以往的督导工作中，多数教师认为督导只会挑教师的毛病，不会表扬教师。因此，在大部分高校，督导是不怎么受欢迎的。为改变教师的看法，一切从督导工作的实际出发，督导办经过认真的学习讨论，制定了"十六字督导方针"，即总结经验、挖掘亮点、发现问题、研讨提升，在督导中形成了以导为主、以督为辅、督导结合、反馈促进的教育质量监控文化。在督导实践中，"十六字方针"成了专、兼职督导的基本原则。督导听评课时，首先应本着尊重教师、敬畏课堂的督导理念，从总结经验、挖掘亮点入手，通过听课了解教师，总结教师的教学经验，挖掘教师可以持续发展的亮点，帮助教师树立从事教育事业的信心，而不是打击教师的积极性。在教育实践中，"教学有法、教无定法、贵在得法"应该成为督导工作总结经验、挖掘亮点的指导思想。其次，应本着发现问题、研讨提升的原则帮助教师改革课堂教学方式，形成自己的教学风格，提高课堂教学质量。督导听课时，一旦发现问题，就要以研讨的方式加以解决，通过探讨教学中存在的问题，引导教师发展创新，而不是以批评去挫伤教师教学的积极性。近几年来，督导办在几次专项督导中均遵循了"十六字督导方针"，取得了较好的督导效果。如在本科教学教案督导评比中，我们采用了以系部推荐10个教案的方法，由专家评选优秀教案，再将优秀教案进行理论概括，从而提炼出优秀教案的核心内容，通过督导简报向全院公布，引导学院教育教学改革，特别是解决了教案撰写中的理论问题。又如，我们在教师教学专项评价中，分两个学期分别对学生评价靠前和靠后的30名教师进行了专项督导，通过两极教学评价的督导，督导办根据专家的意见形成了两期专项督导简报。一期是优秀教师的经验总结与督导，从"金课"教师的角度肯定了一部分教师，把优秀教师的教学行为上升到了理论高度，描述了"金课"教师的特质，梳理了"金课"教师的教学行为，形成了有影响的教学理念，通过简报的发布，供全院中青年教师学习和模仿。另一期是对评价靠后教师的督导简报，通过分析存在的问题及教师评价排名靠后的原因，帮助教师理清教育理念，树立职业理想，提升专业素质，从理论上加强学习，在实践中锻炼成长。

3. 坚持督导方式的三重叠加性

教育教学督导既是一门政策性强的督导，也是一门艺术性强的督导，其督导方式决定了督导的质量与效果。为提高督导的覆盖性，打造优秀的质量监控文化，广州工商学院督导办在督导方式上形成了新的思路，创新了督导方式，将传统的单一督导方式划分为常规督导、专项督导和巡视督导，实现了督导方式的三重叠加，收到了全面质量监控的良好效果。常规督导是指督导办依据学院督导条例，对课堂教学质量进行跟踪听课的督导方式，其行为具有常规性、全面性和普遍性，是一种惯例性行为，主要解决课堂教学质量监控的一般性问题。专项督导是指督导办根据学院发展的现状，通过了解教育教学某一方面存在的问题，或需要弘扬、总结、推广的问题而开展的督导。它具有时效性、专门性、独特性，是引导教育教学管理与发展的专项性督导。巡视督导是指督导办根据工作需要，在董事会和学院领导的安排下，对教育教学工作进行全面、局部和就某一专门问题进行的巡视，具有督与导的性质，是督导工作较为简便的方式，如课堂教学秩序巡视、校园育人环境巡视等。它可以简捷的方式了解学院某一方面的情况，能及时有效地提供督导反馈信息。近几年，督导办通过常规督导听取了全校部分教师的课，每年听课 2 000 多节。2018—2019 学年，学院专兼职督导听课达到了 2 386 节，撰写听课小结 1 193 份。常规听课的开展，对稳定学院的课堂教学秩序、提升学院教师的课堂教学水平起到了积极促进作用。专项督导近几年主要抓了六项工作：一是对教师教案的专项抽查；二是对教研室工作情况的专项检查；三是对教师试卷的专项督查；四是对教师作业布置与批改的专项督查；五是对教师教学评价的专项督查；六是对学院育人环境的专项督查。通过专项督查，为教育教学管理部门提供了教育反馈信息，为教学管理决策提供了依据，为教师教学改革提供了参考。在巡视督导上，近几年督导办根据学院教育教学发展的现状，逐步开展了以稳定课堂教学秩序为主的教学场所巡视督导，以净化、优化、美化为原则的校园环境巡视督导，以促进行政管理效率为主的办公场所巡视督导，以减少校园自然灾害为主的宿舍、教学场所等的巡视督导。

4. 坚持督导方法的协同创新性

督导方法的协同创新是近几年学院督导办一直坚持的原则。创新督导方法是根据民办高校师资队伍建设的实际提出来的。当前，民办高校教师队伍普遍存在"两多一少"现象，即返聘老教师多、新进研究生多、具有教学经验的中年教师少，这样的师资结构对提升课堂教学质量形成了挑战。为提高课堂教学质量，让新教师站稳讲台、站好讲台，充分发挥余热，让中青年教师更好地积累教学经验，从而真正发挥课堂教学在大学育人中的作用，学院督导办改变了传统简单的听评课模式，充分发挥兼职督导和老教授传、帮、带的作用，不断创新课堂教学督导方法，采用以老带新、以新促新、以点促面、以优促教的协同创新督导法，收到了良好效果。

近几年，督导办根据兼职督导听课的针对性、有效性，对常规听课提出了"三听"要求。一是了解性听课，即听新进教师和外聘教师的课，掌握新进教师的教学动态；二是帮扶性听课，即听往届学生评价靠后教师的课，并给予精准帮助；三是上岗性听课，即听新入职教师的课，让青年教师能胜任岗位，站稳讲台。

在协同创新督导方法的实施上，采用了三种方法。一是创新并扩展传统的听评课形式，即由教师自行、单一完成学校安排的随机听课任务。如体育部把这项工作提升到对同一运动项目的教学与研究工作中，由相关项目的同行对其任课教师的专业能力进行双向交流似的评价，实事求是地对同门、同行的专业教学能力进行评判，达到相互学习与提高的督导评课目的。二是建立以教研室集体为主体的听评课工作形式，即由教研室主任牵头组织本教研室教师集体对部分或个别有教学特色的任课教师实施集体听、评课。这种听课形式实施集思广益的集体讨论、集体诊断后，由教研室主任指定专人执笔形成不少于 2 000 字的集体听课报告初稿，交由兼职督导审核并提出修改意见，再通过集体讨论，经反复修改后形成终稿。通过这种集体听评课的活动方式，加强了教研室的科研、教研氛围，同时通过集体讨论形成一种自然的学术思想交流习惯，真正体现了协同创新的督导目的。三是以提高年轻教师学术分析能力为主的听评课工作形式，即由履行督导职责的教师不定期地抽取无课的青年教师一起随机听取某教师的课堂教学。听课后，由参与的教师相互讨论，最后由兼职督导或高级职称教师提出与该课程知识体系和方法体系相关且具有一定学术意义的问题，要求青年教师按其听课的实际情况提炼出讲课者的亮点，不足部分以商榷的口吻提出建设性的建议，然后由参与听课的青年教师在高资历教师（或督导员）的指导下写成不少于 1 500 字的听课报告。通过上述听评课活动方式的协同创新，不仅提升了青年教师的教学水平，还培养了青年教师的学术思想，拓宽了青年教师的学术视野，增强了青年教师的学术敏感性。

5. 坚持督导简报的舆论导向性

督导简报是学院教育教学督导办在强化本科教学质量管理与监控中所编发的具有引导性、规范性和指向性的公开、半公开和不公开的督导文件。督导简报的定期发行，对于指导和规范学院的教育教学质量监控有十分重要的意义。督导办通过督导简报将理论与实践结合，既弘扬学校的教学文化，又为促进学院教学秩序的稳定和教学质量的提升发挥着重要作用。广州工商学院自升格为本科以来，为提升本科发展的内涵，巩固办学速度与规模带来的成效，学院"十三五"规划提出了创建高水平应用型大学的目标。为了更好地引导各系部领导及师生朝着共同的目标努力，教育教学督导办在五年中刊发了 36 期简报，主要内容涉及两个方面。

一是专项督导的通报。这类督导简报共发布了 9 期，其中包括试卷、教案督查的通报 5 篇，校园育人环境督查通报 1 篇，教师课堂教学评价专项督导通报 2 篇，教学巡查督导通报 1 篇。如 2018 年，根据学院教务系统对 2017—2018 年第二学期"我最喜爱的教师"的评选，对系部评价排名前三的教师及学院综合排名前 20 名的教师进行课堂教学专项督导，通过听课评价评选出了 10 名"金课"教师。评价的目的是挖掘和培养"金课"教师，发现和杜绝"水课"教师，以期引起教师对评价系统的审视。通过专项督导，刊发了《挖掘"金课"杜绝"水课"，切实提高本科教学质量》的督导简报。2019 年春季又对全校学生评价靠后的 30 名教师进行了专项督导，并就评价靠后教师存在的问题以及如何改进等刊发了专题督导简报。

二是关于强化本科教学质量、提高课堂教学水平的督导通报。这类简报有 27 篇。其中，就"转变教育教学观念，强化本科教学意识"形成了专题研讨简报，并就"关于强化本科教学意识的探讨""转变教学观念，强化教学反思""拓展学术视野，提升办学质量"等系列问题发布了专题研究简报。针对课堂教学普遍存在的问题刊发了"关于课堂教学若干问题的探讨""关于教材处理问题的探讨",以及"强化有效教学意识,提升课堂教学质量——关于转发《有效课堂七维度》的思考"等督导简报。为推广体育部关于课堂教学质量监控的有效做法,督导办刊发"强化督导创新、提升育人质量——基于体育部提升青年教师课堂教学水平的通报"。督导简报的风格创新,导向具体,并逐步形成系列,提高了督导工作的针对性,加大了学院对教学质量监控的力度。

参考文献

[1] 王严淞. 凝聚共识·交流理念·分享实践——"一流大学本科教学高峰论坛"综述 [J]. 中国高教研究,2016 (7):14-20.

[2] 邝邦洪. 关于"以德为行,以学为上"教育思想的思考与实践 [J]. 高教探索,2011 (3):55-60.

[3] 邝邦洪. 高校开展"五进"教育实践活动的意义与途径 [J]. 广东技术师范学院学报,2015,36 (9):96-103.

[4] 邝邦洪,钟伟强. 以德为行以学为上:来自广州工商学院"五进"的探索与实践 [M]. 广州:广东省高等教育出版社,2015.

践行办学理念 创新高校实验室建设
——基于广州工商学院的实践研究

林强 李乐欣 李忠全[①]

办学理念是一所学校的精神和灵魂，是办学者在办学实践中对学校的理性认识和对办学的理想追求。广州工商学院院长邝邦洪教授根据其丰富的高校领导工作经验，结合学院近二十年的办学实践，凝炼出"以质立校、以生为本、突出特色、崇尚创新"的办学理念。这一办学理念是广州工商学院发展的动力所在，引导学院为创建高水平应用型大学不断向前。

一、基于"以质立校、以生为本、突出特色、崇尚创新"办学理念的实验室建设内涵理解

（一）以质立校，建设符合高水平应用型大学发展的实验室

以质立校，意味着广州工商学院追求以质量为目标的内涵式发展，并把质量作为学院发展的生命线。《教育部关于加快建设高水平本科教育全面提高人才培养能力的意见》（教高〔2018〕2号）提出要加强大学质量文化建设，要求完善质量评价保障体系，强化高校质量保障主体意识，强化质量督导评估等。以质立校，充分体现了办学者立志办人民满意的、高品质的高等院校的社会责任担当。

高水平应用型大学的核心内涵，是要拥有高水平的应用型师资队伍，产出高水平的应用型科研成果，建成高水平的应用型人才培养体系，实现高质量的应用型人才供给。而这一切都离不开高水平实验室的支撑和保障。

定位于服务区域社会经济发展的应用技术型高校，要创建高水平应用型大学，应针对高水平应用型大学的核心内涵加大高水平实验室的建设力度。首先，应针对高水平应用型人才培养体系和高水平应用型人才供给的需要，建立传承知识、发现知识、创新知识所需要的学科基础、专业技术、专业综合等实验室。其次，应针对高水平应用型科学研究和高水平应用型师资队伍培养的需要，构建基础实验、应用研究、社会服务所需的演示性、验证性、设计性、综合性和创新性实验室。最后，应针对学科专业特点，紧跟科学技术发展前沿，购进先进设备或引入虚拟仿真技术，构建符合现代技术主流的实验室。

（二）以生为本，建设满足高水平应用型人才培养的实验室

以生为本，表明了广州工商学院对"为什么办学"这一根本问题的价值取向，确立了学生在人才培养过程中的主体地位，回归"得天下英才而教育之"的人才培养本位。《教育

[①] 作者简介：林强，院长助理，实验实训中心主任，副研究员。
李乐欣，实验实训中心科员。
李忠全，实验实训中心副主任。

部关于加快建设高水平本科教育全面提高人才培养能力的意见》（教高〔2018〕2号）提出：" 办好我国高校，办出世界一流大学，人才培养是本，本科教育是根。建设高等教育强国必须坚持'以本为本'，加快建设高水平本科教育，培养大批有理想、有本领、有担当的高素质专门人才，为全面建成小康社会、基本实现社会主义现代化、建成社会主义现代化强国提供强大的人才支撑和智力支持。"以生为本，正是认真贯彻落实《教育部关于加快建设高水平本科教育全面提高人才培养能力的意见》的具体体现。

高水平应用型大学的核心任务，是为区域社会经济发展提供"适销对路"的高水平应用型人才。高水平应用型人才的核心能力，可按照《国家职业核心能力培训测评标准》划分的与人交流、信息处理、数字应用、与人合作、解决问题、自我学习和创新七个能力单元，结合《普通高等学校本科专业类教学质量国家标准》的本科专业人才培养目标和规格要求，归纳为会学习、会应用、会表达、会合作、会健体、会创新六大核心能力。其中，会应用、会合作、会创新等能力的培养，均需要以高水平实验室为载体。中国矿业大学葛世荣校长认为，梅贻琦先生所说的"所谓大学者，非谓有大楼之谓也，有大师之谓也"，这个"大师"的内涵一方面是学者，另一方面可能就是实验室[1]。

定位于服务区域社会经济发展的应用技术型高校，要为区域社会经济发展提供高水平应用型人才，应当根据高水平应用型人才核心能力培养的需要，加大高水平实验室的建设力度。首先，应根据人才核心能力养成的规律，系统规划和建设支持学科专业演示性、验证性、设计性、综合性及创新性实验教学的实验室。其次，应结合专业实验教学的特点，引入"互联网+教育"的建设思路，构建能贯通课内外、方便学生开展实验的开放性实验平台。最后，应根据人才职业素养的养成要素和学科专业就业的职业场所，构建高度仿真的实验室环境。

（三）突出特色，建设支持特色学科专业发展的实验室

突出特色，是广州工商学院办学的价值选择，也是地方性民办高校生存和发展的必由之路。高水平应用型大学，在类型上与传统大学有所区别，其办学定位在地方发展建设中更"接地气"，更能突出错位发展和特色亮点[2]。广州工商学院是一所新升格的民办普通本科院校，要在教育市场上具有竞争力，必须选择区别于传统大学的发展道路，进一步明确突出特色的方向选择，才能实现创建高水平应用型大学的奋斗目标。办学特色的打造和凝练，可以涉及多个方面，特色学科专业是其中之一。

特色学科专业建设的主要目的，一方面是进一步提高高校师资队伍水平，加强学科梯队建设，增强创新人才培养能力，着力提高人才的培养质量；另一方面是紧密结合行业、区域发展和学科专业建设需要，充实和改善特色学科专业的教学和科研条件，促进高水平人才培养和科技创新能力的提升。无论是充实和改善特色学科专业的教学和科研条件，还是实现特色学科专业建设，都离不开高水平实验室的建设和支持。

民办高校要与传统大学错位发展，建设好特色学科专业，应结合特色学科专业建设的主要目的，加大高水平实验室的建设力度。首先，应结合专业特点，通过资源的整合优化，构建支持专业人才培养方案设置的学科基础、专业技术、专业综合等课程实验的专业群实验教学基地。其次，应结合学科特征，把相关专业群实验教学基地整合起来，建立高度仿真现实商业社会的相近学科跨专业实践教学中心。最后，应结合应用型特性，加强产、学、研、教

在实验室建设方面的合作,建设融专业实验、应用研究和社会服务于一体的创新性、开放性实验室。

（四）崇尚创新，建设极具时代特征的实验室

崇尚创新，是广州工商学院办学者对时代精神和科学精神的价值追求，是对理想的大学精神的坚持与弘扬。民办高校要升级发展，要做大做强，关键是提升竞争力，而竞争力的提升主要取决于高校运行机制的创新，正如广州工商学院院长邝邦洪教授所言，"唯有创新才能超越自我，唯有创新才能超越别人"。

对于广州工商学院这所民办应用技术型本科高校而言，只有通过制度创新、学科专业建设创新、师资建设创新、教学实践创新，不断培养出适合地方经济转型升级需要的高水平应用型人才，才能超越局限，保证持续发展，增创竞争优势，实现创建高水平应用型大学的奋斗目标。而创新型人才的培养，离不开与之相对应的高水平实验室做保障。

民办高校在建设高水平实验室时，应根据其自身特点，紧紧围绕增创竞争优势，创造性地形成适合民办高校发展的实验室建设思路。其一，应根据学院学科专业发展的需要，创新实验室建设论证方式，提高实验教学资源供需的匹配度。其二，应根据学科专业发展的特点，创新实验室构建技术，促进实验教学资源的共建共享。其三，应根据产教融合发展的需要，创新实验室建设机制，丰富实验教学资源的供给渠道。其四，应根据实验教学运行的需要，创新实验室使用模式，提高实验教学资源的利用效率。其五，应根据实验室管理工作的需要，创新管理队伍建设机制，提高实验室技术人员的素质。

二、基于"以质立校、以生为本、突出特色、崇尚创新"办学理念的实验室建设实践研究

（一）创新实验室建设论证方式，提高实验教学资源供需的匹配度

随着民办高校的转型升级工作不断深入，其对实验室建设经费的投入也与日俱增。提高实验室建设需求和资金投入的匹配度，画出建设经费供给与实验室建设需求的最大"同心圆"，需要进行科学有效的论证。民办高校实验室建设经费的投入，大多是采用两种论证方式：一是设备管理部门划拨建设经费，由使用单位自主安排；二是使用单位提出建设需求，由设备、教务、财务等职能部门会同商定。单一的论证方式，存在着建设经费配置不科学、资金使用随意性大、重复建设、仪器设备利用率低等问题。民办高校要解决这些问题，关键在于建设前的申报论证和建成后的使用管理。如何创新实验室建设论证方式，提高建设需求与经费投入的吻合度以及仪器设备等"硬件"与实验项目等"软件"建设的契合度，争取实验室建设经费投入效益的最大化，是各民办高校面临的重要课题。

自从升格为本科院校，广州工商学院结合升级发展的需要，探索出系级申报论证与院级答辩论证相结合的实验室建设论证方式。系级申报论证主要由使用单位根据学科专业发展和实验室建设的规划，以及相关科学专业实践教学体系和人才培养方案，结合现有实验室建设与使用情况，组织项目申报并完成系级论证。院级答辩论证主要由学院组织，以分管教学的副院长为组长，以教学、科研、财务、督导、评估、设备等职能部门的负责人为成员，组建答辩专家组，通过听取新建实验室申报负责人对现有实验室的使用情况、新建实验室的必要性、实验室建设方案的可行性、实验室建成后的效益等内容的陈述和答疑，并结合必要的现

场考察，最后形成集体论证意见呈报学院审批的论证方式。

新建实验室系级申报论证与院级答辩论证相结合的论证方式的实施，取得了比较好的成效。一是各学科专业基本建成与演示性、验证性、设计性、综合性、创新性等实验相配套的实验室支持体系，专业实验教学开出率高，能满足应用型本科人才培养的需要。二是围绕学院学科专业发展的需要，基本建成管理学、经济学、语言学、工学和艺术学五大学科的11个专业群实验教学基地，以及服务公共课程的公共基础实验教学基地。同时，整合经济贸易、工商管理、物流管理、财务会计等专业群实验教学基地、云计算数据中心和新建跨专业综合实验教学基地的需要，搭建了服务于管理、经济两大学科专业的新商科实践教学中心。

（二）创新实验室构建技术，促进实验教学资源的共建共享

随着办学规模的不断扩大，招生专业数量的不断增加，民办高校对实验室类别和数量的需求也明显增大。为了满足应用型人才培养的需要，民办高校不断加大实验室建设经费的投入。尽管如此，受实验室建设资金需求量大的影响，民办高校还是无法及时做到每个专业或每一门课程都配有专属的实验室。同时，由于专业在校生规模发展的不均衡，部分专业实验室的利用率较低。民办高校要解决实验室配置不足与利用率较低并存的问题，除了要在实验室建设论证、使用管理等方面制定符合校情的使用机制和制度外，还应着手创新实验室构建技术，促进实验教学资源共建共享。

广州工商学院升格为本科院校后，结合经济学、管理学、文学等学科专业实验教学模式改革的需求，紧跟移动互联网、云计算等新一代信息技术的发展，在学院首期"云桌面"建设与应用的基础上，研发出基于Windows平台虚拟化Hyper-V技术的云计算实验室建设方案。基于云计算技术构建的实验室，采用的是"云计算数据中心+网络终端设备"的部署模式。与传统的网络中心机房相比较，云计算数据中心为网络终端设备提供的不再是硬件托管服务，而是数据的传输、计算和存储等服务。在数据传输和存储过程中，云计算数据中心为网络终端设备配置所需的计算能力和存储空间，从而实现计算资源的按需配置和高效利用。另外，经济学、管理学、文学等学科专业实验教学资源的配置，基本是采用"B/S结构的实验教学软件+网络终端设备"的模式，师生在互联网环境下即可进行实验。

基于Windows平台虚拟化Hyper-V技术的云计算实验室建设方案的实施，取得了较好的成效。从物理层面来说，较好地解决了经济学、管理学、文学等文科专业实验室及实验教学平台的共建共享问题，大大提高了实验室的利用率；从使用层面来说，打破了经济学、管理学、文学等文科专业师生使用实验教学资源的时空限制，师生可以在互联网覆盖的任何地方进行实验准备并完成实验任务。

（三）创新实验室建设机制，丰富实验教学资源的供给渠道

实验室对专业人才培养的重要性不言而喻，实验室的建设水平已成为衡量高校办学水平的重要标准之一。近几年，随着民办高校办学规模的不断扩大，投入实验室建设的资金也与日俱增。但民办高校办学经费来源单一，制约了高水平实验室的建设，优质实验教学资源仍然满足不了学科专业发展的需要。另外，民办高校在实验室建设工作中，虽致力于构建支持学科专业演示性、验证性、设计性、综合性和创新性实验的配套实验室体系，但由于对新产业、新业态和新技术的融合不够，导致其对设计性、综合性、创新性实验的支撑力度不足。因此，民办高校在实验室建设中要创新机制，与行业企业共建实验室，促进学院在升级发展

中与新产业、新业态、新技术的深度融合,从而拓宽优质实验教学资源供给渠道,这具有重大的现实意义。

为促进学院与新产业、新业态、新技术的深度整合,进一步丰富实验教学资源的供给渠道,学院在创建高水平应用型大学的工作中,注重实验室建设机制的创新,基本形成了三种模式:一是"引企入校",即企业以生产为主要目的,进驻学院,兴建生产性实验室,向学生提供顶岗实习岗位,"真账实做",对接企业实际业务;二是"引资入校",即企业以培养企业未来员工为主要目的,在学校投资兴建仿真实验室,通过企业生产、业态和技术的模拟,为企业自身培养合格人才;三是"引技入校",即企业以产学研项目合作为载体,以共同培养社会需要的创新型人才为主要目的,提供新产业、新业态或新技术的模拟教学资源。

经过多年的实践,学院创新实验室建设机制取得了较好的成效。一是共建实验室使学院与行业企业在某种意义上成为命运共同体,促进了专业链与产业链、课程内容与职业标准、教学过程与生产过程的对接,提升了应用技术型人才的创新能力。二是通过共建实验室,企业将最新的生产技术、设施、流程引入实验教学,促进了学院在升级发展中与新产业、新业态、新技术的深度融合。三是共建实验在某种程度上既为民办高校减少了实验室建设的投入,也帮助民办高校完善了实验教学的实验室支持体系。

(四)创新实验室使用模式,提高实验教学资源的利用效率

资源依赖理论认为,组织的存活与发展,是要想办法降低对外部关键资源供应组织的依赖程度,并且寻求一个可以影响这些供应组织的能够稳定掌握关键资源的方法[3]。对民办高校而言,构建符合校情的实验室使用模式,降低资源使用单位对资源供给部门的配置依赖程度,从而增强供给部门和使用单位对教学资源高效配置与使用的意识,具有重大的现实意义。

自升格为本科院校,广州工商学院结合升级发展的需要,探索出统管共用、统管专用、专管共用和专管专用相结合的实验室使用模式,大大提高了资源配置和使用效率。统管共用实验室是指由学院职能部门统筹,每学期用于对教学单位实验室需求不足部分给予补充的实验室。统管专用实验室是指采用云计算技术构建,后台技术保障由学院职能部门负责,网络终端设备由归属教学单位专门使用的实验室。专管共用实验室是指采用传统技术构建,既适用于归属教学单位专业实验教学,也可以共享于其他教学单位的实验室。专管专用实验室是指专业性比较强、只有归属教学单位的相关专业才能用上的实验室。

实验室统管共用、统管专用、专管共用和专管专用相结合的使用模式的实施,取得了较好的成效。一是各科学专业基本建成了服务于人才培养目标所需要的,涵盖演示性、验证性、设计性、综合性、创新性等实验的实验教学体系。二是各教学单位除了在实验教学方面充分发挥实验室作用外,还借助实验室开展了大量的科学研究和社会服务。另外,从使用的角度来看,该使用模式既强调使用单位的自主性,也强调全校共享的调配性。

(五)创新管理队伍建设机制,提高实验室技术人员的素质

长期以来,实验室技术人员在高校人才培养、科学研究、社会服务等方面发挥着重要的作用,实验室技术人员的综合素质也直接关系实验教学、实验室建设和实验室管理的水平。高校应当从思想上充分认识到实验室技术队伍在实验教学改革和实验室建设等方面的重要支持作用,并在政策上重视实验室技术人员的建设。另外,随着实验技术的信息化、多元化发

展,民办高校应当根据需要,适时调整和创新实验室技术队伍的建设机制,促进实验室技术队伍的稳定,提高实验室技术队伍的整体素质。

学院在创建高水平应用型大学的工作中充分认识到,高水平应用型大学需要有高水平的实验室作为基础,高水平的实验室更需要有高水平的实验室技术队伍作为支撑。为建设一支相对稳定、工作热情、技术过硬、科研能力强、符合专业实验教学需要的实验室技术队伍,学院在实验室使用模式调整的工作中,同时对实验室技术人员的建设机制进行了调整,将技术人员集中统一的院级建设机制调整为院、系两级建设机制。

实践证明,学院实验室技术队伍的院、系两级建设机制适合学院发展的需要,并且取得了较好的成效。一是技术人员更清楚个人工作重点和发展方向。归属于实验实训中心的技术人员更侧重于新技术的研究和应用,如云桌面、实验室监控中心等技术方案的集成与建设;归属于专业系的技术人员,则更侧重于技术与专业的融合,为专业实验教学服务。二是队伍更趋于稳定。调整之前,每年申请调岗离职的实验技术人员不少于 5 人(占比 25% 左右);调整后的 3 年内,申请调岗离职的实验技术人员累计仅 4 人。三是技术人员成长更快。调整之前,具有中级以上职称的技术人员仅有 1 名;调整后的 3 年内,具有中级以上职称的技术人员已增加至 15 名(其中实验师 10 人),占比达到 65%。

三、基于"以质立校、以生为本、突出特色、崇尚创新"办学理念的实验室建设的实践成果

(一)实验室仪器设备充足,能满足应用型本科人才培养的需要

自升格为本科院校,广州工商学院在高水平应用型大学的创建工作中,充分认识到高水平应用型大学离不开高水平实验室,不断加大实验室建设力度,学院教学科研仪器设备充足、先进,满足了应用型本科人才培养的需要。

一是实验室建设力度大。至 2018 年,学院建有各类实验(实训)室 189 间,比 2014 年增加了 70 多间。教学科研仪器设备总值已超 1.06 亿元,比 2014 年的 6 000 多万元增加了近 5 000 万元,年均增长率高于 15%。现有价值 800 元以上的教学科研仪器设备有 18 400 多台(套),比 2014 年增加了 8 000 多台(套)。

二是实验室仪器设备先进。至 2018 年,学院教学科研仪器设备淘汰值为 950 多万元,淘汰率近 16%。价值 10 万元以上的教科研仪器设备 110 多台(套),比 2014 年增加了近 60 台(套);价值 10 万元以上的教科研仪器设备总价值 2 800 多万元,比 2014 年增加了 740 多万元。

(二)紧跟"互联网+教育"思路,加快了先进技术在实验中的应用

新一代信息技术加速了新生产方式、新产业形态、新商业模式的形成,也推动着学院实验室构建思路的改变。学院在实验室建设方面,紧跟"互联网+教育"思路,加快了先进技术在实验中的应用。

一是利用云计算技术构建实验室。学院紧跟移动互联网、云计算等新一代信息技术的发展,基于 Windows 平台虚拟化的 Hyper-V 技术,构建了"万兆到实验室、千兆到云桌面"的云计算数据中心 1 间和实验室 52 间、云桌面应用终端近 4 000 个。

二是引进虚拟仿真实验教学软件。结合经济学、管理学、文学等学科专业实验教学模式改革

的需求,引进了新道"BSE 财务共享实践平台、新道"BSE 综合实践平台、世格外贸实训教学平台、诺思国际物流综合实训教学平台等十多个基于 B/S 结构的实验教学平台软件,打破了实验教学的时空限制,师生可以在互联网覆盖的任何地方进行实验准备和完成实验任务。

(三) 紧扣"产教融合"建设思路,加大应用型人才培养环境的建设

随着区域经济产业转型升级,应用技术型高校在发展过程中也要与新产业、新业态、新技术进行深度融合。学院在实验室建设方面,紧扣"产教融合"建设思路,加大了应用型人才培养环境的建设。

一是与企业共建实验室。学院充分发挥专业自身优势,积极利用社会资源,采用引企入校、引资入校、引技入校等模式,与企业共建实验室。目前,分别与江苏京东信息技术有限公司、广州粤嵌通信科技股份有限公司、上海因仑信息技术有限公司等 6 家企业,在校内共建京东校园实训中心、粤嵌众创空间、因仑电子创新实验室等 7 间实验室。

二是搭建虚拟仿真实验平台。学院通过整合经济贸易、工商管理、物流管理、财务会计等实验教学基地和云计算数据中心,新建跨专业综合实验教学基地,引进新道 VBSE 财务共享实践平台和新道 VBSE 综合实践平台,完成了虚拟仿真实验平台——新商科实践教学中心的搭建。目前,我院是省内同类院校中首家引入新道 VBSE 财务共享实践平台开展会计人才培养的院校。并且,跨专业综合实验教学基地在同类实践基地中的建筑面积最大,有 1 200 多平方米,是以仿真现实商业社会为标准、以生产制造业务为驱动、以现代服务业为环境的高度仿真跨专业综合实践平台。

民办高校实验室的建设应当根据办学规模与发展内涵的需要来开展,服务于人才培养和科学研究。实验室的建设,无论是顶层设计还是具体落实,一切机制和实践都应当围绕着民办高校升级发展这一目标来进行。因此,我们应当与时俱进,用发展的眼光继续积极践行学院"以质立校、以生为本、突出特色、崇尚创新"的办学理念,做好实验室的建设工作,为创建高水平应用型大学努力,培养高水平应用型人才。

参考文献

[1] 夏有为. 实验室功能——发现知识传播知识(一)——访中国矿业大学葛世荣校长 [J]. 实验室研究与探索 [J]. 2017,36(7):1 - 3.

[2] 陈东辉,曲嘉,房永征. 高水平应用型大学应如何全面推进协同创新平台建设——基于上海应用技术大学的实践探索 [J]. 中国高校科技,2018(12):26 - 29.

[3] 王渊,张彤,陈立军等. 基于资源依赖理论的供应链联盟成因分析及其发展策略 [J]. 科技进步与对策. 2006(4):173 - 176.

[4] 邝邦洪. 创建高水平应用型大学的探索与实践 [M]. 广州:广东高等教育出版社,2015.

[5] 邝邦洪,乔丽媛,李赣,等. 创建高水平应用型大学 培养服务区域应用型人才的探索与实践 [J]. 广东职业技术教育与研究,2016(4):62 - 67.

[6] 丁兆明,周月朋,李娜. 深化内涵式发展 建设一流应用型大学——第二届全国城市型、应用型大学建设论坛综述 [J]. 北京教育(高教),2018(10):16 - 18.

[7] 王丽,田健. 本科应用型人才职业核心能力培养方案探究——以天津农学院基础

科学学院为例［J］．天津农学院学报，2015，22（4）：57-59+64．

　　［8］黎英，林标声，洪燕萍．地方高校校企合作共建实验室特征与功能探析——基于产教融合的背景［J］．河北农业大学学报（农林教育版），2016，18（6）：17-21．

　　［9］许悦．办学理念是学校发展的魂［J］．文教资料，2013（36）：123-125．

以评促建 求真务实
——广州工商学院学位评建工作探索与实践

鲍时安 吴丽云 贺佳乐[①]

全国教育大会要求高校着重培养创新型、复合型、应用型人才。在新时代、新形势、新任务之下，实现高校内涵式发展、推动应用型人才培养、积极探索并实践应用型本科的发展之路是高校面临的共同话题。民办高校有其自身的发展特点，在新形势下，只有顺应时代潮流，紧密结合自身办学特点，以立德树人为根本，以产教融合为途径，以评估评建为契机，以适应社会为目的，求真务实，才能在应用型本科发展的过程中取得累累硕果。高等教育评估就是根据高等教育的目标，运用有效可行的手段，对高等学校教育活动及其有关因素进行系统描述，并在此基础上对其状态和价值做出判断，从而推动教育活动不断优化的过程[1]。

高校评建工作的开展，能够促使学校不断深化改革，挖掘特色，明确办学定位与目标，完善办学条件与基础设施，构建合理的人才培养模式，提高办学质量，将内涵式发展作为实现应用型本科学校的重要途径。

学士学位授予权评审是对新建本科院校基本办学条件和管理水平的评估，分为新增学士学位授予单位评审和新增学士学位授予专业评审两个层次。如果受评专业通过，则表明该专业的本科教育质量达到相应的条件；如果学校授予权评审通过，则表明学校具有对所评本科专业授予学士学位的权利。广州工商学院自2014年升本以来便积极着手筹划学士学位评审工作，以求真务实的态度，致力于提升各项办学指标和教学教育质量，促进了学校内涵式发展。2018年3月28—29日，学校接受省学位办对学校申请的学士学位授予单位及三个首批本科专业进行实地评审，各项指标均合格，顺利获得学士学位授权单位和授权专业。

一、学士学位评审助推学校的可持续性发展

学士学位单位授予权是一所合格本科院校的基本权利，学科专业的学士学位授予是创办本科专业的必备条件。学士学位授予权评估对学校的各项发展具有重要意义，对学校全面提高办学质量、走内涵式发展道路、完成创建高水平应用型大学的目标具有积极且深远的影响。

（一）审时度势，坚定学校的办学思想与办学定位

教育部、国家发展和改革委员会和财政部早在2015年就联合发文，要求部分地方普通本科高校向应用型转变，为一线生产服务培养应用型、复合型、创新型人才，并不断推出相关政策，促使高等教育人才培养结构和质量尽快适应经济结构调整和产业升级的要求。在广

---

①作者简介：鲍时安，评估办主任，教授。
　　　　　　吴丽云，评估办副主任，副教授。
　　　　　　贺佳乐，评估办干事。

东省普通本科院校转型发展的热潮中，我校深刻学习和领会上级文件精神，立足校情，顺势而上，确立创建高水平应用型大学的目标，坚持为区域经济发展培养应用型、技能型人才的人才培养定位，坚持"立德树人"的根本任务，遵循"内强素质、外树形象、和谐办学、科学发展"的办学方针，贯彻"以质立校、以生为本、突出特色、崇尚创新"的办学理念，推进"回归常识、回归本分、回归初心、回归梦想"的"四个回归"要求，广泛开展"创建高水平应用型大学"的教育思想大讨论，并出版了《创建高水平应用型大学的探索与实践》一书；多次组织研讨和修改人才培养方案，强化校企合作和实践教学，完善实习、实验、实训条件，构建产教融合的办学机制，在为应用型、技能型人才培养夯实基础的同时，成功完成了升本后的转型。2018年年末，邝邦洪院长在院务会上再次做了关于办学定位、人才培养定位的重要讲话，并要求各教学单位以"如何培养应用型人才，采取什么措施，取得怎样的成效"为主题，职能部门以"如何服务应用型人才培养，做了哪些工作，取得什么效果"为主题，组织落实和研讨，探索校企合作新思路、新做法，将办好应用型本科落到实处，使全校教职工对学校的办学思路更加清晰，办学定位更加坚定。

（二）求真务实，为学校继续前行夯实基础

学士学位评审是对新建本科院校办学水平、办学能力和教育教学质量的全面检验。8个一级指标和34个二级指标，涵盖了学校的办学指导思想与定位、专业建设、师资队伍、教学条件、教学过程、教学管理、人才培养和科学研究等方方面面。其核心指标为：人才培养方案、生师比、岗位资格、生均四项经费、生均教学行政用房、生均图书资料、教材建设、教学质量监控、毕业论文（毕业设计）及成果等。评审结果还须向社会公示，接受政府及社会的监督。对于一所新办本科院校而言，这是一场高规格的"考试"，评审的结果将直接关系学校的生存与发展。广州工商学院将学士学位评审作为重要任务，从人力、物力、组织架构等方面进行了精心部署，为此组建了各级专门机构，认真谋划学士学位评审评建工作。从评建领导小组到评建工作办公室，从三个首批本科专业系到四个核心工作组，都围绕指标体系进行解读，对学校情况加以剖析，查找不足，加强建设，补齐短板。在此期间，学校举办了三场评建工作领导小组会议、三次申报材料修改会议、三轮支撑材料审核检查、若干次专项检查，反复演练与培训，研究重点，攻克难关。尤其是在师资队伍建设的政策倾斜力度方面，在教学基础设施配备的时间进度方面以及对科研管理激励机制的不断完善等方面，都足以体现学校以"评"为契机，在"建"字上下功夫，在"改"字上做文章，在"管"字上保质量的决心和态度。

实际上，学士学位评审的自评自建过程，是对升本以来的办学情况进行的一次全面"体检"和能量补充，为学校继续前行打下良好基础。

（三）立德树人，构建具有学校特色的育人体系

立德树人是高校的根本任务，育人以立德为先。学校坚持弘扬"以德为行，以学为上"的教育思想，大力推进"进课室、进图书馆、进实验实训室、进体育场馆、进社会"的"五进"实践活动，创建具有特色的育人体系，培养德智体美劳全面发展的合格大学生。学校领导坚持每学期开展"思想政治第一课"的活动，利用课堂、学术讲座、社团活动等多种渠道，全方位加强学生的德学修养，助其扣好人生第一颗扣子，强化学生的学习意识，使其自觉走进课室、图书馆、实验实训室、体育场馆和社会，在"五进"实践活动中不断增

长才干，成为会学习、会应用、会表达、会合作、会健体、会创新的受社会欢迎的有用之才。逐步深化的"德学"教育和"五进"实践活动，已成为广大师生日常教育教学中的自觉行动，不仅促进了学生的健康成长，还营造了优良的学风、教风和校风，成为广州工商学院的特色项目之一，结出了累累硕果。学校以深化"德学""五进"为建设内涵，申报并获批"广东省高校骨干辅导员工作室培育"项目。作为大学校园文化活动指导工作室，该工作室将是开拓新时期立德树人的又一专业化育人平台。

二、评建结合，推进学校的内涵式发展

遵循"以评促建、以评促改、以评促管、评建结合、重在建设"的评建工作方针，学校以学士学位评审为抓手，坚持走内涵式发展的道路，把提高教育教学质量放在首位，强化以人才培养为中心的理念，加大硬件、软件的建设，健全人才培养的质量保障体系。

（一）办学条件不断完善

学校不断增加本科教学经费投入，加大图书馆建设与图书经费投入，增加教学科研仪器设备投入，加快对学生宿舍、教室、实验室、公共教学设施、体育设施、信息网络等基础设施的建设，加强师资引进，保障教学师资水平，使学校的教学环境和教学条件得到了明显改善，使在校学生的获得感不断增强。

1. 教学经费投入逐年增加

2014—2017年，学校教学经费投入分别为3 225.02万元、3 687.34万元、4 261.88万元、6 358.46万元，累计17 532.7万元，呈逐年上升态势。本科教学经费投入增加显著，2014—2017年分别为898.48万元、1 341.48万元、2 196.81万元、4 654.95万元。由此可见，升本以来，学校逐年加大教学经费的投入，使学校基础设施等基本教学条件得到完善，教学环境基本满足教学工作。

2. 师资力量不断增强，队伍结构逐步优化

从数量上看，2016—2018年，学校教师总数分别为1 140人、1 215人、1295人。其中，专任教师总数分别为912人、972人、1 036人；具有研究生学位的专任教师数分别为417人、589人、689人；具有高级以上职称的专任教师数分别为230人、220人、288人。学校师资数量明显增长。

从结构上看，学校专任教师中具有硕士学位的及具有副高级以上职称的占比都在提升，教师结构逐年完善，为学校的可持续发展提供了人力保障，为学校教学质量的提高奠定了基础。

3. 教学科研仪器设备资产值逐年增加

2016—2018年，学校教学科研仪器设备资产总值分别为7 209.46万元、8 344.15万元、9 310.33万元，呈逐年增加的趋势。

4. 教学行政用房面积稳中有升

学校自2016年以来逐渐加大基础建设，教学行政用房面积大幅增加，2016—2018年，学校教学行政用房面积分别为285 063.9m²、284 781.68m²、324 551.86m²。

5. 图书馆藏书量逐年增加

自升本以来，学校不断加大图书建设投入，先后引进先进管理系统，扩建图书馆，增加

自习室，增加图书数量。2016—2018 年，图书馆纸质图书总量分别为 136.36 万册、158.88 万册、183.55 万册。图书馆藏书量逐年递增，呈现稳中求进的趋势。除此之外，学校先后引进中国知网、维普、超星电子图书等数字资源，为学校师生提供了丰富的教学资源。

6. 网络及信息化建设逐步完善

近年来，学校完成了花都与三水两个校区网络互联互通的带宽扩容升级，完成了校园网出口总带宽的扩容改造，两校区初步实现了有线网络和无线网络全覆盖。在此基础上，全面推进数字校园建设，应用了教务管理系统、OA 系统、人事管理系统、科研管理系统、收费系统、心理咨询系统、党务管理系统、校园一卡通系统、图书管理系统，数字化校园建设再上新台阶。学校不断加强网络运行的安全保障工作，在校园网出口设置了硬件网络防火墙、流量控制系统、日志审计系统等安全设施，从硬件上保证了校园网的安全稳定运行。同时，制定出台了一系列校园网络管理制度，确保网络管理的规范性、安全性和故障处理的及时性，保证学校关键业务的网络安全和高效运行。数字校园工程基本完成"五个平台"和"十个系统"的建设，学校 WiFi 已全面覆盖教学、办公、生活等区域，校园网在本科教育中发挥着越来越重要的作用。

（二）各项管理更加规范

学校先后完善了"十三五"发展规划、学科专业建设规划、师资队伍建设规划、校园建设规划、网络信息建设规划、"四重"建设规划、"创新强校工程"建设规划、教育信息化建设发展规划、"强师工程"规划、"教学质量与教学改革工程（质量工程）"建设规划、科研规划、课程建设规划和教材建设规划等，完善了行政管理、党工团管理、教学管理、人事管理、学生管理、后勤保障、教辅管理、继续教育等系列管理制度。同时，逐步建立起资源共享与联动机制，将评建工作日常化，使学校管理工作有法可依、有规可循，为"依法治校"提供了制度保障。

（三）专业建设重点打造

学校围绕办学发展定位，对经管类的专业进行重点打造。对国际贸易、会计学、财务管理、市场营销、工商管理等专业采用重点建设与分类指导的方式，提升了重点专业建设的水平。市场营销和会计专业自 2014 年被确定为广东高职教育重点建设专业以来，积极探索人才培养模式，通过构建校企合作平台强化实践育人，着力于教学团队建设，深化教学改革，极力打造专业特色，统筹协调各方资源，有效促进专业建设成效，最终达到了专业建设的要求，顺利通过了 2018 年广东省高等职业教育重点专业建设项目验收，现已列为广东省高等职业教育重点专业。目前，学校拥有省级重点专业 2 个、校级重点专业 3 个、校级重点专业建设项目 2 个，物流管理本科专业被批准为省级综合改革试点专业，为学院建设高水平应用型大学提供强有力的支撑。

（四）办学特色逐渐形成

经过评建，不断明确学校办学目标，凝练办学特色，利用办学优势，做强经济管理学科专业。目前，学校已获得广东省特色重点学科建设项目两个，即国际贸易学和物流管理，与校级重点学科会计学三足鼎立，初步形成以经济管理学科为龙头的学科体系格局。为重点扶持经济管理学科专业建设，学校建立了广东省经济管理名专家展馆。同时，产教融合更加密切，服务行业企业的发展战略模式更加明显。学校根据"在广州建设世界一流物流中心"

的发展战略,在国内率先创办了冷链物流管理专业,在本科物流管理专业人才培养方案中嵌入冷链类课程;为协助广州狮岭中国皮革皮具制造中心发展,创办了皮具艺术设计专科专业,在本科视觉艺术传达专业人才的培养方案中嵌入了皮具设计的课程;为配合佛山三水食品饮料产业发展,创办了食品质量与安全专业;针对广东省中小企业众多、企业用工行为不规范、劳资纠纷较多的现实,创办了劳动关系专业(广东省民办高校第一家),把为区域经济发展培养应用型技能型人才的目标落到实处。

(五)"以生为本"落到实处

学校坚持以生为本,把学生的教育教学质量放在人才培养的核心地位,全面修订本科人才培养方案,完善了《广州工商学院应用型本科专业人才培养方案制定与优化的指导意见》。不断深化教学改革,从技术技能角度建构"平台+模块"课程体系;彰显地方特色,从服务区域经济出发强化实验实训操作;加强通识教育,促进通识教育与专业教育相融合;坚持课内课外相结合,已举办的150多期周末讲座,极大地拓展了学生的学术视野,增加了学生知识的广度与深度。同时,陆续出台激励教师潜心教学的政策,积极搭建广大教师尤其是青年教师群体教学水平提升平台,举办青年教师课堂教学竞赛活动,开设教师教学专场培训班。构建质量保障机制,加强院系两级教学督导,建立学生每学期评教制度,发挥好"督"和"导"的作用。各级领导带头深入课堂听课,坚持常规教学检查、定期听取学生反馈意见,营造优良的教风、学风和校风,一切工作都将学生的成长成才作为出发点和落脚点。我院本科生在国家、省、市级学科专业技能比赛中取得优异成绩。据不完全统计,我院累计获得大学生创新创业计划训练项目182项,其中国家级10项、省级40项;在全国、省、市级各类学科专业技能比赛中,获得奖项96项,其中全国性一等奖(含金奖)6项、二等奖15项、三等奖12项,省级一等奖(含金奖)6项、二等奖20项、三等奖36项;学生公开发表论文100篇;首届本科毕业生中有38人参加研究生入学考试,11人超过国家最低录取分数线,最终5人考上研究生,其中1人考取"双一流"学科。学生素质显著提高,在社会上产生强烈反响。

三、评建工作的启示

回顾学士学位评建工作历程,从中得到若干启示。

(一)评估评建是学院践行使命的必然

高等院校最重要的特征指标是人才培养的效果和教育教学的质量。政府对本科教学工作的系列评估已形成质量监控的长效机制。事实上,只要想办好大学,都要重视教学质量,都会实施质量的评估监控。围绕学校创建高水平应用型大学的目标,如何确立新的历史坐标和新的历史起点,在学校"十三五"规划中提出的人才培养发展战略、学科专业发展战略、教师队伍发展战略、基础设施发展战略、特色校园文化发展战略,正是通过学士学位评估评建得以实施。每一次的评估评建任务,都是学校回应时代要求、践行历史使命的必然,都事关学校的事业发展。为此,学校董事会和行政领导高度重视,始终将评估评建摆上重要位置。董事会常务会议和院长办公会经常研究评建中的硬件投入与软件建设,规划学院发展的方向及策略,合理配置资源,夯实基础建设。学校主要领导永远站在评建工作的最前方,精心策划、全面部署,带领成员增强责任意识。各层领导干部深度参与各个工作环节,齐心协力投身评估评建,有力地保证了最终目标的实现。

(二) 评估评建是学院凝心聚力的平台

评估的目的是引导学校依法自主办学,建立自律机制,强化自我改进,提高办学水平和教育质量。我校作为一所新升格的本科院校,发展的内驱力在于学校自身,借助评估这个外在因素能否起到促进作用,最终取决于学校全体教职员工的努力与主观能动作用发挥的程度。以评估评建为平台,在学校领导的正确带领下,全校师生凝心聚力,共同为学校事业发展努力奋斗。在评估评建中,每个部门、每个人都有自己的责任、义务。评估办作为学校的职能部门,以高度的使命感攻坚克难,履行职责,成立评建机构,根据指标内涵制订任务清单,将任务分解落实到位,有计划地实行督查与指导。承担指标建设任务的各主办单位和三个首批本科专业系,以高度的责任心组织全员参与,对薄弱环节加强建设,有针对性地进行整改,不仅优化了办学条件和办学设备,还建立起了教学质量保障体系,使硬件和软件都有了较大改善。全校上下齐心协力,最终使学校成为学士学位授权单位。

(三) 评估评建是学校工作的"新常态"

十九大报告提出要实现高等教育内涵式发展,要求高等学校改善办学条件,规范教学管理,完善质量监控,培育德智体美全面发展、具有社会责任感和创新能力的高素质人才。评估的切入点是教学工作,考核的是院校的整体工作。专家组通过深入访谈、现场听课、查阅材料、考察座谈等形式,对学校工作得出全面的评估结论。从这个意义上讲,评估评建已成为学校工作的一种"新常态"。我们要主动适应评估要求,让每一位师生员工认识到评估对学校生存和发展的重要意义,牢固树立"以质立校、以生为本"的理念,自觉将评估要求融入本职工作,做到日常工作评建化、评建工作日常化,注重细节,精益求精,扎实推进学校各项工作顺利开展。

四、评估评建任重道远,需继续前行

虽然学士学位授权评审已经结束,但在评建的道路上我们依然任重道远。学士学位授权评审专家组留下的宝贵意见与建议,让我们深刻认识到自身的某些不足。学院院长邝邦洪教授在广州工商学院学士学位授予审核实地评审专家意见反馈会上也强调,学士学位授予单位评审是我校发展的新起点和新跨越。学校要以评审为契机,对此进行专题研究,认真消化吸收,制定整改措施,努力加强薄弱环节建设,尽快解决存在的主要问题,从而进一步加强本科教学工作,全面提高教学质量。

面对新时代、新要求、新挑战,学校评建工作仍需继续前行,在未来征途上,学校仍须坚持走内涵式发展的道路,朝着创建高水平应用型大学的目标,继续扬优势、补短板,挖潜力、创特色。以观念更新为先导,以师资建设为抓手,以学科建设为基础,以人才培养为核心,不断提升教育教学质量,为迎接教育部本科教学工作合格评估而砥砺前行!

民办应用型本科大学科研发展探讨
——广州工商学院科研实践剖析

孙淳　代青霞　陈小康[①]

科研工作在高水平应用型本科大学的发展中具有独特的特点，对于推动高水平应用型本科大学的发展具有重要的作用。广州工商学院在董事会的领导下，学院领导高度重视科研工作，科研处和广大教职员工勇于实践，在科研工作定位、人才引进和培养、科研管理、激励机制、基础平台建设等方面都进行了卓有成效的实践探索，取得了长足的进步，为民办应用型本科大学科研发展创出了新路。

一、科研定位

高校的科研定位是由学校的办学定位和科研工作的社会分工决定的。我院属于民办本科高校，办学定位于应用型高等学校，主要培养区域经济社会发展所需要的应用型、技术技能型人才。根据人才培养目标与科研统一的原则，我院的科研定位主要以应用基础研究和应用研究为主，面向应用、面向区域、面向实际，为区域的社会发展和经济建设服务。此外，科研要为教学服务，要加强对教育和教学规律的研究。

二、人才引进和培养

科研的关键是人才。广州工商学院"筑巢引凤、蓄水藏龙"，在人才引进和培养方面制定了一系列优惠政策，做了大量切实有效的工作，建立了一支素质较高、水平较高的教学、科研队伍，促进了学院教学和科研水平的提高。如出台了《广州工商学院博士研究生招聘管理办法》，大力引进博士研究生。引进和招聘45岁以下的博士研究生享受科研启动经费、安家费以及博士学位津贴。学院还出台了引进人才的其他管理办法。

在引进人才的同时，学校也加强在校青年教师的培养，充分发挥中老年教师的传、帮、带作用，使我院青年教师尽快成长为具有良好的师德风范、熟悉高校教学规律、具备教学科研水平与能力的合格教育者。学院从2014年起实行青年教师导师制，指导老师与指导对象签订责任书，按要求完成指导任务。通过导师指导，指导对象晋升副高级及以上职称的，学院给予指导教师5 000元的奖励金，给予指导对象20 000元的奖励金，指导对象还从获证后次月开始每人每月享受200元的津贴。

截至2020年4月，广州工商学院共有专任教师1 217人，其中具有高级职称的308人，具有研究生学位的教师859人，初步建立了一支有一定教科研能力的研究队伍，为科研工作

[①] 作者简介：孙淳，科研处科长，副研究员。
　　　　　代青霞，科研干事。
　　　　　陈小康，科研处处长，教授，硕士研究生导师。

奠定了基础。

三、科研管理机制

近年来，围绕建设应用型本科院校的目标，学校积极开展力所能及的科技创新工作。在科研管理方面，学院出台了有关的科研管理办法，规范了科研管理。在提高教职工的科研积极性方面，出台了力度较大的科研奖励办法，每年投入 200 多万元用于科研奖励。如在北大中文核心期刊发表学术论文，每篇奖励 5 000 元；被 SCI 等收录，每篇奖励 30 000 元；如果获得省级科研课题立项，学院提供配套资金的 70%，课题完成后奖励 20 000 元等。通过规范管理、加大奖励等措施，调动了广大科研人员的科研积极性，使学校在学术论文发表的数量和质量、专利申报和获取数、科研成果获奖和转化、各级别科研项目的获得等方面，都有了较明显的数量增加和质量提高，效果显著。

四、重点学科建设

学科建设是高校的重要工作，对提高教学、科研水平有重要作用。广州工商学院以经济、管理类专业为主，现有本科专业 16 个，涵盖了管理学、工学、经济学、文学、艺术学 5 个学科门类，包括 10 个一级学科、14 个二级学科。

为进一步加强我院重点学科的建设，推进办学水平、特色和内涵发展，学院先后制定了《广州工商学院校级重点学科建设管理办法》《广州工商学院校级重点学科建设经费使用管理办法》等管理文件，与有关学科签订了《广州工商学院校级重点学科建设任务书》，形成了院、系、学科三级管理模式，使学科管理工作逐步规范。会计系的会计学于 2015 年获批为首轮校级重点学科；经济贸易系的国际贸易学和物流系的物流管理于 2016 年获批为省级重点学科；国际贸易学、物流管理与工商管理系的工商管理、电子信息工程系的电子科学与技术于 2018 年获批为第二轮校级重点学科。学校每年投入 100 多万元用于重点学科建设。

五、基础建设

学院非常重视科研条件建设，自升本以来，每年投入千万元以上用于实验室建设，为科研工作的开展打基础。如 2018 年投入 1 000 多万元建起了会计系的新商科实验室，电子信息工程系和计算机科学与工程系等也与企业共建实验室，为教学和科研提供了实验条件。

此外，学院每年还投入几百万元用于图书资料的购买，为科研人员服务。

六、取得的成绩

通过实践探索，广州工商学院的科研工作有了长足的进步，取得了一些成绩。

（一）科研立项

升本前，我院未获得过省级科研项目，获得市厅级项目的数量也极少；升本后，我院共获得纵向科研项目立项 311 项，其中省级项目 25 项、市厅级项目 82 项、校级项目 204 项，如表 1 所示。尤其是在学院实施"十三五"科研发展规划以来，已有多项科研项目获得财政资助，在哲学社会科学研究方面实现重大突破。

2016—2019 年，我院共获得资助类科研项目 5 项，包括广东省教育科学"十三五"规划2016年度研究项目（德育专项）1项、广东省教育科学"十三五"规划2017年度研究项目（德育专项）1项、广东省哲学社会科学"十三五"规划2017年度项目"外语学科专项"重点课题1项、广州市哲学社科"十三五"规划2017年度"马克思主义理论与实践"专项课题1项、广东省教育科学"十三五"规划改革开放40周年党建工作研究项目1项。

表1 升本前后科研立项数量对比（截至2019年9月）

项目类别	升本前		升本后					
	2012年	2013年	2014年	2015年	2016年	2017年	2018年	2019年
省级项目/项			4	1	7	8	1	4
市厅级项目/项	1	3	1	9	13	15	15	29
校级项目/项	50	23	19	44	31	30	40	40

（二）科研成果

科研统计是高校科研管理的基础性工作，科研统计数据是掌握学校科研现状、制定科研决策及科研规划的数据基础，充分利用科研统计数据能更有效地实现科研管理工作科学化。广州工商学院升本以来，科研成果数量显著提高。

2014以来，广州工商学院科研成果呈稳定上升趋势，如表2所示。全院教职工公开发表科研论文共3 432篇，其中SCI论文7篇，EI论文9篇，CPCI论文28篇，CSSCI论文9篇，北大中文核心期刊论文110篇，普刊论文3 269篇；出版教材106本，著作27本；获得作品著作权28项、软件著作权17项；获得实用新型专利43项、外观设计专利124项；获得各级各类奖项52项，其中市厅级奖项29项、行业协会奖项23项。

表2 2014—2018年科研成果统计

年份	公开发表论文/篇						出版书籍/本		获得著作权/项		获得专利/项	
	SCI	EI	CPCI	CSSCI	北大核心	合计	教材（含参编）	著作	作品著作权	软件著作权	实用新型	外观设计
2014					3	3	20		2			
2015			1		9	10	23	10	10			
2016	1	1	5	1	20	28	19	3			21	45
2017	1	2	10	1	24	38	21	2		3	20	54
2018	5	6	13	6	54	84	23	12	16	14	2	25
合计	7	9	28	9	110	163	106	27	28	17	43	124

七、存在的问题和解决方案

（一）存在的问题

1. 科研团队建设不足，学科研究方向不清

一支结构合理、分工明确且富有团队精神的科研团队，是学科可持续发展的关键。目前，我院科研团队建设尚处于起步阶段，整体实力较弱，在职称结构、学历结构、知识结构等方面还有待优化与提升。一方面，科研人员的团队意识与合作意识欠缺，成员流动性大，学科研究方向相对分散且与教学、人才培养缺乏关联度，单兵作战现象明显，学科方向亮点

不足；另一方面，学科梯队结构存在诸多问题，高素质、高水平学科带头人和青年博士缺乏，造成科技创新缺乏后继人才。

2. 项目研究基础薄弱，科研基础条件欠缺

科研项目研究的侧重点在于对不同学科领域的前沿问题或社会现实问题的探索，申报者或课题组如果未开展过相关的研究或研究基础较薄弱，就缺乏竞争力，前期的研究基础反映了项目申报者是否有能力完成课题研究。许多研究领域都需要特定的实验条件作为支撑，尤其是自然科学领域的科技项目。如果申报者所在的实验室缺乏必要的研究条件，即使在该领域有不错的研究积累，项目也难以获得立项。

（二）解决方案

1. 抓好人才建设，形成科研团队

科学研究不能单枪匹马进行，组建团队是关键，而学科带头人有着非常重要的作用。民办应用型本科大学要坚持引进与培养相结合，大力引进高职称、高学历、高水平的学科带头人，创造条件留住人才，发挥他们在科研工作中的传、帮、带作用；采取资助扶持方式培养副教授、博士和硕士等中青年科研骨干，促使年轻教职工尽快成长成才。

高级职称教师要牵头组织年轻教职工申报高层次的研究课题，通过开展课题研究，培养科研创新团队。经过全校师生员工的努力，逐步形成结构合理、整体稳定、有较高水平、能够承接高层次课题的科研团队。

2. 加大科研投入，改善科研条件

科研条件是取得科研成果的关键环节。民办应用型本科大学应抓好硬件建设和科研服务，为科研工作提供有力保障。首先，学校每年投入一定的经费用于实验实训室等科研基础设施的建设，改善科研工作的条件；其次，图书馆要开展文献检索、项目查新等服务，解决教师在科研工作中查找资料难的问题；最后，学校要进一步完善校园网建设，以满足教职员工获取信息的需要。

3. 夯实科研基础，打造创新平台

民办应用型本科大学要按照本校"创新强校工程"建设规划，遵循公开、公平、公正的原则，采取校内竞争的方式产生年度建设项目并报上级教育行政部门，纳入建设项目库，认定校级重点平台。省级重点平台从已认定的校级重点平台中遴选，而国家级重点平台则从已认定的省级重点平台或现有的省部级科研平台中遴选。应用型本科大学要重点建设具有优势和鲜明特色的科技创新平台和人文社科创新平台，最终建立起具有国内领先水平、在若干领域达到国际先进水平的高校创新平台体系，提高学校科研创新能力和解决经济社会发展重大问题的能力。

4. 加强科研管理，完善制度建设

以计划管理为核心，对全校科研工作有一个明确的认识和定位，明确科研工作思想和发展战略目标；针对学校具体情况，制订符合实际的科研计划，发挥优势，弥补不足，培育本校学科专业的生长点；制订与学校发展相适应的科研评价机制、激励机制，适当提高科研在考核中的比例，创新激励机制，变压力为动力，推动科研工作前进。通过出台关于科研工作管理的一系列文件，完善科研项目、科研经费、科研成果的转让奖励、推广、学术交流、学术道德规范等管理制度，建立健全科研管理制度体系，充分发挥好制度的引领作用。

5. 加强科研宣传，注重学术交流

科研成果是教师科研活动的最终体现形式。应用型本科大学应着力做好教师科研成果的宣传和奖励工作，促进教师多出成果，出好成果，提高学校科研竞争力。同时，开展多种形式的学术活动，如举办学术报告会和科研讲座、参加学术会议等，引进前沿的、高层次的科研知识，在学术界争取更大的空间和更高的地位，扩大学院在学术界的影响。

参考文献

［1］魏爱丽. 山西新建本科高校科研影响因素及对策研究［J］. 太原师范学院学报（社会科学版），2012，11（6）：109-110.

［2］孙淳，陈小康，代青霞. 民办高校转型发展下的科技创新服务研究［J］. 浙江树人大学学报（人文社会科学），2018，18（2）：10-13.

［3］魏国韩. 提高科研项目申报质量的对策［J］. 江苏科技信息，2011（1）：29-30+37.

［4］夏红梅. 江苏民办本科院校转型策略分析——以 S 学院为例［J］. 教育教学论坛，2017（1）：17-18.

［5］付珊珊. 高校科研管理廉政风险防控实证研究——以云南开放大学科研管理为例［J］. 云南开放大学学报，2018，20（2）：25-29.

发挥政治核心作用凝心聚力立德树人
——以广州工商学院为例

钟伟强[①]

学院升本以来，学院党委按照学院董事会提出的创建高水平应用型本科院校的目标，牢记使命、认真履职，结合民办高校的特点，积极探索和做好民办高校党的领导和党的建设，充分发挥党组织的政治核心和战斗堡垒作用，主动抓好管党治党、把方向、抓政治、管安全、保落实各项工作，不断探索加强党的自身建设、提高党建工作水平的有效途径，逐步形成了广州工商学院"六抓好一强化"的党建工作特色，即抓好组织建设、抓好条件保障、抓好党员教育和活动、抓好思政工作、抓好责任落实、抓好群团工作，强化党的自身建设，全力推动学校党建和思想政治工作落地落实，维护健康向上的校园环境，促进了学校的持续健康稳定发展，为培养德智体美劳全面发展的社会主义建设者和接班人提供了坚强保证。

一、加强民办高校党的自身建设

充分发挥学校各级党组织的战斗堡垒作用和全体党员的先锋模范作用，做到校园处处党旗红，是保证教书育人、办学治校的政治引领和正确方向的根本。

（一）抓好组织建设。

建立学校党委参与学校的决策和监督制度。升本以来，学校党委书记一直作为董事会董事和院长办公会成员参与学校日常管理，参加董事会和院长办公会等，参与讨论学校发展规划、重要改革、人事安排等重大事项的决策，把好方向。学院党政领导一岗双职、交叉任职，院长兼任党委副书记，党委书记兼任副院长，副院长任党委委员。健全学校党委工作部门，目前设有纪委、党办、组织部、宣传部、统战部、学工部等，部门齐备，党务工作力量充实，能够确保党建和思想政治工作事事有人抓、有人管、能落实。

党的基层组织是确保党的路线方针政策和决策部署贯彻落实的基础。学校党委狠抓基层组织建设，建立完备的学校党委、院系党总支、教工、学生党支部三级组织架构，认真落实《广东省党的基层组织建设三年行动计划（2018—2020年）》，以提升组织力为重点，通过创建"三型"基层党组织，狠抓基层党组织的规范化锻造，整顿软弱涣散的基层党组织；制定并下发了《广州工商学院二级院系院党政联席会议议事规则》，党委专门下文进一步明确和压实基层党组织书记的党建主体责任，实行交叉任职，将党建工作与业务工作统筹推动；推进"一支部一品牌"建设，作为推进基层党建工作规范化的抓手，推进基层党建示范创建和质量创优；出台了《关于规范预备党员入党宣誓仪式有关事宜》《关于考试期间在全院开展"亮身份、做表率"党员佩戴党徽活动》等新的规定；坚持开展线上线下和校系

[①]作者简介：钟伟强，董事会监事长。

（院）两级党校教育方式方法，进一步发挥党校在师生入党教育中的阵地和熔炉作用。

党委通过建阵地、抓载体、树典型的工作方法，着力夯实基层党建工作基础。本着规范、节俭、实用的总要求，按照有场地、有标识、有设施、有制度、有资料、有栏目的"六有"标准，对党员活动室进行了修建与验收。党员活动室建设中，各基层党组织融入了党旗、党徽、入党誓词等党建元素，配齐了桌、椅、橱柜等必要设施，健全了制度台账，夯实了党建工作规范化建设基础。明确了"三会一课"、党费收缴、民主生活会等相关党建工作制度，营造出了浓厚的党建教育氛围。坚持学校党委委员联系基层组织制度和定期开展线上线下党务干部专题培训活动。认真抓好基层党组织的按时换届工作，按照选优配强的要求选好党组织负责人。建立考评机制，引领基层党建工作规范化。开展了基层党组织负责人党建工作述职评议，建设党建年度考评体系。党委注意加强教师党支部建设，制定出台了《关于加强新形势下教师党支部建设的实施意见》，充分发挥教师党员教书育人的主体作用。我院会计系教工党支部开展了微党课比赛，并被党委推选参加全省比赛，荣获民办高校第四届微党课比赛第一名。

（二）抓好条件保障

学校董事会和行政领导十分重视党建工作，把党建工作列入学校整体发展规划，在人、财、物等方面给予大力支持。例如，提供固定的党建活动场所，配备必要的办公设施，目前已提供党建活动场所8处、党委机构办公用房12间；对基层党组织党员活动室的建设也给予了大力支持。除上级下拨党建经费、党员党费上缴返回外，每年还专门设立党建专项经费，超过上级下拨党建经费和党费上缴返回的总和，经费实行专户管理，由学校党委书记审批使用，确保专款专用，满足党建活动需要。此外，还落实了学院各级有兼职的党务干部岗位津贴制度，并且于2018年提升了津贴标准。

（三）抓好党员教育和活动

综合采用集中宣讲、专题辅导、党日活动、课堂内外、网络新媒体等形式，加强对党的十九大精神、全国教育大会等重要精神及粤港澳大湾区建设规划的学习、宣传、贯彻。以学校"书记项目"带动基层党建工作科学发展、创新发展，有力推动我院"两学一做"教育常态化、制度化。每年实施党务干部线上线下专题培训，提高党务干部业务能力和党性修养。采用党校线上学习培训和线下主题教育相结合的形式，加强对入党对象的培养。

组织开展"七一"表彰，把先进标尺立起来，把先锋形象树起来，充分发挥基层党组织的战斗堡垒作用和党员在教书育人各个领域、生活服务各个岗位的先锋模范作用。学院各基层党组织主动配合学院和基层本单位各个时期的中心工作，积极发挥保驾护航的作用。在学院升本、学士学位评定、创新强校、本科合格评估建设、创建高水平应用型大学等提升办学治校水平的重大活动中，到处都能看到党员的身影，他们积极活跃在各个重要岗位上，或坚守在平凡岗位上发挥作用，勤奋工作，乐于奉献。每年的优秀员工、"我最喜爱的教师"、民办教育优秀教师等先进评选都有许多党员获选。

实施"校园党旗飘扬"计划，丰富党员活动，占领校园思想文化阵地。每年，党委、各党总支部和基层支部经常在校园内外组织开展各种党员活动，让党旗飘起来、党员站出来、阵地亮起来、作用强起来。例如，举办庆祝改革开放40周年之工商学子讲工商好故事活动、走访红色基地活动、喜迎十九大师生音乐会、砥砺奋进的五年图片展、红歌合唱比赛等；建立了学校一站式服务中心和基层党组织二级党员服务岗，长期为师生和学校重大活动开展服务；倡导并组织入党积极分子和发展对象参与校内外各种公益活动；坚持组织党员师生暑期"三下乡"社会实践活动，多次荣获表彰。

二、强化"思想政治工作"这个看家本领

实施民办高校思想政治工作质量提升工程，是培养大学生正确的政治信仰、坚定的理想信念、社会主义核心价值观，引导大学生健康成长成才的关键。

学校建立起由党委书记领导，党的各级组织、学生管理、团委、思政部、安全综治、教学和网络管理系统、工会、关工委等共同参与的学校"大思政"工作格局，把思想政治工作贯穿学校工作各方面、教书育人全过程以及"创新强校"各领域。

积极构建"思政课程"和"课程思政"的以课堂为主战场的思想政治教育和教书育人工作格局，落实全国教育大会和新时代本科教学工作会议精神。以思想政治理论课教学方法改革为突破口，打造"一主线、三层次、四模块"的思想政治教育特色，即以应用型人才素质与能力培养为主线，培养学生基本能力、综合能力和创新能力三个层次的能力，搭建课堂实践、校园实践、生活实践、社会实践四个模块。以增强学生对思政课的获得感为目标，以示范课建设为手段，以精品课程建设为引领，提升思政课教学水平，努力在把教材体系转化为教学体系，学生认知体系、再转化为学生信仰体系，在行为准则上下功夫。积极推进"三全育人"格局，制定并实施了《广州工商学院推进"课程思政"实施方案》，实现思想政治教育覆盖各课程，提高了专业课教育与思政课教育同向同行，强化各科教师教书育人责任，促进思想政治教育与专业教育有机结合。学院《德育研究中心全面推动德育理念与实践创新研究》荣获"十三五"规划课题"培育学生核心素养研究与实验"优秀成果一等奖，论文入选广东省委宣传部、深圳市委举办的广东省庆祝改革开放40周年理论研讨会；《立德树人的三棱镜》于2018年9月10日被省教育厅评选为全省高校师德征文活动二等奖。

以"德学""五进"（"德学"即以德为行、以学为上，"五进"即进课室、进图书馆、进实验实训室、进体育场馆、进社会）活动为抓手，强化大学生社会主义核心价值观，构建实践育人立体化体系，将立德树人根本任务落到人才培养实处。2017年，学校"践行'五进'立德树人"项目获广东高校校园文化建设优秀成果一等奖；"基于'五进'的应用型高校德学教育体系构建"获得2018年广东省教育教学改革立项，并获清华大学教育研究院评审的优秀成果一等奖。

重视网络思政"易班"建设。建立了易班中心和学生运营团队，依托易班学生工作站，每年开展线上线下主题活动，组织对《粤港澳大湾区发展规划》的学习等，充分发挥其网络思想政治工作新平台的作用。打造集思想教育、教育教学、生活服务、文化娱乐于一体的综合性学生网络互动社区，建设健康向上的青年学生的网上精神家园，创造风清气正的网络环境。

我院几十篇新闻登上教育部易班图文头条，获教育部易班总部肯定并在全国有关会议上介绍经验；荣获广东优秀易班线上活动案例三等奖、广东优秀易班网文三等奖、广东高校优秀基层党组织书记工作案例三等奖以及广东"十佳易班工作站站长"称号。

重视新媒体的管理与建设，成立了学院新媒体联盟，制定并颁布了新媒体工作章程和有关管理规定，坚持每年开展新媒体工作评比。

三、确保校园政治安全和意识形态安全

以高度的政治自觉和使命担当的责任意识,履职尽责、积极作为、真抓实干、发挥作用,确保校园政治安全和意识形态安全,杜绝各项安全责任事故,是维护和谐稳定、平安有序的教育教学环境的重要保障。

(一)抓好责任落实

学院党委真抓实干,发挥政治核心作用,旗帜鲜明地讲政治、把方向。

党委书记一直作为学校董事会和领导班子成员,参加董事会常务会议、院长办公会和院务会,及时传达党的文件、会议、工作通知精神,及时将党的方针路线政策和决策部署在学校领导层宣传贯彻、落地落实,提高董事会和党政领导的政治意识,自觉心系大局,统一思想,统一认识,统一行动,把"立德树人"的根本任务落实到位。

党委牢牢掌握意识形态工作领导权,旗帜鲜明地坚持党管意识形态,参与学校重大问题和重大事项的决策。在学校建立起政治安全和意识形态安全管理机制,学院党委与校内单位层层签订《意识形态工作六项责任制责任书》,明确职责,落实责任,要求守土有责、守土负责、守土尽责,建立校园意识形态安全管理机制,结合学院实际修订施行"五项制度",管控好"七个防范重点",做到事前有审核、事中有把控、事后有记录备案。每学期定期主持召开校园意识形态和政治安全情况分析研判专题会议,宣传部、教务处、学生处、图书馆、保卫处等11个职能部门的负责人到会,对两个校区的情况分别按各自分管的领域进行情况报告,讨论研究如何防范隐患、采取有效措施、确保校园不发生意识形态和政治安全事件。

坚持底线思维,强化意识形态管理权,牢牢守住校园意识形态各种阵地。旗帜鲜明地坚持党管宣传、党管媒体,严格校报、墙报、校园广播、标语、网络、新媒体等各类思想文化阵地管理,坚持开展新媒体评比制度;出台相关规定,严格规划管理日常课堂、教材、论坛、涉外交流、学生社团活动等,坚决杜绝错误思想的传播;坚持举办"学术视野"等健康向上的校园文化活动,营造积极向上的校园思想文化氛围。重视新媒体的管理与建设,重整了学院官方微信公众号,成立了学院新媒体联盟,并制定了相关的管理制度,规范网络等新媒体监管。

高度重视校园安全工作,建立健全横向到边、纵向到底的安全工作管理机制,形成了"六个坚持"和"八个强化"的校园内保安全管理措施和特色,积极开展平安校园和安全文明校园创建工作。层层签订《安全综治目标责任书》,形成日常检查、隐患整治和年终总结讲评制度。健全和完善安全规章制度和各类应急预案,加强对学校和周边安全环境的研判及预警,确保校园安全稳定,已多年未发生重大安全责任事故,多年被评为"广州市校园内保安全先进单位",2012—2017年两次被省教育厅、省综治办、省公安厅评为广东高校"平安校园"创建达标学校。

(二)抓好群团工作

坚持党对群团组织的领导和指导,形成了党委统一领导、党政齐抓共管、群团履职尽责、凝心聚力建校的群团工作格局。落实党建带团建,坚持每个学期召开党建带团建专题工作会,坚持团委定期向党委汇报工作和交流工作制度,书记经常到团委指导工作和参加活

动,使团委发挥好党的助手作用和联系学生的桥梁作用,学院团委获"广东省五四红旗团委"称号。团中央授予我校"第二课堂体验中心"称号;规范学生社团建设,党委领导经常指导并参加学生社团第二课堂活动,我院学生会荣获2017—2018年度广东省优秀学生会。每学期由党委主持召开统战工作座谈会,学习交流党中央有关统战工作的要求,广泛听取意见,及时疏导和解决各类问题;指导工会独立开展工作,发挥民主管理、维护教职工权益和关怀沟通的桥梁作用,支持教职工文体健康活动有序开展;做好关工委工作,发挥老党员干部关心辅导学生的作用,维护好团结和谐的干群关系和互信互爱的师生关系,减少不稳定因素,推进和谐校园建设。

四、强化党的自身建设

坚持全面从严治党,全面推进党的政治、思想、组织、作风、纪律和制度建设,把党的建设贯穿办学治校全过程,发挥和担负好直接教育党员、管理党员和组织群众、宣传群众、凝聚群众、服务群众的职责是教书育人、办学治校的阵地坚守和事业发展的政治保证。

学院党委坚决贯彻落实新时代党的建设总要求和中央、省委、省教育工委关于加强民办学校党的建设工作的有关文件精神和要求,自觉加强党的自身建设,不断增强自我净化、自我完善、自我革新、自我提高能力,不断提升各级党组织的组织力、领导力和战斗力,落实政治责任,强化使命担当,把各级党组织锻造得更加坚强有力,主动抓好管党治党、把方向、抓政治、管安全、保落实各项工作,不断提高党建工作水平,全力推动学校党建和思想政治工作落地落实,维护健康向上的校园环境,促进学校的持续健康稳定发展。

学院党委坚持把党的政治建设放在首位,建立了"第一议题"学习制度,坚持开展党委中心组学习制度,坚持定期开展党建例会,严肃规范开展基层党组织"三会一课"等组织生活制度,加强各级领导班子和党员的政治建设,及时传达、学习、贯彻党的文件、会议要求,牢牢树立"四个意识",坚定"四个自信",做到"两个坚决维护",确保党的路线方针政策和决策部署在学校落地落实。每年召开学校和基层党组织两级领导班子的民主生活会,开展党员组织生活会,加强党性修养,营造风清气正的良好政治环境,长久发挥表率先锋的正能量。

"师者,人之模范也。"为师亦为范,学高为师,德高为范。学院党委注意加强教师党员的教育和管理,开展教师党支部书记"双带头人"的培育,开展教工微党课比赛,创新教工党员的组织生活形式和内容,每年组织开展基层党建工作督导和基层党组织负责人述职评议考核。坚持开展党风廉政建设,在全院开展"亮身份、做表率"党员佩戴党徽活动,抓好纪律教育月活动,制定教育活动方案,深化党章党规学习,开展廉政警示教育。组织党风廉政教育辅导讲座,组织师生党员观看反腐警示教育片并组织座谈讨论,组织师生到廉政教育基地参观学习,强化师生党员守纪律讲规矩意识。在师德师风建设方面,一是建章立制,下发并在每年的师德主题教育月中组织学习《高等学校教师职业道德规范》,制定了《广州工商学院关于建立健全师德建设长效机制的实施办法》,同时将师德师风要求落实到教师管理的各项制度之中,全面贯彻落实师德表现"一票否决制";二是每年开展师德师风建设月活动,组织校内征文比赛,教师参加省教育厅组织的师德主题征文活动并且获奖,近四年累计获得一等奖1项、二等奖2项、三等奖8项;三是组织评选了一批师德优秀的教师,起到先进带动作用。

以保证基层党建工作有效开展为着力点，从活动阵地和经费等方面提供支持和保障，学院党委实行党费返回、项目拨款等多元化投入，推动党建工作重心下移、资源下沉，切实做到基层党组织有人干事、有钱办事、能够成事，为服务师生群众、服务中心工作、团结带领师生做好教书育人和立德树人各项工作。以提高基层党建工作水平为目标，逐步推进党建工作的标准化、规范化、信息化和品牌化建设，建立健全党内各项规章制度，规范党内组织生活的形式和程序。网络上"学习强国"的学习覆盖到各个支部和党员，促进党建工作的信息化，智慧党建工作正在酝酿中。开展创建"一支部一品牌"活动，形成一批叫得响、过得硬、推得开的品牌支部和品牌活动，推动基层党建工作基础更扎实、品牌更突出、作用更显著。

广州工商学院党委全面把握新时代党的建设总要求，不断把基层党组织锻造得更加坚强有力，更好地发挥了政治核心作用，全力推动了党建和思想政治工作落地落实，通过多年的实践、努力和总结，逐步形成了"六抓好一强化"的党建工作特色和做法，对推动民办高校党建工作的质量不断提高和水平不断提升发挥了作用，为今后民办高校全面加强党的领导和自身建设、落实好立德树人的根本任务、开创民办高校党建工作新局面提供了经验。

高校共青团"立德树人"的探究与实践——以在"德学、五进"指导下的广州工商学院团委工作为例

洪卫烈[①]

立德树人是学校教育的根本任务,并且作为中心环节贯穿整个教育工作,也成为各个学校落实教育任务必须做好设计的育人系统工程。各高校围绕着这一根本任务,从学校的第一课堂教学、第二课堂文化活动的组织、校园文化建设以及学校的服务管理等多个维度着手,搭建自身的特色立德树人教育体系。广州工商学院自2014年由专科高等学校升格为本科高等学校以后,根据学校创办应用型本科高校和促进大学生成长成才的要求,围绕学校"以德为行、以学为上"(以下简称"德学")的育人思想,开创性地构建了"五进"(即进课室、进图书馆、进实验实训室、进体育场馆、进社会)教育实践活动平台,形成全方位的育人格局,取得了一定的成果。广州工商学院团委作为一个服务师生的行政部门,工作主要是通过学生第二课堂文化活动的组织开展,线上线下齐抓,促进学校"德学""五进"特色校园文化的建设,全面提升学生的"德学"修养,构建和完善"网上共青团"格局,做好广大青年学生的思想引领工作,真正发挥党组织得力的助手和后备军作用。团委围绕学校党政中心工作,践行学院"德学"教育思想,落实"五进"教育时间活动,完成共青团的核心工作,这不仅创新性地开展了立德树人的教育实践与探究,也极大地提升了人才培养的质量和水平,并且对其他兄弟院校共青团工作落实立德树人的中心任务、进一步推进大学生思想政治教育工作具有重要的借鉴意义。

一、围绕高校共青团工作的核心任务——大学生的思想引领,深入开展思想政治教育

在信息化的时代背景下,大学生思想引领工作需要进一步精细化、内涵化。团委凝聚了一支富有创新力的学生团干部队伍,是学校里最有朝气和活力的部门,是学校共青团落实各项工作的得力助手。广州工商学院共青团工作在大学生思想政治教育方面认真探究与实践,把践行社会主义核心价值观融入大学生的思想政治教育活动,紧紧结合学院"德学"教育思想和"五进"教育实践活动平台,创新大学生思想政治教育活动的形式与内容,建立具有特色的共青团工作体系。

(一)积极探索筹建"青年马克思主义者培养工程"校本课程,培养青年学生良好的思想政治道德素质

学校团委根据学校党委和团省委的要求,结合学校的实际情况,通过落实"灯塔工程"——广州工商学院大学生思想引领行动方案,以着力提高广大青年学生的政治理论水

[①] 作者简介:洪卫烈,团委书记。

平、思想政治素质、社会实践能力、团队协调能力为重点，主要集中对青年学生开展政治理论专题讲座、课题研究、素质拓展、技能实践学习、社会实践、高端研讨等形式多样、内容丰富的培训课程，将学校"青年马克思主义者培养工程"（简称"青马工程"）以课程化、项目化的形式固定下来，进一步加强对"青马工程"学员中榜样的选拔、表彰、宣传和推广力度，构建学校共青团思想引领工作的校本课程，引领广大青年大学生将社会主义核心价值观内化于心、外化于行。

（二）以党建带团建，紧密配合学校党委"书记项目"，构建学校"大思政"格局

广州工商学院团委依托学院党委"书记项目"，创新性地开拓"五进"教育实践活动平台，围绕构建学校"大思政"格局、坚持"党建带团建"的工作要求，开展主题鲜明的思想引领活动，引导广大青年团员牢牢坚定"四个自信"，做到"两个维护"，树立正确的"三观"，引领青年大学生将个人命运与国家命运紧密联系起来，奋力学习、掌握新知识，踏踏实实练就真本领，全面提升学生的综合素养。

二、践行学校"以德为行、以学为上"教育思想，打造"五进"教育实践活动平台，优化第二课堂活动，与第一课堂一起构建多维度育人体系，营造特色校园育人文化

（一）构建"德学""五进"特色校园文化，打造具有良好思想政治道德氛围的校园文化氛围

广州工商学院团委通过搭建"五进"教育实践活动平台，着重全面提升学生的综合素质，弘扬民族精神，传播先进文化，营造健康积极的校园文化氛围，构筑良好的校园育人环境，使学生在良好的校园文化氛围中受到熏陶，使校园文化的育人功能与学生自我塑造有机结合，辅助学校第一课堂教学，达到立德树人的目标。譬如，邀请校内外专家或教授为学生开展内容多样的学术视野系列讲座，几年来已经举办过150讲，满足了学生的求知欲望，拓宽了学生的知识领域，颇受学生青睐；以广州工商学院科技文化艺术节为载体，开展"五进"教育实践活动，提高学生的艺术素养和审美情操，树立学生的创新意识、竞争意识、服务意识与感恩意识。

（二）依托各类学生社团组织开展校园文化活动，这也是学校培养应用型人才和促进特色校园文化建设的需要

大学生社团是学生自发成立的经过学校团委批准的非营利性大学生组织。是高校学生参与度最高的学生组织，社团成员大多有相同的爱好或者特长，平时在学校团委的指导下开展社团自身的特色活动，具有较强的活力。充分发挥社团的作用，调动社团积极性，深入开展校园文化活动，营造积极向上的校园文化氛围，有利于校园的和谐稳定。在广州工商学院团委下设学生会社团联合会，并且由学校团委配备专职的指导老师，遵循严格管理、积极引导、鼓励发展的原则，有效地引导学生社团开展工作和活动，真正做到"春风化雨，润物无声"。

学校团委下现有公益实践类、管理学术科技类、体育竞技类、文化艺术类学生社团共40个，会员人数18 000余人。所有学生社团均由学校团委统一指导开展工作和考核年审，有比较完善的社团管理制度。近年来，学校社团凝练出一批如社团文化节、学生社团风采展

示等优秀项目，在省市级活动中荣获表彰 30 余项。

三、为学生搭建参与社会实践的平台，强化实践育人功能

教育实践活动是实现立德树人目标的基本途径。实践出真知，实践也是育人最有效的途径。广州工商学院团委结合学校"五进"之"进社会"活动要求，挖掘社会资源，联合校外企业建立大学生社会实践活动基地，组织青年大学生进社会，开展各种社会服务、调查研究、参观访问等活动，引领青年大学生在服务社会中增强"德学"修养。

（1）积极开展大学生社会实践活动。在学校团委的统一指导下，学校各院系都组建了所属大学生实践团队，现已形成较为完善的管理运作体系。学校团委通过逐步完善和创新的公益实践，也形成了诸如定期定点义务支教活动、广州北站志愿驿站运营、"稻草人"爱心助学活动、暑期"三下乡"社会实践等品牌活动，还与河源连平、广州从化等地的经济条件相对落后的乡镇形成对接，共建大学生社会实践服务基地，开展以"科普惠农""科技下乡""乡村支教"等为主题的各项便民利民的社会实践活动，得到社会各界的广泛好评。学校累计获得社会实践省级以上表彰近 50 项，学校团委已经连续四年被广东省教育厅、广东省团委授予广东省暑期"三下乡"社会实践活动优秀组织奖。

（2）夯实志愿服务品牌，与地方政府紧密联系，服务人民，实现志愿服务项目共建共享的格局。2019 年 3 月，学校在广东省志愿系统注册志愿者的学生有 22 769 人，累计志愿时长 16 万小时；公益品牌活动"天使行动"年均回收 1 万多千克旧衣物；广州花都马拉松志愿服务每年吸引近 600 名志愿者报名，佛山市 50 千米徒步志愿服务每年有 100 多名志愿者踊跃参与；学校连续两年举办志愿服务一条街活动，还承接了花都团区委在广州北站的志愿驿站运营工作，为途中的旅客提供力所能及的帮助，在传统和非传统节假日开展各类具有特色的活动，紧密结合花都团区委的战略发展和社区建设实际，跟往来的旅客、市民共度佳节，得到了政府和社会各界的好评。志愿服务活动陶冶了青年大学生的道德情操，充分展现了学校"以德为行、以学为上"的育人思想。

四、与时俱进，适应网络信息化时代的发展，构建"网上共青团"平台

紧抓网络宣传教育阵地，逐步完善"网上共青团"体系，教育宣传工作下班不下线，利用"智慧团建""青年之声""i 志愿"微信公众号、微博等互联网平台抢占网络宣传阵地，弘扬主旋律。全校本、专科团员全部入驻"智慧团建"平台，基层团组织信息化建设大大地提升了基层共青团组织和青年团员的凝聚力和战斗力。广州工商学院团委制订了大学生新媒体素养培育计划，以学生媒体中心骨干队伍的建设与发展为抓手，以提升大学生新媒体素养为目的，主要通过新媒体机构整合、团队建设、制度保障、理论研究、专项培训辅导，为大学生提供包括图文资讯、语音视频等多种多媒体和互动平台，为学校科学实践网络思想政治教育工作构筑前沿阵地，形成"网上共青团"平台，将学校团学新媒体平台打造成全省一流的高校校园文化传播新媒体。通过创新打造亮点、提高粘合度，同时把校园文化通过新媒体平台展示出来、传播出去，让新媒体平台成为外界详细了解广州工商学院精彩校园生活的窗口。该项计划曾被团中央评为 2016 年全国学校共青团工作优秀研究成果二等奖。学校团委、学生会两个官方订阅号的影响力一直在广东省团委的高校共青团排行榜中位居前列。"网上共青团"建设已经成了广州工商学院团委工作的特色之一。

五、高校共青团工作的思考与启示

高校共青团工作要把青年的思想引领作为核心工作,就要坚持贴近学生、贴近实际、贴近时代发展的原则,努力探索新时代青年思想政治教育工作的规律,将思想政治教育做实、做深和做细,切实提升思想政治教育的时代性、针对性和实效性,科学构筑高校共青团思想教育体系,服务于"立德树人"的目标。

(1) 切实做好青年学生思想引领工作,主动在学校立德树人的工作中担负起政治责任。思想引领工作是共青团组织政治性的集中表现。要在新时代取得新成就,学校共青团只有牢牢把握"为谁培养人、培养什么样的人、怎样培养人"的根本性问题,在学校立德树人工作中发挥好思想引领的生力军作用,广泛开展"青年大学习"活动,构建思想引领工作体系,引领青年师生高举团旗跟党走。

(2) 高校共青团工作在立德树人的教育实践活动中,要找准自身的科学定位。高校共青团的主要职能有组织职能、思想政治引领职能和服务育人职能,而服务育人是共青团的最终职能。做好服务是学校共青团工作的重心,在高校共青团工作中,它是服务于学校的教学管理工作、服务于学生成长需求、助力于学校落实"立德树人"的根本任务。

(3) 高校共青团组织凝聚着一批富有创造活力的青年大学生,他们将承担未来国家与社会的建设重任。高校共青团具有巨大的人才资源,可以充分发挥人才优势,大胆探索立德树人的新路径与新机制,强化思想引领职能,真正把学生的思想政治教育和立德树人教育相互融合、相互贯穿。

(4) 打造一支富有战斗力的团学干部队伍也是一项立德树人的育人工程。合理调动学生干部主观能动性,使其参与到学校共青团工作中,是高校共青团工作得以顺利开展的重要支撑。团学干部队伍的建设,主要在于维护队伍内部的团结,通过座谈交流等形式为学生干部提供沟通的渠道,可以为团学干部解决平时工作中的误解,增进团队成员间的理解。要使学生在学而有余的情况下参与到团学工作中,则需要团学的领导者和指导老师建立完善的激励机制和进行正确的思想引导,形成良好的工作氛围。

高校共青团紧紧围绕思想引领的核心任务,将立德树人根本任务融入学校共青团工作,将成为高校共青团工作的永恒主线。高校共青团工作只有把握主旋律,精确把握立德树人的科学内涵,结合本校的实际情况,不断探究立德树人的创新实践方式,建立科学、系统的育人长效机制,才能适应国家关于人才培养的需要,才能服务于国家的发展需求。

参考文献

[1] 邝邦洪. 以德为行 以学为上:高校师生成长的基石 [M]. 广州:广东高等教育出版社,2012.

[2] 邝邦洪. 践行五进立德树人:高校师生成长的路径 [M]. 广州:广东高等教育出版社,2018.

[3] 郭凤臣,张雷."立德树人"视域下高校共青团创新工作载体策略研究 [J]. 吉林工程技术师范学院学报,2018,34 (5):8-10.

[4] 陈娟. 论新时代高校共青团的工作主线 [J]. 高校共青团研究,2018 (4). 16-20.

基于"五进"的应用型高校德学教育体系构建

黄鹏　谭全　徐达[①]

一、理念思路

围绕立德树人的根本任务，广州工商学院院长邝邦洪教授自2012年起倡导广泛开展"以德为行、以学为上"主题教育和"五进"（进课室、进图书馆、进实验实训室、进体育场馆、进社会）教育实践活动，凝心聚力推进全员、全过程、全方位育人，已逐渐建立健全立德树人系统化落实机制。

课程思政指以构建全员、全过程、全方位育人格局的形式，将各类课程与思想政治理论课同向同行，形成协同效应，把立德树人作为教育根本任务的一种综合教育理念。广州工商学院正确把握课程思政与思政课程的关系，将德学教育课作为学校思想政治教育体系的重要组成部分，面向全体本、专科学生开设，是用"以德为行、以学为上"教育思想指导大学生积极践行"五进"主题教育实践活动，促进大学生成长成才的公共必修课。德学教育课程是全面贯彻党的教育方针、落实立德树人根本任务的课程之一，是加强和巩固高校思想政治工作、实现高等教育内涵式发展的理论与实践结合的课程之一。广州工商学院坚持将思想政治教育贯穿教育教学全过程，全面推动德学教育工作进教材、进课堂、进学生头脑，提升思想政治教育工作质量。德学教育课既有思想性、理论性，也具有较强的应用性和实践性，是一门综合性的基础课程。

以德学教育课程构建为主线，构建具有广州工商学院特色的德学教育体系，切实构建"十大育人体系"，狠抓课堂、科研、实践、文化、网络、心理、管理、服务、资助、组织等方面的育人功能，将立德树人的根本任务具体落实和体现为凝练"德学""五进"特色的校园文化品牌。

二、项目设计

（一）要解决的问题

教育体系紧密联系以学生发展为中心、以学生学习为中心、以学习效果为中心的"德学"教育实际，联系大学生的实际，以"德学"理念为核心，以"五进"主题教育实践活动为主线，以培养大学生德学修养为重点，以促进大学生全面成才为目标，通过理论学习和实践体验，帮助学生培养良好的德学修养，树立正确的人生观、价值观、道德观和学习观，

[①] 作者简介：黄鹏，院长助理，学生处处长，副研究员。
　　谭全，学生处副处长。
　　徐达，学生处副处长。

进一步提高分辨是非、善恶、美丑和提升自我修养的能力，为使大学生成为德智体美劳全面发展的社会主义建设者和接班人打下坚实的思想道德和知识技能基础。

(二) 预期目标

深入学习贯彻党的十九大精神，全面落实全国、全省高校思想政治工作会议精神，根据教育部党组和省教育厅文件精神，基于"五进"系统构建应用型高校德学教育体系。基于产教融合、协同育人的模式，将"五进"融入人才培养全过程，努力实现全员、全方位、全过程育人，把思想政治工作贯穿教书育人全过程，促使学校工作和创新强校迈入新时代，不断提高思想政治工作的水平。

围绕党政工作大局，进一步完善"三全"育人系统机制和协同育人体系。以"创新强校工程""书记项目"和学工、团学精品项目为抓手，通过系统集成思维和协同育人理念，将"德学""五进"贯穿教育教学、人才培养全过程。

(三) 方法设计

1. 以特色课程为牵引

美国著名课程学者威廉 F·派纳（William F. Pinar）认为，课程是一种特别复杂的对话，课程不再是一个产品，更是一个过程，它已成为一个动词、一种行动、一种社会实践、一种个人意义及一个公众希望。德学教育课坚持育人为本、德育为先、能力为重。以立德树人为根本任务，把"德学"教育作为高校师生成长的基石，把践行"五进"作为高校师生成长的路径。坚持落实"三全"育人重要举措，从当代大学生面临和关心的实际问题出发，以正确的人生观、价值观、道德观和法治观教育为主线，通过理论学习和实际体验，帮助大学生形成崇高的理想信念，弘扬伟大的爱国主义精神，树立正确的人生观和价值观，培养德智体美劳全面发展的社会主义建设者和接班人。

凝聚全院辅导员团队，契合易班优课构建和完善德学课程建设，推动专业化、职业化建设，致力于做学生锤炼品格的引路人，做学生学习知识的引路人，做学生创新思维的引路人，做学生奉献祖国的引路人。学习和践行社会主义核心价值体系，培养良好的思想道德素质和法律素质，传承和发展中华民族优秀传统文化，更准确地分辨是非、善恶、美丑，提升自我修养，逐渐成长为德智体美劳全面发展的社会主义建设者和接班人。以"一周一课"的形式开设，以大学生"德学"教育、"五进"教育为基础，契合课程思政的建设机遇，将教育内容从入学教育、安全教育、网络教育、诚信感恩教育、人际交往教育、心理健康教育、法律常识教育、就业指导与职业规划教育、理论研究与实践教育等方面形成教育体系，同时根据班级具体情况适当调整。通过系统化的课程体系，促进"德学"教育、"五进"活动的连续性、实效性。

2. 以核心素养为本位

借鉴北京师范大学中国教育创新研究院2018年发布的《21世纪核心素养5C模型研究报告（中文版）》中的核心素养5C模型，通过开展实践活动综合关注文化理解与传承、审辩思维、创新、沟通、合作等五方面素养。

如表1所示。

表1 核心素养5C模型

一级维度	二级维度
文化理解与传承素养 (Cultural Competency)	1. 文化理解
	2. 文化认同
	3. 文化践行
审辩思维素养 (Critical Thinking)	1. 质疑批判
	2. 分析论证
	3. 综合生成
	4. 反思评估
创新素养 (Creativity)	1. 创新人格
	2. 创新思维
	3. 创新实践
沟通素养 (Communication)	1. 同理心
	2. 倾听理解
	3. 有效表达
合作素养 (Collaboration)	1. 愿景认同
	2. 责任分担
	3. 协同共赢

表2 高效优质人生智慧库六要素

要素	具体内容
健康的身心	包括身体健康、心理健康和社会适应的良好状态三个方面,是实现幸福人生的基础和前提
良好的人文修养	人文修养的核心问题是解决如何做人的问题,关键靠自身努力。它将为一个人提供持久、非功利性的前进动力,使人有一种自觉,主动把自己与祖国、人民、人类的命运融合起来
现代化思维方式	其重要特征之一是科学态度与人文精神的统一,关键是把系统思想转化并内化为自己的思维方式。它是支撑和导航器,使人具有较强和高效的分析、识别、判断能力以及把握全局的眼光
合理的知识结构	立足结构的概念,合理的知识结构意味着个人拥有的知识体系的各个组成要素是全面、协调的,能高效优质地汲取对个人有用的知识并善于应用,是一个人前进与成功的实力
合理的智能结构	智能含智力与能力。智能结构的问题实际上是潜在能力挖掘的问题。学会学习、做人、做事、生活及生存,是智能结构要解决的重点问题。它也是一个人得以前进并取得成功的实力
较好的人生悟性	是努力把事情的道理搞清楚、弄明白、融会贯通并抓住事物本质的思维过程,而且此过程常以"功夫不负苦心人"特点的豁然开朗来结束。它是跨越自我、不断提升人生境界与能力的利器

铭记"胜己者，胜天下"，倡导"胜己教育观"，包括识己、育己、律己、谋己、悦己、越己诸方面。将"人"视为一个整体，一个由若干要素组成，各要素相互关联、相互协调、相互匹配、相互制约的有机整体。按照"自组织、自适应系统"的思路，构建高效优质人生智慧库六要素模型，如表2所示。

3. 以项目驱动为手段

积极开展"五进"实践教学活动研究，培养学生的社会实践能力和创新意识。对应"五进"成立五个实践小组，包括"进课室"活动指导小组、"进图书馆"活动指导小组、"进实验实训室"活动指导小组、"进体育场馆"活动指导小组、"进社会"活动指导小组。每个小组设组长并配备一定数量的组员，有序地指导"五进"实践活动的开展。实践内容主要由五部分构成，每个项目实践都是对相关研究理论的体验与验证。开展理论联系实际的研究，打破了以往课题研究纯理论的状态，填补理论研究与实际应用之间存在的"空隙"，实现理论研究与实践验证的有机整合，彰显知行统一的重要价值。

4. 以实践效果为目的

基于"五进"系统构建应用型高校德学教育体系，一方面要让学生掌握"五进"的教育理念，熟悉"五进"教育的各个环节，进而形成综合性的实践能力；另一方面也要使学生认识与了解民办应用型高校，认识与了解社会，初步积累"五进"实践的经验与体验，从而提高学生综合运用所学理论分析问题、解决问题的能力。通过开展"五进"的实践研究，在实践中检验、升华研究的理论观点，使研究的理论成果逐步完善，从而提升培育的应用型人才质量。

三、实施路径

出台《广州工商学院思想政治工作质量提升工程实施方案》，系统性构建"德学"教育体系，进一步提升思想政治工作质量，充分发挥课堂、科研、实践、文化、网络、心理、管理、服务、资助、组织等方面的育人功能，切实构建"十大育人体系"。

（一）统筹推进课程育人

1. 组织好"第一课"工作

每学期开学初，由学校书记、校长，院系书记、主任亲自给学生上思政第一课，发挥党委在新形势下加强和改进高校思想政治工作的重要作用，增强思政课的吸引力和实效性。

2. 全面修订主要教学环节质量标准

完善课程设置管理、课程标准和教案评价制度，组织学院教学指导委员会对学院本科专业建设质量标准及评价标准、课程建设质量标准及评价标准、本科课堂主要教学环节质量标准及评价标准、实验教学质量标准及评价标准、实习教学质量标准及评价标准、毕业论文（设计）质量标准及评价标准等进行修订汇编。

3. 以"教学质量年"为契机，加强思政课程建设

通过组建课程团队、凝练教学特色、精选教学内容、丰富教学手段、完善教学资源等举措来提高课程建设水平。在教学中积极运用符合思政课教学规律和应用型大学生特点的问题式教学、案例式教学、启发式教学、整体性教学、"五步式"教学等丰富多彩的教学方法，以生动鲜活的事例、新颖活泼的形式活跃课堂气氛、启发学生思考，提升思政课的吸引力和学生的获得感。发挥专业教师育人的主体作用，健全课程育人管理、运行体制，充分挖掘和运用各门课程蕴含的思想政治教育元素。

（二）着力加强科研

1. 完善科研管理，强化价值引领。

改进科研环节和程序，把思想价值引领贯穿选题设计、科研立项、项目研究、成果运用全过程。完善科研评价标准，改进学术评价方法，构建集教育、预防、监督、惩治于一体的学术诚信体系，遏制学术研究、科研态度不端的现象，在本科生中开设相关专题讲座。

2. 服务区域经济发展，促进地方思想文化建设。

健全优秀成果评选推广机制，实施"创新强校计划""产学研合作协同育人计划"等项目，引导师生积极参与科技创新团队和科研创新训练，及时掌握科技前沿动态，培养集体攻关、联合攻坚的团队精神和协作意识。服务地方需要，派出专家学者为地方党建思想文化建设进行辅导宣讲等。

3. 持续开展"名师大讲坛""学术视野"系列讲座

通过开展系列讲座，培养师生科学精神和创新意识，培养一批科研育人优秀项目和团队。

（三）扎实推动实践育人

1. 整合实践资源，拓展实践平台

依托高新技术开发区、大学科技园、城市社区、农村乡镇、工矿企业、爱国主义教育场所等，建立多种形式的社会实践、创业实习基地。丰富实践内容，创新实践形式，广泛开展社会调查、生产劳动、社会公益、志愿服务、科技发明、勤工助学等社会实践活动，深入开展大学生暑期"三下乡"、"志愿服务西部计划"等经典项目，组织实施"牢记时代使命，书写人生华章"等新时代社会实践精品项目，开展师生志愿服务评价认证。

2. 深化创新创业教育，深入推进实践教学改革

以"双创"教育为核心，实现由培养学术型人才向培养应用型人才转变，由封闭式独立培养向开放式联合培养转变。完善创新创业实践教育平台，健全创业就业指导与服务体系，加强学生创新创业能力培养，提升学生创新创业实践的整体水平。分类制订实践教学标准，适度增加实践教学比重。加强创新创业教育，开发专门课程，健全课程体系，实施大学生创新创业训练计划，支持学生成立创新创业类社团。完善支持机制，推动专业课实践教学、社会实践活动、创新创业教育、志愿服务、军事训练等载体有机融合，形成实践育人统筹推进工作机制。

3. 以"德学""五进"活动为抓手，构建立体化实践育人协同体系

打造"一主线、三层次、四模块"思政课特色，培育建设一批实践育人试点和示范基地。

（四）深入推进文化育人

1. 加强中华传统文化、革命文化和社会主义先进文化教育

推进中华优秀传统文化教育，实施"中华经典诵读"工程，开展"礼敬中华优秀传统文化"等文化建设活动，引导高雅艺术、非物质文化、民族民间优秀文化走近师生。挖掘革命文化的育人内涵，开展"传承红色基因、担当复兴重任"主题教育活动，组织编排展演一批以革命先驱为原型的舞台剧、以革命精神为主题的歌舞作品、以革命文化为内涵的网络作品，有效利用重大纪念日和重点文化基础设施开展革命文化教育。开展社会主义先进文化教育，开展师生社会主义核心价值观主题教育活动，培育社会主义核心价值观教育典型案例，选树践行社会主义核心价值观先进典型。

2. 重点打造具有"德学"教育、"五进"活动特色的校园文化品牌

以践行"五进"、立德树人为引领，大力打造校园文化品牌，挖掘展厅、展馆、校训、校歌的教育作用，推进"一系院一品牌"校园文化建设，引导建设特色校园文化；积极搭建"五进"活动平台，开展丰富多彩的活动；支持师生原创歌剧、舞蹈、音乐、影视等文艺精品，扩大影响力和辐射力；结合学院科技文化艺术节、宿舍文化节及学科、专业竞赛和素质教育，深入开展"立志·修身·博学·报国"主题教育系列活动，围绕大赛采取统一规划、分步实施、点面结合、有的放矢的工作方针，营造积极向上、互助互爱、团结和谐的校园文化氛围。

3. 开展文明校园创建和育人环境督查。

建设美丽校园，促进育人环境优化，推动实现校园山、水、园、林、路、馆建设达到使用、审美、教育功能的和谐统一。建设节约型绿色校园，开展多种形式的节粮、节水、节电、节能宣传，开展校园生活垃圾集中存放及分类试点，促进节约型校园风气的形成。

（五）创新推动网络育人

1. 全面加强学院网站、微信公众号品牌宣传联盟的建设管理。

建设一支政治意识强、业务精、作风硬的网络工作队伍，打造信息发布、工作交流和数据分析平台，加强学院思想政治工作信息管理系统共建与资源共享。

2. 提高建网、用网、管网能力

开展网络文化建设活动，加强师生网络素养教育，编制《广州工商学院师生网络素养指南》，引导师生增强网络安全意识，遵守网络行为规范，养成文明的网络生活方式。

3. 推动易班发展中心建设，加大网络思政力度，推进网络育人工程。

以优秀的德育内容引导积极向上的网络舆论，引领建设校园网络新媒体矩阵。以生动的轻应用案例开拓丰富的育人功能，把线下各种活动情况以轻应用形式展示，使线上线下形成良好的互动态势；以优课课群系统打造网络课程学习环境，设置不同专题，邀请优秀教师进驻，开展各类德育网络课程。

（六）大力促进心理育人

1. 实现心理健康知识教育全覆盖

优化心理健康教育课程建设，将其纳入学院人才培养方案和整体教学计划，并组织编写大学生心理健康教育教材，开发建设大学生心理健康网络资源库。定期出版《心林路》报纸普及心理健康知识，加强朋辈咨询力量的队伍建设工作。完善工作保障，保证生均经费投入和心理咨询辅导专用场地面积，建设校内外心理健康教育素质拓展基地。

2. 广泛开展宣传活动和教育培训

举办系列大学生心理健康活动，充分利用网络、广播、微信公众号、APP等媒体，营造心理健康教育良好氛围，提高师生心理保健能力。指导心理健康协会、青春同伴社日常运作；推进各系、二级学院二级心理辅导站工作；组织心理咨询专职教师和有专业背景的二级心理辅导站指导老师参加心理咨询专业培训。

3. 强化咨询服务和预防干预。

提高心理健康教育咨询与服务建设水平，按照师生比不低于1∶4 000 的比例配备心理健康教育专业教师；推广应用《中国大学生心理健康筛查量表》和心理健康网络测评系统，提高心理健康素质测评的覆盖面和科学性；建立学校、院系、班级、宿舍四级预警防控体系，完善心理危机干预工作预案，建立转介诊疗机制，提升工作前瞻性、针对性。跟踪有严重心理问题的学生，处理特殊学生案例，促进校园的和谐稳定。

（七）切实强化管理育人

1. 深化省、校级党建书记项目，严格"三会一课"制度

以"书记项目"带动基层党组织书记抓党建工作，形成固本强基常态化、长态化机制；建立党委领导、各单位齐抓共管的"大思政"格局，建设广东省高校学习型、服务型、创新型基层党支部；完善教育法律法规体系，加快制（修）订教育规章，保障师生员工合法权益。健全依法治校、管理育人制度体系，结合大学章程、校规校纪、自律公约的修订和完善，研究梳理高校各管理岗位的育人元素，编制岗位说明书，明确管理育人的内容和路径，完善不同岗位、不同群体的公约体系，引导师生培育自觉、强化自律。

2. 加强干部队伍管理和师德师风建设

加强干部队伍管理，按照社会主义政治家、教育家要求和好干部标准，选好、配强各级领导干部和领导班子，落实培训计划规划，提高各类管理干部育人能力。加强教师队伍管理，严把教师聘用、人才引进的政治考核关，依法依规加大对各类违反师德和学术不端行为的查处力度，及时纠正不良倾向。加强经费使用管理，科学编制经费预算，确保教育经费投入的育人导向。建立学校教师职称（职务）自主评聘制度，改进教师职称评审方法，加强职称评审监督。

3. 认真开展依法治校工作。

强化保障功能，健全依法治校评价指标体系，深入开展依法治校创建活动。把育人功能的发挥纳入管理岗位考核评价范围，作为评奖评优条件。培育一批管理育人示范岗，引导管理干部和职能部门用良好的管理模式和管理行为影响和培养学生。

（八）构建服务育人体系

1. 构建平安和谐校园

进一步贯彻落实安全发展的理念，继续做到校园安全"六个坚持"和"八个强化"，巩固 2012—2014 年和 2015—2017 年连续被评为广东省高校"平安校园"达标学校的成果，强化意识形态管理，确保校园政治安全。进入新时代，适应新要求，努力新作为，进一步加强人防、物防、技防建设，全面开展安全教育，提高安保效能，培养师生安全意识和法制观念。让全院师生加强安全教育，培养安全意识，学生处、保卫处、各系部通过开展安全大排查、假期安全温馨提醒、"三率"统计、主题班会教育、安全教育活动月、制作安全标语、广播播放安全知识等形式，保证广大学生健康成长和顺利完成学业。

2. 强化育人要求，明确职责要求

加强监督考核，落实服务目标责任制，把服务质量和育人效果作为评价服务岗位效能的依据和标准。选树一批服务育人先进典型，培育一批服务育人示范岗。研究梳理各类服务岗位所承载的育人功能，体现在聘用、培训、考核等各环节。持续开展"建设绿色校园""节水节电"等主题教育活动、校园生活垃圾分类活动等，推动建设节约型校园，大力建设绿色校园，实施员工素质提升计划，切实提高后勤保障水平和服务育人能力，大力宣传各种形式的勤俭节约活动，使广大师生行动起来，从源头上杜绝浪费。通过各种能源改造、技术改造，从采购关口抓起，进一步达到节约能源的效果。同时通过各种方式（如宣传广告的张贴、宣传栏的告示），使全校师生参与杜绝"跑""冒""滴""漏"的现象发生，以达到节能降耗的目的，使有限的资源得到最大化利用。

3. 加深师生的公共卫生意识和公共行为习惯

持续开展传染病预防工作，举办"运动疾病及心肺复苏"讲座、"登革热知识"讲座、"艾滋病知识"讲座，开展"了解自己、关爱自己女性话题"讲座，通过QQ群、微信群对师生不定期发结核病、诺如病毒、艾滋病、流感等防控小常识，通过奥视传媒机将PPT传到一站式视频、校医室视频滚动播放，强化宣传。将结核病、诺如病毒宣传小册子发到图书馆、两校区保安室、校医室，供师生取阅。配合附近社区门诊，在校内张贴其他传染病宣传板画。

4. 开展信息素质教育，维护保障信息安全

在图书资料服务中，建设文献信息资源体系和服务体系，优化服务空间，注重用户体验，提高馆藏利用率和服务效率，引导师生尊重和保护知识产权。增强供给能力，建设校园综合信息服务系统，充分满足师生学习、生活、工作中的合理需求。

（九）全面推进资助育人

1. 增强学生资助工作的精准性与时效性

全面贯彻落实对家庭经济困难学生的资助政策，紧紧围绕广东省教育厅学生助学工作管理办公室的工作要求，坚持应贷尽贷和精准资助的工作理念，坚持"不让一个学生因经济困难而辍学"的工作目标，由学生处牵头，各院系和有关职能部门积极配合，不断提高学生资助工作水平，增强学生资助工作的精准性与时效性。

2. 健全管理机构，拓宽资助渠道

加强资助工作顶层设计，建立资助管理规范，完善勤工助学管理办法，构建资助对象、资助标准、资金分配、资金发放、协调联动的精准资助工作体系。完善规章制度，加大资助力度，为家庭经济困难的学生提供"绿色通道"，通过学生家庭经济困难认定、学费缓交、国家奖（助）学金、国家助学贷款、建档立卡资助、勤工助学、应征入伍代偿等多种方式并举的资助服务，让教育公平的阳光温暖每一个家庭经济困难学生。

3. 为家庭经济困难学生提供一站式、一条龙的资助育人服务

围绕"一个核心""两项能力""三项教育"的工作要求，从新生入学到毕业生离校，为家庭经济困难学生提供一站式、一条龙的资助育人服务。通过开展国家奖学金展示评选会、国家奖学金获得者事迹展示宣传、"诚信感恩月"活动、爱心礼包发放、送金融知识进校园、"助梦扬帆"海外研学展示评选会、"助学·筑梦·铸人"主题征文、旧物回收、爱心义卖等一系列德学育人活动，引导学生知恩图报、自立自强、诚信感恩，加强学生"德学"修养；鼓励家庭经济困难学生积极参与校内外各项活动和比赛，如科技文化艺术节、模拟经营节、"挑战杯"等；培育建设一批发展型资助的育人示范项目，推选展示资助育人优秀案例和先进人物。提升家庭经济困难学生综合素质，更好地达到解困、助学、育人的目的。

（十）积极优化组织育人

1. 发挥党组织和各单位的育人保障功能

推动学校各级党组织自觉担负起办学治校、育人育才的主体责任，鼓励各单位广泛开展育人工作。配合省教育厅高校党建工作评估，推进校、院（系）党组织书记抓基层党建述职评议工作。实施基层党建对标争先计划，开展"不忘初心、牢记使命"主题教育，培育基层党建工作标杆，建设一批先进基层党组织，培养选树一批优秀共产党员、优秀党务工作者，创建示范性网上党建园地，推选展示一批基层党建优秀工作案例。开展支部风采展示、建设"学习型、服务型、创新型"党支部、大学生党员暑期社会实践等活动。

2. 发挥各类群团组织的育人纽带功能

推动工会、共青团、学生会等群团组织创新组织动员、引领教育的载体与形式，更好地代表师生、团结师生、服务师生，支持各类师生社团开展主题鲜明、健康有益、丰富多彩的活动，充分发挥教研室、学术梯队、班级、宿舍在师生成长中的凝聚、引导、服务作用，培育建设一批文明社团、文明班级、文明宿舍。

3. 加强辅导员、宿管员队伍建设

抓好《广州工商学院辅导员队伍建设管理办法》《广州工商学院学生管理规定》等新修订制度的贯彻落实，增强职业化、专业化建设，举办辅导员职业能力大赛、宿管员技能大赛，优化考核奖励制度，提升服务意识和育人水平。

四、实施效果

校长、书记每学期坚持上第一堂思政课。学院党委在广东省加强和改进高校思想政治工作现场会上作交流发言，发言材料在2018年1月17日的《南方日报》上全文刊登。学院"书记项目"多次入选省级基层书记项目并获表扬，形成固本强基常态化、长态化机制；建立党委领导、各单位齐抓共管的"大思政"格局，多个党支部获评广东省高校"学习型、服务型、创新型"基层党支部；打造"一主线、三层次、四模块"思政课特色，以"德学""五进"活动为抓手，构建实践育人立体化体系。

在"以德为行、以学为上"教育思想的指引下，以一线辅导员贴近课堂、紧扣学生实际的潜心研究与教学实践经验为基础共同构建的德学教育课程成果丰硕，具有较高的实用性。在学校党政领导的高度重视下，在教务处、思政部、督导办等部门专家的支持指导下，经学生处精心组织，以辅导员骨干共同参与的"基于'五进'的应用型高校德学教育体系构建"已成为学校凸显"德学"教育特色的课题，组织申报的"德学·五进工作室"也入选广东省高校骨干辅导员工作室培育项目。

经多年建设，德学教育已被列入全校人才培养方案，正式设立学分，成为公共必修课和倡导德学教育、践行"五进"活动的重要抓手。围绕立德树人，践行"以德为行、以学为上"的教育思想，学校出版了《践行五进 立德树人》和《以德为行 以学为上》系列丛书；以校级教育教学平台——德学教育中心为依托，系统设计和开展"德学"教育课，课程验收合格并向特色、精品课程迈进。"基于'五进'的应用型高校德学课程体系构建"被确立为2018年广东省教育教学改革项目，并被邀请参加广东产教融合应用型课程改革试验校交流会议。2018年12月，"基于'五进'的应用型高校德学教育体系构建"被清华大学教育研究院评为优秀德育成果一等奖。

《践行五进　立德树人》获2016年广东省高校校园文化建设优秀成果一等奖。"'德学修身　五进育人'广工商大学生素质提升工程"项目入选广东省高校学生事务管理精品项目、全省共青团特色精品项目成果。近年来，师生代表获市级以上奖项1 008项，其中，集体获全国比赛组织项目13项、全国比赛金奖或一等奖29项、省级一等奖95项。

五、经验反思

"课程思政"理念的提出，给高校思想政治工作带来一股清风，改变了原有的略显单调、枯燥的政治理论课的说教，大大丰富了思政教育的内涵和外延。广州工商学院"德学"教育的系统化建设，是课程思政的很好体现，得到学院领导及学工团队的支持和广大辅导员及学生的欢迎，获得广东省教育厅立项和清华大学教育研究院表彰，有力地鼓舞了学工同仁更积极地投身到立德树人的工作中，系统、规范地开展思想政治教科研工作，提升辅导员队伍的职业能力，进一步促进思想政治教育高质量开展。同时，"德学"教育也将激励我们继续做好后续开发及课程应用推广工作，为打造德学特色、夯实课程思政、凸显"三全"育人作出新的贡献。

弘扬"德学"思想 践行"五进"活动
——美术设计系教学研究与艺术实践

陈岫岚[①]

随着广州工商学院顺利升格为本科院校,全院师生在邝邦洪院长提出的"德学"教育思想下,积极践行"五进"活动,全力创建高水平应用型本科大学。在此背景下,美术设计系以本科教学合格评估为契机,全系师生把弘扬"以德为行、以学为上"的教育思想作为打造优良教风和学风的基本保证,同心协力,开拓进取,为实现学院建设高水平应用型本科大学的目标努力。

一、立足美术设计系,让"德学"教育体验扑面而来

当"以德为行、以学为上"作为一种教育思想传授和施加给对象时,原来实施的主体——高校的教师、学生和党政管理者成为了教育的客体,成为对象,在践行"以德为行、以学为上"的过程中只能充当行为对象而成为"以德为行、以学为上"的环境、目的、内容、手段等。

当代美术大学生非常强调自我表现,对传统的灌输式教学缺乏兴趣,甚至有些抵触。"德学"及"五进"活动的开展,更为贴近他们的思想,更能激发他们对人生、对学习、对艺术的关注和兴趣。在理论教学上,我们确定培养学生的定位,为区域发展培养德才兼备的优秀人才,使学生成为学习的主体。同时,结合专业特点,宣扬民族精神,传承民族文化,激起学生爱国、爱校、爱系的情怀。

在学习和领会"德学""五进"教育思想的过程中,开启对美术设计楼的设计体验。美术设计系2016年9月由原艺术楼搬到新美术楼,在系统一组织下,开启了美术楼设计体验的多种可能,使艺术体验扑面而来。新的美术设计楼的设计过程,也成了师生宣扬"德学"思想教育、进行艺术实践的开放场所。在走廊上放置有本系学生作品66幅,加上75位毕业生作品,不但增添了美术设计系的活力及文化氛围,还开启了学生对专业设计的梦想。这些作品是学生的原创,可使观者置身于艺术之中,同时又得到"德学"的思想教育,而这一切都是艺术作品带来的力量。用师生作品装饰美术设计楼,环境的熏陶即精神上的激励,给予了师生前进的动力和方向。

二、加强党建工作和师资建设

美术设计系以"德学"教育思想为动力,在践行"以德为行、以学为上"的过程中,体验如下。

---

①作者简介:陈岫岚,美术设计系主任,教授。

（一）以强动力做好党建工作

2017年3月，美术设计系经广州工商学院党委批准成立美术设计系党支部。党建作为党支部的基本工作，在党支部的发展和壮大过程中发挥着关键性的作用。美术设计系自2016年招收第一届本科生后，党支部的规模和影响力不断扩大。近年来，在学院党委的指示下，美术设计系党支部扎实开展工作，保证上级党委和教育部门的指示在本系贯彻执行；组织教职工进行政治理论学习，积极开展党内会议，互相讨论学习；了解和掌握教职工的基本情况和动态，培养骨干，抓好典型，深入细致地做好思想政治工作；积极做好党的发展工作，培养入党积极分子，为党注入新鲜的活力和动力。同时，深入教学第一线，认真调查研究，听取群众意见，举行座谈会，及时总结、交流经验，充分发挥群众组织的作用。美术设计系师生入党踊跃，现有教师党员18名，发展学生党员9名。

（二）名师聚遇

美术设计系拥有一批由专家教授和企业名师组成的专兼职教师队伍，共43人（不包括行政教辅），其中企业名师2人。教师队伍中，副教授及以上职称8人，讲师17人，"双师型"教师2人，研究生及以上学历40人。我系教师积极参与科研建设，主持或参与省级项目8项、校级项目20余项，取得外观设计专利100多项。教学过程采用项目化教学，运用现代师徒制和教师工作室制教学方式。

1. 强化师资队伍建设

升本以来，经过不断发展，美术设计系师资队伍不断壮大，结构合理，以老教授作为系部的专业带头人，中青年教师逐渐转变为骨干教师。教师实践能力强，社会实践项目丰富，中青年教师假期积极参加社会顶岗实践。2016年以来，我系人事变动情况如表1所示。

表1　美术设计系2016年以来的人事变动情况

年份	教师离职/人	新增专任教师/人	新增辅导员/人	新增副高及以上职称/人
2016	1	2	0	2
2017	1	6	0	4
2018	1	5	1	3
2019	0	3	/	/

2. 中青年教师发挥骨干力量，推进教改工作

在教学实践过程中，美术设计系的中青年教师以专业带头人为榜样，不断加强师德修养，不断提高教学水平，充分发挥实干精神，积极参加教学交流活动及实践课程说课比赛等，积极申报学院教学改革项目。2015—2016学年，在广州工商学院第二届优秀多媒体教学课件评比活动中，刘琼丹老师的摄影创作课件获得了三等奖。2015—2016学年，在广州工商学院第一届专业教师实验实训教学技能竞赛中，蔡岫瑜老师获得了三等奖。2015—2016学年，周泽文老师获得"我最喜爱的老师"荣誉称号。2016—2017学年，在广州工商学院第二届专业教师实验实训教学技能竞赛中曲镜曦老师获得了三等奖。2016—2017学年，刘琼丹老师获得"我最喜爱的老师"荣誉称号。舒文婷老师、蒋琳老师等也积极参加学院教学改革项目，其中蒋琳老师的教改项目已经结题。王晶老师是深圳大学视觉传达设计专业的优秀毕业生，善于运用多种教学法，深得学生喜欢，多次被评为"学生最受欢迎的老师"，在 2017—2018 学年的督导办教学考核评估中被评为"金课"教师。

3. 教师比赛所获奖项丰富

美术设计系的艺术教育突出育人宗旨,由艺术教师指导,有计划地组织学生参加各类艺术比赛,积累学生实践经验,提高学生的艺术才能。作为一名高校教师,要懂得"教育的发展建立在学生与教师的共同发展之上,这样的发展,需要高校教师有丰厚的人文底蕴、扎实的专业知识、正确的哲学观点、开阔的社会眼界、高尚的品德修养、丰富的实践经验和突出的创造能力[1]"。因此,专任教师也积极参加国家级、省级各类比赛,提高自己的技能水平,更好地指导学生。2016—2018 年,美术设计系多位教师在省级、市级各类比赛中共获得奖项 35 项,其中省级奖项 5 项。

(1) 广东省第五届大学生艺术展演活动,《陶艺灰塑工作坊》获三等奖,获奖老师为陈岫岚、郝孝华、徐继春、黄羽。

(2) 广东省第五届大学生艺术展演活动,《动物世界》获三等奖,获奖老师为杨时。

(3) 广东省教育厅、广东省美术家协会首届粤港澳大湾区高校美术作品展暨第三届广东省高校美术作品学院奖双年展,郝孝华《装饰绘画》教学文案获得三等奖。

(4) 广东省首届全省美术教师作品展,黄羽老师的作品《丰收》和《后山》及黄友老师的《忆春》获得入围奖。

4. 科研水平逐步提高,科研成果丰厚

多年来,美术设计系牢固树立教学与科研并举的指导思想,努力提高我系教师的科研水平,积极引导广大教职工投入科研、教研,成果丰厚。

(1) 2016—2018 年,美术设计系共获得国家外观设计专利 148 项。其中,2016、2017、2018 年分别获得 41 项、53 项、54 项。

(2) 2016—2018 年,美术设计系教职工共发表论文 125 篇。其中,2016 年发表 21 篇,2017 年发表 24 篇,2018 年发表 80 篇。

(3) 2016—2018 年,美术设计系共获得省级、校级项目立项 44 项。其中,省级项目立项 8 项,校级项目立项 36 项。

(4) 2016—2018 年,美术设计系教职工参与编写并出版的教材共计 8 部,陈岫岚主编的教材《装饰绘画》已出版,并用于教学,受到专家和学生的一致好评。

5. 教学实验室配备不断完善,保证践行"五进"之"进实验实训室"。

在学校指导方针的引领下,美术设计系本科教学工作主要从两个方面进行开展,一是以教学方法改革为重点,以教学研究课题为载体,落实教学、科研工作,充分调动各个教师的工作积极性;二是以教师培养为重点,以教风建设为突破口,切实转变教育教学观念,全面提高教学质量。

美术设计系于 2015 年将视觉传达设计专业晋升为本科专业,并于 2016 年全面招生。现 2016 级视觉传达设计本科专业学生共有 180 人,2017 级视觉传达设计本科专业学生共有 147 人,2018 级视觉传达设计本科专业学生共有 202 人。2018 年 9 月,招收第一届公共艺术本科学生,共录取 68 人。

2016 年以来,在学院的支持下,美术设计系拥有了独立的美术大楼,硬件设施得到明显改善。2017 年,新增多媒体画室一间,面积为 131.23 平方米,有实验室设备 7 套,仪器设备价值 16 196.42 元。

2018年，由于学生增多，原有机房以及画室不能满足教学需要。2018年，在学校及中国电信的资助下，新建了两间新的高配机房。电脑采购总价值约 11 000 元，并配置一台 999 元的手绘板，能够充分满足美术设计系学生对电脑配置的高要求。两间新机房于 2018 年 9 月份正式投入使用，其中，视觉创意设计实训室面积为 172.24 平方米，实验室设备 110 套，仪器设备价值 660 000 元；公共空间仿真实训室面积为 172.24 平方米，实验室设备 110 套，仪器设备价值 660 000 元。

2018 年暑假期间，新建了多媒体画室，扩建了模型实训室和摄影实训室，并于暑假过后投入使用。其中，多媒体画室面积 172.24 平方米，实验室设备 3 套，仪器设备价值 10 000 元。摄影实训室面积扩建为 344.48 平方米，为美术设计系与经济贸易系共同申请，学校投资扩建使用，新增设备价值约 20 万元，新增尼康数码相机 12 台、摄影灯具组合 10 套，以及电视机电脑等多媒体设备。

截至 2018 年年底，美术设计系共有 14 间实验实训室，所有设备、家具数量约 6 662 台（件），总价值约为 31 729 848 元。

三、践行"五进"，成果显著

邝邦洪院长明确提出"进课室、进图书馆、进实验实训室、进体育场馆、进社会"的"五进"活动，注重培养学生的综合素养和实践能力。目前，美术设计系学生强调自我实践及艺术体验，"五进"教学理念更为贴近他们。

（一）如得其情，群贤"艺"粤笔韵

"五进"是实现情境化教学、以学生为主导的教育实践。

开展"五进"实践教学，学生受益匪浅。

1. 教师带学生到实践基地进行教学

深化校企合作是美术设计系长期进行的研究和探讨。万信达集团"芙蓉春晓楼盘弟子规人文社区壁画设计制作"项目，从立项到设计施工完成，策划、设计贯穿整个教学实践过程，施工历时 10 个月之久，锻炼了学生的动手能力，体现了项目化教学，以及"五进"之"进社会"的教学实践。

2. 实践教学"进社会"与企业零距离

现在动漫人才缺乏，市场缺口巨大，视觉传达设计动漫方向旨在培养动漫设计人才。我系与广州名动教育咨询有限公司签订战略合作关系，签订订单班，进行校企合作，共同开发课程，对学生进行动漫强化教学。组织学生 30 多人，对其进行"名动漫"项目化教学，通过企业实战项目，加强专业技能训练。开班以来，订单班学生多次去企业实习，积累了很多优秀作品，在广东省技能设计大赛中斩获多个奖项，获得手绘设计大赛一等奖、二等奖，很多作品获得中国成人教育协会"美育中国"展览的展览资格。

（二）聚集艺术气场，成就新生力量

为提升学生的动手实践能力，在指导老师积极参加国家级、省级大赛的同时，也积极组织学生参加各类比赛，旨在开阔学生的艺术眼界、提高学生的实践动手能力。2017 年，我系本科生共取得奖项 24 项，其中省级奖项 8 项，市级奖项 16 项，而且在第一届广东大中专学生设计艺术手绘技能大赛高校组实现了我系在省级奖项上的零突破。2017—2018 学年，美术设计系学生在技能大赛的获奖情况如表 2 所示。

表 2　2017—2018 学年美术设计系学生在技能大赛的获奖情况

学年	年级和专业	技能大赛	市厅级以上获奖数量/项	行业协会获奖数量/项
2017	2016 级视觉传达设计	1. 2017 年广东省高校心理健康教育系列活动； 2. 2017 年广东易班优秀工作成果征集活动； 3. 第十二届广东大中专学生校园文体艺术节之第七届广东大中专学生书画艺术作品大赛高校专业版画组； 4. 第十七届中南星奖设计艺术大奖赛（学生组）； 5. 第十一届广东大中专学生科技学术节之第一届广东大中专学生设计艺术手绘技能大赛高校组； 6. 广东省首届图书馆杯"4.23 世界读书日"主题海报创意设计大赛； 7. 广东省职业院校技能大赛互联网广告设计赛项（高职组）	9	2
2018	2016 级视觉传达设计	1. 2017 年广东省"学院奖"青年师生设计艺术大赛； 2. "南网杯"第十一届漫画海报创作大赛； 3. 2017"名人榜·学院派优秀设计年度人物"； 4. 2017 年院校艺术作品美育奖； 5. 2018 年第十届全国大学生广告艺术大赛广东赛区； 6. 2018 年第十届全国大学生广告艺术大赛全国赛区； 7. 2017—2018 年度广东省职业院校技能大赛互联网广告设计赛项； 8. 第十六届学院奖春季赛； 9. 第二届青年摄影大赛； 10. 第三届全国大学生预防艾滋病知识竞赛； 11. 第二届全国大学生环保知识竞赛； 12. 杜克大学联合中国大学生学者联合会"我眼中的中国"摄影比赛； 13. 广东省职业学院首届高校防范非法集资海报设计大赛；		

续表

学年	年级和专业	技能大赛	市厅级以上获奖数量/项	行业协会获奖数量/项
2018	2016级视觉传达设计	14. 第十二届广东大中专学生校园文体艺术节之第七届广东大中专学生书画艺术作品大赛； 15. "讴歌新时代·丹青贺国庆"青少年绘画大赛； 16. 2017年广东省青少年禁毒暨法治宣传创意大赛	79	66
2019	2016级视觉传达设计	1. "立志·修身·博学·报国"主题教育系列活动； 2. 2019年第十一届全国大学生广告艺术大赛广东赛区； 3. 2019年第十一届全国大学生广告艺术大赛全国赛区； 4. 2019年《中国当代大学生艺术作品年鉴》暨"逐日杯"中国当代大学生艺术作品大赛； 5. 第十三届广东大中专学生校园文体艺术节	23	0
2017	2017级视觉传达设计	1. 2017年广东省高校心理健康教育系列活动； 2. 2017年广东易班优秀工作成果征集活动； 3. 第十二届广东大中专学生校园文体艺术节之第七届 4. 广东大中专学生书画艺术作品大赛高校专业版画组；第十七届"中南星奖"设计艺术大奖赛（学生组）； 5. 第十一届广东大中专学生科技学术节之第一届广东大中专学生设计艺术手绘技能大赛高校组； 6. 广东省首届图书馆杯"4.23世界读书日"主题海报创意设计大赛； 7. 广东省职业院校技能大赛互联网广告设计赛项（高职组）	1	0
2018	2017级视觉传达设计	1. 2017年广东省"学院奖"青年师生设计艺术大赛； 2. "南网杯"第十一届漫画海报创作大赛； 3. 2017"名人榜·学院派优秀设计年度人物"； 4. 2017年院校艺术作品美育奖；		

续表

学年	年级和专业	技能大赛	市厅级以上获奖数量/项	行业协会获奖数量/项
2018	2017级视觉传达设计	5. 2018年第十届全国大学生广告艺术大赛广东赛区； 6. 2018年第十届全国大学生广告艺术大赛全国赛区； 7. 2017—2018年度广东省职业院校技能大赛互联网广告设计赛项； 8. 第16届学院奖春季赛； 9. 第二届青年摄影大赛； 10. 第三届全国大学生预防艾滋病知识竞赛； 11. 第二届全国大学生环保知识竞赛； 12. 杜克大学联合中国大学生学者联合会"我眼中的中国"摄影比赛； 13. 广东省职业学院首届高校防范非法集资海报设计大赛； 14. 第十二届广东大中专学生文体艺术节之第七届广东大中专学生书画艺术作品大赛； 15. "讴歌新时代·丹青贺国庆"青少年绘画大赛； 16. 2017年广东省青少年禁毒暨法治宣传创意大赛	29	17
2019	2017级视觉传达设计	1. "立志·修身·博学·报国"主题教育系列活动； 2. 2019年第十一届全国大学生广告艺术大赛广东赛区； 3. 2019年第十一届全国大学生广告艺术大赛全国赛区； 4. 2019年《中国当代大学生艺术作品年鉴》暨"逐日杯"中国当代大学生艺术作品大赛； 5. 第十三届广东大中专学生校园文体艺术节	6	0
2018	2018级视觉传达设计	1. 2017年广东省"学院奖"青年师生设计艺术大赛； 2. "南网杯"第十一届漫画海报创作大赛； 3. 2017"名人榜·学院派优秀设计年度人物"； 4. 2017年院校艺术作品美育奖； 5. 2018年第十届全国大学生广告艺术大赛广东赛区；		

续表

学年	年级和专业	技能大赛	市厅级以上获奖数量/项	行业协会获奖数量/项
2018	2018级视觉传达设计	6. 2018年第十届全国大学生广告艺术大赛全国赛区； 7. 2017—2018年度广东省职业院校技能大赛互联网广告设计赛项； 8. 第十六届学院奖春季赛； 9. 第二届青年摄影大赛； 10. 第三届全国大学生预防艾滋病知识竞赛； 11. 第二届全国大学生环保知识竞赛； 12. 杜克大学联合中国大学生学者联合会"我眼中的中国"摄影比赛； 13. 广东省职业学院首届高校防范非法集资海报设计大赛； 14. 第十二届广东大中专学生文体艺术节之第七届广东大中专学生书画艺术作品大赛； 15. "讴歌新时代·丹青贺国庆"青少年绘画大赛； 16. 2017年广东省青少年禁毒暨法治宣传创意大赛	2	0

综上所述，美术设计系取得的这些成绩充分说明了弘扬"德学"思想，践行"五进"活动的重要性。因此，德学五进+艺术校园是美术设计系教学研究与艺术实践的生命主线。

参考文献

［1］邝邦洪．以德为行　以学为上：高校师生成长的基石［M］．广州：广东高校教育出版社，2012．

打造"德学""五进"思政课品牌的研究与实践
——马克思主义学院升本以来工作成效

谭玉兰　周静[①]

学院升本以来，马克思主义学院以增强大学生对思政课的获得感为目标，以"德学""五进"为抓手，致力于创新思政课教学的研究和实践探索，取得了良好教学效果。尤其是在接受教育部、教育厅高校思政课教指委对我院思政课教学评估、教育厅思政课教学质量督查、学院升本和学士学位评审等六项检查和评估中，专家组对我校思政课教学给予较高的评价，认为学院思政课教学能够紧跟时代要求，契合民办高校培养应用型人才的办学定位，把思想政治理论课的主渠道与思想政治教育的主阵地有机结合起来，形成了教育合力，取得了丰硕成果；教师讲课都能忠于教学计划、忠于教学内容，传播正能量、唱响主旋律，授课的政治观点正确，善于把思政课教学与学院倡导的"德学""五进"教育理念结合起来，已形成本校的思政课教学特色，达到教书育人目的。

升本以来，我们主要抓了以下几项工作。

一、紧跟时代步伐，认真学习宣传党的十八大、十九大精神

（一）积极学习宣传十八大、十九大精神

积极推进十八大、十九大精神进教材、进课堂、进学生头脑、进网络、进学生社区工作的开展。组织老师率先学习十八大、十九大精神，以高度的政治责任感掌握新论断、新目标、新举措，在各班级举行专题讲座100多场。

（二）加深对"思政课"的认识

按照思政课"三个培养"的根本问题、思政课教师的"六个要"、思政课教学的"八个统一"要求，提高思政课教师的素养，推动思政课改革创新，增强思政课教师的政治引领性和价值引导性，给学生心灵埋下真善美的种子，引导学生扣好人生第一粒扣子。

（三）学习贯彻全国教育大会重要精神

深入学习领会和贯彻落实全国教育大会精神，把握我国教育改革发展的"九个坚持"，要求思政课教师自觉守住底线，坚守政治规矩，带头学习政治理论，带头遵守课堂教学纪律，在工作、生活中带头讲规矩，养成健康的生活习惯，展现良好的社会形象，为广大学生成长提供正面的范本。充分发挥思政课作为大学生思想政治教育的主渠道作用，牢牢把握正确的舆论导向，弘扬和践行社会主义核心价值观，培养德智体美劳全面发展的社会主义建设者和接班人。

[①] 作者简介：谭玉兰，原思想政治理论课教学部主任，副教授。
　　周静，马克思主义学院院长助理。

（四）认真贯彻落实全国高校思想政治工作会议精神

全面贯彻党的教育方针，把立德树人作为根本任务，坚持不懈传播马克思主义科学理论，坚持不懈培育和弘扬社会主义核心价值观。加强对思政课教师的师德建设，使思政课教师在理想信念、学识水平、品德修养等方面都为人师表。加强对大学生的思想政治教育，用好课堂教学主渠道，旗帜鲜明地坚持思政课的政治性、方向性、主导性，为促进学校和谐稳定、培育优良校风和学风作出贡献。

二、创新思政课教学的研究和实践探索，教学效果显著提高

（一）以名师示范课堂建设为抓手，打造"金课"，不断提升思政课教学水平

认真贯彻落实《教育部办公厅关于建设学习贯彻党的十九大精神"万个示范课堂"的通知》（教社科厅函〔2017〕49号）及《广东省教育厅办公室关于建设高校思政课骨干教师"名师示范课堂"的通知》（粤教思办函〔2017〕92号）等文件精神，制订切实可行的"名师示范课堂"建设实施办法，结合学院打造"金课"的要求，采取多种形式组织骨干教师学习、领会、吃透思政课2018版新教材。在此基础上，邀请省内思政课专家及思政部资深教授对骨干教师进行备课与授课指导，确保"名师示范课堂"和"金课"的建设质量。注重发挥骨干教师的示范引领作用，通过开展观摩教学、录像教学、教学研讨等活动，给其他教师起到带头引领、激励奋进的作用。我部青年教师周志鹏老师的课被学院评为第一批"金课"。

（二）构建专题化教学、基本理论教学、实践教学"三位一体"的教学模式

根据学校创办高水平应用型本科大学的办学定位和培养人才的目标，致力于创新思政课教学的研究和实践探索，已经形成我院特色的思政课"三位一体"教学模式。

专题化教学，主要是抓住改革开放中的难点、热点和学生思想上感到疑难、困惑、亟须从理论上加以解答的问题进行研究并设置专题。近年来设置的专题教学主要有学习宣传十九大精神、中国梦与青春梦、"一带一路"专题讲座、纪念抗战胜利70周年、纪念红军长征80周年、粤港澳大湾区发展规划纲要、纪念改革开放40周年等专题。通过专题化教学，提升学生理解和应用科学思想理论的能力，真正起到教育引导和帮助的作用。

基本理论教学，主要是保证马克思主义理论、中国特色社会主义理论的完整性、科学性和系统性。思想政治教育既不能闭门造车，又要坚守原则，立足国情，讲好中国故事，传播好中国声音。深化大学生对马克思主义基本原理和中国特色社会主义理论体系的整体把握，按照教学大纲要求把教材内容讲深、讲透、讲对，使政治理论和党的方针政策入耳、入脑、入心。

实践教学，主要是强化实践感知、加强体验体会，这也是思政理论课教学的规律要求。引导大学生认识社会、了解国情和省情，加深对改革开放的认识，增加对祖国、对家乡、对人民的热爱，增强学习的主动性和自觉性；引导大学生参加社会实践活动，提高认识问题和解决问题的能力；引导大学生关注社会热点问题，开展社会调查，提出解决问题的意见或建议；组织大学生参观考察，了解中国革命、建设、改革的历史和成就，增强大学生的爱国主义情怀和社会责任感。

(三) 强化思想政治理论教育和价值观引领，落实思政课"第一课"的开设工作

思政课"第一课"已成为我校每学期的常规工作，每学期开学初都按照《中共广东省委教育工委 广东省教育厅关于开展高校党委书记、校长系主任上第一堂思想政治理论课活动的通知》（粤教工委思函〔2015〕1号）要求，组织学校党委书记、校长以及各系部书记、主任给大学生上思政第一课。书记、院长高度重视，带头讲好"第一课"，紧紧围绕提高青年学生对新时代中国特色社会主义的思想认识，对马克思主义指导地位、我国根本政治制度、党的领导等重大问题的认识；强化对青年学生的政治思想引领，引导青年学生担当时代使命，以坚定的理想信念筑牢精神之基；引导学生牢固树立"四个意识"，增强"四个自信"。思政课"第一课"充分彰显了学院各级领导对加强和改进高校思想政治工作的重视程度以及带头作用，进一步增强了思政课的吸引力和实效性。

(四) 严格落实教育部规定的学分设置思政课

落实教育部《新时代高校思想政治理论课教学工作基本要求》和《教育部关于加强新时代高校"形势与政策"课建设的若干意见》（教社科〔2018〕1号）的精神，严格落实思政课学分规定，对2018级本、专科思政课开课计划进行了全面修定。

本科生，马克思主义基本原理概论（以下简称"原理"）课3学分、毛泽东思想和中国特色社会主义理论体系概论（以下简称"概论"）课5学分、中国近现代史纲要（以下简称"纲要"）课3学分、思想道德修养与法律基础（以下简称"基础"）课3学分、形势与政策课2学分。

专科生，"概论"课4学分、"基础"课3学分、形势与政策课1学分。

从本科思想政治理论课现有学分中划出2个学分、从专科思想政治理论课现有学分中划出1个学分，作为本、专科思想政治理论课实践学分。

(五) 积极开展"说课"和"精彩一课"比赛，组织老师"磨课"，创新思政课教学方法

为营造青年教师热爱教学、重视教学的良好氛围，促进教师之间相互学习、共同提高，每学期举办青年教师教学竞赛，如青年教师教学"说课"和"精彩一课"竞赛、观摩示范课及"磨课"。通过教学比赛，提高教学技艺，培育教学能手。近几年来，周静、方圆妹、周志鹏等老师参加省教育厅、学院组织的教学竞赛，获省教育厅青年教学竞赛三等奖，学院教学竞赛一等奖、二等奖等，共20多项奖项。发挥了教学竞赛在提高教师队伍素质中的引领示范作用，培养了青年教师爱岗敬业、严谨治学的态度。

(六) 精心组织集体备课，在"三个转化"上下功夫，促进课堂教学质量的提升

为凝聚全体老师的智慧，促进课堂教学质量的提升，各教研室开展集体备课，将教材章节分给各位老师备课，集思广益，互帮互学，形成对课程教学大纲、教材内容和重难点的统一认识和掌握，加强教学工作的针对性，从起点上保证教学质量。组织教师围绕课堂教学积极探索问题式、案例式、启发式、研讨式等教学方式，努力实现思政课教学"配方"先进、"工艺"精湛、"包装"时尚，不断增强思政课教学的互动性、参与性、生动性，提高学生

的到课率、听课率和抬头率。把教材体系转化为教学体系和学生认知体系，转化为学生的信仰体系和行为体系。依据不同课程的特点和班级专业特点，灵活采用教学方法。合理使用现代教育技术，增加教学信息量，使思政课的教学做到"有虚有实""有棱有角""有情有义""有滋有味"。

（七）改革思政课课程考核方式，注重对学生掌握知识、形成能力、养成素质三方面的考核

教育部《新时代高校思想政治理论课教学工作基本要求》明确指出："要采取多种方式综合考核学生对所学内容的理解和实际运用，注重考查学生运用马克思主义立场观点方法分析、解决问题的能力，力求全面、客观反映学生的马克思主义理论素养和思想道德品质。"根据文件精神，我们积极改革思政课课程考核方式。

衡量一门课程的考核有三条标准：一是看考核内容和方法是否能充分体现本课程的教学目标；二是看考核能否真实检测出学生的学习和教师的教学效果；三是看考核是否促进了教学改革和学生的学习。

思政课课程考核采取"平时成绩+课外实践+期末考试（手机APP考试+随堂笔试）"的考核模式。平时成绩由考勤、课堂参与表现（15分），以及论文作业、阅读经典心得等（15分）组成，占总成绩的30%；实践成绩由实践调查报告（30分）组成占总成绩的30%；期末考试（手机APP考试+随堂笔试）成绩，客观题用手机APP对理论知识进行考核（25分），主观题通过随堂对理论知识进行笔试（15分），共占总成绩的40%。这种考核方式达到了思政课的教学目标：第一，促进学生对基本知识、基本理论的掌握；第二，提升学生应用相关知识和理论认识问题、分析问题、解决问题的能力；第三，促进学生政治素质、思想素质、道德素质的养成。综合考核了学生掌握知识、形成能力、养成素质三方面内容。

三、对日常教学工作严格把关，加强教学质量管理

（一）严格检查教师"八大件"，实施教师"五个一"工作计划

每学期开学检查教师"八大件"，即教学任务书、教学大纲、教学计划、进度表、教案、实践教学方案、课件、学生成绩登记册，确保良好的教学秩序和教学效果。

实施教师"五个一"工作计划，即一份纸质教案、一个章节课程教学使用的详细教案（含多媒体课件）、一节公开课（"优质课""精彩课""示范课"之一）、一篇教科研论文、一个科研项目（每位教师选择参加至少一项校级以上精品课程、研究课题）、一次实践活动（每位教师开展实践教学一次）。

（二）通过"微助教"点名和教学，提高了学生的到课率和参与率

针对思政课合班上课、学生人数多、学生上课点名耗费时间等长期难以解决的问题，组织老师学习"微助教"课堂教学系统，要求学生使用微信平台，在规定时间内扫码签到及抢答做题，学生的出勤情况和答题信息将同步显示在教室的多媒体大屏幕上。思政课堂因此出现了一种前所未有的景象，学生的出勤率直线上升。实践证明，"微助教"的使用效果较好，如2018级公共艺术B1班、B2班的到课率由原来的83%提到了99%，且到课十分积极迅速。"微助教"对课堂教学有一定的约束力，提高了学生的到课率，课堂学习氛围明显好转。

（三）定期召开两个座谈会，注重教与学的沟通

定期召开学生座谈会和教师座谈会，每学期分别在花都校区和三水校区召开4次学生座谈会，了解和征求学生对思政课教学的意见，促进师生的进一步沟通，提高教学质量和学风建设。学生代表认为，教师的教学工作认真负责，备课充分，信息量大，课堂氛围好；教师能做到教书与育人并重，使学生在学习理论知识的同时明白做人的道理。同时，他们也提出了一些问题和建议：希望老师上课能多讲些和生活相关的案例，多与学生交流互动等。

召开教师座谈会，将学生座谈会意见及时反馈给老师，认真分析研究同学们的意见和建议，对教学方法、课程安排、实践教学、学生课堂纪律及教学管理等方面的问题进行检查，改进教学方法。

（四）组织老师相互听课评课，取长补短，相互学习，资源共享

听课评课是教学研究的重要组成部分，一方面，有利于教师之间相互学习、取长补短、共同提高、有利于青年教师学习老教师、优秀教师、骨干教师的先进教学经验，有利于良好教学风气的形成，有利于拓宽教师的教育视野、激发教师的教学灵感、培养教师的创新意识；另一方面，通过听课可以了解教师的知识水平、教学能力，发现问题及时纠正。

近几年来，学生对思政部教师教学的网上评价普遍较高，优秀率达到87%，有3个学期优秀率为百分之百。周静、罗荣富、王云丽、王麒、周志鹏、张赫等10位老师获得"我最喜爱的老师"称号。

四、把思政课教学与学院倡导的"扬'德学'、促'五进'"紧密结合起来

（一）精心设计课堂教学，增强思政课魅力，吸引学生"进课堂"

为吸引学生"进课堂"，我们采取了如下措施：一是采取立体教学的教学模式，根据教学大纲灵活安排每一节课，它的目标不是"填鸭式"地教学，而是调动师生的积极性，实现良性互动；二是设计好每一节课，把难点与重点、详讲与略讲、逻辑与兴趣区分开来，把枯燥的政治理论讲"活"，吸引学生的注意力，激发其学习理论的兴趣；三是让学生参与教学过程，结合最新的案例和学生身边发生的事情阐明道理；四是让教师与学生亦师亦友，拉近老师和学生的距离，师生互相了解，教学相长，这样做不但增强了教学的目的性，也促进了教学有的放矢，为学生营造了更好的学习氛围。

（二）引导学生"进图书馆"，扩大学生视野，提高自学能力

1. 布置动态作业，引导学生去图书馆查阅资料

任课老师根据思政课的特点布置动态作业，结合社会的热点问题设计题目，把学生分成若干小组，每组选择一个课题，要求学生进图书馆搜集、整理、分析资料，并制作好PPT。各小组派代表在课堂上阐述本组的观点，其他同学听后可提出问题进行讨论，最后由老师点评。

以往的学生作业写在本子上，仅仅交给老师看，有好处但也有不足。我们认为，学生共同完成作业并在班上交流会起到更好的作用。一是大家共同努力完成作业，培养了团队精神与合作精神；二是互相交流，互相学习，这也是一种学习资源，三是由于要展示自己的学习成果，学生会下功夫思考，认真完成作业，力争把最好的一面展示出来；四是提高学生分析问题的能力和演讲能力。这种作业形式受到了学生的欢迎，大大提高了学生的学习积极性，达到了很好的教学效果。

2. 每学期向学生推荐 10 本书目

进图书馆是丰富学生视野、增长知识的有效途径。教师每学期向学生推荐 10 本书目，介绍书中的基本观点和情节，激发学生读书的兴趣、热情，引导学生到图书馆借阅书籍，要求学生每学期交 1~2 篇读后感，按平时成绩登记，使学生能静下心来，多读书，读好书，丰富知识。

（三）主动配合各专业，促进大学生"进实验实训室"

"五进"小组主动配合各专业开展技能竞赛，如英语口语比赛、会计技能大赛、皮具设计大赛、动漫设计大赛、电子设计大赛、沙盘模拟大赛、模拟经营节等。协助组建学生团队参加"创青春"广东大学生创业大赛、"挑战杯——彩虹人生"全国职业学校创新创效创业大赛等比赛项目。通过实践能力的训练，不断提高实际操作能力，培养学生的职业道德和团队协作精神。

（四）结合体育部开展活动，促进学生"进体育场馆"

按照德、智、体、美、劳全面发展的标准培养学生，促进推进学生"进体育场馆"学会一两项体育运动项目，磨炼意志，促进身心健康。结合广东团省委、广东省教育厅、广东省体育局、广东省学生联合会开展广东大学生"走下网络、走出宿舍、走向操场"主题群众性课外体育锻炼活动，开展"体育锻炼主题团日活动""我的身体我做主""我的运动风采"等活动，在校内营造积极参与体育锻炼的浓厚氛围，通过进体育场馆参加集体体育活动，提高大学生的身体素质和群体责任感。

（五）结合思政课教学内容，促进学生"进社会"

贯彻思想政治理论课必须坚持政治理论教育与社会实践相结合的原则，通过实践教学这一环节，加深学生对思想政治理论课教学内容的理解，使学生能够运用所学理论去认识社会、指导实践，在接触、参与社会实践中培养观察问题、分析问题和解决问题的能力，把政治理论、道德规则、法律规范内化于心、外化于行。

1. 鼓励学生在节假日带着老师布置的问题回到家乡进行社会调查

比如，指导学生开展"改革开放后的家乡变化"调查，同学们在老师的安排和指导下，把"改革开放前后我家乡的变化"作为项目任务，把调查结果带到课堂中运用多媒体手段相互交流，从自己家乡社会生活的角度去展示我国改革开放的巨大成就，并通过这一项目驱动，深刻领会改革开放理论的正确性。

2. 组织学生代表外出参观考察，积极开展实践教学活动

结合思政课教学的实际，组织部分学生代表外出参观学习。近年来，组织了学生代表前往辛亥革命纪念馆、黄埔军校、鲁迅纪念馆、农讲所、大元帅府、洪秀全纪念馆、康有为纪念馆、广东改革开放 40 周年纪念馆等展开实践教学活动，增强了学生的爱国主义精神，使其坚定理想信念，正确认识自身所肩负的历史使命，自觉践行社会主义核心价值观。

根据应用型本科大学的特点，多次组织学生代表走进佛山"工匠精神"的发源地——南风古灶，感受石湾工匠的精神，培养精益求精的工作态度。

五、提高教师科研积极性，科研教研跃上新台阶

（一）对应"五进"成立五个实践小组，对"五进"进行实践研究

通过近两年的实践研究，已取得相应的研究成果，完成了 5 份研究报告（共 10 万字），

包括《广州工商学院学生"五进"之"进课室"研究报告》《广州工商学院学生"五进"之"进图书馆"研究报告》《广州工商学院学生"五进"之"进社会"研究报告》《广州工商学院学生"五进"之"进实验实训室"研究报告》《广州工商学院学生"五进"之"进体育场馆"研究报告》。由思政部教师为主体编著的校本教材《践行"五进",立德树人——实践篇》于 2019 年 10 月出版。

通过开展项目实践,让学生掌握"五进"的教育理念,提高学生综合能力。把思政课实践教学与"五进"教育紧密结合,积极探索"五进"教育活动的实效性,推进"五进"活动的全面开展。

(二) 鼓励教师科研立项,撰写论文

以申请院级课题为起点,注重团队合作,发挥集体智慧,在部门内部营造出集思广益、合作攻关的良好氛围。鼓励教师积极申报院级科研课题和省级教育研究课题,积极推进"基础""概论"精品课程建设和"纲要""原理"重点课程建设,目前已经完成教学团队、教学研究、教学要求、教学重点与难点、教学设计等多项资源任务。2019 年,张辉教授主持的"民办高校思政课建设的现实困境与破解机制研究"获得国家社科基金高校思政课专项立项,为学校实现了国家级项目研究零的突破。

六、外引、内培相结合,建设比例合理、数量充足、整体素质较好的思政课教师队伍

(一) 外引

按照教育部的师生比要求,近年来引进教师 16 位,其中 8 位具有高级职称,8 位青年教师。截至 2020 年 5 月,马克思主义学院专职教师有 33 人,32 位是共产党员,10 位具有高级职称,其中 2 位具有博士学位,17 位具有中级职称,6 位助教;还有 15 位兼职教师。

(二) 内容

1. 以"四好老师"为标准加强师德修养,坚定教师立德树人的教育理念

每学期开学初,组织教师学习有关师德建设的文件精神,使大家认识到一名教师的责任重大、使命光荣。高校思政课是对大学生进行思想政治教育的主要阵地,是培养大学生树立正确世界观、价值观、人生观的重要平台。高校思政教师的个人品格、师德水平直接影响学生的思想形成和教育成效。教师对学生教育,不能只靠"言传",更重要的是"身教"。恪守师德、以德治教,最大限度地实现高校思想政治理论课的两大功能:教会学生做学问和教会学生做人。

2. 发挥老教授的传、帮、带作用,加大对青年教师的培养力度

教授与青年教师实行一帮一、"结对子"帮扶,对青年教师在课程定位、课程设计、教学内容选取、教学方法与手段等方面进行指导。邀请全国思政课教学能手张辉教授做专题辅导,帮助青年教师健康成长成才。

3. 鼓励教师参加相关学术性会议,了解学科发展动向

组织教师分别参加广东省教育厅举办的培训班、研修班、备课班、广东省社会科学理论进修班、思政课教师上岗培训等学习班和各种学术性会议。教师整体素质不断提高,确保了思政课教师队伍的稳定和发展,师资队伍建设达到学院的要求,完全可以承担学院的思政课教学工作。

完善顶层设计与治理，推进学院稳健发展

李丹艳①

升本之后的几年是广州工商学院增强办学实力、提升办学内涵、凝练办学特色、奠定创建高水平应用型大学基础的关键时期。近五年来，董事会坚持全面贯彻党的教育方针，认真贯彻执行《中华人民共和国民办教育促进法》和《中华人民共和国民办教育促进法实施条例》等法律法规，坚持内强素质、外树形象、和谐办学、科学发展的办学方针，坚持以质立校、以生为本、突出特色、崇尚创新的办学理念，更新思想观念，大胆改革创新，积聚优质资源，加快事业发展，着力在规模效益、内涵质量、人才培养等方面有更大、更新的突破。

一、牢牢把握升本机遇，助推应用型本科稳步发展

2014年5月，广州工商学院成功升格为本科院校，适逢国家大力倡导应用型大学的教育改革转型初始阶段。根据《教育部 国家发展改革委 财政部关于引导部分地方普通本科高校向应用型转变的指导意见》（教发〔2015〕7号）和《国务院关于加快发展现代职业教育的决定》（国发〔2014〕19号），学院董事会提出了"要通过贯彻党中央、国务院重大决策，牢牢抓住转型升格的办学契机，主动适应我国经济发展新常态，主动融入产业转型升级和创新驱动发展，推动学院把办学思路真正转到服务地方经济社会发展上来，落实到培养应用型技术技能型人才上来"的指导思想。根据"加快构建现代职业教育体系""引导一批普通本科高等学校向应用技术型高等学校转型发展，重点举办本科职业教育"的要求，董事会明确提出，要通过应用技术型高校转型的方式，发展学院的本科教育，为现代职业教育体系的构建服务。董事会根据《中华人民共和国国民经济和社会发展第十三个五年规划纲要》在推进职业教育产教融合、提升大学创新人才培养能力等方面提出的"推行产教融合、校企合作的应用型人才和技术技能人才培养模式，促进职业学校教师和企业技术人才双向交流""推进现代大学制度建设，完善学校内部治理结构""推进高等教育分类管理和高等学校综合改革，优化学科专业布局，改革人才培养机制，实行学术人才和应用人才分类、通识教育和专业教育相结合的培养制度，强化实践教学，着力培养学生创意创新创业能力"的要求，在学院转型发展的关键时期，认真研究上级文件，贯彻其精神，根据珠江三角洲经济发展的特点，准确把握了学院的发展定位。升本以来，董事会办公室围绕学院发展的定位和方针，根据学院制定的"十三五"规划，立足学院创建高水平应用型大学的发展目标，将办学定位落实到完善学院治理结构和章程建设中，为学院健康、稳定、有序发展作出了积极贡献。

升格本科以来，学院董事会还牢牢把握住应用型本科教育人才培养发展的方向，在办学过程中始终坚持民办特性，突出应用特色，立足本科教育，在学院发展特色上下功夫，不拘

---

①作者简介：李丹艳，董事会办公室副主任。

泥于传统高校的办学模式。在创新高等教育管理和人才培养上，依托粤港澳大湾区和珠三角发展的区位优势，结合地方高校发展的区域性、行业性和应用性特点，充分发挥自身优势，实现差异化发展，形成错位竞争优势，走出了学院本科高校创新发展的新路，办出了高水平应用型本科院校发展的人才培养特色。

二、坚持顶层设计、着力推进综合改革

学院董事会在办学过程中，通过立足高等教育发展的优势，结合珠三角经济社会发展特点和人才需求，在顶层设计的层面上做到了发展定位准确、指导思想明确、发展规划稳步有效、办学规模极致高效。

（一）认清办学定位的重要性，准确把握办学目标

在办学中，学校定位十分重要，它决定了学校的发展目标、基本策略和发展格局，科学定位是学校制定规划、配置资源乃至发挥优势和办出特色的前提。董事会通过认真学习国家有关方针政策，研究有关民办教育的新法律法规，正确把握了学院的发展方向，切实做到了依法治校，用足、用好、用实民办教育法规和政策，引领全体教职工把学校办得更好、更出色。董事会由此提炼出准确的、符合办学规律的办学定位：坚持以经济与管理类学科专业为主，工科与其他学科专业协调发展；以社会需求为导向，培养德、智、体、美、劳全面发展，知识、能力、素质全面提高，基础扎实、动手能力强、综合素质高，具有创新意识、创业能力和敬业精神的高素质技能型人才。

（二）办学指导思想明确，坚持社会主义办学方向

学院董事会坚持高等教育公益性原则，坚持育人为本、德育为先、能力为重、全面发展，力求培养高素质技能型人才，服务地方经济和社会发展，办学指导思想端正。坚持内强素质、外树形象、和谐办学、科学发展的办学方针和以质立校、以生为本、突出特色、崇尚创新的办学理念；坚持面向社会、依法自主、诚信办学。从建校以来，一直坚持不以营利为目的，不要求回报，坚持把学生、教职工利益放在第一位。学院收入主要用于改善办学条件，以求进一步发展。

（三）科学谋划，稳步发展

在依法治校的社会大环境下，立足于学院的定位，学院制定了符合应用型本科院校发展的"十三五"规划。董事会办公室在日常工作中，紧扣学院"十三五"规划的指导思想，坚持以人为本的校园建设理念，坚持校园建设为教学服务、为师生服务，不断强化校园的人文环境建设，进一步优化校园人文氛围，努力营造优良的育人氛围，不断提升校园的文化品位，使校园环境更加优美、布局更加合理、教学生活设施更加完善，把学院建设成和谐校园、绿色生态校园、资源节约型和环境优美型校园。

（四）促进办学规模达到极致高效

规模、质量与效益的关系，是民办高校生存发展必须牢牢把握的根本问题。没有规模谈不上质量，更谈不上效益。只有办学规模和层次达到一定程度，学院才能充分体现质量和效益。当学院办学规模达到极致高效时，才能做到办好人民满意的高等教育的基本要求，为地方经济社会的发展作出贡献。2014—2018年，学院处在重要发展时期，办学规模处在上升期。因此，学院董事会在规模设置上，全力抓好每年的招生工作，力求多招生、招好学生，在扩大学院办学规模的基础上，大力提升学院的生源质量，通过不断提高办学水平，输出高

水平、高质量的学生，提高学院的社会声誉。

在招生工作中，学院董事会尤其重视招好学生的工作，提出了"百万高桌晚宴"新举措。自2018年9月起，学院董事会为鼓励优秀新生报考广州工商学院，设立新生高桌晚宴，每年从入学新生中挑选10名综合能力高、成绩优秀的学生，为他们颁发高额奖学金、课程、实物等价值超过百万元人民币的奖励。高桌晚宴是源自英国牛津大学、剑桥大学传统的学堂晚餐发展而来的活动，要求学生正装出席，对如何进餐、如何祝酒、如何与邻座同学打交道以及如何回应都有一定的讲究和礼节规定。通过举办高桌晚宴，学生们增进了对西方文化的了解，也提高了社会交际能力。

（五）加强章程建设，推进制度改革创新

学院升本之后，董事会根据《中华人民共和国高等教育法》《中华人民共和国民办教育促进法》《中华人民共和国民办教育促进法实施条例》，以及其他教育相关法律、法规，制定了学院的章程，建立健全符合学院发展实际的内部管理体制机制，进一步规范了学院依法治校工作。

1. 治理结构完善

学院制定了董事会章程、学院章程，实行董事会领导下的院长负责制。董事长是学院的法人代表，董事会依照相关法规和董事会章程对学院行使决策权，院长依照相关法规和学院章程对学院的教育教学和行政工作行使管理权。

2. 内部管理规范，校内管理制度健全

学院建立了董事会、院长办公会、院务会等会议制度。学院发展中的重大事项，由院长办公会讨论后提交董事会研究决定，保证了学院决策的民主性和科学性。学院日常管理工作由院长办公会研究决定，院务会贯彻实施。

3. 教学管理机制健全，实行院、系两级管理，制定了较为完善的教学管理规章制度

学院严格执行国家财经法规和会计制度，并制定本校的财务管理制度，配备了专职财会人员，所有会计人员都具有从事会计工作所需要的专业能力。学院严格执行政府有关部门批准的收费项目和标准，并制定了较为完善的后勤管理制度。

4. 坚持管理制度的改革与创新，充分发挥民办高校管理机制灵活的优势

学院通过进一步解放思想、深化改革，经过调查研究、认真总结、深入探讨，逐步建立健全了适应学院发展需要的管理制度与运行机制。健全了股东会议制度，定期召开股东会议，及时通报学院工作和发展进程，听取股东的意见，接受股东的监督。进一步调整管理机构，充分体现精简、高效的原则，适当合并管理机构，精简行政人员。通过实现管理重心下移，逐步扩大系一级管理的权限；通过资源配置向教学一线的倾斜，充分调动系部领导、教师和职工的积极性和创造性。在人力资源配置上，通过营造优秀人才大量涌现、健康成长的良好环境，形成了鼓励人才干事业、支持人才干成事业、帮助人才干好事业的校园氛围。通过竞争机制的改革与创新，实现了人员能进能出、职务能上能下、待遇能高能低的管理格局。通过建立适合学院实际、形式多样、自主灵活的分配激励机制，建立了能够吸引和留住优秀人才，激励教职工开拓创新、充分发挥自身潜力、不断提高绩效的工资分配激励制度，努力体现重绩效、重贡献，薪酬适当向高层次人才和重点岗位、急需人才倾斜的政策。

5. 一贯重视党团建设工作和督导制度建设

2008年，经广东省委教育工作委员会批准成立了学院党委，落实了督导专员制度。党委书记和督导专员都是董事会成员，参加董事会会议和院长办公会议，参与学院重要事项的决策与管理，同时也经常向董事会和院长办公会通报党建工作情况，有效地保证了学院办学的规范性，为学院的科学发展营造了良好的氛围。

三、给予资金保障，着力打造人、财、物科学运行的机制

学院完成了整体的定位和顶层设计，学院董事会提出了关于人、财、物的具体工作措施，全面提升学院高水平应用型本科院校的办学成果。

（一）抓基础设施建设，进一步提升育人环境

环境育人是人才培养的重要内容，优化育人环境是民办高校建设的重要任务。过去几年，学院通过优化校区布局、增加教学设施，逐步完善校园数字化建设，努力打造生态化校园，为师生提供宜居、宜教、宜学的良好环境。在校区布局上，三水校区以发展管理学、工学、会计学为主；花都校区以发展经济贸易、外国语言、美音艺术、产品设计和成人继续教育为主。2014—2018 年，学院处于建设阶段，在此期间投入基础设施建设的资金逾 10 亿元。不仅如此，还加大了实验实训基地建设力度，增加图书馆藏书数量，确保每年新增教学仪器设备及图书册数超过每年递增的基本水平。此外，学院投入 2 000 万元完成校园网络的联结、互通与共享，使校园数字化达到较高水平。在绿色环保上，以美化、绿化、净化、优化为标准建设生态校园，使校道、校舍、校园环境绿化率达到较高水平。教工区建设是基础设施建设的又一力作，充分体现了以人为本、方便教工的原则，把教工住宅区建设作为牵动人心、凝聚人才的工程，进一步营造绿色、生态住宅小区，努力为教职工提供环境优雅、安静舒适的生活环境。

（二）依法完成资金的筹措、使用、管理

提高教学、生活条件，提升校园软、硬件资源品质，是学院董事会的重要工作。在资金上，保障学院软、硬件的建设升级，依法依规使用资金，提高董事会的管理水平。为了更好地保障资金的投入，董事会提出了几项举措。

1. 拓宽筹措校园建设资金的渠道

资金是制约校园建设的瓶颈，资金到位是确保校园建设按计划实施的前提。学院董事会将不断加大投入，并通过鼓励和吸引社会、企业和个人通过产学合作、共建、捐建、冠名资助、产权置换、管理经营权转让、租用等方式参与校园建设，多方位、多渠道、多形式地筹措建设资金；合理利用融资手段，积极争取银行支持；建立、健全建设资金使用监督机制，建立绩效考评和绩效评价指标体系，提高校园建设资金使用效益。

2. 严格执行有关法律、法规，确保工程质量

严格执行有关法律、法规和各项标准，按照以人为本、质量第一的原则，在充分论证的基础上，做好建设项目的可行性研究及立项、设计、招投标等工作，确保每项建设工程的科学性、适用性、合理性，防止结构性浪费。有步骤地制订各年度建设计划，狠抓建设工期和施工安全，确保工程质量。

3. 加强制度建设，规范工作程序

为了高质量、高水平地完成校园建设各项工作任务，以建立科学合理的管理机制为抓手，规范工作程序，建立健全各项管理制度，以制度管人，以程序管事，以制约机制管权，形成一支廉洁高效的校园建设管理队伍，确保资金的使用效益和各项校园建设任务的圆满完成。

4. 进一步开源节流，集聚财力，为学校发展提供有力的财务保障。

按照实施全面财务管理的目标和基本原则做好财务管理工作。一是逐年提高财务预算工作水平，在做好决算的基础上，真正做到精细、精准预算。坚持实事求是，抓住重点，统筹兼顾，按轻重缓急合理配置财力资源，保证重点项目的资金需求。二是加强管理和监督，高效使用每一笔资金。三是进行财务分析，研究办学成本，探索构建民办高校成本管理机制，使资金使用效益达到最大化。与此同时，还要拓宽收入渠道，努力做到收入和支出大体平衡。四是探索统一领导、集中管理、分级核算的财务管理模式。今后几年，要逐步给予教学单位更大的财务自主权，最大限度地调动系一级办学的积极性。同时，继续与金融机构保持良好关系，不断拓宽融资渠道，继续抓好教育发展基金会的工作，争取社会各界更多的支持。

（三）深入实施人才强校战略，推进高素质教师队伍建设

人才是强校之本、发展之源，建设好高水平人才队伍是提升民办高校核心竞争力的关键。随着学院办学层次的提升，高水平应用型人才的需求量越来越大。学院通过坚持培养和引进并举的师资队伍建设思路，完善了人才引进机制，加大了人才引进力度。从2014年起，每年引进高职称、高学历和"双师型"教师80人以上，特别是要采取超常规的举措引进一批中青年学科骨干和学术带头人。同时，要完善人才培养激励机制，鼓励在职教师提升学历，鼓励教师获得专业资格证书，奖励晋升高级职称的教师。要完善教师薪酬制度，逐步提高教师的薪酬待遇。建立健全教师工作制度，加强教师教学考评，奖励在教学工作中作出突出贡献的教师。要通过科研考核，奖励在应用型人才培养中作出贡献的教师，以及为青年教师的培养做出成绩的校内导师。

2014—2018年，董事会讨论通过了一系列的人事政策，为人才引进和培养中青年教师设立了良好的导向。全体教职工的校龄津贴都有所增长；硕士研究生教师的工资得到了大幅度提升；紧缺专业的教师的待遇得到显著提高，招聘吸引力大大增强，教师整体的稳定性非常高；高级职称教师的待遇在设置优才基金后得到一定提升，与兄弟院校的差距逐步缩小。

1. 全面提高教职工的工资福利

2014年9月，学院发布了《关于提高校龄津贴标准的通知》（广工商院发〔2014〕59号），由过去全院统一的每工作满一年从次年开始每月增加100元的校龄津贴，从2014年9月1日开始调整为按照职称、学历分别提高校龄津贴标准至200～600元。为了进一步解决民办院校人才流失的问题，稳定应用型本科人才，学院董事会研究通过了《关于调整我院住房公积金单位缴费基数的通知》（广工商院人发〔2016〕10号）的政策，从2016年7月1日开始提高了教职工缴纳住房公积金的基数。

2. 引进和培养高职称、高学历的人才

学院董事会尤其注重师资队伍建设，自从升本以来，针对学院人才结构调整，出台了若干政策，如《广州工商学院高层次人才引进与青年教师培养方案》（广工商院人发〔2015〕119号）、《广州工商学院博士研究生招聘管理办法》（广工商院发〔2017〕162号）等。针对副高级以上职称、中青年博士的高级人才，出台了新的职称、学历配套薪金福利政策，包括但不限于工资、津贴、住房、购房、科研、家属工作安排等。对于有突出贡献或者紧缺人才，学院将按其能力、水平、业绩、贡献采取一人一策、灵活机动的用人政策。在引进人才的同时，学院董事会还培养校内人才，每年在校内遴选10名优秀青年骨干教师进行重点培养，给予培养津贴。并从2017年1月1日开始实行《关于在校内工作期间晋升副高级及以

上职称人员工资待遇提升的管理办法》(广工商院发〔2017〕72号)。

3. 通过财务管理手段，支持教学工作

一是划分紧缺专业，发放紧缺专业教师津贴。从2016年5月1日开始给予符合学院应用型学科发展特点的紧缺专业教师发放津贴。二是增设系主任职务补贴。从2016年9月开始，根据学院董事会常务会议精神，给每位系主任按学生人数给予职务补贴。

参考文献

[1] 邹奇，孙鹤娟. 困惑与超越：地方本科高校向应用型转型发展的路径选择 [J]. 东北师大学报（哲学社会科学版），2017（3）：167-171.

[2] 张昌波. 应用型本科院校的战略定位 [J]. 高等职业教育（天津大学学报），2005（5）：9-11.

[3] 刘献君. 应用型大学的发展与院校研究 [J]. 世界教育信息，2018，31（21）：18-19.

[4] 李爱国. 对城市型、应用型大学内涵与发展的几点思考 [J]. 北京联合大学学报，2018，32（4）：6-9.

凝心聚力，共谱华章

邓淑辉　刘三华[①]

2014年升格本科院校以来，在董事会和学院领导的支持和正确领导下，人事处认真贯彻董事会和院长办公会议关于人事工作的各项工作部署，努力建设一支满足学院本科教育需要的高素质教师队伍，打造学院的办学特色，为学院科学发展提供坚强的人才支撑，在全体工作人员的共同努力下，较好地完成了各项任务。

一、群策群力，师资队伍不断壮大

2014年以前，学院全日制在校生9 055人，专任教师总人数508人，生师比为17.82∶1；兼职教师129人，相当于专任教师的25.39%。有教授（含相应职称）64人；含享受国务院特殊津贴专家2人；副教授（含相应职称）123人；具有高级职称的专任教师共187人，占专任教师总数的36.81%；讲师（含相应职称）206人，占专任教师总数的40.55%；具有研究生学历的教师227人，占专任教师总数的44.69%。

截至2018年年底，学院有专任教师1 036人，校外兼职兼课教师518人（折算为259人），教师总数为1 295人，生师比为19.97∶1。师资队伍整体结构有了较大的改善，师资队伍职称结构更为合理。在专任教师中，具有高级职称的共288人（含享受国务院特殊津贴专家2人），占专任教师总数的27.80%；师资队伍学历结构逐步优化，硕士以上学历教师人数有较大提高，具有博士、硕士学历的教师有689人，占专任教师总数的66.51%；师资队伍年龄结构逐步改善，老、中、青比例日趋完善；师资队伍学缘结构较好，教师中来自不同的地区和院校，全职在岗的专任教师中，外省高校毕业的378人（占36.48%），本省高校毕业的230人（占22.2%），国外高校留学回来的62人（占5.9%），"双师型"与"双师素质"教师比例有较大提高。各门公共必修课程和专业基础必修课程已分别配备具有副高级职称以上的专任教师至少2人；各门专业必修课程已分别配备具有副高级职称以上的专任教师至少1人；每个专业均已配备具有正高级职称的专任教师至少1人。

学院一直极为重视教师队伍的建设，关注教师队伍整体水平的提升，稳定和引进高职称、高学历教师，对于专任教师的入职学历和职称条件从严控制，新入职专任教师均要求具有硕士学位，具有副高级及以上职称的教师学历条件放宽至本科。为进一步规范学院的主讲教师认定工作，学院制订了《主讲教师资格认定办法》，将主讲教师认定条件和程序进一步规范化。目前，担任本科教学的教师有1 133人，其中符合主讲教师岗位资格的有1 118人，主讲教师占本科任课教师总数的98.68%。

[①]作者简介：邓淑辉，人事处处长。
刘三华，人事处副处长。

二、固本强基，始终将师德教育放在首位

百年大计，教育为本，教师为先，师德为魂。学院一直不断落实师德建设长效机制，推动师德建设常态化，把师德师风建设放在各项工作的首位。

一是建章立制。学院不仅在每年的师德主题教育月中组织教师学习《高等学校教师职业道德规范》和《新时代高校教师职业行为十项准则》等师德建设指导性文件，而且还制订了《广州工商学院关于建立健全师德建设长效机制的实施办法》（广工商院人发〔2015〕48号）和《广州工商学院教师职业行为负面清单及师德失范行为处理办法》（广工商院发〔2019〕104号）等符合校情实际的师德建设具体管理办法，同时将师德师风要求落实到教师管理的各项制度之中，全面贯彻落实师德表现"一票否决制"。

二是举办丰富多彩的师德主题教育月活动。学院每年定期按照广东省教育厅的工作部署开展师德主题教育月活动，并积极动员广大教师投稿参加全省的师德主题征文活动，每年都有获奖。近五年累计获得一等奖1项、二等奖3项、三等奖9项，获奖人次在省内兄弟院校中排名居前。

三是组织评选了一批师德优秀教师，通过正面宣传和示范引领，激励和引导广大教师努力争做"四有"好老师，全心全意做好学生锤炼品格、学习知识、创新思维、奉献祖国的引路人。2017年和2018年，我院采取民主推荐、自下而上的方式，由各教学单位组织讨论，并推荐师德表现优秀的教师候选人参加学院的师德先进个人评选，2017年和2018年评选出两批总共22位师德先进个人。2014年以来，学院先后有吴卫洁、马超平两位同志荣获"南粤优秀教师"称号，程宪宝、曾素梅两位同志荣获"广东省民办教育优秀教师"称号，曾一帆、刘三华两位同志荣获"广东省民办教育优秀工作者"称号，毛拓艺、蒙宗玲2位辅导员被全国民办高校学生工作者联席会评为全国民办高校优秀辅导员。

四是形成了我院的"五进"师德师风建设特色。我院院长邝邦洪教授长期致力于高校师生的思想道德教育研究，在全国首倡面向高校师生开展"以德为行、以学为上"的品德教育，并取得了丰硕的实践教育成果。根据我院的师生特点，邝邦洪教授又提出了"五进"（进课室、进图书馆、进实验实训室、进体育场馆、进社会）的实践要求，把"五进"作为高校师生品德教育的抓手，实实在在地抓出成效。全院师生踊跃践行"五进"，并积极撰写心得体会和经验总结，并集结出版了《立德树人之路》（中国文史出版社2015年5月版）、《以德为行 以学为上：来自广州工商学院"五进"的探索与实践》（广东高等教育出版社2015年8月版）、《践行五进 立德树人：高校师生成长的路径》（广东高等教育出版社2018年3月版）三本专著。另外，围绕"德学""五进"，我院产生了一批优秀的德育成果：由邝邦洪、程建平、黄鹏、吴卫洁四位同志编写的《五进之歌》被全国职业院校技能大赛组织委员会评选为2015年全国职业院校学生技术技能创新成果交流赛优秀项目一等奖；邝邦洪、钟伟强、朱特威及学工团队申报的"践行五进 立德树人"项目于2015年7月被全国民办高校学生工作联席会评选为全国民办高校学生工作创新成果二等奖；由黄鹏、谭全、陈豫岚等同志申报的"'德学修身 五进育人'大学生素质提升工程"于2016年11月被广东省高校学生工作专业委员会评为第四届广东省学生工作精品项目；由黄鹏、谭全等同志申报的"践行五进 立德树人"项目荣获2016年广东高校校园文化建设优秀成果评选一等奖。

专任教师积极开拓、上进心强，教职工中党员比例不断增加。广大教师教书育人，为人师表，党员骨干教师积极发挥先锋模范作用。

三、外引内培，教师队伍建设取得新突破

教育是国家发展的根基，而教师则是扎实根基的重要养分。我院高度重视教师队伍建设，坚持事业留人、感情留人、待遇留人，通过培养和引进相结合的方式加强高层次人才队伍建设，注重青年骨干教师培养，努力造就一支学科知识扎实、专业能力突出、教育情怀深厚的高素质复合型教师队伍。

（一）树立"未来5年培养50名副高级职称教师"目标，加强内部高层次人才培养

邵宝华董事长一直关注青年骨干教师的成长成才，早在2014年年底就提出了学院"未来5年培养50名副高级职称教师"的目标。"十三五"期间，学院共53位教师顺利晋升副高级职称，圆满完成学院董事会2014年提出的"未来5年培养50名副高级职称教师"的工作目标。学院于2015年10月召开了学院第一次人事工作会议，会上通过了《高层次人才引进与青年教师培养方案》，从2015年开始每年遴选10名青年骨干教师进行重点培养，每人每月给予500元的经费资助，鼓励他们多出教研、科研成果，早日晋升副高级职称。同时，学院重视对具有高级职称的优秀中青年教师的培养，把优秀中青年教师提拔到领导岗位，目前有8位被聘为教学系副主任。

（二）灵活实施多项高层次人才引进措施，提升博士研究生教师的招聘吸引力

2014年以来，通过实施青年教师导师制，注重发挥高级职称教师的传、帮、带作用，有力促进了青年骨干教师的培养工作。学院立足于应用型本科高校的实际，对具有行业企业工作履历并有硕士研究生学历的中青年教师给予政策倾斜，以吸引行业企业的能工巧匠，充实我院的"双师型"教师队伍。邵宝华董事长通过考察西欧、北美等地高等教育的办学经验，强调了进一步加大具有博士研究生学历教师招聘力度的重要性，指示人事处2017年制订了《博士研究生教师招聘管理办法》，大幅度提高45岁以下的博士研究生教师的安家费、学历津贴、科研启动费等待遇。2019年5月，学院又制订了《博士毕业教师招聘管理办法》，进一步提高了博士毕业教师的各项待遇。截至2019年9月，已招聘8位中青年博士毕业教师入职，进一步增强了我院博士研究生的招聘吸引力。

（三）大力加强高层次人才引进，教师队伍的职称结构不断得到优化

在人才引进方面，2014—2015学年，我院引进了专任教师54人，其中具有正高级职称的教师10人，具有副高级职称的教师11人，为各单位开展本科教学和申报新的本科专业奠定了基础。2015—2016学年，共引进了7位教授、18位副高级职称教师、3位博士、91位硕士，进一步改善了教师队伍的职称结构和学历结构。2016—2017学年，共引进专任教师100人，其中博士6人，硕士13人；高级职称28人，为学院注入了新鲜力量，改善了学院的教师学历、职称等结构，极大地充实了学院的教师队伍。2017—2018学年，共引进专任教师245人，其中博士8人，硕士153人；教授65人，副教授51人，为学院顺利通过学士学位授予权评审提供了师资保障。2018—2019学年，共引进专任教师199人，其中博士10人，硕士168人；教授18人，副教授13人。学院为高层次人才提供了良好的住房条件和较好的薪酬待遇，这是吸引高层次人才不断加盟的关键。

（四）发挥骨干人才的领头作用，为有突出贡献的学科带头人创设良好的工作环境和条件

我校物流系原副主任刘炳康高级讲师长期从事物流企业管理与研究工作，2009年来校任教。在他的带领下，物流系在国内率先创办了冷链物流管理专业方向，先后主编冷链物流管理教材4部，其中一部被列为"十二五"物流专业精品配套教材；他主持的教学团队先后主持和承担省部级教研项目两项，获得国家级、省级财政资助经费490万元。为了发挥刘炳康讲师的学科带头人作用，尽管其已逾70岁高龄，学校董事会决定将其作为终身聘用人员，并注册设立了智慧冷链物流科技创新研究中心（广州）有限公司，由刘炳康先生出任法人代表。该公司的创立支持了特色重点学科创品牌，同时也为将来申报专业硕士点打下了基础。

（五）积极开展多渠道人才引进方式

为引进高层次人才，我处2016年委派工作人员携带相关招聘宣传材料前往湖南长沙、湘潭等地，相继拜访湖南大学、湖南师范大学、中南大学、湖南工商大学、湖南财政经济学院、湘潭大学、湖南科技大学的研究生院、离退休工作处和就业指导中心，宣传学院人才需求和薪酬福利政策，为引进更多高层次人才和紧缺性人才打下了坚实的基础。同时，为进一步扩大我院在西北和东北地区的影响力，我院于2016年参加广州市人力资源和社会保障局组织的赴省外招聘团，前往陕西西安和吉林长春，分别前往陕西师范大学、西北大学、西安交通大学、长安大学、吉林大学、东北师范大学、吉林财经大学、长春理工大学等高校设点招聘，并与各高校的就业指导部门及离退休工作处建立了联系。为扩大我院在山东地区的影响力，2018年12月，我处委派工作人员联合计算机科学与工程系领导前往山东济南和青岛，先后参加了山东大学、山东师范大学、中国海洋大学、青岛大学、青岛理工大学、中国石油大学等高校的现场招聘会和专场招聘会。目前，我们已采取远程视频面试等招聘方式，正在尝试采取微信分享链接招聘方式。

四、多管齐下，教师队伍培训和培养喜结硕果

（一）把青年教师看作学院未来发展的希望

2014年，学院出台《广州工商学院实行青年教师导师制暂行办法》，对通过导师制培养顺利晋升高一级职称的青年教师，一次性给予每人20 000元的晋升奖励，并给予其指导老师5 000元的指导奖励。对参加国内青年访问学者项目的教师，在其返校三年后顺利晋升高一级职称的，学院给予其专项的经费资助。2016年，学院又出台管理办法，对在校内工作期间晋升副高级及以上职称人员的年薪待遇做了大比例的提高，另外每人每年发放10 000～20 000元的补充养老金，极大地稳定了青年骨干教师队伍。

青年教师是学院发展的未来和希望，为青年教师的成长和发展创造良好的环境是学院的责任和使命。优秀青年教师培养工作为我院培养了学科骨干和优秀后备人才，为学院发展提供了持久的人才支持，更对完善师资培养机制、加强师资队伍建设、改善教师成长环境具有极大的推动作用。

（二）结合学院升格本科的实际

2014年，学院面向教师队伍出台《关于实施全面提升教师学历学位工程的意见》，对在今后3～5年顺利取得硕士学位的最高报销60%的学费、取得博士学位的最高报销100%的

学费，以进一步改善我院教师队伍的学历结构。目前已有 70 余位教职工在读或已获得硕士学位，其中 26 位教师已顺利获得硕士学位并享受了学费报销，另有 5 位教师正在攻读博士学位。

（三）实施专项培训经费制度

每年学院预算划拨 400 万元教师队伍建设专项培训经费，确保专款专用。专项培训费主要用于鼓励教师参加企业顶岗实践、考取"双师型"教师资格、外出进修培训提升、申报"千百十工程"培养对象、组建教学团队等。

（四）鼓励教师申报各项教研、科研项目

2014 年以来，学院发布《广州工商学院科研管理暂行办法》，列出各项科研奖励明细标准，对在权威刊物公开发表学术论文，或获得省市级以上教科研立项的教职工，都给予奖励。获得纵向科研经费的，学院还给予配套经费资助。通过这些措施，教师队伍的教研和科研积极性空前高涨，人均学术论文数量逐年提高，尤其是 2017 年修订了《广州工商学院科研奖励办法》之后，科研奖励额度大幅度提高，全校教师的教研和科研积极性空前高涨，仅 2018 年全校教职工发表科研论文 1 337 篇，专任教师人均 1.29 篇；SCI 有 5 篇，EI 有 6 篇，CPCI 有 13 篇，CSSCI 有 6 篇，北大中文核心期刊有 54 篇。学院先后获得会计、市场营销两个省级重点专业建设项目，物流管理和国际贸易学两个省级特色重点学科，有物流管理专业一个省级综合改革试点专业，有工商管理一个省级特色专业，省级社科项目申报也硕果累累。

（五）外派培训开创新局面

学校邵宝华董事长一直关注青年骨干教师的成长成才，先后组织骨干教师和中层管理人员到清华大学、北京大学，浙江、上海、吉林、辽宁、福建等地知名高校，以及西欧、北欧、北美、澳洲、南亚等地区的知名高校考察学习。

2014 年 7 月，正值升本之初，为加强中层管理队伍的教育教学管理水平，我院派出全体中层管理人员 58 人前往清华大学进行为期一周的教育系统领导干部创新管理研讨班培训；2015 年暑期，派出全体中层管理人员 55 人前往北京大学进行为期一周的教育管理培训。两次培训极大地拓宽了我院中层干部的专业视野，提升了中层干部在管理领域的专业认识，进一步提高了工作的执行力和创新力，为后续开展本科层次教学奠定了坚实的基础。为了进一步巩固在清华大学培训的成果，我们开学后收集了参训学员的培训心得，与学刊编辑部合作，编辑整理，印制成册，留存学院档案室存档，作为学院发展的见证。

（六）组织开展六期甘南挂职教师入职培训工作

从 2014 年 9 月到 2017 年 6 月，我处共组织了六批共 85 位甘南挂职教师参加入职培训，其中第一批 15 人，第二批 18 人，第三批 12 人，第四批 12 人，第五批 20 人，第六批 8 人。培训由人事处、学生处、教务处三个部门领导分别就学院规章制度、学院历史沿革和相关工作制度进行具体讲述。此类培训旨在帮助来自甘南地区的教师加强考勤纪律的学习，提醒他们在挂职期间注意人身安全问题，引导他们快速融入我院的日常工作和生活，让他们学有所成。

（七）职称评审工作推陈出新，自主评审稳步推进

继 2011 年 7 月我院管理科学与工程、计算机科学与技术两个学科获批中级专业技术职

务任职资格评审权后，同月省人力资源和社会保障厅又同意我院增设经济学、电子科学与技术、音乐学、艺术设计学、外国语言文学等五个学科的中级专业技术职务任职资格评审权。至此，我院所有专业所属的学科均具有了中级专业技术职务任职资格评审权。根据《印发〈关于广东省深化高等教育领域简政放权放管结合优化服务改革的实施意见〉的通知》（粤教人〔2017〕5号），高校职称评审权全部下放到各高校，我处由教师发展中心负责牵头起草教师系列、研究系列、实验系列等职称评审的各项文件，并先后召开了多场意见征求会，同时，提交教职工代表大会征集意见，最后提交院长办公会审议，通过后报送省教育厅备案，并于2018年3月顺利完成第一次完全自主的职称评审。2017年，我院共97名教职工获得晋升高、中级职称，根据评聘结合的原则及学校岗位设置和人员聘用的有关规定进行了聘用。我院是受到广东省教育厅通报表扬的全省范围内完成职称评审文件制订、备案和职称评审等全部工作的10所高校之一。

（八）立足教师发展中心，对中青年教师重点培训

学院进一步加大了中青年骨干教师的培养力度，2015—2018年，通过系部推荐、学院研究决定，每年推荐至少8位中青年教师作为我院的中青年教师国内访问学者推荐人选，参加培训人数在升本之前每年3人的基础上成倍地提高。每学年，学院还选派200余位中青年教师外出培训，每年组织300余人次的专任教师利用寒暑假前往行业企业进行顶岗实践，并从2014年9月开始对学院认定的48位"双师型"教师发放每人200元/月的工作津贴。同时，我院也采取"请进来"的方式，邀请校内外专家名师给青年教师举办"名师大讲坛"活动，已举办了有关教师师德、青年教师成长、经济管理等10余场的学术讲座，进一步拓宽了专任教师的专业视野，极大地提升了中青年教师的师德水平和业务水平。

五、待遇留人，教职工待遇稳步提升

学院通过实施有我院特色的薪酬福利制度，鼓励教师与学校共同发展，教师工资增长实现"每年一小步，永远不停步"。

（一）全面提高校龄津贴标准

2014年9月，为了鼓励教职工长期在学院工作，学院发布《关于提高校龄津贴标准的通知》（广工商院发〔2014〕59号），在2012年整体调薪的基础上，又大幅度地提高了教职工的校龄津贴标准，由过去全院统一的每工作满一年从次年开始每月增加100元校龄津贴，调整为董事长、院长按照600元/年，教授、博士按照500元/年，副教授、正处级干部按照400元/年，讲师、硕士研究生按照300元/年，本科生和专科生按照200元/年，工勤人员按照100元/年的标准增加校龄津贴，极大地激发了广大教职工以校为家的主人翁精神和工作积极性。提高校龄津贴标准后的一年内，教职工辞职40人，比上一年同期的98人减少约二分之一，教职工队伍的稳定性进一步提高。

（二）加强高层次人才的引进和培养

2015年10月，学院发布《广州工商学院高层次人才引进与青年教师培养方案》，该方案于2017年修订。其主要内容包括六个方面。一是职称与工资。对于未退休副教授，按原职务聘用并给予高层次人才津贴（每月3 000～5 000元，至评上教授为止）。对于未退休的中青年博士，学院按院内讲师职务聘用，享受院内讲师工资待遇，另给予博士津贴（每月2 000～3 000元）。引进时已是正高级职称人员或副高级及以上职称并有博士学位人员，学

院将按其能力、水平、业绩、贡献采取一人一策、灵活机动的用人政策,每月 3 000 ~ 10 000 元。在院内工作期间,职称和职务发生变动时,引进时所配套的住房和科研启动经费相应变动。二是住房。学校提供一套两房一厅住房。三是学校提供相应的购房补贴。四是学校提供科研启动费与科研用房。学院配套科研启动经费,向 A 类别人才理工科提供 10 万元、文科提供 5 万元;向 B 类别人才理工科提供 20 万元、文科提供 10 万元。五是家属工作的安排。如需安排家属工作,学院将根据家属的能力、水平、特长安排适合的工作。六是在校内每年遴选 10 名优秀青年骨干教师进行重点培养,给予每人每月 500 元的培养津贴。共遴选 5 批,共 50 人。截至 2018 年年底,学院已遴选 4 批次共计 40 名优秀青年骨干教师进行重点培养,其中第一批优秀青年骨干教师已经完成培养工作,并通过了期终考核。经过培养,有 14 位优秀青年骨干教师顺利晋升副教授。

(三)从 2016 年 5 月开始划分紧缺专业,发放紧缺专业教师津贴

根据 2016 年 3 月人事工作例会精神,将会计、计算机、电子通信专业列为紧缺专业,从 2016 年 5 月 1 日开始给予会计专业硕士研究生教师每人每月 2 000 元的紧缺专业津贴、计算机专业给予每人每月 1 500 元津贴、电子通信专业给予每人每月 1 000 元津贴。通过实施紧缺专业待遇倾斜政策,紧缺专业教师招聘难的问题得到极大缓解,"老大难"的会计专业教师紧缺问题解决得最为明显,不仅一学期就招聘到位了 20 多位硕士研究生教师,而且本硕专业均为会计类专业,对改善会计系教师队伍的专业结构和年龄结构都起到了非常积极的推动作用。

(四)普遍提升教职工的住房公积金缴费基数

2016 年,学院发布《关于调整我院住房公积金单位缴费基数的通知》(广工商院人发〔2016〕10 号),从 2016 年 7 月 1 日开始,由过去的全校统一每人每月固定的基数,调整为按照每人的月发工资(不含校龄津贴)作为住房公积金的缴存基数。住房公积金关系青年教职工的住房稳定问题,提高住房公积金的缴费基数,使教职工能贷到更多的住房公积金贷款,让更多的教职工能圆安家广州的梦,从而进一步稳定教师队伍,让教师具有公平感和安全感。

(五)2016 年 9 月增设系主任职务补贴

从 2016 年 9 月开始,根据第三届第 42 次董事会常务会议精神,给每位系主任每生每月 1 元补贴,副主任每生每月 0.5 元补贴;另划拨每生每月 100 元系建设专项经费(美术设计系和音乐系上述两项均按 3 倍划拨)。并从 2018 年 9 月 1 日开始,将系主任职务补贴再提高一倍,同时给予机关和教学部的全体中层管理人员 2 000 ~ 5 000 的职务津贴,从而进一步稳定中层管理队伍。

(六)鼓励以校为家,向学院培养的高级职称教师实行待遇倾斜

2017 年,学院发布《关于在校内工作期间晋升副高级及以上职称人员工资待遇提升的管理办法》(广工商院发〔2017〕72 号),从 2017 年 1 月 1 日开始,经我院推荐评审或在我院评审晋升副教授、副研究员的教职工,按其到我院工作的累计校龄×津贴 200 元/年计算,按月发放,并随每年校龄增加而增加;晋升副研究馆员、高级实验师职称的折半计发。另,从其取得并受聘高级职称当年起,学院为每人每年存 20 000 元补充退休金,在我院法定退休时,一次性给付。因评审委员会的变化,从 2018 年 4 月起聘的自主评审的高级职称教师,学院为每人每年存 10 000 元补充退休金,每月发放的待遇仍按 2017 年文件执行。广大中青

年教师备受鼓舞，申报高级职称资格评审的教师人数逐年递增。

（七）向教学一线的专任教师实行待遇倾斜

2017年，学院发布《关于提高部分教师工资待遇的通知》（广工商院发〔2017〕148号），对硕士研究生教师工资每人每月提高1 200元；属于教育部公布的一流高校、一流学科毕业的硕士研究生教师另外提高每人每月1 000元；仅具有研究生学历或硕士学位单证的教师，每月增加600元。毕业于泰晤士高等教育世界大学排名和QS世界大学排名均为前200名高校的硕士研究生教师，按毕业于国内一流高校对待。同时，针对物流管理专业和采购管理专业毕业的硕士研究生教师，每人每月增加1 000元；工商管理专业、电子商务专业（偏计算机技术）、投资学专业、金融学专业毕业的硕士研究生教师，每人每月增加800元；对电子通信类专业、能承担计算机本科专业核心课程的计算机类专业教师，且本硕专业与上述专业一致的，紧缺专业教师分别由原增加的每人每月1 000元和1 500元提高到每人每月2 000元，发放办法不变。我院具有硕士研究生学历的教师的工资待遇接近甚至个别专业超越同类兄弟院校的最高水平线，教师队伍的学历结构、年龄结构持续改善，硕士研究生占教师队伍的比重逐年提高。与此同时，2018年，学院制订了《关于退休全职返聘的高级职称教师发放二次退休待遇的暂行规定》（广工商院发〔2018〕174号），对从事一线教学的高级职称教师发放二次退休待遇。

（八）加大博士研究生教师的招聘吸引力

2017年，学院发布《广州工商学院博士研究生招聘管理办法》（广工商院发〔2017〕162号），对引进的博士研究生给予科研启动费，分专业给予每月2 500～5 000元安家费（税前，共发放5年，最高30万元）；在参照副教授待遇的基础上，在我院工作期间每月享受2 000～4 000元的博士学位津贴。经过走访兄弟院校，进一步查找我院博士毕业教师招聘存在的短板，2019年重新制订了《招聘博士毕业教师管理办法》（广工商院发〔2019〕98号），将博士毕业教师的待遇提高到每年25万～30万元，并将安家费标准提高到20万元，准备在2019—2020学年引进至少50位博士毕业教师。

（九）筑巢引凤，持续改善教师的居住条件，解决教师的住房后顾之忧

一方面，对外地来的教师首先解决其住房问题，学院提供免费的一房一厅、两房一厅、复式等多种样式的教师公寓，家具电器一应俱全，并给予一定额度的水电费补贴，教师可以拎包入住。对在校外自己解决住房问题的教师则每月发放住房补贴，并免费提供上下班交通车。另一方面，按规定为教师缴纳住房公积金，并在每年7月按照政策规定为有购房需要的教师提高住房公积金个人缴费比例，帮助教师提高住房公积金贷款额度。通过这两方面的措施，大力改善教师的居住条件，免却其后顾之忧，进而让教师全身心投入教书育人的事业中，不断激发其工作热情。

（十）通过感情留人，丰富教职工的业余生活，完善教职工的福利待遇

学院每年开展全员培训，工会每年组织一次全学院性的外出参观学习（教师报销标准1500元/人），每年组织一次全院教职工免费健康体检。另外，学院工会有专人负责关注教师的生活情况，对患病、分娩或有特殊困难的教师进行慰问，将学院的人文关怀落到每一个教职工身上。并在两个校区都高标准建设了教工之家，定期开展乒乓球、羽毛球、摄影等比赛和瑜伽培训、亲子活动等，丰富教职工的业余文化生活，并于2017年大幅提高教师的节日慰问金，让教师进一步感受到学校政策的温暖。同时，学院建立健全了教职工代表大会

（简称教代会）制度，校工会负责教代会的日常工作，检查督促教代会的执行及提案的落实情况，积极推行校务公开和民主评议干部，并按期召开教职工代表大会，校长向大会做工作报告。

近年来，全体教职工的校龄津贴都得到了增长；硕士研究生教师的工资大幅提升；紧缺专业的教师的待遇得到显著提高，招聘吸引力大大增强，教师整体的稳定性非常高；高级职称教师的待遇在设置优才基金后得到一定提升；中层管理人员的待遇在实施职务津贴制度后得到相应提升，各类教职工与兄弟院校教职工的待遇差距逐步缩小。

成绩已成过去，即将到来的本科教学工作合格评估仍任重道远。我们要认真贯彻落实新时代全国高校本科教育工作会议精神和《普通高等学校本科专业类教学质量国家标准》的要求，把立德树人的成效作为检验学校一切工作的根本标准，把师德师风作为评价教师队伍的第一标准，进一步优化师资队伍的学历、年龄、职称结构，继续制定实施各种"超常规"的保障措施和激励机制，有效推进教师队伍建设，积极引导全校教师热爱教学、倾心教学、研究教学，做到"德高""学高""艺高"，做到政治素质过硬、业务能力精湛、育人水平高超、方法技术娴熟，潜心教书育人，更好地担当起学生健康成长的指导者和引路人。同时，不断完善人才发展体制机制，努力营造有利于高素质人才成长发展、脱颖而出的制度环境，搭建教师施展才华、干事创业的平台，从而为学院顺利通过本科教学工作合格评估提供师资保障。

以创建应用型大学为目标，不断提升办公室工作水平

李秀吉　赵万彬[①]

学院办公室作为校长直接领导下的综合管理部门，负责综合协调、文字材料准备、档案管理、督查督办、机要保密、行政接待等工作。在工作实践中，办公室需要做到管理的科学化、精细化，实现对信息的综合协调、传递与处理，切实把握办文、办会、办事的各个环节，不断探索工作路径，努力提升工作水平，为学校运行提供助力。

一、提高政治站位，加强德学修养

民办高等院校是我国高等教育的一部分，必须始终坚持社会主义办学方向，为社会主义事业培养德智体美劳全面发展的建设者和接班人。

（1）坚持社会主义办学方向，要求学院办公室工作人员积极参加政治理论学习，提高政治站位，强化思想认识，切实履行职责。升本以来，我们以学院学士学位授权单位审核和本科教学工作合格评估为工作重点，做好办公室的各项工作。在起草重要文稿如学院"十三五"规划、工作总结、工作要点时，按照院领导要求，注重高度，结合实际，在深度上下功夫。

（2）贯彻德才兼备的人才培养观，要求办公室人员积极践行"以德为行、以学为上"的教育思想。邝邦洪院长提出的这一思想是在继承德学思想精华的基础上，根据时代发展的需要和社会进步的要求，在不断与时俱进和吐故纳新的过程中形成的理论，是学院师生成长的基石。我们要以德学教育思想为引领，深刻理解精神实质，充分认识其对于师生素质全面提升的要义，并付诸各项工作实践。

（3）崇尚知行合一，要求办公室人员身体力行开展"五进"教育实践活动。邝邦洪院长倡导的"进课室、进图书馆、进实验实训室、进体育场馆、进社会"的"五进"教育实践活动，是立德树人在我院落地生根的创新性举措，高度契合了"立德"和"树人"的主要内容和精神实质。办公室工作人员在工作中身体力行，积极践行"五进"。经常进图书馆学习研究应用型本科教育教学规律，提升理论水平；进体育场馆锻炼身体，丰富业余文化生活，这已内化为办公室工作人员的习惯，有力地促进了工作作风的优化和工作效率的提高。

（4）讲政治、懂规矩，要求办公室工作人员严守政治纪律，增强政治意识，强化工作责任，以诚立行，以实立世，做到对党、对祖国、对事业忠诚。学院领导高度重视队伍建设，始终按照政治意识强、品德作风好、纪律要求严、业务技能精的要求，配齐、配强办

[①]作者简介：李秀吉，学院办公室主任，副教授。
　　赵万彬，学院办公室干事。

室工作人员，加大培养力度，加强能力培训和知识学习，以适应新形势对办公室工作提出的迫切要求。

二、紧扣中心工作，强化大局意识

学院办公室承担的职责决定了工作人员必须立足本职，胸怀全局，认识问题和分析问题都要自觉从大局出发，克服片面观念，统筹兼顾，正确处理好局部与全局、个人与集体的关系。当大局利益与局部利益、个人利益冲突时，要毫不犹豫地服从大局利益。创建高水平应用型大学是学院的奋斗目标和工作大局，着眼大局、服务大局、维护大局，是学院不断发展壮大的成功经验，也是不断提高办公室工作人员凝聚力和战斗力的可靠保证。

首先，必须自觉着眼大局。深刻领会"以德为行、以学为上"教育思想，学以致用，严格自律，勤于服务，树立良好的工作作风。孟子曰："先立乎其大者，则其小者弗能夺也。"为提升思想境界，增强服务大局的意识，办公室工作人员在日常工作中不断领会其精神实质，努力把各方面的工作做得更好更到位。

《教育部 国家发展改革委 财政部 关于引导部分地方普通本科高校向应用型转变的指导意见》（教发〔2015〕7号）指出，推动转型发展高校把办学思路真正转到服务地方经济社会发展上来，转到产教融合校企合作上来，转到培养应用型技术技能型人才上来。在发展改革的背景下，办公室综合协调工作也要进行相应的转变，切实处理好学校与企事业单位及各行业协会的关系，为学校营造一个和谐的外部环境。

其次，必须主动服务大局。要从学院发展的全局出发，找准服务大局的结合点和着力点。遵循事物发展规律，把握事物发展方向，识大体，顾大局，努力把思想和行动统一到学院领导对形势的总体部署上来。2014年，学院成功升格为本科院校，教育部将学院的办学定位设置为应用技术型普通高校，主要为区域经济社会发展培养应用型、技术技能型人才。办公室人员为适应学院的发展需要，必须认真研究应用型本科教育与普通本科教育、学术型本科教育的区别，研究产教融合、校企合作等人才培养模式，掌握相关教育理论，指导工作实践，按照领导要求，统筹协调有关部门开展各项工作。

最后，必须坚决维护大局。目前，学院发展正稳步进入快车道，即将迎来教育部本科教学合格评估。从建校初期的着眼规模发展到当前的更加注重内涵建设，学院正在发生质的变化。这么好的局面来之不易，我们必须倍加珍惜，办公室人员要时时处处维护学院的声誉，宣传学院新形象，扩大学院影响力，增强学院的社会美誉度。

三、树立服务意识，提高工作质量

办公室对外是"窗口"，对内是各部门的"服务部"，因此，办公室工作人员必须牢固树立服务意识，牢记服务机关、服务基层、服务师生的宗旨，踏踏实实做一名服务员，全面提高服务质量。

（一）树立精细化理念，做好会务工作

（1）做好日常会务工作。基础性日常会务工作看似普通，却不可忽视。学校的全局性工作都会在日常会务工作中体现出来，办公室只有做好日常会务工作，才能把学校领导从繁杂琐碎的日常事务中解脱出来，使他们更好地集中精力考虑和处理学校工作中的大事。学院建立有各种会议制度，如院长办公会，办公室需在会前做好议题的收集、会中做好会议记录、会后做好会议纪要，以及会议精神的传达和督办。对于每月一次的院务会和各种会议，做到全面周到，精准细致。

（2）做好大型活动的组织。办公室还要重点做好每年全院性例行大会的会务工作，如全院教职工大会、新生开学典礼、毕业典礼等议程的制定，通知的发布，会场的布置等。要做好这项工作，办公室人员必须具备精细化理念，精益求精，才能确保每场大会顺利举行。每学年的迎新工作是学院的头等大事，牵涉部门广，流程复杂。办公室要做好迎新接待方案的制订，召开相关会议，周密部署，协调各部门分解任务，落实责任。这就要求我们具备较强的组织能力和协调能力，统揽全局。

（3）做好接待工作。2018年4月，学院面临学士学位授予权评审工作，办公室认真制订了"迎接学士学位授权预评审专家接待组工作实施方案"，召开专题会议，落实各项接待工作细节，顺利完成了这项任务。2018年5月4日，广东省民办教育协会民办高校联席2018年年会在我院举行，学院办公室精心准备，落实责任，确保了大会的顺利举行。随着学院知名度的提高，每年都有一些兄弟院校前来考察交流。学院办公室坚持精细化接待理念，热情、周到地安排好参观考察的各个环节，给兄弟院校留下了良好的印象。

（二）以人为本，服务师生

学院院长邝邦洪教授倡导以生为本的办学理念，办公室的一切工作都要把师生的利益放在重要位置，切实解决师生遇到的各种问题。

学院建立了师生联系的长效工作机制，定期举行专项活动，听取广大师生对学校工作的建议，如中层干部座谈会、院长接待日、学生食堂陪餐制度等。院领导会针对师生所提建议，认真研究，及时解决问题。对于师生对学院处分有异议并申诉的问题，办公室高度重视，并联系相关部门认真核查，依章依规，耐心解答，使问题得到妥善解决。

此外，办公室文印室承担着学院教学、办公资料的大量复印工作。办公室合理安排专兼职人员值守，做到了文印室上班时间时时有人在，满足了教学单位和各部门的工作需求。

四、做好本职工作，切实履行责任

办公室人员要树立终身学习的理念，通过经常性的业务学习，努力培养严谨的科学思维能力，做到既有扎实的写作基础，又具备从容协调各种人际关系的能力，促进综合素质的不断提高，使办公室工作更加高效规范。

（1）明确职责，有序办文。办文是办公室的一项重要工作内容，要根据文件性质、内容、归属等予以办理。如学院各类公文的呈报、审批、督办、归档，校内发文的修改、审核，学年工作总结、工作要点、年检自评报告、年检整改方案、教育年鉴、学院工作大事记的撰写，外事工作各项材料的上报、出国出境文件的审核等，办公室根据岗位职责对各项工作进行分解，将任务具体到人，确保件件有落实，事事有成效。

（2）齐心协力，分工合作。办公室对每一项工作都理清思路，落实责任。如在学士学位授予权评审过程中，办公室全体人员按照评审工作任务内部分工表，撰写指标综述，收集佐证材料，召开专题会，集思广益，对照反馈意见，深入讨论，认真整改，保质保量完成各项评审任务。

(3) 练好内功，提升能力。办公室人员要有与工作岗位相匹配的专业素养，这样才能做好本职工作，要不断跟紧学校转型发展的步伐，坚持"干中学、学中干"，研究和掌握上级下发的指导性文件和相关政策。如文秘工作人员要不断学习，勤于练笔，借助互联网和公文写作方面的专业书籍，大量阅读行业内外优秀总结、计划、规划等文章，并在实践中不断积累经验，提高公文写作水平；外事工作人员要深入研究国家的法律、法规，熟悉外聘教师必须达到的条件，严格审核流程，把好人员进出关；机密件管理人员要严守机密件的流转要求，确保机密件的安全；档案管理人员要经常阅读《广州档案》等杂志，积极参加省教育厅组织的档案培训班等活动，交流经验，开阔眼界，探索适合民办院校校情的档案管理办法。同时，我们适时组织办公室工作人员参加对外交流、跟班学习、继续教育等活动，加快办公室人员的知识更新，优化知识结构。

五、做好档案管理，妥善保存历史资料

电子化办公给工作带来方便，同时也潜伏着安全隐患。意外的断电、误删除、忘记保存等操作容易造成文件的丢失，要求办公室工作人员必须具有严格的档案保管意识。在重要文件做好电子文档备份的同时，必须做好纸质文档的保存工作，确保日后的查询之需。

（1）做好学院升本和学士学位评审的相关工作。学院办公室深知文件收集、保管的重要性，如在学院升本和学士学位授予权的评审过程中，按照评建办的要求，认真梳理、清点、汇编、装订资料，确保了各类资料的完整，为评建工作提供了有力的材料支撑。

（2）做好历史图片资料的收集整理。学院档案馆十分重视上级领导珍贵历史影像的收集，收藏了学院历年重要事件的电子照片资料。从近万张照片中筛选出主题鲜明、影像清晰、画面完整的照片，为学院宣传片、二十周年校庆、广东省教育年鉴和对外宣传提供了宝贵的资料。

（3）筹建新档案馆。在院领导的关怀下，学院办公室启动了新档案馆的筹建工作，一方面开展硬件建设，另一方面不断优化软件建设。建立和完善了相关管理制度，先后整理修改了《广州工商学院管理工作办法》《广州工商学院纸质档案立卷操作规定》《档案管理工作职责》《档案工作管理制度》《广州工商学院立卷部门名单》《广州工商学院档案归档范围和保管期限表》，并整合形成了《广州工商学院档案管理制度汇编》。

（4）档案收集工作初见成效。一是对评估办移交的学士学位评估材料分类组卷并录入系统；二是做好了全校学生成绩档案材料的收集、清理、组卷、组盒、系统录入与归档工作，共计整理1 000多份，组盒378盒，录入系统信息700多条，修补、装订材料70多份；三是收集教务处、花都校区档案室有关档案材料31箱，并已进行初步归类。目前，档案馆工作已初见成效。

六、推进信息化，提高工作效率

信息化是办公室工作现代化的一个重要标志，一是可以提高工作效率，二是可以规范岗位职责。要提升办公室工作的效率，必须重视信息化建设。办公室是各类文件的汇集地和发出地，而大量文件的接收、呈报、审批、签发都有固定的流程，信息化最适合解决这些具有规律性、程序性的工作。

（1）启用新版OA系统。2017年，学院启动了数字校园建设工程，学院办公室积极响

应,认真调研,协助研发人员重新设计了 OA 系统。根据校内岗位的一些变化,调整了公文处理流程,简化了操作;在功能上面增加了 OA 系统手机客户端操作功能,便于院领导随时随地及时处理文件。新系统建成后,一年就处理省厅来文 1 000 多份,校内发文 200 余份,公文流转、分发顺畅,公文处理效率大为提高。

(2) 重视数据统计工作。坚持科学统计、精准统计,填报每年度的高基报表,力求真实、全面反映学院的办学情况。学院办公室安排专人负责高基报表的填报工作,定期参加省教育厅组织的培训班,及时掌握最新填报要求,会后召开学院内部的填报专题会,及时传达省教育厅讲解的填报指标和要求,耐心指导各有关部门开展填报工作。在填报中始终坚持实事求是的原则,要求每个数据都有支撑材料,经得起核查。办公室统计员田喜同志以高度的责任心和出色的工作表现,代表学院担任了广东省教育厅 2017 年高基报表高校分片统计小组组长,协助省厅规划处完成了高基报表的片区初审工作,受到省厅的专函表扬。

(3) 建立行政秘书群。为畅通院办与系部的联系渠道,院办专门建立了行政秘书 QQ 群作为 OA 系统的补充,将在 OA 系统发布的重要通知在行政秘书群内再次发布,避免了因没有及时登录 OA 系统而造成的信息延误,也避免了因 OA 系统故障而造成的信息获取障碍,确保重要信息及时传达到系部。

(4) 建立部门微信群。办公室工作具有较大的机动性、突发性,常常在下班之后接到上级工作通知,有些工作需要整个部门合作完成。为保障信息的畅通,院办建立了部门微信群,及时传达有关信息,确保了工作信息的高效传达。

七、加强法治观念,科学规范管理

办成一所百年老校,从长远看要靠文化,但是一种文化的形成往往需要时间的沉淀、数代人的传承,且文化的积淀是师生互动的结果,带有一定的自觉性,非规划、行政力量所能造就。随着学校管理水平和教育质量的日益提高,依法治校工作势在必行,办公室按院领导的要求,从制度建设入手,使各项管理工作有法可依、有章可循。

(1) 修订学院《规章制度汇编》。领导者要借助规章制度使教职员工对常规性的工作有法可依,有章可循。办公室作为综合部门,在认真研究和分析上级教育主管部门的有关方针和政策后,组织相关部门对历年来各类规章制度进行修订,使学校的规章制度适应转型发展的需要。近年,学院办公室按院领导的指示,对升本之前的《规章制度汇编》进行了几次修订,并结合各部门实际情况不断加以补充和完善。现行的《规章制度汇编》共 8 册,包括行政、党工团、教学、人事、学生管理、教辅、后勤保卫、继续教育分册,涵盖了学校工作的方方面面,且每一册的第一部分都有国家层面的相关法律、法规,确保了校内规章制度有法可依。

(2) 严格合同用章审批程序。随着办学规模的扩大,学院的合同(协议)用章机会日渐增多。为避免法律纠纷,学院办公室在原有用章审批表的基础上制作了合同(协议)类用章审批表,要求各类合同(协议)必须经过学院分管领导、法律事务部的审定后才能盖章,做到严格流程,层层把关。

(3) 及时公布信息,公开报告。根据上级部门信息公开透明的要求,每年按时向学校官网上传信息公开报告,接受师生和社会各界的监督。

(4) 开展依法治校创建活动。为了不断增强学院的法制建设水平,学院启动了依法治校创建工作，成立依法治校领导小组，制订依法治校工作方案，召开依法治校专题工作会议，研究部署依法治校工作，以评促建，夯实法制基础。学院依法治校办公室组织有关人员到兄弟院校学习依法治校先进经验，取长补短，交流互鉴，将依法治校工作不断推向深入。

八、继承红色传统，提高工作执行力

邝邦洪院长要求学院办公室继承革命传统，大力发扬"老三篇"中的精神，对于我们做好本职工作具有强烈的现实意义和教育意义。

"老三篇"倡导三种精神，一是以张思德为代表的"全心全意为人民服务"的无私奉献精神，二是以白求恩为代表的"毫不利己、专门利人"的国际主义精神、共产主义精神，三是知难而进、锲而不舍的愚公精神。这是引领我们攻坚克难、服务师生的强大精神力量，为办公室工作人员思想水平和工作能力的提高提供了精神食粮。办公室除了履行基本职能以保障学院各项工作的正常运转外，还常常面临一些临时性、突发性、紧迫性的任务，譬如特急件处理和上报、公章的规范管理、OA系统的维护、自然灾害和校园安全等突发事件的处理等，对办公室工作人员提出了较高的工作要求。办公室工作人员要弘扬"老三篇"中的精神，激发饱满的工作热情，切实履行好工作职责，真诚地为师生服务。

"没有任何借口"是美国西点军校建校200年来奉行的最重要的行为准则，强调"每一位学员要想尽办法去完成任何一项任务，而不是为没有完成任何一项任务去寻找借口"。可见，执行应该没有任何借口。办公室工作重在落实，重在执行。提高执行力，要求我们树立严、细、实的工作作风，在面对繁重任务、工作压力时，要保持昂扬向上、奋勇争先的精神状态；在面对急难险重问题时，更要勇于担当，做到精益求精，达到最佳效果。

风清则气正，气正则心齐，心齐则事成。办公室工作是一项综合性工作，需要我们具备较强的综合素质。办公室工作辛苦，默默无闻，但也最能锻炼人、提高人。上述路径是学院办公室提高工作水平的一些做法和体会。在今后的工作中，我们要以高度的政治站位、坚定的大局意识、严格的执行力，进一步振奋精神，努力工作，以新担当、新作为，奋力开创办公室工作的新局面。

守正创新　推动媒体融合发展

陈惠琼　雷保锋　李明山[①]

高校党委宣传部是高校党委主管意识形态方面工作的职能部门，在校园文化建设中发挥着重要的引领和促进作用，工作重点在于把握正确的舆论方向，宣传学校各阶段中心工作思想；宣传学校改革发展的成绩，指导和促进学校精神文明建设和校风学风建设；负责审核和审批校内报刊、校园网络、讲座以及校内社团等涉及意识形态的内容；负责全校文化场所的指导、监督和管理，使全体师生在潜移默化中受到先进思想和文化的熏陶，促进人格的升华和全面发展。因此，高校宣传部既是高校的宣传工具，又具有文化属性。

广州工商学院党委宣传部自成立以来，在学院董事会和学院领导的正确领导下，全面贯彻党的教育方针，重视和加强校园意识形态的管理，紧紧围绕学院各个时期的中心工作，着重发挥对内对外的宣传作用，竭力做好基层党建、宣传舆论导向、思想政治教育、校园文化建设等工作，积极践行"以德为行、以学为上"的教育思想，搭建"五进"活动平台，凝心聚力、团结协作，为学院的发展助力添瓦。

一、高校传统媒体与新媒体的发展现状

（一）传统媒体与新媒体的概念

传统媒体是传统的大众传播方式，是相对于新媒体而言的。传统媒体是通过某种机械装置定期向社会公众发布信息或提供教育娱乐平台的媒体，如报纸、期刊、电视、图书、广播等。新媒体是相对于传统媒体而言的，是在报刊、广播、电视等传统媒体之后发展起来的新媒体形态，是基于数字技术、网络技术，通过互联网、有线、无线通信网等渠道以及电脑、手机、数字电视机等终端，向用户提供信息和娱乐的传播形态和媒体形态。

（二）传统媒体与新媒体的特点

传统媒体具有运作过程专业性强、科研性强、学术价值高、阅读方便等优点，但因为要经过稿件征集、编辑、排版设计、印刷出版、发行等一系列工作，需要一定的时间才能完成，因而同时又具有出版周期长、时效性差和传播速度慢等特点。新媒体具有交互性与即时性、海量性与共享性、多媒体与超文本、个性化与社群化等特征。从快速发展的QQ、微博、各类网站到风靡全国的微信、短视频、H5、VR，技术更迭的速度非常快，为人们的生活、工作带来了极大的便利，同时也让媒体融合面临日新月异的挑战。

[①]作者简介：陈惠琼，宣传部干事。
　　　　雷保锋，宣传部干事。
　　　　李明山，宣传部原部长。

（三）高校媒体融合的发展情况

媒体融合是在互联网快速发展、传统媒体面临窘境的背景下产生的一种促使传统媒体转型的新理念，最早由尼古拉斯·尼葛洛庞帝（Nichdas Negroponte）提出。从狭义上看，媒体融合是将多种不同形态的媒体融合在一起，产生新的媒介形态；从广义上看，媒体融合是将传统媒体与新媒体通过资源共享，产生媒介功能、传播手段、所有权乃至组织结构等多重要素的融合，生产出不同形式的信息产品，然后通过不同的平台传播给受众。每逢关键节点，以习近平同志为核心的党中央都会从全局和战略的高度，不失时机地科学引领，顺势推动。在2013年11月召开的中共十八届三中全会上，媒体融合首次成为党中央重大决议的重要内容。

2014年8月18日，《关于推动传统媒体和新兴媒体融合发展的指导意见》审议通过，媒体融合被提升到国家行动、国家战略的高度。这是中国媒体融合发展的行动纲领和科学方略，具有极强的指导性和可操作性。

守正创新，推动媒体融合发展。守正，就是要坚定中国共产党的领导，坚持正确的政治方向，坚持正面宣传党的理论思想；创新，指的是传播技术的创新，主流媒体通过创新传播技术，更好地引导群众、服务群众。

2019年1月，"四全"媒体概念被首次提出，包括全程媒体、全息媒体、全员媒体、全效媒体。

近年来，高校新媒体的发展紧随党的脚步，迎合时代的需求，逐渐实现部门资源整合，将纸质媒体与新媒体进行融合，如纸质校报和数字校报同步上线，把校报的优秀文章在新媒体平台进行推送，把新媒体平台上有价值的信息刊载于校报，实现传统媒体和新媒体"我中有你、你中有我"的融合。大部分高校有意识地组建新媒体联盟，调动和组织职能部门、院系力量协同推进校报工作；融合校内外各级媒体；为区别于微信公众号的碎片化阅读，校报内容转向深度化报道……随着宣传阵地的扩大，校报需要重新审视自身的职业定位和工作职能。在现有基础上进行融媒体建设，让正能量更强劲、主旋律更高昂，已成为高校媒体融合的共识。

二、广州工商学院媒体融合探析

（一）立足根本，以新理念提升传统媒体质量

传统媒体主要服务于学校的意识形态、中心工作、校园文化宣传，限于内部交流，阵地较小，但具有很强的针对性；发行对象一般为校领导、全校各单位、学生宿舍及部分兄弟院校，是学校重要的宣传媒体，也是学校和师生相互联系的桥梁和纽带、社会和校友了解学校的一个窗口。因此，在现今多种媒体渠道并存的时代，要使传统媒体发挥应有的效用，保持其必要性和针对性，提升传统媒体的质量就显得极其重要，而要提高传统媒体的质量就不能一成不变。广州工商学院自升本以来，积极探索传统媒体的建设与改革途径，从校报内容、校报栏目、校报发行、融合、团队建设与管理等方面进一步提升校报质量，扩大传统媒体影响力，取得了一定的效果和成绩。

1. 优化校报栏目设置，提升采编质量，让校报"有看头"

《广州工商学院》报创办于2012年，为4开4版、彩色印刷、月刊，每期四个版面，分

为要闻版、教学科研版、学生活动版和文艺副刊版，以正面传递学校教学、科研、后勤、校办产业、党建和精神文明建设等方面的新人、新事、新动态、新经验为主。初期主要刊登学校新闻，可读性较差。随着学校办学规模不断扩大，单以保存历史资料形式的发行已不能满足校内宣传及对外交流。通过调研，《广州工商学院》报开始对栏目进行提炼，重大活动以专题的形式呈现。

在学校发展的过程中，在重大节点的宣传上，校报发挥了重要作用。例如，在2012年11月—2013年5月，校报曾开设为期半年的专栏，宣传校长邝邦洪教授"以德为行、以学为上"的教育思想。对"五进"教育实践活动，校报也开设了相应的专题，反映学院师生所取得的成果。2015年12月6日，学院隆重举办了20周年校庆，校报特推出20周年校庆专刊。2016年5月—9月开设"扎实做好'两学一做'全面推进内涵建设"专栏，宣传学校开展学习落实"两学一做"的情况。这种灵活提炼专题栏目的设置，让校报对校内的宣传更具影响力。此外，全面提升采编质量，让校报的信息更为精练，也是校报的另一种质变。

2. 优化版面设计，精准发行，让校报"夺眼球"

校报版面的优化是校报改革的重大课题。目前，各大高校纷纷加入校报视觉优化改革的行列，大图吸睛、视觉聚焦纷纷应用在校报上。《广州工商学院》报作为学院官方印刷出版的校报也在积极探索版面的优化设计。当然，追求版面优化设计不能单一大跨步，更不能模仿型地拼接板块与色彩，要探索符合自身文化特色的设计风格。校报正在尝试固定版面设计，适度提升色彩搭配度，通过标题、图片和文字的搭配做一定的视觉引导，根据内容和发行对象对版面进行针对性设计，逐渐形成沉稳大气、色彩明丽的版面设计风格。此外，校报的发行是否精准关系到校报的影响力，除了电子校报是多渠道发布外，《广州工商学院》报每期都被精准派送到办公楼、系部楼及学生宿舍，委托"一站式"服务中心展出，让师生及其他教职员工都能轻易获取；点对点寄送给广东省教育厅各部门和各兄弟院校，进一步提升校报影响力。

3. 报网融合，积极发展互动式、服务式、体验式新闻信息服务

随着信息技术的改革发展，面对新媒体的变化，如何开展、引导高校校园文化建设成为高校宣传思想政治教育的重要课题。近年来，宣传部利用网站媒体开展对外宣传工作。从2014年12月12日校园网改版后，宣传部在校园网上开设学院新闻、校园动态、师生风采、通知公告等栏目，由院属各单位上传各自相关的时事新闻稿件和活动报道，宣传部审核发布。学院重大活动报道和拍摄任务由宣传部跟进和发布、宣传。2019年6月1日，校园网升级为网站群建设并开发使用新闻网，使新闻信息服务更加系统和完善。

好的宣传模式不可一家独稿，宣传部广泛拓展获稿途径，进一步提高获稿数量和质量，将宣传工作与网络文化深度融合，使宣传思想阵地进一步扩容，利用新媒体实现线上线下有效互动，使宣传思想工作更具针对性。此外，宣传部积极向外投稿，在广东省教育厅"广东教育"栏目经审核发布了数量可观的学院新闻报道，在《佛山日报》《今日花都》《今日三水》等纸质媒体上发表学院新闻报道，同步在该媒体APP和公众号推送相关的新闻报道。把校报新闻努力推向社会，实现真正意义上的大众传播，把校报优秀稿件向社会媒体推荐转载、刊发，既扩大了校报新闻的社会影响力，也能提升学校在社会上的影响力。通过公关媒体的大力宣传，依托传统媒体的宣传和对新媒体的开拓创新，共同建设学院高校品牌建设。

4. 打造优秀学生编辑团队，提升媒体编辑质量

高校学生编辑队伍的建设在学校宣传工作中起着非常重要的作用，学生编辑团队在宣传工作中能承担大部分工作，因此，建设高水平学生编辑团队对学院宣传工作效率的提升至关重要。在学院"以质立校、以生为本、突出特色、崇尚创新"教育理念的指引下，宣传部于 2015 年 9 月初经面试选拔组建了一支 30 多人的党委新闻中心记者团，分为采访组、编辑组、摄影组、发行组等，协助完成学校重大事件的新闻报道采写、校报发行等工作。宣传部定期为党委新闻中心的学生开设新闻通讯及摄影专题讲座，增强其采编、摄影、策划、排版等业务能力，提升新闻团队的综合素质，促进学院传统媒体和新媒体的融合发展。随着新媒体的兴起，党委新闻中心同时也服务于学院官方公众号"广州工商学院新闻中心"。目前，党委新闻中心学生编辑团队已初具规模，能承担一部分新闻采编工作，效果良好。

5. 广泛交流，与时俱进，校报成果显著

校报的发展必须积极吸取外部经验，广泛交流，取长补短。学院宣传部积极组织评审、筛选优秀作品参与各省、国家级校报评审评优，积极参与各组织高端论坛，学习经验，把握发展方向。依托内容精练、栏目优化、发行精准化、报网融合以及较为完备的编辑团队，校报近年来在各省级、国家级评审中获得了一定的成绩。从 2014 年至 2019 年 6 月，共获得省级奖项 16 项、国家级奖项 2 项。

（二）创新传播技术，推动校园媒体融合发展

随着学院办学层次的提高，单一由学校校园网进行网上对外宣传显然不能满足需求，当今网络碎片化的信息获取模式更需要多点网络对接。提供多口径的交互式网络媒体，整合网络资源，形成各种媒体的融合，是目前高校正积极改革的方向。为此，学院积极创新传播技术，大力推进校园媒体融合发展。

1. 加强校园网建设，打造功能交互先进、特色鲜明的校园网平台

2014—2015 学年，宣传部对广州工商学院校园网主页的部分栏目进行了内容更新，包括"学院概况""指导思想""发展目标""办学层次""办学定位""亮点优势"。2018—2019 学年，宣传部联合实验实训中心，召开校园网站门户单位负责人会议，对校园网建设和主页门户设置进行讨论与征求意见，在创建数字校园的基础上升级校园网站群建设，强调各单位要重视网站建设，按照本科院校的要求，进一步优化和更新内容，同时增加子网站新闻网的建设，由宣传部负责主页网站和新闻网的新闻审核发布工作。宣传部对新升级的校园网站群主站及新闻网后台试运行，对主站网和新闻网内容进行更新，协调实验实训中心做好相关工作，对各单位校园网管理人员进行辅导，及时将试运行阶段出现的问题反馈至实训中心进行调试。对主站首页，除了保留原有的"学院新闻""通知公告""教育资讯"栏目外，还增加了"成果展示"和"教学科研"栏目；为更好地体现学院特色，提炼校园文化特色，对新闻网进行新的设计和开发，宣传部负责整体的页面设计和"学院要闻""综合新闻""师生风采""教育资讯""专题摄影""工商讲坛""人物""新媒体""电子校报"等栏目的文字整理工作和管理工作，充分发挥校园网在内部管理、对外宣传上的作用，丰富校园文化。

2. 统一部署，提升校园网的安全性

2015 年 3 月，学院校园网遭受黑客恶意攻击，宣传部及时发现并第一时间报告主管领

导，积极联系实训中心处理，维护校园网络安全。此后，建立了校园网统一部署管理制度，要求各二级单位网站统一部署学院服务器，由实训中心专人管理维护，并在特殊时期实行24小时实时监管制度，保障校园网的安全性。

3. 以评促建，特色凝练，做好校园媒体内在建设

升本以来，宣传部负责学院重大文化活动的组织、协调工作，努力推进校园文化建设，广泛开展创优争先活动，做好校内各类先进集体和个人的评选表彰工作，配合学院中心工作优化网络环境与校园环境。在布置各单位加强网站建设管理的基础上，宣传部定期浏览各单位网站，并开展了学院网站、新媒体年度评优工作；做好先进典型的宣传工作，鼓励先进，弘扬正气，如每年协助人事处进行师德师风征文的筛选工作，参加省厅的师德师风征文比赛；采访学院优秀师生，专访稿在校报刊登出版，在学院官方微信公众号推送；指导和协助有关部门加强法制、纪律和公民道德教育，如在2017—2018学年，协助党委办公室在全校范围内组织师生进行"学习《中华人民共和国宪法》"活动，分发《中华人民共和国宪法》书籍和指导师生学习；对团委邀请校外专家前来开展的关于"认识宪法"的讲座进行报道宣传；在微信公众号发送针对非法传销、校园贷等非法贷款行为的推文，增强师生对非法传销和非法贷款的警惕性，提高广大师生的法律意识、纪律观念和道德水准，倡导广大师生做遵纪守法的公民。

（三）加快新媒体融合建设，初见成效

顺应时代发展，宣传部于2016年注册开通学院官方微信订阅号"广州工商学院新闻中心"，负责每日对外推送校园重大活动新闻，拓宽学院的对外宣传途径，扩大学院的影响力，同时入驻抖音、今日头条等新媒体平台。近年，短视频的兴起提升了舆论宣传的速度和广度，对党委新闻中心的硬件、软件技术提出了更高的要求，党委新闻中心紧跟时代潮流，深入短视频宣传行列。党委新闻中心团队协助党委宣传部及新媒体联盟办公室把控学院舆论导向，2018—2019学年，党委新闻中心协助宣传部与工会完成年会的回顾短片，组织开展公众号评审、网站评比、校内短视频大赛等活动，并在官方微信公众号上展示优秀短视频，受到全校各级单位及师生的积极响应与大力支持，进一步弘扬了学院"德学""五进"的特色校园文化。"广州工商学院"公众服务号在广东高校新媒体联盟主持的评议中，综合排名位列广东本科高校第12位，荣获2018年度广东高校（本科院校组）新媒体影响力二等奖。

2018年12月，广州工商学院新媒体联盟正式揭牌成立。党委新闻中心作为学院新媒体联盟秘书处，协助党委宣传部牵头成立新媒体联盟及联盟办公室，统筹管理学院新媒体联盟各理事单位，推动新媒体交流合作，有效聚合校内各单位新媒体宣传资源，更好地向社会公众和全校师生宣传学校，及时、准确、充分反映学校各方面工作，不断提升校园新媒体的聚合力、传播力和影响力，共同促进学校新媒体的健康发展，提升学校的社会影响力和美誉度。新媒体联盟办公室组织开展学院官方媒体的运营，拟定并发布了《关于成立广州工商学院新媒体联盟的决定》《广州工商学院新媒体运营管理办法（试行）》《广州工商学院新闻中心运营方案（试行）》等文件，督促、监管联盟成员的运营，促进校园新媒体的健康有序发展。

为积极配合学校的宣传工作，党委新闻中心学生团队不断调整和完善内部结构，形成了集编辑部、宣策部、设计部、秘书部、摄影部五个部门共计140多人的规模，团队的宣传工作水平也在不断提升。

三、关于广州工商学院媒体融合的思考

目前，全国高校校报除了办有纸质校报，还具有电子校报、微信公众号、校报新闻网，这些新媒体平台一方面极大丰富了校报的传播渠道，弥补了校报新闻容量不足、时效不强的弊端，同时也对校报采编人员的综合素养、责任意识、工作能力等提出了更高要求。

（一）整合新闻资源，推进报网融合

高校校报要积极吸纳校园其他媒体的传播优势，注重与读者的互动，整合新闻资源，促进报网有机融合。在开办新闻网的同时，把电子报融入校园网和微信号，使新闻及时发布，增强新闻时效性，方便受众根据个人需求进行下载和收藏、转发和交流。

另一方面，可以充分利用校报的新闻资源，对校报新闻产品进行延伸，在网上开设贴近师生需求的专栏，增设网上评论、网上投稿等读者互动功能，最大限度地为广大受众提供全方位、立体化的精准服务，逐步实现校报传播手段的多元化。

实现传统媒体语言和新媒体语言的灵活转换。90后、00后等新生代群体喜欢的语言形式是活泼、不拘一格的，因此，要想走进他们的内心，就必须转换传统媒体严肃、正统的语言风格。广州工商学院宣传部在这方面做了尝试，初见成效，比如在2019年3月由工会举办的女工插花大赛中，同一份稿件，用传统媒体的语言拟定标题为"花香女神 魅力工商"，转化为新媒体语言的标题就是"女神秒变花神？美美哒"，并且在公众号推文的配图方面增加了滑动式配图，使整体感觉更温馨、更富于动态，受到学生的喜爱。接下来，将把电子校园上传至校园网和官方微信公众号，不断探索和实现技术上的创新，实现多媒体资源共享。

（二）改变程式化报道模式，拓展深度报道

在新媒体时代，校报想要焕发新的活力，就要关注广大受众关心的现实话题，采编有感情温度、有阅读特色的新闻，拓展校报的新闻报道范围，把重心转向普通师生，多层次反应师生及其他教职员工的学习、工作、生活中的新鲜事，写出真正个性化的新闻报道，如深度报道、调查报道、人物报道等，深入关注基层员工、学生，引起读者的广泛共鸣。如《广州工商学院》2014年第6期（总第18期）第4版《山花·副刊》刊出了"我眼中的后勤人"专题。该专题采访报道了广州工商学院食堂的厨房工、清洁工和校道清洁工等后勤基层工作人员，《太阳底下辛勤的后勤人》《平凡的工作不平凡的心》《可爱的清洁工们》等文章分别表达了对后勤清洁工们不畏辛劳、辛勤付出的敬意；配图全为校内师生的原创摄影作品，体现了新闻的真实性和深度性，引起了校园师生的广泛关注，该专题还获得了广东高校校报研究会颁发的专题类三等奖、版面类二等奖。2018年第7期第4版的人物专访《马超平：一展南粤师风》，采访了我院经贸系副教授、"南粤优秀教师"获得者马超平，获得2018年度广东高校校报好新闻通讯类二等奖，该版还刊载了我院三次获得校内"我最喜爱的老师"荣誉的邱代东老师专访稿，该版专题"立德树人 一展师风"获得2018年度广东高校校报好新闻专题类三等奖。

（三）融合技术，健全人才培养机制

全媒体时代，每一个信息的接受者都有不同的信息需求，要求媒体的信息传递准确、迅速，甚至要符合受众性格特点，因此产生了种类繁多的新媒体产品。这就对广大新闻从业者

提出了更高的挑战和要求，不再仅仅是文字、图片记者，而是要成为全媒体时代中的"全能型"记者，熟练掌握多媒体技术的操作，具备驾驭有声语言的基本能力，并且能对节目画面进行艺术化处理。

媒体采编人员要对自身进行视觉化思维的培养和拓展，调动视觉感官，通过摄影、摄像、"VR"等多种方式，使文字化采访的过程更为丰富，促进新闻内容表达的真实性、全面性、具象化，进行全面创新，提升其创造性价值。另外，还可通过邀请兄弟院校、校外报社的相关专家，根据不同岗位和要求进行专业化培训。

综上所述，自2014年广州工商学院升格为全日制普通本科院校后，学院宣传部以本科院校层次严格要求自己，在意识形态和校园文化宣传、学校网络建设、新闻中心学生团队、新媒体建设、传统媒体与新媒体融合等方面取得了突破性进展。

参考文献

[1] 高春燕. 试论新媒体环境下高校宣传部对校园文化的构建管理及引导 [J]. 榆林学院学报, 2014, 24 (5): 108-111.

[2] 黄芳萍. 新形势下党委宣传部在高校内涵建设中的作用探讨 [J]. 高等教育研究, 2011 (2): 44-45.

[3] 刘进, 王继鸽. 新媒体时代高校校报创新发展与传播方略 [J]. 江汉学术, 2018, 27 (5): 117-121.

[4] 赵耀. 浅谈融媒体时代新闻编辑记者技能与素质的培养提升 [J]. 记者摇篮, 2019 (2): 115-116.

[5] 管洪. 构建引领时代的全媒体传播生态 [N]. 重庆日报, 2019-02-14 (005).

民办高校学报办理的若干思考

李明山　韦承燕[①]

随着我国民办教育事业的快速发展，民办高校学术期刊应运而生，数量近200种，质量不断提升，已成为我国学术期刊阵营中一支不可忽视的生力军。30多年来，在各级政府主管部门的关心指导、各主办高校的高度重视和大力支持下，民办高校学术期刊作为学术交流的重要平台，为促进教学与科研工作、发现和培养学术人才、提升民办高校的办学水平和学术影响力发挥了独特而重要的作用。今天，面对中国特色社会主义新时代的开启以及深入贯彻落实新修订的《中华人民共和国民办教育促进法》的新形势，民办高校学术期刊，一方面迎来了发展的大好机遇，另一方面也面临着严峻的挑战。期刊工作者应当把注意力集中在尽力克服困难、苦练内功、着力提高办刊水平上，以为公开出版发行创造更好的条件。作为广州工商学院的学刊，《广州工商学术探索》在学校升本后取得了一定的成果，也明确了今后的发展方向。

一、已取得的成绩

（一）准确定位

定位是指让产品在消费者脑海中占据一个位置。学报的品牌定位指确立学报发展的与众不同的竞争优势及其在社会公众心目中的独特地位，以此使社会公众理解和正确识别某学报有别于其他学报的特征。目前，很多学报办理存在模糊型、跟风型、任期型等不同定位。模糊型定位是指一些学报缺乏文化底蕴，没有形成品牌意识，办刊只是跟着感觉走，没有形成自身的办刊特色与品牌；跟风型定位则是指有些学报没有自己的特色栏目和品牌，只是看到别人的栏目办得好，就盲目跟风，开设类似的栏目；任期型定位主要是由于很多院校的学报主编是由校长兼任的，而学报品牌定位容易受到主编思想、价值观、教育理念等的影响，这样就会出现更换一次主编学报就更换一次定位的现象。这些错误的定位给学报造成了发展困境，没有明确而长期坚持的品牌定位，学报很难在短时间内得到很好的发展。准确的定位能够给学报指明道路，有利于学报的长远发展。

目前，我国众多高校所创办的学报基本可划分为三种。第一种是重点大学的学报。重点大学在国内具有超强地位，培养的是顶尖的高端人才，教师与学生都具有较高的科研能力与水平，因此此类大学的学报刊发的大多是国内学术科研领域的领先成果，具有屹立学术期刊之林的坚实基础。第二种是一般的本科院校的学报。一般的本科院校主要培养高级应用型人才，侧重于应用型和技术性，因此所办学报也主要由应用型的成果组成。第三种是大专院校

[①]作者简介：李明山，学刊编辑部原常务主编，教授。
　　韦承燕，学刊编辑部干事。

和高职院校学报，比较注重操作技术和方法类的成果。

我们认真执行党和国家关于高等教育、民办教育、职业技术教育的相关法规和政策，坚持先进文化的发展方向，宣传科学理论，倡导科学精神，坚持为本校的教学科研服务。承担"认识世界、传承文明、资政育人、服务社会"的神圣职责，在地方性、应用性、特色性、技术性、实践性上具有一定特色。如自学院升级为本科院校之后，经过走访调查研究，学院领导和董事会领导提出了创建高水平应用型大学的办学目标，并进行全院性的传达与学习，引导各级行政领导部门及全院教职员工为此目标而努力奋斗。编辑部积极响应号召并开设"应用型本科研究"栏目。经过几年的发展，该栏目已经逐渐稳定并形成一定特色。2018年，在全国地方高校学报研究会学术会议暨第五届评优工作中，该栏目被评为特色栏目。

（二）不断提高稿件质量，把内刊当作正式期刊来办

1. 审稿注重学术品味，讲求学术规范

认真按照期刊出版要求，坚持不懈地在全面提高质量上下功夫；精心选择稿件，坚持质量第一的原则；从学术观点到行文表达都严格把关；在稿件处理上，坚持三审制，牢牢树立质量意识，达到科学性与学术性的统一。

2. 精心编校，编辑加工规范化

根据国家新闻出版署及高校学报的编排规范和标准，我们进一步加强编辑加工排版规范化工作。在工作中，热情接待每一位作者，为广大教师和科研人员服务。在加工和校对中，编辑以高度的责任心，认真负责，严格把关，对每一篇稿件都进行仔细修改加工，并按照规范要求完成每一期学报的编辑出版任务，使近几年来学报的编辑出版质量有了很大提高，获得了良好的效果。

3. 做到出版印刷专业化

在印刷上，按照广东省新闻出版局的相关管理规定，在有资质的印刷厂印刷，选择印刷资质较好的印刷厂以保证印刷质量；在装帧设计上，突出学术刊物的特点，做到既庄重、高雅又简洁明快、朴素大方，力求内容与形式的统一。

4. 编辑的无私奉献和辛勤劳作是保证刊物质量的关键

包括历届编委会成员在内的历任学报编辑，都以高度的敬业奉献精神对待编辑工作。在人员少的情况下，大家经常加班加点。在组稿、审稿、编辑、校对、发行等各个环节，坚持工作程序和质量标准，以敏锐的眼光组稿，以专家的眼光选稿，以雕刻家的态度编稿，以精益求精的精神精编细校，每一篇论文的发表都凝聚了编辑的心血与精力、才情与文思。

（三）拓宽稿源，加强组稿

稿源是学报赖以生存的基础。学报的稿件一般分为自由来稿和编辑主动约稿两种。很多作者在投稿时缺乏对学报的了解，不知道自己的稿件是否符合编辑部的要求，因此投稿具有很大的盲目性。编辑在众多的稿件中进行沙中淘金，挑选符合自身要求的稿件，难免出现采用率低的情况。因此，学报要建设自身的品牌，争取优质稿源和拓展组稿渠道就必不可少。编辑主动约稿是其社交能力、辨别稿件能力和专业水平的一种体现，是编辑业务成熟的标志。因此，编辑在进行组稿时，不仅要关注本校的学科热点，关注时下的学术热点，更要有敏锐的学术眼光，能够发现今后几年乃至很长时间的学术发展变化，预见未来的学术热点，有针对性、系统性地约稿，与期刊特色栏目的行业专家、学者密切联系，为自身的品牌建设

奠定坚实的稿源基础。

编辑部立足于学校实际，在认真分析、总结影响学报发展内因、外因的基础上，不断探索与改革，通过几条途径吸引优质稿源。第一，开发校内优质稿源。学院升本以来非常重视科研工作，实施了多项政策鼓励和扶持教师加强科研工作，科研工作进步非常大。编辑部紧跟学院发展步伐，加大对校内教师各级科研课题的追踪，加大约稿力度，对优质稿件优先发表。第二，充分打动编委会乃至全校教师，及时掌握各领域的前沿和热点，把握学科最新的研究动态，采取专家约稿、名家助刊等方式，积极为刊物撰稿、组稿、荐稿，为刊物争取校外优质稿源。

（四）培育作者群

我国目前有高校3 000多所，基本上每一所高校都创办了1～2种刊物，在众多的学报中争取大量、优质的稿源成为学报发展的头等大事。优质稿源是学报发展的生命源泉，稳定的作者群成为了学报解决稿源不足的重要途径。应用型高校学报侧重于应用性与技术性的学术研究与发现，学术水平与应用水平就成为学报的质量保证。然而，同一类型的技术创新发现与使用不可能集中在某一所高校，而是展现出百花盛开的局面。因此，团结某一学科专家学者、年轻作者，将他们吸引到专栏，是一项极其困难和复杂的工作，需要编委会、编辑部付出大量的艰辛劳动。在这个过程中，培育一群基础扎实、学术科研水平过硬的作者，为学报的发展获取充足而高质量的稿源，是学报发展的助推器。

升本以来，学报立足本校，重视组发校内专家学者的稿件。作为学校科研学术水平展示的载体和平台，及时关注校内课题研究进展，经常与校内专家、学者开展交流互动，征稿组栏，展示其最新研究成果；重视扶持中青年作者，引导和支持中青年教师踊跃投稿，为其搭建科研平台，提高其写作能力，凝练其学术水平，发挥学报的服务功能。

（五）加强编辑队伍建设

一支业务精湛、技术过硬的编辑队伍，是学报发展的根本保障，也是学报创建和发展品牌的基础。应用型本科高校的学报因为发展历史和地域性的限制，编辑的组稿能力和稿件筛选、编辑、修改完善等业务水平对提高刊物质量尤为重要。因此，应用型本科高校学报编辑部应该在编辑人才的挑选、培养和选拔方面下大功夫，建立起业务水平高、技术娴熟、适应新时代要求的编辑队伍。

为使出版工作制度化、编辑工作程序化和规范化，提高学报出版综合能力，本刊采取了以下措施加强内部管理，加强编辑队伍建设。

第一，成立编辑委员会，对出版工作发挥指导、监督和咨询作用。

第二，完善编辑人员结构，提高编辑人员的综合素质。编辑队伍由专兼职人员组成，涵盖多个学科，较好地满足了出版工作的需求。为提高编辑人员的业务素质，除鼓励他们外出参加培训外，还定期举办校对研讨活动，对工作中遇到的问题进行讨论。这项措施实施以来，编辑人员反映受益匪浅，对具体的编辑工作很有帮助。

（六）加强宣传，扩大影响

随着时代的发展，"酒香不怕巷子深"的宣传策略，显然不能满足信息快速传播的需求。学报需要主动出击，扩大自身的影响范围。升本后，编辑部对学报进行重新定位，重新设计封面，重新设置栏目，并积极与同行联系，积极参加培训和学术会议，加强内涵与效能建设。例如，我们加入了广东省高校学报研究会、全国民办高校学报研究会、全国地方高校学报研究会等组织，积极参加它们的学术年会、评优评奖活动和课题研究工作。2016年，广州商学院学报在全国民办高校学报研究会第四次"双优"评比中获优秀期刊一等奖；2017年，在全国民办高校学报研究会第五次"双优"评比中获优秀期刊二等奖；2018年，在全国地方高校学报研究会2018年学术会议暨第五届评优活动中获内部交流期刊名刊奖，"应用型本科教育研究"被评为特色栏目。

此外，编辑部加强与省内外高等院校学报之间的交流，将每期刊物邮寄给全国相关高校学报编辑部、科研处、图书馆及上级主管单位的相关职能处室等，实现刊物在各个学术层次上的交流，扩大期刊与学校的影响力。

高校学报在品牌建设的过程中也不能局限于原有的以纸质媒介传播为主要途径的单一传播方式，而是应该与时俱进，进行学报的数字化、媒体化建设，采用多种策略与渠道进行品牌推广活动。如创建微信公众号等，扩大学报的传播力与影响力，吸引更多专家学者及读者的关注，获得他们的肯定和支持。如此良性循环，才能获得更好的稿源，有利于特色栏目的建设，形成刊物特色，塑造良好的学报形象。

二、今后的努力方向

（一）坚持正确的舆论导向，发挥学报高扬主旋律、传播正能量的作用

学报是学术刊物，学术性是其基本属性，学报对政治性、思想性、学术性的价值追求是统一的。因此，学报要始终把思想性与学术性的统一作为基本原则，在编辑方针、编辑理念和编辑思想上，都自觉与党中央保持一致，体现先进文化的前进方向。

作为内部资料的民办高校学报处于明显的弱势地位，所占有的人才资源、学科资源等相对逊色。如何审视民办高校学报的真正价值与地位，在弱势环境中努力提高自身的竞争力，成为学报面临的严峻问题。内刊也是舆论宣传阵地，是新闻出版的重要组成部分，同样是党和人民的喉舌。编辑人员应把内部刊物当成公开刊物来办，发挥内部刊物的政治舆论导向作用。为此，今后编辑部可以加强以下两个方面的建设。

一是组织编辑人员学习培训，传达全国民办高校学报研究会和广东省新闻出版局的会议精神以及优秀刊物的办刊经验，掌握时事政策、法规和新闻出版业务知识，提高政治理论水平，不断提高编辑的思想政治及综合素质；

二是在编辑方针和理念上，要始终把思想性、政治性放在首位，坚持以新时代中国特色社会主义理论为指导，倡导百花齐放、百家争鸣与把握正确的舆论导向相统一，自主创建与遵守新闻出版纪律相统一，编辑风格多元化与报刊性质一元化相统一。

（二）围绕应用型本科教育特点，发挥学报引领学术发展和培育人才的作用

特色是事物的独特色彩和风格，特色栏目是指在风格、定位和内容方面展示出与其他刊物不同特色的栏目，其中的定位和内容又最为重要。定位主要指办栏宗旨、专业定位、读者定位、选题设计和研究导向等。内容则主要是指专业性和学术性等方面的特性。学报是学术性刊物，"学"和"术"也正是应用型本科院校与高职院校较为明显的区别。学报更偏向于"学"还是更偏向于"术"，也是由学校的定位决定的。应用型本科院校的学报应该以学校定位为导向，设置自己的特色栏目。

(三）配合学校中心工作，发挥学报内引外联的学术影响效应

高校学报不能仅仅停留在教学辅助的定位上，而要宽视野、站高位，作为学校协同合作的载体来发挥作用。因此，学报应主动配合学校中心工作，坚持与相关部门共同完成各项工作，设置与学校中心工作、学科相关的栏目。

1. 栏目的设置应涵盖学校的主要学科和专业

一所高校的学科与专业设置最能体现其学术性质。学报作为反映教学科研成果的"窗口"，栏目的设置应该以本校的学科设置为主要依据，涵盖学校所开设的主要学科和专业，展示各学科和专业的教学科研成果，从而为教职员工提供一个良好的展示平台，提高他们的教学科研活动积极性。教师们的科研积极性提高了，研究下功夫了，写出来的文章质量就会更好，学报的可选择性就会更强，办刊水平也就自然提高了。

2. 重点栏目应突出本校的学科优势

出版家邹韬奋曾说："没有个性或特色的刊物，生存已成为问题，发展更没有希望。"孙犁也明确指出，刊物"要有个性，要敢于形成一个流派，与兄弟刊物竞争比赛"。高校学报由于自身特殊的办刊宗旨与办刊定位，很难在众多的专业学术期刊中脱颖而出，而对科研力量薄弱的应用型本科院校来说，想要在众多的期刊中崭露头角就更难了。因此，应用型本科高校学报的栏目设置只能在涵盖学校主要学科和专业的基础上，扬长避短、突出优势、办出特色。一所学校的学科优势往往也是其科研优势，也是学报栏目设置的依据。事实上，无论哪种院校，都有各自的学科和专业优势，而这就是学报设置特色栏目的重要依据。

（四）服务区域经济发展，发挥学校产学研结合办学模式的导向功能

高校会因地制宜设置一些有地方特色的学科，因此学科研究成果也具有地方特色，这给学报设置特色栏目提供了机会和可能。因此，学报在设置栏目时，应从本地的实际情况出发，充分利用学校所处地理位置的人文特点和优势设置栏目，彰显自身的地域文化，有意识地策划与开设一些适应地区发展的特色栏目，促进学校的教科研工作开展，引导学校的师生更有针对性地服务区域的经济建设与社会生活。有特色的地方性优秀栏目，也能促进学报的发展，提升学报的质量。例如，《齐鲁学刊》的"齐鲁文化研究"、《东北师大学报》的"东北史研究"、《湖南师范大学学报》的"湖湘文化研究"、《山西师范大学学报》的"晋国史研究"、《湖南科技学院学报》的"濂溪学研究"、《嘉应学院学报》的"客家学研究"等栏目，都在突出学报的地方性特色上大胆尝试，收效不错。我院在结合地方经济文化和本校办学实际情况的基础上，开设了"'德学'与'五进'研究""应用型本科教育研究""岭南文化研究"等栏目，经过几年的发展，已经逐渐稳定并取得一定的成效。

十几年来，广州工商学院董事会、党政领导、辅导员和广大教职工都十分重视学生的德育工作和素质教育工作，认真学习和贯彻落实上级的文件精神和领导同志的讲话精神，从学校的自身实际出发，探索一条行之有效的立德树人的新路子，学院院长邝邦洪教授提出在大学生中开展"五进"活动，让学生得到全面发展。"五进"，就是进课室、进图书馆、进实验实训室、进体育场馆、进社会。"五进"教育实践活动是一个统一体，从不同方面强调了大学生必备的多种素养，将大学生的全面发展和历史使命紧紧联系在一起，是培育大学生健康成才的重要途径。学校围绕"德学"与"五进"开展了系列活动并形成长效机制，在此基础上产生的学术研究也逐渐增多，因此，学刊编辑部根据学院实际情况开设了"'德学'

与'五进'研究"栏目,形成了自身的特色栏目。

"应用型本科教育研究"栏目是根据学院升本后的办学实际,积极响应创办高水平应用型本科的号召而开设的,在全国地方高校学报研究会2018年学术会议暨第五届评优活动中被评为特色栏目。

(五) 传承弘扬优秀文化,发挥学报精神文化的导向作用

德国著名文学家歌德说,"理论是灰色的,生活之树常青"。学报是学术刊物,理论性是其基本属性;学报又是出版物,属于精神文化产品,使枯燥的学术理论变得生动形象、充满生命力、具有可读性,是我们孜孜不倦的追求。"言而无文,行之不远"是对办刊人文化素养的要求。只有形成自己的编辑风格,有求新求异的艺术追求,有传承文化的精神动力,才能塑造刊物的生命力,吸引更多的读者。因此,学报力求推出观点新颖、分析透彻、案例鲜活以及思辨性与可读性强的理论文章,同时力求做到原创性与个性化,以读者喜闻乐见的形式吸引读者。这样才能在众多的出版物中脱颖而出,吸引更多的作者与读者。

回顾过去是为了更好地展望未来。在总结过去办刊成就、经验和不足的基础上,在新时代到来之际,编辑部将进一步提升学报的质量和学术影响力,更好地发挥学报的服务功能,为全面提升学校教学科研水平及促进学校转型发展、再上新台阶、取得新飞跃作出更大的贡献。

参考文献

[1] 谭琴,张佐言. 外语培训机构发展定位策划初探 [J]. 江西教育科研, 2005 (10) 37-38.

[2] 王丹,张祥合,刘玉成. 媒体融合背景下高校学报创建期刊品牌的策略 [J]. 编辑学报, 2017, 129 (S1):84-85.

[3] 邝邦洪,钟伟强. 立德树人之路 [M]. 北京:中国文史出版社, 2015.

[4] 邵艳艳. 专科学报作者投稿心理分析及期刊编辑策略 [J]. 鞍山师范学院学报, 2011, 13 (4):108-110.

[5] 臧莉娟. 改革开放以来我国高校学报发展的回顾与思考 [J]. 南京理工大学学报 (社会科学版), 2009, 22 (4):111-115+124.

民办高校创新图书馆建设的思考
——以广州工商学院为例

熊家良　张圣荧[①]

图书馆作为高校文化建设的重要组成部分，其发展规模和建设成果在一定程度上代表着学校的办学水平和质量层次。国家图书馆前馆长周和平曾这样描述："图书馆本身就是一种内涵深厚的文化，这种文化是由过去、现在、未来三者递进、传承而发展，由物（馆舍）、人（馆员、读者）、神（馆藏文献所承载的智慧与精神）三者融和、辉映而拱立。"这充分表明，就高校图书馆包括民办高校图书馆而言，不仅是协同育人的教学辅助单位，也是学术交流、文化传播乃至丰富精神世界的重要空间。

围绕内强素质、外树形象、和谐办学、科学发展的办学方针，坚持以质立校、以生为本、突出特色、崇尚创新的办学理念，自学院2014年升本和2018年成功获得学士学位授予权以来，广州工商学院图书馆紧跟学院发展的前进步伐，遵照读者第一、服务至上的工作宗旨，响应"德学""五进"的号召，结合学院的办学特色和本科人才培养需求，从文献资源与管理利用、功能拓展与全方位服务、阅读推广与数据分析等方面入手，融合各学科、各专业的性质和特点，在纸质书刊和数字资源的建设与利用等方面突出实用性和全面性，在一定程度上实现了针对性管理、人性化服务和前沿性发展的建设目标，成为学院升本以来尤其是学士学位评估工作中一个不可或缺的重要组成部分。

《普通高等学校图书馆规程》将图书馆的主要任务分为四项：

①建设全校的文献信息资源体系，为教学、科研和学科建设提供文献信息保障；

②建立健全全校的文献信息服务体系，方便全校师生获取各类信息；

③不断拓展和深化服务，积极参与学校人才培养、信息化建设和校园文化建设；

④积极参与各种资源共建共享，发挥信息资源优势和专业服务优势，为社会服务。正因如此，无论是基于学校的发展还是社会的需要，如何进一步办好广州商学院图书馆已成为图书馆管理和发展建设亟待解决的问题。

大数据及5G时代的到来，促进全社会及各行业均进行自我变革和更新。高校图书馆的建设必将在科技时代及新媒体传播方式推动的新形势下得到发展的契机与平台。根据《普通高等学校图书馆规程》提出的任务与时代发展的要求，我们觉得，未来的1~2个五年间，我校乃至民办高校图书馆的建设与发展主要可从以下几个方面去思考和努力。

一、5G时代，推动图书馆向智慧型方向发展

科技是人类社会的第一生产力。4G信息技术的普及使各行业得到高速发展，而5G时代

[①]作者简介：熊家良，图书馆馆长，教授。
　　张圣荧，图书馆行政干事。

的兴起,更是进一步扩大并丰富了信息网络的架构。全球信息巨头高通公司执行总裁克里斯蒂安诺·阿蒙(Cristiano Amon)指出,5G带来诸多改变并将显著变革移动行业。5G以高速率、低时延、大规模及低功耗的特点极大地满足了物联网、云平台等信息科技技术平台的发展需要。随着人工智能技术的不断成熟,以读者为服务中心的图书馆事业也正朝着智慧图书馆的方向大步前进。2018年4月召开的全国教育信息化工作会议提出,教育信息化2.0就是要全面提升教育信息化发展水平,以教育信息化全面推动教育现代化,开启智能时代教育的新征程。高校图书馆作为实现教育信息化的重要平台和文化传播渠道,需要与时俱进,踏上转型之路。随着互联网时代的发展和读者用户需求视角的扩大,民办高校图书馆的建设趋势必将向智慧型图书馆发展。网络图书馆、数字图书馆、移动图书馆、自助图书馆等将形成图书馆的服务终端系统;而依赖于文献资源的传统图书馆的服务模式,特别是纸质文献的信息服务模式难以满足广大读者特别是年轻读者对文化信息、时效性强、更新速度快、内容丰富、获取途径便捷等资源需求。

移动终端设备、云端存储设备的出现,给图书馆的存续造成生存压力,但同时也将成为其转型发展的动力。目前,许多高校图书馆在认真学习、借鉴国内外知名图书馆在大数据时代行之有效的经验和做法,纷纷努力挖掘信息资源,积极建立信息资源数据库,将信息技术和数字资源应用到图书馆服务之中,让图书馆变得更加网络化、数字化、信息化。在读者需求纵深化、个性化的现状下,民办高校图书馆一直以来坚守的以借、还书为主要功能的单一式平台将逐步被各种信息检索平台取代。随着物联网、云计算、大数据、RFID等现代信息技术运用于图书馆,智慧图书馆将逐渐成为图书馆界建设发展的方向,这是一种智能建筑与高度自动化管理相结合的数字图书馆创新。

近年来,广州工商学院图书馆逐步开展了信息资源整合工作,引进大数据系统,详细分析并掌握全院师生利用图书馆纸质及数字资源的相关数据,读者可通过智慧墙公布的大数据进一步了解图书馆各类信息资源的利用情况。未来,我馆还将进一步优化升级图书管理系统,利用物联网等现代信息技术开展基于读者需要的个性化信息服务,使广州工商学院图书馆逐步向以知识共享性、服务高效性、使用便捷性为特点的智慧图书馆方向发展,并配合学院构建智慧校园。另一方面,以智慧型为发展方向的高校图书馆将利用5G信息技术实现统一的资源管理和共享服务,对于像我们学校这样有两个校区的高校而言,还可利用公共图书馆总分馆的制度进行信息管理和服务。

当下,广州工商学院与中国电信广州分公司签署了5G智慧校园战略合作协议,已完成校内重要场所的5G信号覆盖,成为广州地区首家5G校园战略合作高校。

智慧图书馆和数字图书馆已是服务发展趋向,图书馆做出自我变革和逻辑调整已是大势所趋,积极应对、改革创新、精准实施将是5G时代图书馆发展的必然选择。我院图书馆的发展也应该与新时代高校图书馆建设理念相契合,乘势而上,顺势而为,以5G信息技术为新的发展软实力。

二、书香校园,让图书馆成为阅读推广的主阵地

一个人心智的发展、知识的学习以及综合素质的培养都离不开阅读。联合国教科文组织向全球发出"走向阅读社会"的号召,通过主动介入读者阅读的特点,结合"互联网+"的自媒体载体将活动形式多样化呈现,读者可通过手机、计算机等电子媒介进行线上参与,

使生活中的碎片化时间得到有效利用。

国民的阅读水平是一个国家文明程度的重要标志。各国为了提高国民的阅读能力，纷纷出台相关法律，如美国的《卓越阅读法》、韩国的《图书馆及读书振兴法》、俄罗斯的《民族阅读大纲》等，都把阅读与一个国家的兴衰紧密相连。我国政府也高度重视全民阅读，连续5年《政府工作报告》提出要"倡导全民阅读，建设学习型社会"，充分表明了党和政府对全民阅读工作的重视，全民阅读已经成为提升国家综合实力的重要举措之一。

高校是思想文化的重要阵地，而图书馆作为各类文化的资源聚集地，在建设书香校园和培养大学生阅读习惯等方面发挥着重要作用。随着时代的变迁，在新型的数字阅读环境越来越大众化的背景下，在校园营造阅读氛围、引导读者培养活跃的阅读思维、鼓励大学生提高自我独立思考的能力，显然已成为高校图书馆开展阅读推广的出发点和落脚点。阅读推广作为一种动态的阅读共享渠道，在高校图书馆建设中具有强大的发展前景，应该让其在高校教育这片沃土中生根发芽，茁壮成长。许多高校的阅读推广活动丰富多彩，逐渐形成了自己的品牌，如北京大学图书馆的"遇见文字与声音之美：师生'共读一本书'"活动、北京师范大学图书馆的"BNU朗读者"读书朗诵会、浙江大学图书馆的"悦空间"系列活动、华中科技大学图书馆的"琅琅读书声"活动、重庆大学图书馆的"以书评促阅读"活动、上海对外经贸大学图书馆的"阿米书社"、郑州大学图书馆的"读书达人秀"活动、西南交通大学图书馆的"带本书去旅行"活动、九江学院图书馆的"蝶湖书声"栏目、湖北经济学院图书馆的"Yue读Yue精彩"活动、南阳师范学院图书馆的"书模表演"活动等。有些高校图书馆还专门成立了阅读推广委员会，就广东地区高校而言，有暨南大学图书馆的"悦字"系列（包括悦读、悦看、悦听、悦享）、广东外语外贸大学图书馆的"密闭读书会"、岭南师范学院的"燕岭阅艺"艺术体验沙龙以及"燕岭阅坛"等不同类型和层次的阅读推广品牌。可以说，阅读推广已经成为高校图书馆的主流服务和核心工作。

近年来，广州工商学院图书馆也正不断倡导阅读推广的理念，传递阅读价值观念，通过组织策划或协助学院各系部组织开展一系列阅读推广活动并取得了一定成绩，譬如好书推介、新书通报、主题书展、图书漂流以及各级各类竞赛等。一方面加大阅读推广团队建设，对以学生干部为主的读者协会进行专题培训；另一方面，在了解大学生阅读现状的基础上，制订活动计划和实施方案，结合专业特色开展形式多样的阅读活动，让阅读在活动中体现其流动性、互动性和丰富性。仅以2018年为例，开展阅读推广活动20余场，举办了"世界读书日"之读书沙龙活动、"百馆荐书、全城共读"——"共读半小时"活动、"万方杯"百科知识竞赛及视频比赛、"寻找图书馆最美天使"摄影比赛、"母亲"系列专题书展、国外文学主题书展、悬疑推理主题书展、莫言图书专题展览、"文明的沉淀信息的导航"学术视野讲座等；协助各系部举办"花城杯"经典美文诵读大赛、"名著话剧大赛"、"读书报告会"等；组织指导学生参加广东省第二届"学问杯"影评大赛并荣获一等奖，参加全国首届"图书馆杯主题海报创意设计大赛"广东赛区暨广东省第二届"图书馆杯主题海报创意设计大赛"获优秀奖和优秀组织奖，参加第八届"图书馆杯"广东全民英语口语大赛获"最佳组织奖"等。

尽管取得了以上成绩，但相对来说，推广效果仍处于较为基础的阶段：活动形式较为单一，新意和创造性不够，缺少专门的人员和计划，时间短、内容少、规模小，对师生的吸引力还不足。随着图书馆环境的改善，为了更好地推广阅读，应该建立行之有力的长效机制。

1. 设立阅读推广机构

过去没有一个明确的部门专职负责阅读推广，一般是在举办相关活动前临时指派、抽调人员来开展工作，或者指定某位馆员兼职进行阅读推广，专业知识和素养不足，而且缺少校内部门的合作和参与。图书馆要有阅读推广的专门人员，负责阅读推广工作的策划、实施、评估和改进，成立了以馆长直接领导、指导老师负责管理、学生团队策划和落实活动的阅读推广团队，适时联系教务处、学生处、团委、学生会以及各系部，有计划、有目标、有组织地开展各项阅读推广活动。

2. 加大宣传推广力度

借助"线下＋线上"的传播形式，如线下设计并摆放活动立体宣传展架，线上利用图书馆网页、微信公众号平台推广，使活动最新资讯得到快速且高效的传播。同时，将纸本阅读与新媒体阅读融合，建立一种新的阅读服务模式，向师生员工主动推荐热门或前沿书籍、新进的馆藏文献，或者对图书馆馆藏资源清单按类型或专业等进行主题推荐或信息普及，通过馆内公告、新书推送、专题书架等途径，在互联网上完成图书的推荐和阅读指导工作。

3. 整合各类读书活动

目前，学生社联下设读者协会，会计系成立了莲心读书会，工商管理系的读书报告会已举办两届，校工会也利用每个周二的晚上以书会友。图书馆有责任和义务主动沟通，了解情况，提供方便，给予支持。例如，可以将这些资源整合，冠以"读书汇"的名称形成系列品牌；可以在世界读书日、"读书月"活动期间举办一个全校性的"书香文化节"；可以出一份不定期的"读书通讯"；还可将我校师生的一些优秀读书笔记、报告自建一个数据库，展示在图书馆网页上，供更多的读者学习参考。

4. 举办专题读书讲座

每学期都可以有计划地邀请校内外专家开展与读书相关的主题讲座，将其个人的学识、生活经验融入书籍讲述，不仅能激发学生的阅读兴趣，也可以缓解因没时间读书而带来的压力，从而启迪阅读的智慧。

5. 开展各类知识竞赛

这是一种间接的阅读推荐途径，通过竞赛激发学生的阅读兴趣，提高学生对阅读的参与热情，鼓励学生在竞赛中展现特长、发挥潜力，还可以吸引到更多的学生为了获得竞赛的好成绩而提高查阅文献的能力。

6. 参与区域图书联盟

区域联盟图书馆可以资源共享、协同服务，它既是图书馆服务模式的创新，也是联盟内图书馆功能的拓展。在区域联盟协同下，高校图书馆开展全民阅读推广活动，更有利于发挥各高校图书馆的专业优势及馆藏特色优势，加强与暨南大学、华南师范大学、广东外语外贸大学、广东工业大学、广东财经大学、华南理工大学广州学院等院校图书馆的互联互通，突破固有的本土化、区域化管理与服务的局限。与此同时，还可积极同中山图书馆、广州图书馆、花都区图书馆、三水区图书馆等公共图书馆建立联系，享受国家文化发展带来的社会福利。

总之，在未来的建设中，广州工商学院图书馆应该也必将丰富阅读推广的形式，结合学院专业特色开展形式多样的阅读活动，将学科专业性与阅读广泛性有机结合。在了解大学生阅读现状的基础上，制订阅读推广活动的计划和实施方案，加大宣传力度，注重活动效果，把阅读推广作为图书馆常态化的活动延续下去，为阅读创造更多的传播和发展价值，这才是图书馆生存与发展的意义所在。

三、读者服务，图书馆职能转型的软实力体现

高校图书馆作为服务读者的独立单位，服务是图书馆工作的核心。如何让读者有一个安定、良好、舒适的学习环境，是高校图书馆时时需要思考的问题。因此，打造有归属感的图书馆，也是广州工商学院图书馆服务工作的重心。

（一）推进人性化服务

从细微之处展现出图书馆的归属感，让读者感受到图书馆的温暖，通过每一个细节和实践传递"心系读者"的服务理念。

1. 打造多种功能空间

在董事会与学院领导的支持和重视下，三水校区图书馆率先进行了空间改造，增加了主题阅读空间、知识共享空间、文化艺术空间、休闲阅读空间和多功能厅、学术沙龙、学术报告厅等不同功能区。新打造的咖啡书屋为图书馆增添了新的元素，新设的考研专区为有意愿继续深造的同学提供了安静、稳定的学习环境。与传统的图书馆空间布局相比，升级改造后的图书馆更能渲染出浓厚的学习交流氛围。硬件设施和空间结构的完善，为图书馆人性化服务搭建了坚固的载体，以优美的环境吸引了更多读者。目前，花都校区图书馆的空间改造也在进行之中。

2. 延长开放服务时间

针对高校学生学习和文化交流空间紧缺的现状，我馆实施了人性化的时间管理。从以往周末仅开放自习室和部分流通书库，到如今三水校区图书馆率先实行全周七天开放，开馆时间为7：00—22：00，考研专区和一楼自习室在节假日也做到正常开放，满足考研学生和其他读者在节假日也能走进图书馆学习的需求。花都校区图书馆在完成空间改造后也将设置考研专区，延长开放时间。

3. 加强数字信息传递

联系超星公司为纸质期刊提供电子版，读者通过扫描二维码可下载、阅读期刊信息。新增的歌德电子阅读机不仅能为读者提供免费在线阅读、观看名师讲坛等服务，还可以下载各种电子资源，包括电子图书、期刊和报纸，满足了读者随时随地享受阅读的需求，从空间、时间和管理三个方面探索构筑开放式读者服务模式。

4. 开展各种便利服务

联系各系部为相关专业学科提供采购书目清单；在主题阅读空间设置"教师推荐书目"专架，方便学生有目标地借书读书；在自习区摆放单面书架，方便读者存放书籍物品；设立专门的热水提供区域和读者自助充电区域，既能满足读者日常饮水以及设备充电等需求，也能确保馆内用电的安全；利用馆内各种场地先后为会计系、物流系、电子信息工程系、体育部、教务处等单位开展读书交流及教科研活动等提供了方便；运用"广州工商学院图书馆"公众号平台发布信息，在线收集和解答读者的建议或意见，凸显图书馆服务的人性化和及时性特征。

（二）加强学科服务

事实证明，图书馆的人性化服务十分重要。笔者认为，这是所有图书馆包括公共图书馆

带有共性的任务和要求。除此之外，作为高校图书馆包括民办高校图书馆，还肩负着一个重要任务，那就是要加强学科服务。

学科水平是衡量一所高校综合实力的重要指标，民办高校也不例外，须把学科建设提到重要议事日程。民办高校的图书馆可发挥自身在文献信息资源方面所具有的集中、丰富、前沿等优势，为学校学科建设提供支持，在研究选题、项目申报、文献查阅等方面积极主动提供精准、优质的学科服务。以满足学科建设的实际需求为出发点，从面向学生的学习和针对教师的科研两个层面，构思图书馆的服务内容和目标。

广州工商学院作为应用型大学，课堂教学和实践教学十分重要。图书馆作为课堂教学的重要补充，要求图书馆员熟悉网络服务教学，弥补课堂教学受时间、空间限制的不足，实现长距离、大面积、全覆盖嵌入的资源需求服务；通过建立本校数字化平台、APP 或微信公众号、微博等公众平台，收集所需问题，进行不受时空限制的远程嵌入；为不同学科搭建不同的课程资源专题网络数据库，内容包括课程相关教材文献资源、教师上课视频、教学计划书、授课 PPT 及讲义、课程作业、相关案例、研究报告、期刊资源等，教师和学生可在此平台进行网络教学、授课及交流、作业递交和批改等，提高教学质量及效率。

在科研服务方面，则应鼓励图书馆员逐步向学科馆员的角色转变，及时为各系部、各专业教师提供文献、图书等相关学术资料的查询服务，积极参与学科专业的科学研究、课题项目的申报以用户科研数据为基础，全过程嵌入用户科研环境，让学科服务的内容更具价值和前瞻性。图书馆可以创造条件，借助第三方业务系统平台，直接为教师的学术研究提供文献支持。广州工商学院图书馆与北京盈科千信科技有限公司合作建立的"广工商图书情报服务群"就是一个成功的案例。这个服务群以微信和 QQ 为载体，对学院教师有针对性地、及时地开展一对一文献支持服务，主要涉及期刊、会议论文、学位论文、报纸、各类数据、年鉴、科技成果、研究报告、图书、标准、专利等，包括基础科学、经济管理、电子信息、社会科学、工程技术等领域。近两年来，已为学院 300 余名教师的学术研究提供了文献检索和资料收集服务，并获得许多教职工的肯定与感谢。

图书馆还可通过构建数据采集及分析系统，对数据统一进行汇总，生成相应的报表进行统一展示和呈现，如可以调出图书馆每年、每月、每日、每时的使用数据，在大量的数据中分析用户的信息需求、行为特征，从而为用户提供个性化的学科服务，实现由资源型服务向知识型服务、智慧型服务发展过渡，帮助用户分析潜在需求、挖掘隐形知识、推送急需信息，让广州工商学院图书馆真正成为服务广大师生的智慧机构体系。

总之，只要我们将服务意识落实在馆建工作的每一处，逐步将图书馆打造成一个学习支持服务平台，广州工商学院图书馆就会逐步成为一个集学习、阅读、交流推广、文化传播和学术研修于一体的信息中心。

四、信息素养，引导读者适应新的时代需要

"信息素养"一词最早出现在 1974 年，由美国全国图书馆与情报科学委员会提出并定义。经过培训能够合理有效地将信息资源整合并运用到实际工作中的人被称作具有信息素养的人。我们认为，信息素养教育将是高校图书馆包括民办高校图书馆今后工作的一个重点。信息素养并不是对信息进行简单的检索和获取的能力，而是一系列综合能力的集合，包含反思信息的发现过程、理解信息的产生和价值、利用信息创造新的知识以及获取信息的伦理道

德等能力。杨永生认为，具有信息素养的学生是那些有独立学习能力的学习者，他们知道自己的信息需求并积极思考；他们对自己解决问题的能力充满信心，并知道相关信息是什么；他们能利用技术工具检索和交流信息；他们是灵活的、可以接受任何变化并能独立地或在团队中起作用的人[3]。

近年来，信息素养教育风潮席卷了全球并成为高等教育的重要内容之一，世界各地高校图书馆协会都在纷纷颁布大学生信息素养能力标准，各高校也在不断开展信息素养教育。2000年，美国大学与研究图书馆协会（ACRL）就制定了《高等教育信息能力素养标准》，2015年又再次制定了《高等教育信息素养框架》。我国信息素养教育研究源于信息检索课，以教育部1984年的文件《关于在高等学校开设〈文献检索与利用〉课的意见》为主要标志，目标设定为培养学生的信息观念、信息意识、信息道德，以及获取信息、辨别信息、分析信息和利用信息的创新能力。

在中国知网以"信息素养教育"为关键词检索发现，近年来有关信息素养教育的年均发文量呈不断上涨的趋势，说明信息素养教育日益受到学者的重视。2004年，清华大学图书馆孙平教授首次提出在高校实施与学科课程相结合的信息素养教育；2008年，上海交通大学图书馆与任课教师合作开展了嵌入新生课程的信息素养培训；2016年，清华大学图书馆翻译《高等教育信息素养框架》，介绍信息素养教育的内容，并制定了评判是否具有信息素养的标准。

时代的快速发展注定信息素养教育内容不会一成不变，为适应不同时代的不同素养要求，信息素养教育的内容必须不断更新、完善。近年来，随着信息技术的发展，逐渐出现适应大数据环境的数据素养，以及在信息素养教育的基础之上发展的元素养教育等，不断拓展教育内容，推进图书馆信息素养教育[4]。

目前国内信息素养教育大部分还局限于用户教育，主要由信息检索课组成，由图书馆来承担，并且以选修课形式存在。受课程性质的限制，教学目标仅限于掌握信息检索基础知识及获取信息的方法，而忽略了学生信息意识、信息道德，以及分析信息、管理信息、评价信息和信息交流能力等综合信息素养能力的培养，没有形成完整的信息素养教育课程体系。传统信息素养教育由图书馆以授课形式开展，广州工商学院图书馆也开展过新生入馆教育，在花都校区和三水校区也都开设过文献检索的选修课，包括了解图书馆馆藏情况、借阅流程、开放时间、服务项目、图书分类排架规则、规章制度等，但受众面窄，效果不明显。

在新媒体普遍发展的新时代，信息素养的作用不能仅限于帮助大学生查询文献资源，它已经从学习工具上升到各个学科学习的重要基础，能够带动和催生其他素养，形成学习型社会的完整素养体系，从而支撑各个学科的发展。因此，图书馆应该配合学校，为师生的信息素养教育提供政策性保障，制定相关本科生信息素养教育规划，开设信息素养教育公共课程，建立大学生信息素养训练基地等。例如，沈阳师范大学图书馆在学校职能部门的支持下，连续三年开办科研与信息素养精英训练营，多方面提升学生的信息素养；深圳职业技术学院尝试把信息素养教育计入必修课的学分。应该指出，在信息素养课程设计过程中，还需要教务部门的大力支持，图书馆应参加学校的教学管理会议，让图书馆员和专业教师紧密配合，共同制订教案，促进信息素养教育的专业化、标准化、常规化。此外，还可考虑设置专门的信息素养教育活动中心，举行与信息检索相关的电影展播、搜索引擎知识竞赛、"信息检索助你在商战中立于不败之地"、"信息检索提高生活质量"情境模拟演出、"信息拓展你的课堂"等与专业相结合的实践活动,通过兴趣激发热情从而提高素养。

总之,过去我国大多数高校信息素养教育主要是由图书馆员完成的,而院系专业教师的教学很少涉及这方面内容。现在,高校图书馆应该从指导学生查找特定信息转变为与教师合作,对在校生开设信息素养课,在专业课程中嵌入信息素养教学,讲解信息素养基础理论、获取资源的检索与利用、信息伦理与信息安全、个人知识管理、论文选题与文献调研、学术规范与文献引注等内容,将信息素养技能嵌入教学大纲和课程学习,提供给学生运用所学检索技能进行论文选题和文献综述的实践机会,为学生今后的专业学习和学位论文撰写打下良好的基础,不仅能提升学生的学习能力和效率,还能彰显图书馆资源与服务的学术价值。欲达此目的,必须依靠学校的政策驱动,加强与学校各部门的合作,特别是与院系教学工作者的合作,共同构建信息素养和专业知识相结合的教学体系,使信息素养教育的成果迟到最佳状态。

五、空间改造,实现图书馆开放利用的多样性

迄今为止,传统书籍虽然仍是图书馆的重要馆藏资源,但它仅是传播信息和知识的方式之一。在社会发展到信息时代的背景下,全世界各级各类图书馆都面临着转型,其中很重要的一个方面是空间的改造与开拓。图书馆的转型也将从原本单向式的封闭学习空间转变为综合性的开放综合空间。图书馆的作用不再是简单提供场所给读者阅读、学习,而是将这种封闭式的空间打破,让图书馆成为高校师生学习交流最开放和最活跃的空间,使广大读者真正能够爱上图书馆,从而消除进入图书馆的焦虑感。

广州工商学院图书馆在空间改造方面已经卓有成效,尤其是三水校区图书馆,经改建后焕然一新。一楼的主题阅读空间有教师推荐图书,时常举办主题阅读的相关活动;文化艺术空间的"琴棋书画茶"以及墙壁展板增添了馆内的审美韵味;休闲阅读空间的阅报架、咖啡书屋以及太空舱座椅为长时间投入学习而疲倦的读者提供了悠闲与舒缓精神的场所;在公共学习空间摆放有各类型的书桌和座椅,如 S 型学习座椅能让读者面对面交流,增强学习的互动性和便捷性。二楼的知识共享空间包括多功能厅、学术报告厅和电子阅览室等,多功能厅已多次提供给系、部、处等使用,学术报告厅开展了读书分享会,电子阅览室实行云桌面的管理。我们将进一步改造和提升空间质量,考虑建立私密型空间、开放型空间、半私密型空间、技术丰富型空间等;设立并开放师生都可使用的研修室,让读者有独立的空间进行学术交流,增加图书馆的开放性和综合性。图书馆的空间和环境,乃至其浓厚的学习氛围是一种重要的资源。我们要致力于打造一个共享空间,创造一个有吸引力和包容性的环境,在馆内开展和举办各种各样的活动,促进师生的教学与科研、创新与合作,充分发挥图书馆的文献资源中心、阅读学习中心、文化交流中心、学术活动中心、和谐共生中心和休闲创新体验中心等多项功能,在共同推动校园文化建设的同时也提升图书馆的空间服务水平。

六、队伍建设,培养高层次的嵌入式学科馆员

随着时代的发展和社会的演变,所有的图书馆都将从"书的图书馆"向"人的图书馆"转型。就广州工商学院图书馆而言,不管是从事阅读推广、组织和指导竞赛、开展学科服务,或者是进行信息素养教育、再造活动空间、图书馆微信公众号平台的运营乃至智慧图书馆的建设,前提都必须是人,而且必须是一批具有新理念、新知识、新技术并且有目标、肯

学习的图书馆新人。图书馆的功能转型是必然，而要实现这种转型，最关键的是要落实完善图书馆员的工作转轨，克服得过且过、不思进取、无所用心的工作态度，打造一支有理想、懂专业、积极主动、热情服务的图书管理工作队伍。随着高校图书馆的智能化、数字化水平不断提高，图书馆员今后的主要工作任务不再是借、还、整理书刊，更多的是运用自身的技能为教师、学生提供专业的学科服务，尤其是信息服务，同时还要求信息服务手段现代化、信息服务形式多样化、信息服务效率高效化、信息服务内容高层化、信息服务对象社会化等。

因此，图书馆员的角色要从传统的教学科研辅助支持变为嵌入式学科馆员，嵌入教学、科研、学生管理、社会服务等多个层面，兼具图书馆员与教师的双重身份。在美国等西方发达国家，高校图书馆学科馆员独属一个部门，如学科联络馆员规划部，且由该馆的核心领导来负责管理。在我国，清华大学图书馆率先于1998年设立了学科馆员岗位。之后，北京大学、中山大学、南开大学、厦门大学、西安交通大学、河北大学、苏州大学、山东理工大学、山西财经大学、西南财经大学、石家庄铁道大学等高校图书馆也相继有了学科馆员。江苏师范大学图书馆甚至在只有55人时就配备了20名学科馆员（或学科联系人）。学科馆员的任务之一是联系对口系部，了解其对信息服务、文献资源等方面的意见，参与他们的学术活动；任务之二是与系部教师一起开发、使用、评价相关学科的信息资源；任务之三是对本馆所藏资源的内容、特点、使用方法等进行推介或答疑；此外，还包括主动或被动的文献传递或定题服务等。可见，对学科馆员素质、能力、水平的要求是不低的。

所以，我们必须根据发展的形势，克服馆内骨干力量少，馆员学历层次低、综合素质不高、学习能力不强的缺陷，加强在职人员的思想教育和业务培训，使他们对图书馆的新事业产生兴趣，珍惜工作岗位和业绩成果，以主动积极的态度对待每项工作；鼓励和选拔优秀的业务骨干攻读更高的专业学科，提升学历和职称；建立健全培训机制，提高在职人员的技术和业务水平；挖掘人才潜力，鼓励馆员积极申报各级各类课题，参与科研活动，发表学术论文；加强人才流动，实时分流，在图书馆实行转型的同时实现图书馆员的岗位转换。真正使图书馆不仅是一个教辅单位，更是一个学术机构；图书馆员不仅是一个教辅人员，也是一个教学与科研工作者。

七、结语

众所周知，高等学校的三大支柱是教师、图书馆和实验室，民办高校也不例外。图书馆的建设水平从侧面反映了一所学校的办学水平，有必要把图书馆建设的重要性提升到战略高度，加强研究，科学规划。我们相信，在董事会和学院领导的正确领导下，只要目标明确，计划周密，措施得当，群策群力，奋发进取，广州工商学院图书馆未来会在现有的基础上再进一步，更上一层楼。无论是建设还是利用，图书馆都会紧跟时代的步伐，不停步不掉队，让学校这根"支柱"更加牢实，这道"风景"更加靓丽！

参考文献

[1] 钱媛媛. 智慧图书馆的特征和发展策略研究 [J]. 内蒙古科技与经济, 2014 (12): 109+111.

[2] 刘贵红. 高校图书馆期刊阅览室的人性化服务 [J]. 办公室业务, 2019 (5): 164.

[3] 杨永生. 信息素养内涵工具观的评价 [J]. 现代情报, 2006 (6): 17-19.

[4] 朱佳林. 国内图书馆信息素养教育可视化研究 [J]. 图书馆工作与研究, 2019 (8): 100-107.

[5] 陈建华. 我国高校馆学科馆员制度的现状与前景 [J]. 图书馆理论与实践, 2007 (2): 65-68.

应用型民办本科招生工作探索

陈豫岚　钟丽花　张海[①]

加快建设一批高水平民办大学，已经成为我国民办教育的紧迫任务。《国家中长期教育改革和发展规划纲要（2010—2020年）》提出，支持民办学校创新体制机制和育人模式，提高质量，办出特色，办好一批高水平民办学校。《教育部关于全面提高高等教育质量的若干意见》（教高〔2012〕4号）指出，要加强民办高校内涵建设，办好一批高水平民办高校。广州工商学院自升本以来，坚持以质立校、以生为本、突出特色、崇尚创新的办学理念，秉承学院邝邦洪院长"以德为行、以学为上"的教育思想，实现了民办本科高校品牌的塑造。自2014年以来，砥砺前行，在人才培养、科学研究、社会服务等方面做到了整体水平的显著提升，学院竞争力不断增强，在社会上形成了一定的知名度和影响力，但学院始终没有停止招生宣传创新探索的步伐。通过创新招生形式，实现了招生目标，为学院创建高水平应用型大学奠定了基础。

一、应对招生政策，科学布局生源省份

（一）适应招生政策的转变，发展本科、弱化专科，应对新高考

目前，全国高考综合改革正在有序推进，主要包括改革考试科目设置和改革招生录取机制等方面，旨在更好地贯彻党的教育方针，全面实施素质教育，增加学生的选择性，降低学生的考试压力，促进学生全面而有个性地发展。高考综合改革为高校带来了挑战，也带来了进行科学选才的契机。人才培养是大学的根本使命，招生工作与人才培养密切相关。广州工商学院大力发展本科招生专业，缩减专科招生专业，大力培养实践能力强的高素质应用型技术技能型人才，培养优秀的应用型本科学生，力争办成一所具有鲜明特色的应用型本科院校。而招生工作是为了培养、服务于培养，为学院的快速发展奠定良好的生源基础是招生工作义不容辞的责任。

（二）增加招生省份，支持西部计划，拓展西藏和新疆生源

2018年，广州工商学院本科专业进一步扩大招生规模，增加贵州、甘肃、河南、河北、山西、西藏、新疆等地的招生，招生地区已覆盖全国18个省区，本科专业共23个。2018年学校省外招生计划为本科300人、专科50人，其中本科层次支持西部招生计划180人。

[①] 作者简介：陈豫岚，招生办公室主任，副研究员。
　　　　　　钟丽花，招生办公室干事。
　　　　　　张海，招生办公室副主任。

二、运用招生专业与类别，促进学院品牌建设

（一）招生专业的宣传与包装

广州工商学院在"以德为行、以学为上"教育思想的指引下，在学院领导的关怀下，在师生的共同努力下，以市场需求为导向，瞄准地方支柱产业发展方向，突出学科建设的实用性、综合性，发展优势学科，扶持新兴学科，集中力量建设重点学科专业，以广大考生及家长所关注的热点问题为主，结合各系部的专业学科自身特色，量身定做了独具特色的线上线下宣传资料。认真撰写各系部概况及专业简介，将宣传重点放在各系部的专业特色和成果上，精心制作了各种宣传内容发布在学院网站，在网站上进行互动展示。

各系部组织辅导员以及助班学生建立了新生QQ群和微信群，在与新生交流过程中同时进行学院介绍、系部介绍、专业介绍，以及办学特色、办学亮点等介绍。

（二）国际教育的发展

学院积极拓展国际合作办学领域，2016年9月，成立广州工商学院国际教育学院。在学校董事会和党政领导的高度重视和关心下，在各职能部门的密切配合和全体教职工的齐心协力下，国际教育依托学校品牌，宣传面有效扩大，生源数量和质量双增长。这有赖于学校内涵建设和办学实力的不断增强，有赖于招生职能部门对相关政策的精准把握，有赖于国际教育学院构建并推进科学有力的招生工作机制。高考改革之后，各高校特别是民办高校之间的竞争处于白热化阶段。通过与国内国际高校合作来促进多方位办学，借鉴其他高校经验与方法，结合办学的实际情况进行合理化办学，能有效地缓解高考改革后的冲击。在国外建立兄弟院校关系，扩大国际影响力，树立国际品牌，走国际合作的道路，为毕业生的国际就业提供渠道，为粤港澳大湾区的建设服务。

通过几年的努力，本科国际班的招生情况逐年向更好的方向发展，本科国际班录取人数与报到率总体呈上升趋势，未来还有广阔的发展空间。

（三）继续教育的发展

1. 以成教招生改革为切入点，积极扩展办学规模

通过广泛调研，结合粤港澳大湾区经济社会发展现状，以及相关专业的办学定位和人才培养特点，认真做好新专业申报工作。目前，广州工商学院成人高等教育本科专业有16个，专科专业15个。成人教育招生录取人数由2014年的3 600人增长到2018年的12 866人，增幅达250%，学生规模已逾2万人。

2. 加大联合办学力度

2015年，广州工商学院与广东花城工商技工学校联合办学，开拓了"高级技工+成人大专"双学历教育，每年招生逾4 000人。同时，学校主动与企业对接，不断拓展与广东国光电子有限公司、佛山欧神诺陶瓷有限公司、广东博德精工建材有限公司等企业的合作；不断开拓校外招生点，截至2018年已设有校外招生点约300个。

3. 政校合作，助力工人圆大学梦想

2017年，广州工商学院与共青团梅州市梅县区委员会联合开展"圆梦计划"，顺利帮助了100名新生学员圆梦大学。作为当年梅州市十件民生实事之一，百名圆梦人得到了省、市财政、地市爱心企业和学院的资助，真正实现1天1元轻松读大学。

4. 技能鉴定方面，把职业技能鉴定当成学院的品牌进行优化建设。

一是加强了考评员队伍建设，积极组织校内符合条件的教师参加考评员培训，逐步建立一支鉴定专业较多、鉴定等级全面的考评员队伍。二是加强了职业技能实训室、鉴定场地的建设，能够作为广州市职业技能鉴定定点考场、全国计算机信息高新技术考试智能化考试站、全国证券从业资格考试考点、报关员资格全国统一考试考点和广州市普通话水平测试考点等。三是加快信息化建设工作，开发了鉴定所工作业务企业微信系统。四是面向校内外顺利开展了各类中级工、高级工的鉴定工作，平均每年完成职业技能鉴定工种 45 种，有电子商务师、保育员等。

5. 社会培训方面

依托广州工商学院品牌办学优势，大力拓展非学历培训工作。同时，积极主动参与企业和政府各类培训项目，年平均培训超 600 人次。投资建设国际学术交流中心，并于 2018 年 9 月正式交付使用。组织了中建四局一公司 500 余人新员工培训、国际华语辩论邀请赛资格赛、第二届全国大学生"智汇杯"多组织企业供应链虚拟仿真经营决策大赛全国总决赛等多项活动，反响良好。每年平均完成鉴定 9 000 余人次。

民办高校品牌建设与提升招生竞争力关系密切，高校品牌对于招生竞争力的作用分为知名度和美誉度。高校在行业中的影响力、拥有特色专业的数量等是高校品牌的知名度。广州工商学院通过优势专业的打造、产业学院的成立，建设特色鲜明的应用型本科大学，在广东乃至全国都积累了一定的知名度，所以招生的省份每年都在增加，甚至在 2018 年完成了首次西藏招考计划并达到 100% 的报到率。高校品牌美誉度归纳的是民办高校师资力量、师生在竞赛中的获奖率、学生考研率、毕业生就业率及与知名企业的校企合作等可测变量。民办高校品牌美誉度对于提升民办高校招生竞争力的作用力是非常显著的，所以提升学院的美誉度也是招生工作的重中之重，是学院招生工作的常态化工作之一。

（四）创新创业教育的结合

广州工商学院把凝练特色作为办学追求，以契合区域经济发展需求来设置特色专业，与企业深度合作协同创新培养人才，打造"以德为行、以学为上"的教育思想，积极践行"五进"（进课室、进图书馆、进实验实训室、进体育场馆、进社会）活动，利用自身特色和资源，制订创新创业教育的人才培养方案，形成一个完善的创新创业教学体系；发挥校友会的作用，打造了线上线下互动的校友创业资源平台；同时在专业教育和学科教学中渗透创新创业教育。通过校友创业故事的传播，为学生设立创业榜样，也为学校的招生宣传工作提供了资源。如 2018 年的第一届"百万奖学金高桌晚宴"活动，就由学院董事会和校友会共同出资来奖励学院的优秀新生，出资额过百万，完成了一次完美的公关宣传。

三、加强招生宣传推广的力度，实现年度招生目标

（一）创新宣传的方式

广州工商学院招生办根据董事会及学院要求，在往年工作的基础上认真分析了高考形势与考生情况，积极拓展、创新宣传方式，线下线上结合，加大宣传力度，开展多渠道、多层次宣传，积极推进低成本、高效率的招生宣传工作。

1. 开展从"感恩母校情，相约广工商"为主题的端午节活动和以"优秀学子母校行，德学五进广工商"主题的优秀学子回访母校活动

为了进一步做好招生宣传工作，稳步提高生源质量，号召更多成绩优秀、关注学院文化、富有责任感的学生参加我院回访母校系列活动。同时，为了提高学生社会实践能力，加强在校学生与中学母校的联系，向高中学生介绍学院的办学特色、专业设置、办学条件、奖助学金等信息和政策，弘扬"以德为行、以学为上"的教育思想，宣传进课室、进图书馆、进实验实训室、进体育场馆、进社会的"五进"活动。学院招生办组织各系部优秀学子回访母校系列活动，鼓励优秀大学生利用端午节假期返回中学母校，向母校领导、老师、校友汇报自己大学期间的校园生活、成长经历、学习情况、创新实践等，进一步让各高中师生充分了解广州工商学院的办学特色与人才培养成果，提高了宣传学院的效果和学院的知名度。

2. 充分准备与细心筛选，积极参加各地市咨询会

发挥各系部在对外宣传中的重要"窗口"作用，提高各单位在对外宣传中的主动性与灵活性，采取招办与系部通力结合的方式，组成招生宣传队伍，增强招生宣传工作的效用，有针对性地安排招生宣传工作人员赴粤东与珠三角等地区参加各种招生咨询会，分别在广州、深圳、佛山、东莞、珠海、惠州、韶关、梅州、河源、阳江、茂名、湛江、揭阳、普宁、汕头、江门、清远、肇庆、云浮以及贵州各市等开展过招生咨询会。参加部分中学组织或主办的招生现场咨询会，让考生和社会各界更直接、具体地了解我院基本情况、办学特色、各专业的培养目标、师资力量、学习课程和就业前景等，使考生更科学合理地填报志愿，提高广大考生对学院的满意度与报考热情，吸引更多优质生源报考我院。

3. 优化服务，不断提高考生和家长的满意度

招生咨询、接待是招生工作中的一个重要环节，是连接学校与考生、家长的一座桥梁。在招生宣传期间，广州工商学院招生办有一批通过专业培训、业务能力较强的专业人员选用多种渠道、多种形式为考生与家长服务，为其讲解学院的详细情况，并通过招生留言板、QQ群、公众号微信、招生咨询电话等方式，线上线下解答考生和家长们提出的各项问题，加强为考生服务的针对性和有效性，现场或者网上动员考生报考我院，做到有问必答、有答必果，受到了考生和家长的一致好评。

4. 重视媒体宣传，加大社会宣传

除了在高考填报志愿用书，以及"中国教育在线""广东考试服务网"等网站设计制作招生简章等宣传材料外，还利用网络媒体及时更新和完善网站信息，及时公布学院历年招生简章和招生计划，详细介绍学院情况和各专业特色。参加教育部"阳光高考"信息平台和广州招考网组织开展的在线咨询活动，不断提升学院的影响力和吸引力。充分利用微信、微博、百度贴吧、QQ群等网络宣传平台，让考生和家长更快捷地了解学院的招生信息，做好招生咨询工作。学院招生办已建有"广州工商学院"和"广州工商学院招生办公室"微信公众号，开设有"招生专区""学院百科""在线答疑"等栏目，结合招生工作进程和学院实际，及时推送学院最新动态，运用新媒体方式，满足学生、家长获取信息的需求。

（二）突出本科品牌的宣传效应

广州工商学院招生录取工作取得很大进步，本科录取分数线逐年提高，生源质量显著提升，这是学院经过多年发展和积累取得的成绩，但与同类院校相比，依然存在提升的空间。

因此，须站在教育品牌发展的高度，加强内涵建设，加强品牌的知名度和美誉度宣传，促进招生工作可持续发展。今后，招生宣传工作应该继续挖掘、提炼学院办学特色、办学优势等亮点，加大力度宣传学院师资力量、学科专业、校园文化、国际合作、就业创业、毕业生考研、校友服务等方面的发展情况，以优秀典型（实验室、校企合作、创业典型等）树立学院特色，发挥学院品牌效应，促进招生工作开展。

（三）加大招生宣传队伍的建设

生源质量竞争是各高校招生竞争的焦点，要实现学院的大力发展，基础之一就是提高生源质量。而生源质量的提升，很大程度上依赖于招生队伍自身的宣传能力，需要招生队伍能够目标准确地瞄准高质量生源进行宣传。招生宣传工作责任大、时间紧、任务重，需要工作人员具备服务的意识、奉献的精神、敬业的态度、严明的纪律。在学院"德学"教育精神的鼓舞下，广州工商学院一直致力于构建招生宣传的学习型团队，通过专业化的培训和训练，打造一支以终身学习为目标、具有专业大数据分析能力和新媒体运用能力的精英队伍，从根本上提升招生宣传工作的竞争力，进而提高学院的吸引力。

1. 成员的招募

招募工作由各系部自行组织，包括在微信公众号发招募通知、自愿报名、笔试、面试、辅导员审核五步，确保小组成员工作的积极性和思想政治觉悟。按照地区分布比例和擅长的地区方言进行招募。

2. 组织架构及成员分配

按照新生生源地区分布，将全体成员按粤北、粤东及粤西等地区进行分类，并将生源地和网络信息员的属地和擅长的方言进行匹配，因地分配。

3. 编辑新生问题集

根据以往工作经验和学生常见问题，编制新生问题集，实现"字典性"查询相关问题。

4. 成员的培训

小组组建后，由负责人负责培训，交代清楚工作任务，如学校和国家对新生入学的鼓励政策、专业的具体情况、新生常见问题的解答、学校各方面的资讯、与学生联系的技巧等。

（四）启动招生宣传院系的联动机制

1. 新生信息反馈材料方面

历年招生工作中，学院各系部都能提供与新生联系的电话、短信截图，QQ和微信截图等多种佐证材料，工作扎实。

2. 工作人员方面

各系在QQ群中加入了多位新生宣传工作的专业授课老师，他们能及时反馈新生咨询工作中遇到的问题，积极执行招生办发布的通知任务，对招生工作有很高的积极性。

3. QQ群、微信群建设方面

各系均按要求建立了新生咨询群，能及时对新生的各种咨询问题进行反馈。录取人数较少的系多采用微信群与新生联系，大部分群管理员及时发布各类校园攻略，很好地达到了各系部对各自学生进行精准帮助的目标。

四、招生录取、报到数据及分析

在历年的招生工作中，广州工商学院招生办坚持以认真负责的工作态度和积极向上的工作热情完成各项工作，取得了不小的进步。通过多年来的不懈努力，生源质量逐年上升，本、专科都保持着较高的报到率。近年来，学院普高招生数据如下。

2014年实际录取8 509人，其中本科1 155人，专科7 354人；实际报到5 906人，其中本科1 077人，专科4 829人。

2015年实际录取9 114人，其中本科3 400人，专科5 714人；实际报到7 046人，其中本科3 204人，专科3 842人。

2016年实际录取9 080人，其中本科5 403人，专科3 677人；实际报到7 273人，其中本科4 757人，专科2 516人。

2017年实际录取8 362人，其中本科5 378人，专科2 984人；实际报到6 972人，其中本科4 830人，专科2 142人。

2018年实际录取8 051人，其中本科6 052人，专科1 999人；实际报到6 907人，其中本科5 463人，专科1 444人。

近年来，国际教育学院招生情况如下。

2016年本科国际班录取80人，报到55人，报到率68.75%。

2017年本科国际班录取224人，报到157人，报到率70.09%。

2018年本科国际班录取218人，报到159人，报到率72.94%。

五、招生宣传的满意效果

为进一步了解和掌握2018级新生通过何种方式与途径了解并选报广州工商学院，学院招生办对2018级新生进行网上问卷调研。此次调研将作为学院生源细化、分析专业结构和地区结构，以及今后招生工作针对性的重要依据。此次调研，网上填报总人数为6 907人，对于"通过何种方式了解并报读我院""选择报读我院的原因""什么因素决定选择当时的专业"的调查结果分别如图1、图2、图3所示。

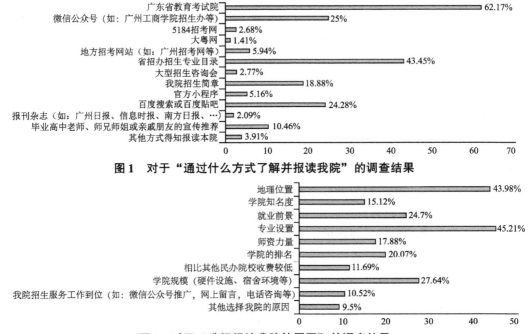

图1 对于"通过什么方式了解并报读我院"的调查结果

图2 对于"选择报读我院的原因"的调查结果

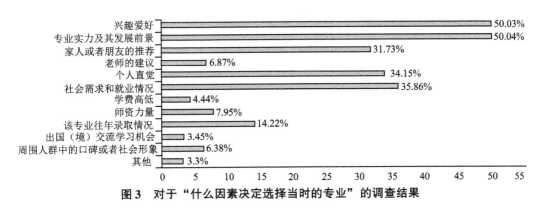

图3 对于"什么因素决定选择当时的专业"的调查结果

六、迎接评估的招生宣传对策

2020 年是广州工商学院继升本以后的又一个关键的发展节点，本科教学工作合格评估是对民办学院以评促建的一次考验，这要求招生宣传工作人员与时俱进，不断学习评估内容，结合工作实际，增加收集数据的渠道，掌握大数据信息，对数据进行专业化处理，综合运用数据分析的方法，精准定位、监测预警，实现招生工作全过程的可视化，为评估做好准备。

同时，招生宣传工作应该完成增量优化，在评估指标和生源数量中实现平衡，在有限的生源质量中实现优化。同时，坚定地围绕学院的"德学"教育和"五进"平台做品牌建设。只有让考生和家长充分认识民办本科高校的办学定位和特色，才能得到他们的充分认可。民办本科院校的招生宣传工作要实事求是地结合自身的专业特色和学院的评估情况来进行，精准掌握数据，才能够在与各高校的激烈竞争中立于不败之地。通过招生宣传和其他部门的通力合作，提高学院自身的办学实力，从而确保招生宣传工作持续发展。

七、建设高水平应用型民办大学的愿景

总结提高、开创未来是招生人追求的目标，相信在学院董事会的关心和学院领导的正确指挥下，在全院师生的共同努力下，广州工商学院能够在同质化产品的基础上发展差异化竞争优势，做到"人无我有、人有我特"，突出自身优势，打造品牌高校，在教育消费者心目中树立品牌形象，使自己的教育产品具有特色，满足消费者需要。通过准确的大数据分析定位来把握自己的招生对象，创新招生宣传，齐心协力推动招生工作迈上新台阶，奋力开启创建高水平应用型大学的新局面。

参考文献

[1] 黄广妮. 创新创业教育模式对民办高校招生的启示——以广西省民办高校为例 [J]. 教育现代化, 2017, 4 (44): 22-23.

[2] 赵海峰, 屠勇耀. 民办本科高校"三位一体"综合评价招生跟踪研究——以浙江越秀外国语学院为例 [J]. 教育与考试, 2018 (2): 47-53.

[3] 谢胜越. 民办本科高校招生宣传效果的调查与分析——以江苏省三江学院为例 [J]. 赤峰学院学报（自然科学版）, 2016, 32 (10): 237-238.

[4] 阙明坤. 我国建设高水平民办大学的差距及对策研究——以5所首获硕士研究生招生资格民办高校为例 [J]. 黄河科技大学学报, 2014, 16 (2): 6-9.

[5] 钱继兵. 大数据背景下民办高校招生工作的思考——以苏州大学应用技术学院为例 [J]. 科教文汇（下旬刊），2016（1）：119-122.

[6] 魏佳. 关于民办高校招生问题的研究——以青岛工业学院为例 [D]. 青岛：中国海洋大学，2014.

[7] 李贤俊. 广东民办高职院校在粤西地区招生问题解析 [J]. 求知导刊，2015（13）：50-52.

[8] 李丽霞. 广西民办高职院校招生困境及对策研究——基于3所办高职院校 [D]. 南宁：广西大学，2016.

[9] 张姮. 基于大数据时代的民办高职院校招生宣传方式的研究 [J]. 佳木斯职业学院学报，2018（11）：43-44.

[10] 张泽钊. 辽宁省民办高校招生政策研究——基于教育均衡的视角 [D]. 长沙：湖南农业大学，2014.

[11] 左振华，刘美玲，李玮. 民办高校品牌建设与招生竞争力提升关系研究——以江西省为例 [J]. 科技广场，2016（1）：133-136.

[12] 龚华江. 民办高校引入营销理念与招生策略探究 [J]. 科技风，2017（24）：223.

[13] 孙遥. 民办高校招生工作存在的问题及对策研究 [J]. 教育现代化，2018，5（34）：230-231.

[14] 谢胜越. 民办高校招生工作问题研究 [J]. 中国成人教育，2016（18）：102-104.

[15] 韩雪洁. 民办高校招生整合营销策略研究——以山东英才学院为例 [D]. 济南：山东大学，2014.

[16] 曾国阳. 民办学校建设学习型工作团队对招生工作的重要性研究 [J]. 辽宁经济职业技术学院. 辽宁经济管理干部学院学报，2018（1）：86-88.

[17] 张晶. 浅析民办院校招生计划安排实践与探索 [J]. 科学咨询（科技·管理），2018（11）：103.

[18] 孟令军，辛琦媛. 新高考背景下民办高校招生之困及优化之策 [J]. 天津中德应用技术大学学报，2017（4）：45-48.

[19] 王庚. 新时代地方及民办高校招生宣传方式的探讨 [J]. 教育教学论坛，2017（17）：80-81.

[20] 樊后文，张颖. 新形势下民办高校招生工作研究 [J]. 教育教学论坛，2016（14）：184-185.

[21] 祁丛林. 做好民办高职院校招生工作的思考 [J]. 文化创新比较研究，2017，1（26）：98-99.

安全稳定是民办高校发展的基石
——以广州工商学院为例

张承茂　李一加[①]

新时期，民办高校安全稳定工作面临的外部环境影响不断加大，而民办高校发展更需要安全稳定的校园环境。广州工商学院安全稳定工作围绕"八个强化"构建平安校园，夯实学院安全稳定和综合治理工作的基础，为学院创建高水平应用型大学奠定了坚实基础。本文针对民办高校不断发展的新形势和当前学院安保工作中存在的问题，适时完善安全稳定管理机制，充分发挥思想政治教育在民办高校安全稳定工作中的作用，开发利用安保资源；提出了加强安全预警机制建设，落实基础设施建设的安全要求及安保队伍建设的策略和措施。安全稳定作为我国高校发展的基石，对民办高校更为重要。广州工商学院正处在发展的关键时期，特别需要一个安全稳定的发展环境。一个安全稳定的环境，是其他工作的基础和前提。

一、学院安全稳定工作的基本情况和成效

近些年来，学院内发生有关安全事件25宗。由于处理正确和及时，均在短时间内处置妥当，对学院的日常教学和活动均未造成大的影响。

学院在广东省教育厅、广东省社会治安综合治理委员会办公室（简称"省综治办"）、广东省公安厅的领导和指导下，在地方各级政府和职能部门的支持和协助下，通过全体教职工和广大师生的共同努力，自建校以来未发生危害国家安全和社会稳定的重大政治事件，未发生责任安全事故及符合"平安校园"一票否决指标的事件。学院多年来未发生网络舆情等意识形态问题，未发生政治安全事件，多次被评为广州市治安保卫重点单位内保工作先进集体。2012—2014年、2015—2017年连续两次被广东省教育厅、公安厅评为"平安校园"。

自成功升本以来，广州工商学院认真贯彻落实党的十八大、十九大精神，认真贯彻落实省教育厅、省综治办、省公安厅各个时期的指示和要求，高度重视校园安全稳定工作，以创建"平安校园"为目标，以强化思想政治工作、意识形态管理和构建安全综合治理机制为抓手，牢固树立安全第一、预防为主、综合治理的工作方针，以专项排查整治为重点，以规范管理为目标，进一步夯实学院安全稳定和综合治理工作的基础，齐抓共管，建设安全稳定、和谐有序的校园，为广大师生创造了安全稳定、平安和谐的教育教学环境，是学院以教学科研为中心的全面工作的基石。

[①] 作者简介：张承茂，保卫处前处长。
李一加，保卫处主任科员。

二、围绕"八个强化"狠抓安全稳定工作,确保基石安稳

(一) 强化领导、健全机制、落实责任,做到规范管理到位

(1) 在安全综合治理和平安校园创建活动中,学院董事长、院长亲自担任学院综治领导小组、平安校园创建工作领导小组组长,学院党委书记任常务副组长,学院副职领导任副组长,学院各单位责任人为组员。学院领导齐抓共管,各单位认真贯彻落实"谁主管、谁负责"的原则,层层落实责任,形成各方合力,调动全校各方力量,共同创造安全、和谐、文明、稳定的校园环境。

在领导体制上,建立了校级和校区安全综治办公室,确定了各单位基层安全责任人、各个安全组织和管理责任人,形成横向到边,纵向到底的安全管理领导体系。

(2) 在制度上,根据新环境新要求,通过不断修订、补充、完善,建立健全了校园安全管理各项制度、规定,以及校园突发事件应急处置方案预案等,进一步做到规范有序管理,促进依法依规治校。

(3) 在管理上,明确了各级安全管理人员的工作职责和任务要求,夯实责任,层层签订安全综合治理目标责任书,制订了各级人员的安全管理职责和任务,从责任上强化了各级人员的安全管理内容和要求。

通过各种会议,包括董事会常务会议、院长办公会、院务会以及日常安全综治专题会、年度安全工作总结大会等,及时传达、贯彻上级要求,布置工作,检查工作情况,处理各类应急情况和突发事件。

(二) 强化管理日常检查、隐患整改,做到安全稳定工作到位

(1) 校级领导和基层领导检查相结合。院长、书记亲自带队定期组织全校性安全大检查,各有关单位领导不定期自主开展本单位安全工作检查。

(2) 日常检查与重大节假日大检查相结合。两校区综治办和保卫处经常开展日常安全检查,同时在学校开学初、学期末和重大节假日、敏感期均例行组织大检查。

(3) 学校检查与各领域自查相结合。除学院组织的检查外,后勤、实验室、学生安全、校园交通等各个领域都开展安全检查。

(4) 认真检查、排查与抓好整改落实相结合。每一次检查都认真安排,有些部门还召开专门会议进行布置、总结,列出整改意见,上报审批,落实整改。

(5) 大力开展消防"四个能力"建设,有效杜绝消防事故。保卫处加强了检查和消除火灾隐患能力、扑救初级火灾能力、组织疏散逃生能力和消防宣传教育能力的培养,把宣传消防常识、排查消防隐患、配全备齐消防器材、进行消防知识培训、组织消防演练贯穿全年的消防工作全过程。学院行文明确了消防责任人、管理人,新建了微型消防站,根据学院建设规划制定了学院花都校区消防控制中心的建设和改建方案,以较好的成绩通过了教育厅组织的消防检查。学院每年组织教职工和学生进行消防培训和演练,由于各单位对消防工作的重视和落实,学院没有发生火灾事故。

(6) 加强校园交通安全整治。为贯彻《校车安全管理条例》等文件精神,学院后勤部门加强了校车安全管理,制订、完善校车安全管理办法,多年来均未发生校车安全事故。学院统一办理校园车辆出入证,规范交通秩序和车辆停放秩序,对校区道路进行了交通规范治

理，校内全面禁止学生开电动车、摩托车等无牌无证车辆，收到良好效果。

（三）强化安防体系建设，加大投入，重视建设，安全稳定防范体系到位

人防上，加强了校园安保队伍建设，组织了保卫干部培训和校卫队员消防业务培训，强化教育管理，要求熟悉并掌握突发事件的处理程序和各类技防设施的使用方法，校卫队员持证上岗率达到了100%；在两校区都建有一定规模的学生督察队，有效开展培训和配置装备，充实了学校安全保卫队伍，协助做好校园安全文明督察，有效发挥学生"三自管理"作用。

技防上，积极吸收先进的安保技术和先进学校的经验，加强校园技防建设，逐步完善了中控室、微型消防站、校园监控（学生宿舍、图书馆、校园环境）等的技术防范建设。

物防上，按照上级要求和工作实际需要，逐步增加各种安保设备、装备的配备。

（四）强化思想政治工作，构建和谐稳定、健康向上的校园环境

（1）强化意识形态建设，把思想政治工作贯穿教育教学全过程。学院把思想政治教育、学生和党团等工作部门及其有关人员组织起来，形成一支庞大的学校思想政治工作队伍，将教学、网络、安全保卫、工会、关工委等纳入"大思政"的工作格局，逐步形成了意识形态管理、教育教学、第二课堂活动、校园文化建设、平安校园建设、师生和干群关系等全覆盖的校园思想政治工作体系和工作格局。做到"五个结合"，即把思政课的主渠道作用和思想政治教育的主阵地作用有机结合，将思政课的教学内容与大学生的思想政治教育活动有机结合，把思想政治教育与其他课堂教学、网络宣传等意识形态管理有机结合，把思想政治教育与学生第二课堂活动、社会实践活动有机结合，把思想政治教育与大学生党建、团建工作有机结合，形成全过程育人机制。培育和践行社会主义核心价值观，维护和谐稳定、安定团结、健康向上的校园氛围。

（2）坚持立德树人，以"德学""五进"为抓手，创建优良的校风、学风、教风，培养德智体美劳全面发展的学生。把开展"德学""五进"作为贯彻落实立德树人根本任务的落脚点，作为我院引导大学生培育和践行社会主义核心价值观的具体行动，作为我院开展德育工作的抓手，作为促进人才培养的具体措施，营造了良好的、健康向上的校园氛围，推进了校风、教风、学风的明显好转，促进了学生综合素质的显著提升。

（3）建立"一站式"服务中心等各种服务师生平台，随时随地接受师生的意见和建议，接收投诉，处理问题，化解矛盾，减少校园不稳定因素。

（4）在广大师生员工中注重开展爱国主义、国家安全等方面的宣传教育活动，进一步增强广大师生员工的爱国主义精神和国家安全意识，齐心协力承担维护学校安全稳定的工作。加强校园网络管理，净化网络育人环境，防止不良信息的传播。充分发挥了各级党团组织和保卫、纪检部门的职能作用，加强联系，形成联动，切实做到组织健全、责任明确、措施得力、制度落实。

（5）各部门对师生及其他教职工发生的矛盾纠纷及时做好排查、调解工作，不隐瞒，不激化矛盾。做到发现矛盾不回避，化解矛盾耐心细致。认真做好情报信息的搜集、分析、汇总、上报工作。切实做到了早预防、早发现、早解决，把问题消除在萌芽状态。关爱学生，做好了困难学生的资助、帮扶工作。

（五）强化意识形态管理，构建风清气正的育人环境，加强校园管控力度，共建平安校园

学院党委按照上级要求，建立了校园意识形态管理机制和责任分工落实制度，全院齐心协力加强日常的政治安全管理，强化了政治引领，牢牢把握正确的舆论导向，营造积极向上的校园氛围，全面贯彻党的教育方针，确保中国特色社会主义办学方向。一是各级领导重视和强化思想政治理论课在意识形态和思想政治教育教学的主渠道地位和作用；二是引领校园文化建设，抓好第二课堂和各类健康向上文化活动；三是抓好网络思想政治教育，加强易班和校园网络舆情管理及正面引导；四是严格课堂教学、教材、讲座论坛等的政治纪律和规范管理，杜绝传播违法、违纪的观点和言论，坚持正确的育人导向，加强学生社会公德、职业道德、家庭美德和个人品德的教育和培养，坚决抵制各种错误思想和不良风气；五是建立健全学院抵御和防范邪教组织渗透的管理措施和办法，坚决抵制邪教思想对校园的侵袭；六是积极构建和谐校园，维护好团结友爱、互帮互助的师生、干群关系，减少师生的矛盾和投诉。

（六）强化安全稳定知识的宣教，提高师生安全稳定意识

（1）采用安全提示、广播宣传、标语、墙报专栏等多种形式加强师生的消防、交通、食品、信息、财产安全意识，全面提高师生安全知识和防范意识，减少校园事故的发生。

（2）坚持新生安全教育，开展开学初和学期末的"法制宣传和安全教育周"以及"平安校园、和谐校园"活动月等系列活动，并通过墙报、展板等形式，开展专题安全宣传教育等。

（3）加强大学生心理健康教育。逐步健全各级心理健康工作机构，积极开展心理健康状况普查和心理咨询工作，扩大心理健康教育覆盖面，帮助学生培养良好的心理素质。

（4）深入开展上网教育，强化网络管理，及时组织校内外网络管理部门沟通信息，检查工作，排查隐患，强化管理，增强对不良信息的抵御。

（七）强化与属地部门的联合与合作，构建安全、文明、和谐的校园周边环境

加强了与学院属地政府、公安部门和村社的沟通联系，及时反映影响校园及周边安全的问题，逐步形成群防群治、多方协作的局面。与驻地公安部门、属地派出所密切配合，加强校园治安工作，及时迅速地在第一时间处置需要出警的校园案件和事件。与属地消防中队和军训单位合作，对师生进行消防培训和消防演练，及时处置校园急、难、险事件，确保各类涉校突发事件发生时及时报警处置，共同维护校园周边和校园的安全稳定。

（八）强化各类突发事件处理，管控事件发酵，切实维护师生利益和校园日常秩序

落实基层管控力度，把各类事件、矛盾在基层处理。各基层教学单位、分管安全的领导和辅导员主动承担责任，自觉处理好各类安全事件，化解各类矛盾，真正做到了出现问题时在源头处理。学院保卫部门与法务部密切配合，及时处理各类涉校安全问题，化解矛盾，并积极与公安部门配合，查处各类突发事件，重拳出击查处安全问题，维护师生切身利益。几年来，校园时有发生学生丢失钱包、丢失手机、吵架打架、钱物被骗等安全事情，但都能够及时处理。

三、应对不断发展的新形势，学院安全稳定工作的策略和措施

我国高等教育正处于一个战略转型期，正在从精英教育向大众教育转变，民办高校迎来了难得的机遇。为学生创造一个安定和谐、健康平安的学习和成长环境，是全体师生员工的共同心愿，也是全社会的心声。一方面，学院的安全稳定关系每一个学生的切身利益，是学生成长成才的关键，只有学校安全稳定，才能为广大学生创造良好的学习、生活环境，保证正常的教学、科研和生活秩序；另一方面，学校安全稳定才能保证学校教师把主要经历投入到教学中，不断提高教学质量。

近年来，随着学院的不断发展，学院办学规模不断扩大，校区多元、开放办学，招生扩展，校内人员日趋复杂，保卫处必须根据学院新时期的新情况正确应对。

（一）适应形势，改革创新，推动安全稳定工作稳步发展

新形势下的安全管理工作需要在原有工作的基础上总结经验，不断创新，不断推进安全管理工作的制度化、规范化、程序化、全员化。要建立和落实学院安全管理工作联席会议制度，强化安全管理部门在安全管理工作中的中心地位和首要责任，通过联席会议制度不断推动安全管理的协同性、互助性、统筹性，逐步完善安全稳定工作信息通报、风险预警、隐患整改、应急处置等工作制度，以奖惩措施提高各单位安全管理工作的主动性与积极性，消除安全责任心不强、对安全工作不重视、安全管理不到位、安全信息通报不及时甚至不通报等问题。

（二）结合实际，着眼发展，适时完善安全稳定工作管理机制

针对日益复杂的安全形势，不断完善安全管理工作体系显得十分重要，要及时明确各部门、各单位的安全责任，适时调整部门职能，以适应现代化安全管理工作的需要。

一要明确安全管理工作重心，做好一般性安全事务与政治性维稳工作的分类管理。一般性安全事务按照制度化、规范化、程序化、民主化的方式进行处置；政治性维稳工作以高度的政治责任感联合公安部门及时查处，以迅速有效的管控方式推进工作的开展。

二要明确安全责任，做好安全管理的多元化与协作化治理。学院综治领导小组结合安全管理工作的实际，明确各单位的主体安全责任，推动校园安全问题的多元化与协作化治理。

三要整合与调整安全管理工作的内容、流程，强化安全监管职责，强化安全宣传教育，提供安全事务便捷服务，从根本上做好安全管理；不断优化网络信息平台，实现活动审批安全监测与信息反馈的便捷化、信息化；要优化安全考核制度，完善安全工作奖惩机制。通过奖惩手段，充分调动一线单位与人员的责任意识，充分发挥他们参与处置安全事务的主动性和积极性。

（三）做好安全管理工作隐患评估和特殊人员的安全风险监测

安全隐患是威胁校园内部安全的"不定时炸弹"，是影响校园安全环境的重要风险因素。安全隐患包括在校园基础设施建设、日常安全管理措施、师生群体中的重点人员、室外活动与工作事务等方面存在的可能引发校园安全问题的风险性因素。要分别进行安全隐患的排查与风险评估，定期对新增的安全风险因素进行检测，有针对性地分阶段、分重点开展安全隐患清理工作，促进问题的及时解决和风险的化解。

教师与学生是学院安全管理工作的主要对象，做好他们的安全风险检测至关重要。针对

特殊群体要通过多种途径与方法进行筛选，做好敏感档案管理，对思想偏激分子、人际交往困难的人员、短期内遭遇重大挫折的人员等均应进行重点关注，进行安全风险检测，以采取针对性措施，降低安全风险。

（四）扎实推进民办高校安全稳定建设，充分发挥思想政治教育在高校安全稳定工作中的作用

要维护民办高校的安全稳定，首先要靠教育。一是要全面提高大学生的思想道德素质，牢固树立以人为本、德育为先的理念，坚持全员育人、全过程育人、全方位育人，坚持教育与服务相结合，解决思想问题与解决实际问题相结合，引导学生正确对待学习、生活、情感和就业等方面的问题。二是充分运用网络思想政治教育阵地，加强校园网络建设与管理，防止有害信息在网上散布和传播，使网络成为学校开展思想政治教育的重要平台。同时，还要结合学校的历史传统、风格和特色教育，认真总结，精心培育，积极弘扬大学精神，大力进行爱校教育。三是切实帮助困难学生解决入学难、生活难、学习难的问题，帮助他们树立自信心，提高责任感，战胜困难。

民办高校要切实加强基层组织建设，充分发挥学校党政工团和学生组织的作用，进一步落实党团组织在维护高校安全稳定工作中的责任。一方面，高校要加强对基层党组织的领导，让党建深入园区，深入学生宿舍。另一方面，以党建带动团建，充分发挥学生会、班团干部的作用，促进志愿者队伍建设，积极组织安全活动，完善参与机制，发觉存在的各种安全隐患并及时进行排除，确保学校的安全稳定。

民办高校要坚持依法治校，加强法制教育，认真落实安全和法制教育进教材、进课堂、进头脑的"三进"活动，将安全教育落到实处。充分发挥思想道德与法律基础课的作用，定期开展法制讲座，加大舆论宣传，让每个学生都执法、懂法，牢固树立法纪意识。

（五）注重安全管理工作外部协作，开发利用好安保资源

民办高校的安全稳定离不开良好的周边环境。学校要在全力保持校园安全稳定的同时，积极主动地与当地政府和周边单位密切联系，协调好与各有关部门的关系，建立校园及周边综合治理工作长效机制和联动机制，加强对校园周边环境的专项整治，有效遏制向外的敌对组织、敌对分子、恐怖势力、邪教组织对学校的渗透和影响，有效控制社会闲散人员及违法分子在学校周围及学院内的违法犯罪活动，坚决防止重大刑事案件、治安案件、暴力恐怖事件发生，坚决防止群死群伤事件、群众性事件、危害国家安全事件的发生，使学校和师生的安全得到保障。

由于安全维稳问题的复杂性、多发性与跨区域性，为应对政治性与社会性安全问题，必须与公安部门建立定期信息沟通和安全教育合作机制，与技术部门建立互相合作的机制，与责任主管部门建立协同处置和信息通报机制。这些都是做好安全防范与事故处理的重要措施。

（六）加强安全预警机制建设，注重基础设施建设，确保安全管理到位达标

加强安全预警机制建设，首先要实现安全设施达标。一是建筑设计要安全达标。近几年，学院快速发展，每年都有新的建筑和设施完成施工并投入使用。为确保这些项目的使用和运行安全，学院要求各种建筑和设施的图纸设计及组织施工的整个过程必须符合国家相关标准，做到科学合理、规范安全。二是设备设施安全达标。首先是学院各建筑消防设施的达

标，再是加强各楼宇消防设施管理，确保教学设施设备的质量、安全达标。

凡事预则立，不预则废。民办高校要坚持以源头预防为主的原则，健全安全信息工作机制，完善信息收集、报送、分析制度，形成渠道畅通、反应灵敏的信息工作制度，认真总结建校以来的经验教训，针对校园内常见的安全事件做好早期预防工作，抓快、抓早、抓小。针对学生关心的热点、焦点问题，及时进行引导，防止突发事件，并在政府有关部门的指导下，组织有关消防维稳方面的演习和内部研讨，通过日常练兵，不断提升学院维护校园安全稳定的实战能力。

（七）安全第一，以人为本，切实加强民办高校安保队伍建设

民办高校需要经济效益，控制用人成本。广州工商学院作为一个拥有四万余人又分为两个校区的民办高校，目前安保力量还不足，离高校安全管理规定的比例要求差距还较远。学院安保干部编制少，工作量大，成长空间小，影响着安保干部的工作质量，影响着安保干部队伍的稳定性和工作积极性。

现有的校卫队员存在着年龄偏大、学历偏低、身体素质不高等问题，成为学院安全稳定的隐患，应进一步采取有效措施及时解决。

要采取有关措施，配齐配全安保干部，注重安保干部的选拔和培养，加大投入，加大校卫队员招聘力度，优化队伍结构，提高队伍素质，把学院安保工作落到实处。

总之，民办高校要牢牢把握维护学校安全稳定工作的主动权，积极探索新形势下做好学校安全稳定工作的新途径、新方法，不断研究新情况，解决新问题，总结新经验，把维护安全稳定工作的各项措施落到实处，筑牢学院安全稳定的基石，确保学院的安全稳定，为创建高水平应用型大学、推进教育事业科学发展提供强有力的安全保障。

应用型本科院校法务建设及服务成效

杨俊[①]

依法治校是贯彻党的十九大精神、推进依法治国的必然要求,是教育事业深化改革、加快发展,推进教育法制建设的重要内容。广州工商学院作为一所应用型本科院校,与国内其他同类型应用型本科院校一样,深化教育教学改革的主要任务之一就是要加快应用型本科院校以及相关专业的建设,培养适应经济社会发展需要的高质量应用型本科人才。高效推进应用型本科院校建设必须依法依规进行,两者内在的逻辑联系紧密。战国时期著名的思想家、哲学家韩非子在《韩非子·有度》中提出:"奉法者强则国强,奉法者弱则国弱。"如果"群臣官吏皆务所以乱","则是负薪而救火也,乱弱甚矣"。治学理校和高质量的应用型本科人才的培养同此理。

一、法务工作对学院发展的重要意义

依法治校是依法治国方略的必然要求。学校法务部门必须依照这一要求主动作为,全力服务于我校应用型本科院校的建设。我校作为一所培养应用型本科人才的院校,在学校管理、专业建设和人才培养过程中,必然要和上级主管机关、社会上各类企事业单位、其他组织或个人发生直接或间接的关系。这些必然与学校发生关系的主体,要么为与学校存在管理和被管理关系的行政主体,要么为与学校存在合作关系的平等民事主体。这些行政主体或者民事主体彼此都是独立的,每一个主体都有自己特定的利益。在依法治校的要求下,理顺并兼顾每一个与学校发生关系的人的关系和利益,明确每一个关系人之间的权利义务,形成有利于学校管理、专业建设和应用型人才培养的和谐的外部环境,需要依法依规,需要借助特定的法律手段。

二、应用型本科人才培养需要法务工作保驾护航

经济社会的快速发展与应用型本科人才欠缺的矛盾日益突出,促使教育行政主管部门、作为人才培养摇篮的高校、理论界和实务界等开始用理性的眼光全面审视应用型本科人才培养的问题。作为高校的普通教师和法务工作者,笔者从实现应用型人才培养的必由之路之校企合作、产学融合所催生的校企合作协议的角度,来谈谈学校法务工作的保驾护航作用。

(一)校企合作协议的签订和履行有助于破除传统的人才培养观念

我校法律事务部自2017年成立以来,经学校法律事务部起草或审核修改的校企合作协议共有89份。在协议的洽谈、起草和审核过程中,笔者作为学校法律事务部的负责人,明显感觉到作为一方当事人的校方教师与来自实务界的另一方当事人——企业代表在关于应用

[①] 作者简介:杨俊,董事会法律事务部主任。

型人才培养观念上存在着激烈的碰撞。

作为协议一方当事人的校方教师多在研究生毕业后就直接到高校任教，他们受中国传统教育观念的影响较深，对协议中协议相对人提出的建议理解不到位或不够重视，造成合作协议的履行流于形式，以至于本该通过协议的签订和履行达到合作共赢、培养高质量应用型人才的签约目标无法实现。在笔者看来，不少传统读书人在不同程度上受"两耳不闻窗外事，一心只读圣人书""万般皆下品，惟有读书高""学而优则仕"等思想的影响，不够重视企业对有关合作协议内容的修改建议，加上教师本身缺乏实践经验，总是错误地认为唯我正确。此外，在受上述思想影响较重的部分教师看来，学生能否被培养成具有"治国、安邦、平天下"的政治英才至关重要，并将其作为是否是高质量人才培养的标准之一。这种重视政治英才培养而轻视学生实务操作技能培养的传统教育观念在笔者审核过的各类校企合作协议中隐约可见。校企存在的观念碰撞激烈，无论是以解决学生实习、就业问题为签约目的的校企合作协议，还是具有横向课题研究性质的委托协议，概莫如此。例如，在以解决学生实习、就业问题为签约目的的校企合作协议条款的设定中，校方总是强调学生理论学习的系统性，而企业总是强调学生操作能力培养的综合性、灵活性和实用性，在涉及有关学生实习时间、实习内容等协议条款的设定上这种碰撞最为明显。而且在对撞中胜利者基本上是校方。这往往意味着学生的实务操作技能训练被弱化。这对培养应用型人才的高校来说极为不利。

（二）学院法律事务部应在校企合作中主动作为

我校法律事务部自成立以来，起草、审核、修改了大量的校企合作协议，所涉企业的性质、类型、经营范围，企业对人才的需求等多种多样。如何在与众多不同类型的企业签订的各种协议中，在协议条款的设定上做到既能维护学校和学生的合法权益、实现学校培养应用型本科人才的目的，又能兼顾企业的利益，常常引起笔者对这些问题的法律思考。

每一份协议既有共性，又有其个性化的内容设定和需求。单纯从法务工作的角度看，处理起来既有难度又有挑战。但无论如何，学校法务工作者的主动介入对校企合作协议的签订、履行，乃至构建和谐的校企关系意义重大。例如，为了更好地维护学校及学生的合法权益，笔者在起草、审核校企合作协议过程中主要关注三个重点：一是从协议的"鉴于"条款中审查双方签约的背景和真实目的；二是审查企业的经营范围和学生的实习环境，如果企业的经营范围或者学生的实习环境涉及易燃易爆、深水、剧毒、放射性和高空作业等，即使给学生的待遇再高或者给再好的合作待遇都不能签；三是审查协议中是否存在损害学校和学生利益的显性或隐性条款，降低或消除合同风险，切实维护学校和学生利益。因此，学校法律事务部门在校企合作协议的签订和履行过程中主动介入并为其提供专业的法律服务，对明确合作各方的权利义务、维护协议的严肃性、促进和谐的校企合作关系、实现学校培养高质量应用型本科人才的目标至关重要。

三、法律事务部为学院提供的法律服务与工作思考

我校作为一所民办应用型本科院校，由于历史原因，相对于公办应用型本科院校来讲，其所涉及的法律问题具有多样化和复杂化的特点。本部分谈谈我校法律事务部成立后为学校所提供的法律服务。

（一）学院法律事务部的设立和职责

2016年10月，学院董事长邵宝华先生按遵照依法治国、依法治校的精神指导，加之学校创建依法治校示范院校和学校自身管理、建设的需要，为规范管理、减少纷争、夯实依法办学的基础，谋划设立学院法律事务部。2017年1月，经学院第四届董事会常务委员会第四次会议决定，成立学院法律事务部。我校法律事务部直接对学院董事会负责，职责包括：①在董事会授权下，为学院发展提供法务支持；②制定学院纠纷案件管理制度，参与学院涉诉事务的协商、调解、诉讼等活动；③起草、审核学院董事会、学院及学院各职能部门对外所签订的各类民商合同并为其提供法律咨询服务；④建立学院诉讼案件和非诉讼案件的工作台账和档案管理制度；⑤签收、发送相关法律文书和处理董事会交办的其他事务。

（二）学院法律事务部内部组织机构的建设

第一，完善组织机构建设，规范学校内部法律事务工作流程。我校法律事务部自谋划设立之初，就在学院董事长的不断帮助、关怀和指导下，从现有教职工队伍和专业的法律工作者（含专业律师）中聘任六位具有较为扎实的法学理论知识又具有较强法务实践经验的人员作为学校法律事务部的成员，组建较为专业的法律服务团队，为学校董事会及学校各职能部门提供诉讼和非诉讼法律服务。该法律事务团队设置了法律事务部主任、秘书，以及其他包括专业律师在内的团队成员，这些团队成员一般是兼职人员。在团队成员中，既有熟知高校管理运作基本规律和高校基本管理制度的管理人员，又有具有较强法务实践经验的法务工作者（含专业律师）。因此，团队在处理高校常见的法律事务时，既熟练又高效。

第二，规范学院法律事务工作流程及拟定法律事务部内部岗位工作职责。我校法律事务部结合本校的实际情况，拟定了学院法律事务工作流程，并为此专门设计了学校诉讼及非诉讼业务登记表等相关业务工作表格和审批制度；同时，规范法律事务部内部管理制度，明确法律事务部内部岗位管理职责；此外，法律事务部还专门建设了自己的网页。这些基础性的工作为学院内部开展法务工作提供了便利，为学院法务工作的规范化管理打下了基础，为学院的行稳致远提供专业法律支持创造了条件。

（三）法律事务部的相关工作

如前所述，我校作为一所民办本科院校，由于其建设时间短、发展速度快等原因，所遗留的历史问题或必然产生的困惑较多，加之这十几年来国家有关民营教育机构的政策和法律法规一直处于调整中，因此，我校作为民营教育机构所要面临和解决的法律问题较公办院校要复杂一些，解决起来更为棘手。自法律事务部成立以来，学校基本上所有诉讼类和非诉讼类案件都交由法律事务部通过诉讼和非诉讼的方式处理。这些案件在学院董事会领导的指导与帮助、学院内部各职能部门的通力合作下，加上法律事务部成员的积极主动介入，法律事务部成员之间充分凝聚智慧、竭尽所能利用其专业技能和经验，基本上都得到了妥善处理，最大限度地保障了学院的安全稳定，较好地维护了学院及师生的合法利益。在此基础上，法律事务部积极主动作为，不断适应学院及社会发展的需要，确保各项法律事务工作的质量。本部分谈谈我校法律事务部自成立后，为学校所提供的诉讼类和非诉讼类法律服务。

1. 树立法律事务工作重心，扎实稳健地做好法律事务服务工作

（1）合理使用诉权，有效挽回学院及学院投资主体的经济损失，切实维护了学院及学院投资主体的合法权益。经法律事务部代理的所有诉讼类案件的胜诉率为100%。我校法律事务部自2017年成立以来，处理的诉讼类案件总共超过100宗（含法律事务部成立之前成讼，由现有法律事务部成员代理的案件）。这些案件包括教育培训合同纠纷案（主要是历届学生的学费欠费案）、土地纠纷案、入伙纠纷案、代位权纠纷案、转执行纠纷案、租赁合同纠纷案、无效合同纠纷案、排除妨害案、买卖合同纠纷案、劳动合同纠纷案等。在这些诉讼类案件中，有的是被动应诉的，有的是为了解决历史遗留问题主动起诉的，有的是奋起反击而成讼的，原因各异，但结果都一样——我们胜诉。如此众多案件胜诉的背后，凝聚了学校法律事务部全体同事的汗水和智慧。有些案件的胜诉过程如履薄冰，是整个团队经历过多次绝望情绪后，艰难取证、顽强抗辩才取得的。笔者作为普通的高校法学教师和普通的法务工作人员，从事法学教学多年且代理过不下100起案件。在笔者看来，涉及我校的上述官司，如果单靠某一位律师单独处理的话，要想取得100%的胜诉率难度极大。因此，民办高校设立自己的法律事务部、组建自己专门的法律服务团队非常有必要。高质量、高效率法律服务的提供，需要知识结构和能力结构多元化的法律服务团队。

（2）预防合同风险，规范对外民商合同的管理。从学院法律事务部成立至2018年年底，我校法律事务部累计起草、审查、修改涉及院属各单位及董事会交办的各类民商合同超过400份，这些合同目前的纠纷发生率为零。为提升合同管理水平，有效预防各类合同存在的法律风险，我校法律事务部主要从以下方面不断强化合同管理，从源头及履约过程中及时封堵可能导致学院损失的风险点。1）注重签约过程的控制，严格对合同条款进行审核把关，增强合同的合规合法性审查。在这个问题上，我校的做法是，结合学校用章审查制度，学校所属各职能部门需要对外签订合同的，一律填写用章申请表，然后把合同、用章申请表，以及签约所需的对方当事人的资质材料一起交给法律事务部审查；若合同需要修改的，法律事务部给出修改建议，相关职能部门依照法律事务部建议对合同进行修改。2）适时修订合同标准文本，提高学院职能部门的签约效率。对于同质或者同类的合同，为方便教学单位和院属各职能部门签约，提高其工作效率，法律事务部专门设计或者指导设计了相关的合同文本并适时修改，同质的具有横向科研课题性质的委托合同及同类的普通校企合作合同便是如此。例如，为满足教学单位校企合作的签约需求，结合学院合同管理的特点及校企合作的工作情况，法律事务部不但指导设计了专门的校企合作协议，还与时俱进，适时地对原合同示范文本进行修订完善，督促相关部门严格选用合同模板，以降低合同的签约和履约风险。

（3）全面了解签约方或者每一个合作方的资质，规范并审核签约方的资质材料。法律事务部对每一份送审的民商合同均要求学校涉事部门随合同文本、用章审批表、非诉讼法律事务登记表一起，提供签约企业营业执照复印件、法定代表人身份证明、授权委托书、受托人的身份证复印件等材料。对需要合同盖章审批及合同材料审核的，一律加强对企业资质的审核，通过诸如"全国企业信用评价与公示平台"和"广州市商事主体信息公示平台"等，快速、全面地了解合同相对人（签约方）的经营范围、经营状况、资产抵押（质押）状况等，确认对方当事人的履约能力，剔除任何于我方不利的显性或隐性条款，对对方履约过程可能的违约行为未雨绸缪，为维护学院董事会、学院及学院师生合法权益严格把关，力求将签约、履约风险降至最低。

2. 指导、协助学院及学院相关职能部门处理校园突发事件及学生伤害案件

（1）对校园突发事件的处理，从法律的角度提出解决问题的建议。校园突发事件通常是指在校园内突然发生的，造成或者可能造成严重社会危害，影响学校师生安全，以及学校正常的生活、工作秩序，需要采取应急处置措施予以应对的事故灾难或校园安全事件。我校作为一所普通民办本科院校，在征地、建设和日常管理过程中都曾因此发生过属于校园突发事件范畴的"校闹"，有些已经严重影响到学校正常的生活、教学秩序。法律事务部通常根据学院领导或者董事会的指示，依据校园突发事件处理程序和办法以及相关法律法规，提出专业的处理建议并参与调解。根据笔者的经验，在校园突发事件的处理过程中，学校法律事务部及早、适度介入并提供相应的法律服务，对事件的妥善处理至关重要。

（2）协助处理学生校园伤害及学生意外死亡案件。我校最近两年曾发生学生之间持刀伤害案件和特殊学生（通常指有特殊心理、特殊疾病和特殊体质的学生）高坠死亡案件。在青年学生聚集的高校，这两类案件发生的概率非常高。这两类案件涉及学生的健康权和生命权，一旦发生，后果会很严重，受害学生及其家属精神上都会遭受较大的伤害和刺激，短时间内很难接受结果、很难平复情绪。无理取闹、无端怪罪学校，不配合学校对受害学生后事的处理，不接受学校对该事件的处理意见，向学校提出巨额的经济赔偿要求等，便是其情绪受到极度刺激的表现。笔者由于自身专业和岗位责任的特殊性，曾参加多起类似案件的处理。依照笔者的经验，多数受害学生家属的情绪变化通常分三个阶段（极少数较为通情达理的家属除外）：无端指责阶段、初步接受现实阶段和恢复理性沟通阶段。有些学校为了表示领导重视，尊重受害的学生家长，从学生家长到达学校之日起就开始与其沟通，动之以情、晓之于理，可受害学生的家长根本听不进去，沟通的效果不好。按理说，校领导的沟通能力和做思想工作的能力应该较高的。可为什么面对受害学生的家长时却不灵验了呢？依笔者之见，主要是有的校领导不了解受害学生家长情绪变化的规律，只有一颗滚烫的爱心和想迅速化解矛盾的满腔热血。另外，造成校领导与受害学生家长沟通效果不佳的另一个原因在于校领导非法学专业出身，对学生伤害案件所涉及的法律问题不甚了解。因此，在受害学生家长刚到学校，情绪上处于无端指责阶段和初步接受现实阶段，由学校领导（专业律师出身的校领导除外）出面与受害学生家长直接沟通，期望速战速决、快速化解矛盾、消除影响是不明智的。那么，怎么做才是合适和明智的呢？在笔者看来，可采取以下步骤。

1）自受害学生家长到达学校且情绪处于第一阶段时，校领导可以与受害学生家长见面，同时指示随同的保卫处、受害学生所在的系或者二级学院以及学生处的领导妥善处理本次学生伤害事件，并适当安抚受害学生家长。接下来，由上述三个部门的负责人或者其指定的教师安排、解决受害学生家长的吃住问题，同时收集受害学生家长的诉求（对学校有什么要求或者希望学校承担什么责任）。然后，将受害学生家长的诉求反馈给校领导，等待校领导对案件处理的下一步指示。这样处理问题的程序既合法合规又合情合理，受害学生家长容易接受。如此，受害学生家长情绪变化的第一阶段将被轻松化解。在受害学生家长情绪激动且对校方不甚信任的这个阶段，任何有关此类问题的解决方式，诸如，"依法应该……"或者"依学校规章制度应该……"的说辞对受害学生家长没有意义。

2）在受害学生家长的情绪处于第二阶段时，校方需要做的是协助司法机关了解受害学生真正的受害原因或者死亡原因。在这个阶段，无论是校方还是受害学生家长，都想了解受害学生受害或者死亡的真正原因，因此，引导受害学生家长配合司法机关对学生受害原因或者死亡原因进行调查或者鉴定是校方工作的重点。一般来说，当司法机关的侦查结果或者鉴定结论出来后，受害学生家长都会接受，情绪变化也将由无端指责阶段过渡到初步接受现实阶段。当受害学生的受害或者死亡原因确定后，家长的情绪和对学校的诉求也就逐渐恢复理性。

3）当学生的受害原因或者死亡原因确定后，学校法律事务部门必须适时介入，晓之于法、晓之于理，与受害学生家长协商经济补偿问题或者校方的责任归属问题。这是依法治校的题中应有之义，是学校法律事务部的工作职责。参与协商或者调解的学校法律事务部人员不但要清楚《学生校园伤害事故处理办法》和国家相关法律法规的规定，而且要清楚高校（含本校）有关学生管理的规章制度。否则，其调解的建议很难被受害学生的家长接受。当然，参与或者负责调解的法律事务部人员的个人沟通能力和亲和力也至关重要。当双方的协商取得一致意见时，法律事务部立即以学校的名义起草"经济补偿协议"或者类似的协议书，并会同受害学生家长签署。与此同时，法律事务部负责敦促学校相关职能部门认真履行协议约定的义务，妥善、彻底解决该起学生伤害或死亡案件，为避免案件的复发和二次纠纷的发生提供专业的法律支持。在这个阶段，迫使受害学生家长通过信访或者诉讼的途径维权是下策。

3. 完成学校交办或者法律事务部职责范围内的其他工作

我校法律事务部自成立以来，除了开展前述主要工作以外，还负责学校相关管理制度的合规合法性审查工作，以及根据学院开展依法治校创建活动的工作分工，收集、整理相关资料并敦促学校相关职能部门完善学习管理所需的规章制度。

切实做好财务工作 提升财务管理水平

陆志丹 黄金要①

广州工商学院自2014年升本以来,学院董事会和校领导高度重视,对各项工作均按本科高校的标准提出了新要求。财务管理工作是民办高校稳健发展和持续进步的重要保障,如何根据民办高校的特点,按照本科高校的标准,努力创建高水平应用型大学,切实做好财务工作,提升财务管理水平,是我校升本以来一直认真学习、努力探索并付诸实践的课题。现将我校在财务工作上的探索与实践总结如下。

一、民办本科高校财务管理工作的探索和创新

我校创建于1995年,2004年独立设置为广州工商职业技术学院,2014年5月经教育部批准升格为民办全日制普通本科院校,并更名为广州工商学院。学校升本前已拥有广州花都和佛山三水两个校区,校园总面积1 390亩(1亩=666.67平方米),校舍建筑面积351 900平方米,图书馆面积22 450平方米;共有全日制在校生10 666人,专任教师601人;并拥有财经类专业等五大先进的校内实验实训基地,各类实验实训室94个,教学用电脑3 656台,多媒体教室114间,各类语音室10间,艺体练功大厅2个,演播实验室1个,琴房23间;教学仪器设备总价值为5 505.89万元,生均仪器设备价值5 162.09元。经过多年的努力,学校总资产已达19.48亿元,已从一所小规模的中等专业学校发展为初具规模的高等本科院校。随着办学规模的逐步扩大,财务工作量的日渐繁重,师生需求多元化和财务管理智能化的不断更新,财务管理和资产管理水平的提升已提到学校发展的重要议事日程。学院董事会和校领导高度重视,对加强和改善学校财务管理工作出台了一系列的必要举措。

(一)完善组织架构,加强财务管理

学校升本之前,财务管理工作仅由学院财务处完成。财务处下设三个科,包括收费管理科、会计核算科及预算管理科,共配备人员12人,其中财务处处长1名,收费人员8名(含出纳员及饭卡、电卡充值员),会计核算2名,预算管理1名,学校所有财务管理工作均由这12人完成。随着学校规模的扩展和师生人数的增加,学费收缴和会计核算处理的日常工作量不断加大,财务人员工作压力加大,更无暇研究探索适合民办本科高校的财务规范管理制度。为此,董事会在学校升本后马上做出决定,于2014年6月设立董事会财务管理办公室,除增加4名专职财务管理人员外,还把财务处处长和后勤处处长等相关部门的主要负责人纳入董事会财务管理办公室,旨在加强学校的财务管理、成本管理和财产管理工作。财务人员的增加和组织架构的完善,有效地加强了学院的财务工作力量,强化了财务管理职

---

①作者简介:陆志丹,董事办主任,董事会财务管理办公室主任。
　　黄金要,财务处处长。

能，提升了财务管理水平，为学校升本后的快速发展奠定了坚实的管理基础，提供了有效的组织保障。

（二）明确职能分工，建立工作机制

董事会财务管理办公室与学院财务处有不同的工作职责和明确的职能分工。学院财务处主要负责学生学费收缴、教职工工资发放及学校日常财务开支等会计核算工作；董事会财务管理办公室则基于民办学校与公立学校不同的财务性质而设立。由于民办学校没有财政拨款，除学费收入外主要以股东投入和银行融资作为财力支撑，虽然可以按照事业单位会计制度去管理财务工作，但具体实施起来却难以适用。而根据民办学校的性质，更加接近的应是《中华人民共和国公司法》中的财务管理模式，但又必须保持民间非营利组织的财务性质。为此，董事会财务管理办公室的主要职责是根据董事会和校领导制定的学院教育发展战略进行财务规划，研究适合民办学校财务规律并符合本校实际的财务管理模式，实事求是地实施行之有效的管理；每学年组织协调财务处及各部门做好财务预算，定期做好预算执行情况的检查和指导；管理全校的集中采购工作，统筹各项资金管理、成本管理和资产管理；管理和监督各核算单位的财务工作，指导和规范会计核算业务，做好每年的财务审计工作，并负责全校财务人员的业务培训和队伍建设；协调相关部门建章立制，建立和健全本校各项财务管理制度，定期检查落实财务制度的执行情况，发现漏洞及时修订和完善，防控财务风险；根据办学发展的实际资金需求做好各项筹资和融资工作，保持与金融机构、合作单位和校友的良性互动，并管理好学院的教育发展基金会；做好全年财务决算和财务分析工作，尤其办学成本核算工作，为董事会在各个时期的资金安排提供信息支持和决策服务，等等。为此，董事会为财务管理办公室制定了专门的例会制度，规定在每月最后一个周末由董事长主持召开财务管理工作例会，并建立了财务管理办公室与学院二级核算单位的各项财务管理工作机制。

（三）更新财务理念，实施全面管理

与公立学校相比，民办学校会计财务工作除了要掌握学费总收入及收缴情况、欠费情况、费用总支出及各项日常运作经费合理使用情况、固定资产购置及管理情况、教职工工资总额及人员经费情况、学校基建支出情况、应收账款与应付账款等情况以外，还要掌握对举办者及股东的实收资本管理情况、所有者权益情况、办学结余或学校负债情况、学校发展的财力支撑情况等。因此，民办本科高校的会计财务工作仅仅满足于及时记账、准确核算、规范开支、账平表对，更重要的是要时刻开源节流、集聚财力、核算成本、运作资本，为民办高校的永续发展提供有效的财务保障。董事会财务管理办公室成立伊始，认真领会董事长对加强学校财务管理的期望。首先是学习国际上先进教育产业的民办高校财务管理经验，彻底更新财务管理理念，对照我国民办高校财务制度的不足，提出了向管理要财力要效益，通过加强财务管理而非单纯靠增加资金投入来提高办学层次和扩大办学规模。其次是走访其他成熟的本科高校和本校相关部门，查阅学院在经营管理方面的规章制度，详细了解学院的整体运营及管理情况，尤其是财务管理状况，力求在新的历史起点上探索并创新民办高校的财务管理模式。然后结合学院升本后的发展方向及整体规划，提出了民办高校全面财务管理的全新理念，将全面财务管理渗透到学院各管理部门和教学单位。在董事长亲自主持下，研究拟定了《广州工商学院全面财务管理实施方案》，并在2015年3月召开的学院首次由全体中层以上干部及全体财务工作人员参加的财务管理工作会议上部署落实，拉开了广州工商学院全

面财务管理的序幕。全面财务管理包括精确的预算管理、积极的收入管理、合理的支出管理、规范的资产管理、科学的负债管理、可控的成本管理、分层的核算管理、完整的信息管理、健全的制度管理和有效的监督管理等内容，涉及财务方方面面的管理。同时，学院还要求各部门和各教学单位形成共识，协同配合，务求实效，共同围绕提高办学层次和教学质量的核心目标开展全面财务管理，最大限度提高资金使用效益，降低教学和办学成本，并使实施全面财务管理成为学院一项长期性的常规工作，形成互动的财务氛围，营造良好的财务环境，开创办学效益提高、教职工利益保障、学院教育事业发展等多方共赢的新局面。

二、学院全面财务管理的主要措施及成效

广州工商学院升本之后，办学规模不断扩大，2014—2018 年入学的学生人数和入职的教职工人数均呈逐年增长之势，学生学杂费收缴、教职工工资发放及代缴个人所得税、会计账务处理和核算等工作量也日益增加。仅是会计核算方面，财务处在 2013—2014 学年度共处理会计凭证 3 848 笔，2017—2018 学年度已增至 5 515 笔，业务量比升本前增长 43.32%。办学层次的提高和办学规模的扩大，都对学院财务工作提出了更高的标准和更新的要求。财务部门一方面想尽办法提高会计核算的智能化程度，及时准确地完成账务处理和核算工作；另一方面，客观上也需要积极探索民办本科高校的财务管理路径。根据董事会和校领导的要求，我们在全面财务管理方案的实施过程中主要做了以下工作。

（一）切实加强和改进财务预算管理

为加强财务预算管理，提高资金使用效率，学院于 2015 年 4 月成立以董事长为组长、院长为副组长、各部门负责人为成员的学院预算管理领导小组，并由财务部门专业人员组成预算管理工作小组，带领和指导学院各部门实行全面预算管理。学院财务预算从仅对日常运作经费编制预算逐步过渡到全面预算管理，使预算扩展到教学设备和固定资产购置以及校园基本建设项目等方面。同时，为提高本科教学建设的质量和速度，财务预算尽可能向教学单位倾斜，日常运作经费的预算也逐年增长并且逐步精确。

首先，由财务管理办公室牵头制定了《广州工商学院预算管理小组工作职责》《广州工商学院设备设施项目预算管理办法》《广州工商学院预算外支出管理规定》等关于预算管理的规章制度，并研究制订了精细化预算管理的具体工作方案，明确预算编制、预算执行、预算分析等工作方式与操作流程。学院预算管理工作小组成立后，组织编制了 2015—2016、2016—2017、2017—2018、2018—2019 等四个学年度的财务预算方案，均采取零基预算的科学方式进行预算编制，有效提高了预算的科学性和合理性，指导各部门和教学单位执行落实。各学年度财务预算案经董事会批准后严格执行，日常运作过程中如发生必要的预算外支出，一律按《广州工商学院预算外支出管理规定》的审批流程报批，最后由学院预算管理领导小组组长或副组长审定才能开支。无论是预算内还是预算外的开支，分管财务的院长都严格把关审批，使每一笔开支都能体现节约原则和资金效益，确保把有限的资金用在刀刃上。

其次，学院预算管理工作小组严格检视每个学年度的预算中期执行情况及年度执行情况，及时指导和纠正有关部门和教学单位的预算执行偏差。财务处专门指定财务人员对部门的预算编制、执行、分析等工作进行沟通和指导，同时升级用友财务软件系统，增设预算管

理功能模块,邀请了用友公司专业财务人员对各部门、各系负责预算管理的人员进行专业的培训,实行了包括预算管理制度、人员配备、预算管理软件系统操作等的全方位预算管理,有效地落实了学院对全面预算管理工作的部署。

最后,学院实行全面预算管理工作后,在量入而出的预算编制中向教学单位倾斜,重点保障日常教学运作经费的需要,同时重点保证生均四项费用指标的达标,为教学质量的逐步提高提供了强有力的经费保障。2013—2014学年度,教务处经费预算为400万元;到了2018—2019学年度,预算金额上升至1 965.83万元。与2013—2014学年度相比,教务处预算金额增加1 565.83万元,增长率为391%。近几年,学院部门日常运作经费预算逐年大幅增加,为实现高质量的教育服务提供了重要支撑。升本前即2013—2014学年度,部门日常运作经费为7 539.24万元;升本后,此项经费预算每年都超过1亿元,并以同比增加20 - 35%的增速增长。到2018—2019学年度,此项经费预算已达到2.35亿元,如表1所示,比升本前增长212%,大大促进了本科教育的快速发展。

表1 升本前后学院部门日常运作经费预算情况

升本前后	学年度	预算金额/元	同比增加/元	同比增长率/%
升本前	2013—2014	75 392 400.00	—	—
升本后	2014—2015	101 987 426.00	26 595 026.00	35.28
	2015—2016	124 179 966.00	22 192 540.00	21.76
	2016—2017	152 571 518.62	28 391 552.62	22.86
	2017—2018	194 278 313.18	41 706 794.66	27.34
	2018—2019	235 217 677.92	40 939 364.74	21.07

此外,财务部门还认真做好每个学年度的决算及预算执行情况分析工作,为董事会及校领导提供准确的数据参考,完成了2015—2016、2016—2017、2017—2018三个学年度的财务决算与财务分析工作。从2017年起,预算管理工作细化到月,并且每月检视预算执行情况,坚持每月10日前向董事长及股东报告上月预算执行情况。从预算执行情况看,每学年度的预算编制及执行管理基本实现了精准的目标,精确的预算管理逐渐成熟,预算的实时控制既能从根本上防止铺张浪费,也能准确把握资金的使用规律,不合理的开支即便是有预算未用完也不能突击花钱,避免了公立学校容易发生的弊端,确保学校学费收入资金确实用到教学进步和办学发展的刀刃上。

(二) 及时做好学费收缴及欠费管理工作

学生学费收入是民办高校办学经费的重要来源。及时做好学费的收缴工作,是确保民办高校正常运转的基础。近年来,民办高校学生欠费现象屡见不鲜,严重影响部分民办高校的发展。我校升本后的全面财务管理中,极其注重做好积极的收入管理,尤其是学生学杂费收缴管理。为了进一步完善学生学杂费收缴管理工作,从源头上防止发生学生学杂费欠缴的现象,董事会财务管理办公室多次组织学生处、教务处、财务处以及教学单位进行座谈,商讨学生学杂费收缴管理过程各环节的工作职责,寻找在以往管理过程中的问题与漏洞,有针对性地制定了《广州工商学院学生缴费管理办法(试行)》和《广州工商学院学生欠费管理工作细则(试行)》,明确了学费收缴管理全过程各环节的工作职责,建立了有效的欠费管理工作机制并定期督促落到实处。在财务处及各相关部门的共同努力下,对学生学费收缴工作不断加强管理，学校学费收缴情况逐年好转，各系学生欠费率不断下降，彻底改变了过去每学年期末欠费均达几十万元的现象。从 2016 年开始，连续三年实现零欠费，结束了学校开办以来的学生欠费历史。零欠费的实现，主要得益于学院立足实际，强化收入管理，把学生学费收缴管理作为一项长期且重要的系统工程，既为学生提供方便的缴费渠道，又有效防止学生无故欠费。积极完善财务收费体系，多渠道并行，多部门协同管理，并建立帮扶机制，有效确保学生学杂费收缴工作顺利完成，主要亮点在于以下四个方面。

一是及时组织相关部门及各教学单位以零欠费作为学费收缴管理工作的目标，认真做好学费收入管理的各项工作。每一新学年开始前后，组织各班主任、辅导员、教务员学习《广州工商学院学生欠费管理工作细则（试行）》，明确工作任务，及时部署学费收入管理工作，做到早部署、早行动、早落实，相互配合，做好各个环节的管理工作，争取在缴费期内实现零欠费目标。

二是加强对学生的诚信教育，全方位对学生宣导诚信意识。根据实际工作中出现的问题，及时并到位地对有需要的学生提供相应的帮助与指引。随时掌握学生思想状况和家庭经济情况，认真细致做好学生的思想工作并督促学生按承诺及时缴费。催缴工作因人而异，使恶意欠费现象在开学初就从源头上得到控制。

三是加强技术管理，完善学校财务收费体系。一方面，创新收费管理方式，有效运用系统工具，全面实施信息化管理收费平台，学生可采用线上多种方式自助缴费，避免了携带现金的风险，简化了缴费流程。同时，大大提高了财务人员的工作效率。另一方面，加强各职能部门的联动机制，主要表现在董事会财务管理办公室、学院财务处、学生处及教务处协同管理。由财务管理办公室牵头，联合财务处、学生处、教务处建立相应的欠费管理工作机制并跟踪落实。财务处及时向各相关部门反馈欠费信息，对欠费学生实时跟踪，与学工组成立催缴联络小组，实行"一对一""点对点"实时跟踪，及时向学生及家长了解欠费实际原因，针对不同欠费情况制定不同缴费方案。另外，对在规定缴费时间节点内完成零欠费的辅导员给予一定的奖励，激励辅导员提高催缴工作的积极性。

四是建立贫困生的帮扶机制。学校收费管理秉承以生为本的原则，对于无力交清学费的学生进行合理引导，通过多种渠道帮扶，给予人文关怀，通过校友会、社会爱心单位等帮扶机制，为贫困学生争取更多勤工助学岗位；引导学生申请高校、生源地贷款、国家奖助学金等。同时，对家庭经济特别困难的学生实施差异化管理，适当延长缴费期限，制订缴款计划。

（三）加大对教学和办学的投入并加强管理

随着学院升本后招生规模的不断扩大，学生人数逐年稳定增长。截至 2018 年年末，学院全日制在校生人数相比升本前的 2013 年年末，增长率达 165%。为了保证教学质量不因学生人数激增而下降，学院相应加大了教育经费的投入力度。2018—2019 学年度，学院共投入教育经费 79 421.93 万元（含财政补助支出 1 328.60 万元），与 2013 年的教育经费投入 26 126.60 万元相比，共增加投入 53 295.33 万元，增长率高达 204%。2014—2015 学年度至 2018—2019 学年度，教育经费投入分别为 29 443.10 万元、38 360.95 万元、36 601.81 万元、65 195.53 万元和 79 421.93 万元，如表 2 所示。教育经费投入逐年增加，为本科教学质量的稳定提高提供了强有力的资金保障。

表2 升本前后教育经费投入情况

升本前后	学年度	预算金额/元	同比增加/元	同比增长率/%
升本前	2013—2014	261 266 000.00	—	—
升本后	2014—2015	294 431 000.00	33 165 000.00	12.69%
	2015—2016	383 609 500.00	89 178 500.00	30.29%
	2016—2017	366 018 100.00	-17 591 400.00	-4.59%
	2017—2018	651 955 300.00	285 937 200.00	78.12%
	2018—2019	794 219 300.00	142 264 000.00	21.82%

同时，学院升本后在教学和生活的基础设施及校园环境改造等方面都加大了投入。为了给师生创造良好的工作和学习环境，学院投入了大量资金在各个功能区的改造中，如表3所示。如为配套本科教学需要，投入3 000多万元将花都校区教学楼进行了全面翻新和升级改造，桌椅、地板、内外墙、电脑投影均焕然一新，还新增了自助咖啡机、直饮水机、自动贩卖机等；投入近3亿元新建国际教育学院办公大楼，面积4 000平方米；新建国际学术交流中心，面积40 000平方米；三水校区图书馆扩建面积9 000平方米。同时，教学仪器设备方面也投入了大量的资金。2018年，学院耗资1 500多万元，通过整合经济贸易、工商管理、物流管理、财务会计等实验（实训）教学基地和云计算数据中心，新建跨专业综合实践基地，引进新道BSE财务共享实践平台和新道BSE综合实践平台，完成了"新商科实践教学中心"虚拟仿真实践平台的构建。目前，我院是省内同类院校中首家引入新道BSE财务共享实践平台开展会计人才培养的院校；新商科实践教学中心的跨专业综合实践基地在同类实践基地中建筑面积最大，达1 200多平方米，是以仿真现实商业社会为标准、以生产制造业为驱动、以现代服务业为环境的高度仿真跨专业综合实践平台，这些设施在我省均处于领先地位。同时，还投资5亿多元新建学生宿舍、教师公寓、食堂等；升级改造文体运动场所，完善学习生活设施，教室和宿舍基本上安装了空调；投入近5 000万元改善校园环境，打造园林式校园，还修建了后山的环校坡道。此外，学院投入2 000万元，携手中国电信集团对校园网进行了全面升级改造，建成了花都校区10G、三水校区20G总出口带宽、两个校区裸光纤互连互通、千兆光纤主干、百兆带宽到桌面的高速校园网。校园有线宽带和无线WiFi已全面覆盖学校教学、办公、生活等区域，并免费提供给师生使用。学院建设和校园改造的资金投入成效斐然，师生们都赞叹学院焕然一新。

表3 2013—2018年办学设施投入情况　　　　　　　　　　　　万元

项目	2013年	2014年	2015年	2016年	2017年	2018年
房屋及建筑物	14 002	10 308	19 155	10 308	34 011	33 958
设备图书、购置	2 248	1 249	3 912	3 706	2 626	2 703
合计	16 250	11 557	23 067	14 014	36 637	36 661

（四）开展资产清查，做好资产管理工作

资产清查是保障学校资金财产安全和完整的一项基础性工作，对于提高学校资源配置、优化资产结构具有十分重要的意义。随着学院近年对教学和办学的资金投入持续增加，资产

数量也不断加大，而且种类繁多，资产清查任务十分艰巨。根据资产管理相关制度要求，董事会财务办公室组织财务处、后勤处、实训中心和图书馆等相关部门，按照客观、公正、科学的原则，对全校各类资产进行了全面清查。同时，聘请了会计师事务所的专业人员对学院的资产清查工作进行技术性指导，对资产清查结果的准确性、合规性和可靠性给出审计意见。学院财务部门根据资产清查结果及时修正资产数据，并及时上报资产损益情况。

财务部门一方面对资产进行彻底清查，另一方面在清查过程中发现问题则针对薄弱环节加强资产管理。主要采取的措施如下。

一是对新增资产的管理从立项、论证、审批延伸到采购议价，把好入口关，防止铺张浪费。每年按照学院的发展规划和提升教学质量等要求，对需要购置资产的立项进行逐一论证与审核，审核通过后的资产购置按照规定的程序进行采购，根据学院的实际情况对采购项目实行了议价方式，有效降低了资产的购置成本。

二是对存量资产的管理在清查中按照《广州工商学院清理核查固定资产工作方案》，由相关部门对学院现有的实物资产进行地毯式的盘点，做到每一物都有实物卡片账、会计账和固定资产登记表格，而且账账相符、账表相符。

三是细化并完善资产管理制度。根据《广州工商学院全面财务管理实施方案》的要求，对各类资产分门别类地制定管理办法。如针对学院院务用车管理未能规范的问题，制定了《广州工商学院院务用车管理办法》，并协助制定了后勤服务社会化管理相关规定等。

（五）动员社会力量和校友参与办学

成立于2011年的学院教育发展基金会于2015年交由董事会财务管理办公室管理。董事会财务管理办公室一方面整章建制，规范学院教育发展基金会的运作，另一方面借此动员社会力量和校友，让其共同参与学院升本之后的发展建设。

为了进一步规范学院的教育发展基金会管理，董事会财务管理办公室重新设计了基金会的治理架构和规章制度，制订并完善了关于基金会管理的一整套办法。

同时，按照规章制度认真策划校庆的募捐活动方案，积极推动以校庆为契机的教育发展基金的募捐工作。根据学院的实际情况及相关的政策编制了募捐的方法及途径，草拟了《为广州工商学院建设发展添砖加瓦的倡议》，印制了彩色的募捐宣传单张6万张，制作了校内募捐箱以及校庆的形象标识，为广大师生、校友提供了直观、简易的宣传工具和操作指引。学院的20周年庆典于2015年如期成功举行，募捐工作也初见成果，校庆募捐入账现金165万元，获捐图书9 186册，实物捐赠折合价款34 500元，社会各界和校友为学院升本之后的建设和发展增添了一定的资金力量。

学院教育发展基金会自此走进了社会的视野，之后每年都会保持一定数量的社会捐赠，基金会也会认真履行职责，投入到学生的帮扶及教育发展中去。2018年年末，以学院教育发展基金会会长牵头策划了一场"百万奖学金高桌晚宴"活动，共募捐100多万元，主要用于奖励当年以高分考入本校的新生。此举产生了很好的激励效应，吸引了每年的高分考生报考广州工商学院，为提高学院本科的生源质量奠定了良好基础。

（六）完善会计核算操作并健全财务制度

完善会计核算制度是学院财务管理的主要工作，尤其在互联网和智能化时代，必须根据科技手段的实际应用和学院财会业务发展的实际情况，不断推进会计核算操作规程的改革，制定科学合理的会计核算制度。学院财务核算以权责发生制为基础，对费用、收入实行全面的核算，有助于全面真实反映学院收支情况，弥补了《高等学校会计制度》中收付实现制的不足。而学院财务制度的建设也参照了《高等学校会计制度》的科目设置要求，在每年年初开新账目时，都会根据上一年财务工作的实际情况，增设或删减会计科目，完善会计核算的基础，便于财务核算更加具体、真实地反映收支情况。

学院升本后，在原来的财务管理制度基础上，对部分不适应学院发展的财务制度作了修订，如《广州工商学院财务管理制度》《广州工商学院支出批准权限及审批流程管理规定》《广州工商学院费用支出报销规定》以及《广州工商学院专项资金财务管理制度》等；新增了部分财务制度，如《广州工商学院全面财务管理实施方案》《广州工商学院"创新强校工程"专项资金管理暂行办法》《广州工商学院设备设施项目预算管理办法（试行）》《广州工商学院预算外支出管理规定》《广州工商学院学生学业预警、留级、降级管理办法（试行）》《广州工商学院学生缴费管理办法（试行）》和《广州工商学院学生欠费管理工作细则（试行）》等。

（七）加强培训，搞好财务人员队伍建设

目前，民办高校财务信息化建设已经达到一定的水平，但财务人员队伍的综合素质未能跟上发展要求，既懂技术又熟悉高校业务活动的财务管理复合型人才极度匮乏。学院财务人员年龄集中在35岁左右，拥有一定的财务知识和工作经验，平时工作也大多停留在简单的记账、算账和报账工作中，无法对财务数据进行更深入的预算、分析和决策。长期忙于单一工作，容易导致视野狭窄，缺乏主动学习新技术的意识，难以适应新的工作要求和方式。而且学院财会人员中具有中、高级职称的专业人员较少，会计电算化和信息化技能较低。同时，缺乏新技能的培训和继续教育，对会计电算化的认识不够。因此，学院在升本后注重加强财务人员队伍建设，培养素质高、业务能力强的复合型财务人员，为大数据时代高校的财务管理创新提供人才保证，主要从以下方面进行。

一是加强专业技能的培训。一方面，学院财务处注重人才梯度的培养，以老带新。对新入职的员工进行科学、系统、有计划的专业技能培训，主要注重实操性的训练，加强实际操作能力，逐步提高财务工作的综合素养，促使他们快速适应工作环境，尽快融入到财务大家庭中。另一方面，对于老员工，则注重会计思维的转变，由单纯的出纳报账型向现代财务管理型转化，引导他们学习新知识、新技能、新概念，以便他们的业务知识不断更新，灵活运用新的专业技能提升财务管理水平。

二是鼓励财务人员参加继续教育和职称资格考试。财务人员继续教育是财务管理工作迈上新台阶的重要基石。由于在会计制度、税收制度、财务管理制度等方面政府部门会不断出台新的政策，因此，学院鼓励和提倡财务工作者不断学习新知识，以适应新时代民办本科高校财务工作的需要。除了参加法律法规规定的继续教育以外，学院也鼓励财务人员不断进修，采取分层次、分期、分批进行不脱产的继续教育培训。例如，参加当地会计协会或当地财政局举办的研讨会等，并且就其工作中出现的问题进行研讨，让财务人员及时了解民办高校的发展动态，切实提升业务操作能力。

三是鼓励财务人员不断提高学历层次，积极参加职称考试与评定，对于取得相应学历或职称的人员给予精神鼓励或物质奖励。这样不仅提高了财务人员专业知识和综合视野，也保证了其较高的职业道德，使学院财务人员的业务水平和职业道德都能跟上民办本科高校的教育事业发展步伐。

三、目前民办高校财务管理所遇问题及分析

（一）财务会计制度的适应性问题

目前，财政部并没有规定民办高校所使用的会计制度，民办高校可以根据自身情况，自主选择《事业单位会计制度》《高等学校会计制度》或《民间非营利组织会计制度》等现行会计制度。但是，这几种制度都不是专门针对民办高校设置的，无论采用哪种制度，都存在一定的制度适应性问题。

一是会计报表格式不统一。《民间非营利组织会计制度》中会计报表主要是资产负债表、业务活动表以及现金流量表，而《高等学校会计制度》规定的报表则有资产负债表、收入支出表和财政补助收入支出表。这两种会计制度的不一致，导致采用不同会计制度的民办高校在核算口径、核算方法和数据呈现上都存在差异，增加了财务人员统计工作难度和业务量。

二是产权界定模糊。《民间非营利组织会计制度》明确民办高校为非营利性组织，意味着否认了出资人取得合理回报的资格。然而，按照《中华人民共和国民办教育促进法》规定，民办高校拥有学校财产的法人财产权，而且可以在满足教育发展的需要资金后获得合理的回报。

三是在税收问题上，民办高校与公办院校在税收优惠方面存在差别，民办高校的企业所得税有可能被追缴。

（二）收入来源单一且季节性强的问题

办学资金短缺、收入来源单一且季节性强的问题是限制民办高校快速健康发展的绊脚石。目前，我国民办高校收入主要源于学费收入、后勤服务收入、校办产业收入、企业（个人）投资、银行贷款以及少量的政府补助和捐赠。但绝大部分民办高校单纯依赖学费收入来支撑办学，出现"以生养学"的现象。收入来源单一，融资渠道狭窄，一旦出现生源不足的问题，则容易导致资金链断裂，造成财务困难，甚至发生财务风险。

如果要想摆脱这种"以生养学"并依靠学生学费发展的状态，解决融资渠道单一的问题，需要拓宽融资渠道，提出新的更加有效的融资方法，获取民办本科高校发展相对充足的资金，主要可以从争取银行贷款、政府资助、社会捐赠等渠道进行筹资和融资。在银行贷款方面，国家应当帮助民办高校解决融资难的问题，制定一套符合民办学校实际情况的信贷政策，帮助学校取得银行贷款，同时鼓励金融机构向高校提供借款。在政府资助方面，学院应加强自身建设，提高教学科研水平，通过争取科研项目以及和企业的科研成果转化，获得一定的资金支持。在社会捐赠方面，学院则需重视校友会工作，将学院教育发展基金会的运作视为常规工作抓紧抓好，积极动员社会力量和校友捐资赠物，争取个人和社会对学校的投资和捐赠，最大限度地筹集办学资金，确保学院教育事业的持续健康发展。

四、学院财务工作的不足之处及今后努力方向

（一）财务人员业务素质亟待提高

目前，学院财务人员队伍的业务技能整体不高，管理经验不足，科班出身的管理型会计专业人才缺乏，难以适应日益严厉且不断变化的社会监管尤其是税务监管。为此，必须加强财务人员的培训力度，提高财务人员的业务技能。一是坚持财务工作例会制度，以会代学，以会代训，及时沟通、解决疑难问题；二是开展封闭式集中培训，聘请有经验的老师进行面授，计划一年集中培训2次，选择在假期进行，尽快提高财务人员业务技能和管理水平。

（二）财务管理的内部控制有待完善

学院升本后的快速发展使会计业务量不断增加，财务部门日常工作忙于应付，难免疏于定期审计和内控检查。必须加强内部控制制度的健全和完善，构建科学的内部控制架构。一是探索建立高效的财务授权机制，既能体现民办高校对市场需求的快速反应，也能有效防范财务风险；二是探索建立包括融资、投资、资产、费用等范围的全方位风险管理系统；三是探索建立财务风险预警及风险隔离机制，切实防范和控制财务风险事件发生。

（三）财务管理制度建设要进一步加强

学院近年不断加强全面财务管理，每项管理都在建立或健全财务规章制度，但仍然缺乏对学院各项与财务有关的制度的全面梳理和修订，难免出现各项规章制度之间的矛盾和冲突现象。因此，必须尽快对学院的财务管理制度进行全面梳理和完善。一是全面审视现有的财务管理制度，过时的条款要及时调整，欠缺的须及时补充完善；二是对已有的制度必须严格执行，杜绝有章不循的现象，保证制度的严肃性与权威性。

（四）财务统计分析应成为常规工作

目前，学院财务部门在一定意义上仅完成会计核算工作，而未形成一整套规范的适用于民办本科高校的财务统计分析指标体系。由于上级管理部门有不同的统计数据要求，经常因为时间紧任务重而拼凑数据，没有统一的统计口径，更谈不上科学的比较分析。因此，要认真做好财务分析工作，尤其做好多口径的财务数据统计及常规指标的定期分析工作，为上级和学院领导层科学决策提供准确的数据分析和信息服务，确保学院教育事业的稳健发展。

民办高校后勤保障体系构建的探索与实践
——以广州工商学院为例

李爱琼[①]

为不断提升后勤保障服务水平，增强服务师生、服务教学科研的能力，构建与民办高校应用型人才培养相适应的后勤保障体系，广州工商学院后勤处坚持管理育人、服务育人、环境育人的宗旨，结合工作实际，不断进行探索与实践，初步构建了能适应本科教育的人才培养服务体系。

一、学院升本后后勤处面临的新挑战、新任务

广州工商学院后勤处紧紧围绕学校中心工作，坚持"三服务、三育人"（为教学、科研、师生服务，管理育人、服务育人、环境育人）的宗旨，为师生员工的生活提供优质的服务，确保学校的安全稳定和发展。目前，后勤处承担的业务及服务范围主要包括：食堂餐饮管理服务、商业管理服务、公共设施设备维修维护、水电保障供应服务、校园绿化美化和保洁服务、车辆管理服务、物业管理服务、医疗卫生疾病防控服务等。

随着学校办学水平的不断提高、招生规模的逐年扩大，广大师生对后勤保障能力和服务水平的期盼为后勤处带来了新的挑战。为不断提升后勤保障服务水平，增强服务师生、服务教学科研的能力，构建与民办高校应用型人才培养相适应的后勤保障体系，后勤处在强化校园人文环境建设、美化校园环境、优化校园布局、改善教学生活设施、加强后勤社会化实体的有效管控、健全队伍与制度建设、建设节约型校园、持续改善教职工的工作条件、逐步解决中青年教师特别是新进教师的住房问题等方面进行了探索和实践。

二、后勤管理工作的新作为、新亮点

（一）加强行政综合枢纽作用

随着学校的不断发展，学生、教职工人数不断增加，建筑面积、绿化面积不断扩大，教师公寓、学生公寓、特种设备、交通车辆等日益增多，食堂增加到7家，资产管理项目由原来的2大项增加到8大项，日常经费（如水电费、垃圾清洁费等）相应倍增。由于后勤事务多，且分散于两个校区，管理的难度增加。为提高工作效率，后勤处设立了行政综合科、采购科、物业科、环境膳食科、资产管理科等科室。采用辖地管理为主、延伸管理为辅的管理模式，两校区主要由副处长分管日常工作，处长负责全面工作。为使各项监管工作能够到位，建立了各类线上工作群，实时了解各科室工作落实情况；"后勤宝"的启用，为广大师生报修和服务提供了便利。后勤综合办实时收集师生在QQ群、微信群、"一站式"服务中

[①] 作者简介：李爱琼，后勤处处长。

心等反映的后勤保障及报修服务信息，及时予以处理。此外，通过召开学生座谈会和教职工座谈会，开展服务上门活动，主动前往各职能部门征集后勤工作意见，努力提升服务质量。

（二）群策群力、监管联动，提升学校食品安全管理水平

学院现有7家食堂，总面积约3.4万平方米，全部为社会化承包经营，承担着全院近4万师生的就餐任务。后勤处紧紧围绕学院工作重心开展各项工作，同时把保障师生饮食安全、维护学院安全稳定作为工作出发点和落脚点，做法如下。

1. 专兼结合、职责明晰，构建食品安全监管体系

由学院后勤处环境膳食科科长、学校食品安全管理员、学院膳食管理委员会组成膳食工作监管小组，负责日常的食堂食品安全监管工作，并每日在广东省学校食品安全监管系统上报食堂晨检、自查结果，定期更新食堂基础信息、从业人员信息，以及培训、演练记录，形成食堂自检、学生日检、后勤处和地方市场监管局抽检的长效食品安全管理机制。

2. 过程联动、全面覆盖，确保食品安全监管到位

学院先后制定了《食堂管理制度》《食堂奖罚管理规定》《食物中毒应急预案》《学生食堂陪餐制度》等一系列完善的食品安全管理制度。与食堂经营者签订食品安全责任书，要求经营者购买食品安全责任保险。学院在坚持月检、抽检、专项检查相结合的食品安全保障机制的同时，不断地实践探索，逐步形成学院独特的监管制度。

3. 群策群力、创新模式，提升膳食服务水平

师生对膳食服务的要求不断提高，既要有"吃得安全"的基本保障，还要有"吃得满意"的服务提升。我院每学年定期举办形式多样的膳食活动，既丰富师生的膳食文化生活，又提升师生对膳食管理的满意度，如"厨王争霸"活动、"最具营养"活动、学生满意度问卷调查活动等。

通过大家的共同努力，学院有两家食堂在佛山市餐饮服务食品安全量化分级中被评定为A级单位；两家食堂被评为"佛山市三水区餐饮服务食品安全示范单位"；一家食堂获得"推进落实'佛山市餐饮业质量提升工程'先进单位"的称号；两家食堂设有快检中心，获得政府补贴。

（三）全面提升育人环境

1. 打造美丽的校园环境

聘请有资质的绿化公司参与学校绿化管理。升本以来，充分调研两个校区的植物分布和规划布局，每年均开展绿化种植工作。适时点缀一些花木，增加绿化亮点及应时节树种，修剪部分树形，淘汰病虫害树木，正在建设3个主题公园，提升育人环境。

2. 公共厕所及校园环境卫生升级改造

对公共厕所进行升级改造，加装空调，增加绿化植物，大部分安装自动调节器，使公共厕所环境焕然一新。加强管理队伍培训，提升服务水平。公共区域卫生参照酒店标准进行清洁与管理，使用清洁机器助力环境卫生提升。

（四）积极推进后勤信息化建设

采用"互联网+"的概念，在后勤工作中不断加强信息化建设，利用手机APP搭建微信及QQ群工作平台。通过平台建设，第一时间在平台上公布发现的问题与不足，相互提醒、督促和帮助。经过公开招投标，采购了"后勤宝"智能报修模块，推出后勤公众号，

启动报修服务平台实现实时报修，卫生死角、路灯故障、公共厕所供水管道故障等突发问题能够第一时间发现，职能归口负责人员能第一时间反应，即刻安排人员处理，并在平台上反馈处理结果，大大提升后勤的执行力和团队意识，获得学院领导、师生的肯定和好评。

以信息化为基础建立后勤管理服务平台，运用现代信息技术，优化资源，使服务行为更加精细化。后勤处充分运用网络化、智能化等技术手段来改进管理模式和工作方式，为减少烦琐的申请审批程序，提高后勤管理效率，构建开发后勤信息化系统，目前已开发校园网络一卡通系统、水电网上报修系统、资产管理申报系统、后勤管理掌上 APP 等，使管理更加快捷便利。后勤处计划进一步投入试验有关的信息系统，让师生共同参与后勤管理，全方位接受师生的监督与反馈，使后勤服务工作能更加满足广大师生的需求。

（五）推进"两型"校园建设

落实各项节能整改监控措施，构建"两型"校园。高校是能源消耗大户，创建节约型校园是实现人与环境协调发展的需要，是高校培养合格人才、履行社会责任的需要，也是高校提高办学效益、实现自身可持续发展的需要。加强后勤管理对创建节约型校园具有极其重要的作用。随着学校不断发展带来的规模扩大，行政、教学、科研的用水、用电量剧增，各种用电设施如计算机、空调、路灯及一些电热装置等大幅度增加。为落实"两型"校园建设，学院于 2011 年初设立了节能减排工作管理领导小组，由后勤处负责制定学院实施节能型示范高校工程的建设规划和年度节能减排计划；组织全校日常节能减排工作的开展、检查并做好阶段性工作总结；建立并完善学院节能减排规章制度和能耗统计档案，构建校园能耗实时监控平台等。后勤处采取各种有效的措施，积极创建节能、低碳、绿色、环保型校园，具体包括：①推进全校节能减排项目的改造工作，各栋楼宇安装总线电表及水表，改造走廊灯为 LED 节能灯，控制学生宿舍使用高功率电器，控制学生宿舍走廊灯开启装置；②采购节能产品，如灯具、空调、设备等；③由传统的电脑主机配置逐步过渡到云平台技术（减少主机），大大减少用电负荷。

三、构建与民办应用型高校发展相适应的后勤保障体系的新思考、新探索

（一）建立与完善后勤监管机制及服务质量监控体系

1. 建立与完善后勤监管机制

根据食堂满意度调查，师生认为提高食堂满意度、保障食品安全的措施主要是：严格加强监督管理；在每个食堂增设膳食服务岗和线上膳食服务岗，及时收集广大师生反馈的信息；倡导生产经营者诚信和自律；开展师生食品安全知识宣传教育活动；加大监管力度。通过建立内部监督机制和外部监督机制对学校后勤部门进行监督。由后勤处执行内部监督的职能，对后勤企业服务的各类项目进行监督、检查与协调。外部监督是聘请学院机关部门领导、院系领导及学生代表组成监督团队，广泛收集其意见与建议，认真完善后勤服务监管制度和相关规范标准。另外，后勤处也要主动走进系部，与师生进行深度交流；不定期在学生食堂、活动中心等学生集中的地方开展学生接访活动，听取学生对后勤工作的意见与建议，现场解决学生的疑虑与困惑；通过问卷调查等方式切实做好各方需求和意见的收集工作，为改善后勤服务提供真实的信息与数据。

2. 建立健全服务质量监控体系

后勤处依据国家相关法律法规、行业标准和学院规定，制定了《后勤服务质量标准》。《后勤服务质量标准》根据后勤各服务部门的职责范围制定，为后勤工作开展提供了详细的实施细则与标准，保障后勤服务工作质量和程序。同时，建立后勤服务工作的评估制度，根据后勤服务中的餐饮和物业管理、校园环境管理、水电管理等制订评估办法。如通过调查意见表、主动询问等方式，加强与师生的沟通交流；通过建立服务工作信息反馈系统，及时做好各类投诉意见的收集和处理，使服务工作更有针对性。

（二）构建全方位的后勤宣传体系

后勤服务类信息较多，包括餐饮服务、师生车辆服务、生活配套服务、各种办事报修流程、水电费查询、资料表格下载、投诉建议等，后勤网站运行了一段时间后因被黑客攻击而停止，有关的通知信息只能通过QQ群、微信群发布。这些群的人数有限，涉及范围小，师生经常漏看相关信息，造成延误等情况。学生对后勤服务的投诉建议一般通过所在班级辅导员或者"一站式"服务中心反映，很少直接反馈到后勤部门，中间缺少直接沟通的渠道。另外，对于后勤人员拾金不昧、乐于助人、假期留守值班等好人好事的正面宣传太少，师生对后勤的态度是"误会"比"理解"多。后勤宣传工作因重视程度不够，经常出现信息过时、更新速度缓慢、内容不够丰富等情况。因此，加强后勤的宣传工作非常重要。

要构建全方位的民办高校后勤宣传体系，充分发挥宣传媒介的作用，可从构建后勤宣传组织体系、突出宣传主题、建立宣传平台等方面入手。

1. 构建后勤宣传组织体系

如要全面深化后勤宣传工作，构建宣传组织体系则是基础和前提。后勤部门要高度重视宣传工作，首先，在领导层成立领导小组，构建宣传管理体系，由后勤领导小组牵头，后勤下属各科室配备专、兼职宣传员负责收集材料，撰写、审核、编辑、发布新闻信息等。为确保宣传工作规范、有序地进行，还要制定后勤宣传工作的管理制度，把后勤各部门的宣传计划完成情况纳入年度考核，落实责任，并制定激励机制，鼓励员工积极参与宣传工作。

2. 把握舆论导向，突出宣传主题

民办高校后勤宣传工作的力度和成效，对后勤部门的社会认同度、支持度、影响力及对外形象有较大影响。宣传内容应直观表达出后勤的管理服务水平、关注的焦点、改革发展的新举措及遇到的问题，以及在广大师生中留下的印象等。要做好深度宣传，树立后勤良好的形象，提升凝聚力和影响力，在宣传主题方面要以后勤为师生员工服务为主题，从不同的角度报道后勤急师生所急，以及主动追踪师生关注的热点、焦点问题，反映后勤服务工作的认真、细致、周全。第一时间公布后勤各部门新推出的各项服务及便民举措，保证时效性、准确性，把宣传后勤保障与师生反馈相结合，加强对推进社会化改革工程的重点、亮点的挖掘。

3. 充分利用媒体资源，建设和完善后勤宣传平台

一是通过建设和完善民办高校后勤网站、后勤公众号等，充分利用网络宣传手段，构建后勤信息化宣传平台。师生可通过浏览后勤网站、后勤公众号等获取最新的资讯，获得最快、最有效的问题解决途径。通过在线互动交流，可以及时掌握师生对后勤服务工作的意见和建议，提高工作效率，促进与师生之间的直接交流，为后勤服务工作提供重要的信息窗口。

二是通过创新宣传载体，潜移默化中起到宣传效果。后勤服务工作与师生员工的日常生活息息相关，从小小的温馨提示做起，让后勤服务温暖人心；在学校食堂、公寓、商铺张贴后勤的服务信息，既方便师生，又能起到一定的宣传效用；通过协助学校举办大型活动，把印有后勤服务理念的纸、笔、杯子、购物袋等赠送给师生，让后勤服务宗旨在不经意间深入人心；还可以由后勤处主办校园文化活动、技能比赛等，通过活动的影响力加大对后勤服务工作的宣传。

(三) 大力推进后勤信息化建设

1. 提高对后勤信息化建设地位和作用的认识

目前，学校后勤整体的信息化建设水平较低，还停留在局部信息化的层面上，已经满足不了师生对后勤保障服务的新要求。学校"十三五"发展规划中有关逐步完善数字校园基础建设项目部分提到，"到2020年，投入不少于1000万元的经费优化数字资源，完成校园网络的联结、互通与共享，使校园数字化达到较高水平""通过不断完善校园基础网络和应用信息系统建设，采用先进的信息技术对学校的教学、科研、管理和服务的各项业务进行数字化改造，提升信息流转效率和共享水平，构建以云服务为核心的教学资源数字化、应用集成化、管理过程数字化的信息环境，提高信息资源利用效率；提升师生的信息化素养，同时建设稳定、高效的信息化管理运行机制，为建设高水平应用型大学的总体目标提供强大的支撑"。从实际情况看来，学校虽然对教学、管理方面的信息化进程推进了不少，但是对后勤的信息化投入相当不足。如师生使用的"一卡通"只能在校内食堂和商铺刷卡消费（可网上充值），还有另外一张卡用于师生宿舍充值电费，卡内有余额需要退费的时候靠人工操作；师生宿舍用水量由电工抄表录入计算，水费单分发后要到财务处亲自缴费；校内用电系统只实现了定时通电、断电、充值使用功能，不能监控收集有关数据，对于后勤的发展特别是节能减排工作尤其不利。

民办高校在大力建设智慧校园的过程中，应充分认识到：一个高效的智慧后勤既是学校教学、科研工作与社会服务的有力保障，也是降低运行成本、建设节约型与和谐高校的重要手段。因此，要高度重视后勤信息化建设，将智慧后勤建设作为智慧校园建设的一项重要内容予以推进实施，并从软、硬件配套建设、人才培养、信息化应用、经费保障等方面着手，制定和完善后勤信息建设规划和工作方案，提高对后勤信息化建设的重视程度，形成领导重视、员工参与的良好氛围。

2. 开发建设贴近校园、贴近生活的信息化服务平台

民办高校后勤在追求质量、效率和安全的基础上，提出了后勤服务个性化、安全运行可控可追溯、质量可控可评价、资源利用节约高效等要求。学校后勤在信息化建设过程中，用户的实际需求与后勤信息管理系统功能没有达到一致，存在部分功能不实用的情况。因此，在后勤信息化建设上，一方面要从服务角度出发，以人为本，充分了解师生的真实需求，设计贴近生活，符合师生日常学习、工作、生活需要的服务项目；另一方面，要从便于管理的角度设计项目，打造集后勤管理、服务于一体的综合信息化平台。师生员工通过信息平台提出服务需求即可享受到相应的后勤服务，并可对服务质量即时做出评价；服务者根据服务对象的需求及时提供服务；管理者可实时监控，还可通过管理平台及时了解各种资源状况，适时做出科学决策。通过信息化平台建设，高校后勤服务更加规范，管理更有成效。

3. 加强信息化专业人才队伍建设

后勤广大一线员工虽业务工作熟悉，但懂 PC 端信息化平台操作的人员少，会操作智能信息化平台的人员更少，导致后勤信息化平台的服务效能受到限制。要做好后勤信息化建设工作，充分发挥信息化平台的作用，需要有一批能够掌握、处理和应用高校信息化管理系统的人才队伍。因此，既要引进专业人才，还要留住既有管理经验又懂信息技术的管理人员；要创造条件，对不同应用层次的员工开展有针对性的技能培训，提升员工应用信息化平台的能力和水平。另外，还要逐步引进复合型人才，扩大信息化专业员工队伍，打造一支后勤信息化专业团队，大力推进后勤信息化建设。

（四）完善管理机制，加强节能管理

1. 加强领导组织，完善保障制度

近几年来，学校两校区用电量高达每年 28 800 千瓦，年缴费在 1 800 万元以上，在本区域中属于用电大户；每年用水量 210 万吨，年缴费约 382 万元。建设节约型校园，节省资源显得尤其重要。首先，学校领导要高度重视，把建设节约型校园放到重要位置来抓。组成由校领导牵头，各行政部门负责人为成员的节能管理机构，提供强有力的组织保障，主要工作职责是结合学校的实际情况，做好节能总规划，提出各项有效的管理措施；加强部门之间的互相协调、促进、监督，有效落实各阶段的节能目标。其次，为确保节约型校园的建设成效，必须要加强制度建设，创建有效的管理机制。目前，因节约型校园建设的长效管理机制缺失，相应的考核、奖惩、监督机制并未真正建立起来，导致各项节约措施未能真正落实，难以调动工作人员的积极性和主动性。制度建设是节约型校园建设工作开展的基础和依据，规范合理的管理制度对节能工作的开展起着促进和推动作用。如落实目标责任制，把节能目标任务层层分解，责任到人；采取奖罚激励机制，充分调动工作人员的积极性和主动性；建立监督评估机制，督促各项节约措施有效落实等。

2. 加强节能管理，推广使用节能设备及技术

技术创新是节约型校园建设的重要支撑。目前，学校后勤处对节能科技及节能产品缺少关注及了解，采购的节能设备效果差，使校园的运作出现资源浪费现象。即使采购了新的节能产品设备，但因缺少节能专业技术人员，或不注重对管理维修人员的专业技术培训，也制约了新设施设备效能的发挥和推广。此外，学校对创新节能技术的研发投入不足，无法与社会的创新科技有效接轨，节能建设工作相对被动。应当结合学校的实际，制定节约型建设技术标准，重视对节能技术资源的引进及研发，借助技术力量使学校的整体运作节能高效。同时，逐步淘汰更换一些陈旧、耗能大的设施设备，采用高效节能的新产品，减轻因资源浪费增加的成本压力。另外，学校应采取积极措施，加强节能管理，减少人为浪费；强化用水、用电设备的检查维护，减少不必要的漏水漏电隐患；在校园普遍更换使用节能灯具，安装智能监控系统；推进办公自动化，实行无纸化办公，减少纸张浪费等。

3. 降低管理成本，合理配置资源

落实科学发展观，把节约型校园建设纳入学校的发展规划。严格控制公务费用支出，规范成本管理。根据实际需要，学校各部门制订年度公务开支预算并严格执行，减少不必要的费用支出。此外，还应严格执行公务接待、公务用车、外出培训、办公用品采购等有关管理

规定，确保节约型校园建设的计划性、广泛性、深入性和有效性。做好全校房产及资产存量等的盘点整合工作，统一分配资源，提升资源利用率。对闲置的办公用房及公共房产资源进行科学调度，实现资源共享，减轻图书馆等地人满为患的压力。对使用率低的设备设施进行重新调配，减少重复购置。

（五）加强后勤队伍建设

后勤职工担负着管理育人、服务育人的职责，为师生提供良好的后勤服务，有益于学生的成长成才。对花都校区后勤人员的文化水平进行调查，涉及的后勤服务人员主要包括食堂员工、商业街员工、清洁绿化工、宿管、电工、木工等，共188人，其中有169人学历为高中以下。后勤人员的文化水平低，专业人员缺乏。

后勤职工的年龄结构、知识层次、能力水平参差不齐，缺乏专门的知识和系统的培训，整体素质较低。然而，他们服务的对象是思想最为活跃的大学生，导致后勤职工的整体层次与高素质的需求之间形成矛盾，不但制约了后勤管理工作的开展和管理水平的提高，还严重影响了后勤工作的整体发展。再加上长期以来学校后勤职工服务意识相对淡薄，使后勤管理、后勤服务宝贵的育人资源利用率大打折扣，导致后勤工作中存在着大量影响师生满意度的细节。在师生日常与后勤服务人员的互动交流中，发现师生对物业公司人员的服务水平和态度等各方面意见较大。比如，教师对教工宿舍公共地方的卫生清洁要求较高，而清洁工年纪较大动作慢清洁不到位，无法让老师完全满意等。

要切实提高后勤的保障能力和服务质量，就必须大力提高后勤职工的综合素质。第一，对民办高校后勤职工要开展角色意识和文化素质教育。一方面要帮助后勤职工树立自强、自重观念，增强他们服务育人的自豪感，强化教育者意识，使他们明确自己的社会角色和工作职责；另一方面要对后勤职工进行文化素质教育，借助浓厚的校园文化氛围和丰富的校园教育资源，对后勤职工开展宣传教育，促进他们文化素质的提升。第二，建设一支能力强、效率高、精通业务的专业化后勤服务队伍。结合民办高校后勤服务队伍的岗位需求，持续深化案例教学、现场教学、研讨式教学等培训方式，有针对性地组织开展不同类别和内容的教育后勤管理培训，进一步提升高校后勤职工的就业竞争力。

建立绩效考核机制，完善目标责任体系，量化指标评价体系。一是制定后勤服务岗位的职责和考核标准，细化后勤职工的考核管理办法；二是全面实行企业化制度，建立有效的业绩考核评价机制，同时建立多元的工资制度，包括经营效益工资、岗位技能工资、管理责任工资等；三是进一步建立和完善各种激励制度，着力形成一套科学有效的激励机制。后勤管理行之有效的约束、激励机制，可以充分调动后勤职工的工作积极性与责任心，从而使服务质量得到有效提高。

四、结语

自升格本科院校以来，广州工商学院后勤处为全面提升后勤保障能力和服务水平，给师生提供满意的服务，从各个方面加强了后勤管理创新行动。升本以来，后勤管理工作的亮点包括：加强行政综合枢纽作用，做好食品卫生安全工作，全面提升育人环境，积极推进后勤信息化建设，推进"两型"校园建设，改革后勤工勤人员管理等。同时，对构建与民办高校应用型人才培养相适应的后勤保障体系进行了探索，建议并建立完善后勤监管机制及服务质量监控体系，构建全方位的宣传体系，大力推进后勤信息化建设，完善管理机制，加强节能管理和后勤队伍建设。

参考文献

[1] 王阳绪. 民办高校后勤服务团队的人事管理探讨 [J]. 新西部（理论版），2015 (12)：115+133.

[2] 李圣峰. 高校后勤育人途径剖析 [J]. 黑龙江科技信息，2013 (10)：203+205.

[3] 温京明. 高校后勤服务育人工作的探索 [J]. 中国电力教育，2012 (16)：136-137.

[4] 王义宁. 民办高校与公办高校法人治理结构的比较 [J]. 高教探索，2014 (1)：53-57.

[5] 刘寅. 浅谈民办高校后勤精细化管理 [J]. 管理研究，2014 (14)：36.

[6] 张雪梅. 企业经营管理中几种常用的分析模型 [J]. 经营管理者，2013 (6)：87.

[7] 徐绪卿. 新时期中国民办高等教育理论研究 [M]. 杭州：浙江大学出版社，2010.

[8] 董学军. 民办高校管理现状分析 [J]. 沈阳教育学院学报，2011，13 (3)：19-21.

[9] 范文革，姜群巧. 现代大学制度：我国高校后勤改革的新视野 [J]. 中国高教研究，2013 (9)：90-93.

[10] 张敏. 高校后勤管理信息化建设探讨 [J]. 改革与开放，2011 (16)：100.

[11] 沈小友. 福建教育学院后勤社会化改革的实践成效及思考 [J]. 福建教育学报，2010，11 (6)：30-33.

[12] 王海亮，王福明. 高校后勤信息化管理建设现状与对策 [J]. 机械管理开发，2009，24 (2)：117-119.

[13] 王军. 当下高校后勤社会化改革发展面临的问题及其对策 [J]. 中共银川市委党校学报，2010，12 (3)：51-53.

[14] 黄益方. 高校后勤社会化改革路径选择 [J]. 高校后勤研究，2012 (2)：21-23.

[15] 庄苏. 论高校新型后勤保障体制的构建 [J]. 安徽工业大学学报（社会科学版），2010，27 (2)：158-160.

[16] 王子荣. 高校后勤社会化改革的回顾与展望 [J]. 攀枝花学院学报，2012，29 (4)：65-67.

[17] 陈雪峰. 关于高校后勤管理模式改革与创新的几点思考 [J]. 经济师，2010. (4)：118-119.

[18] 李波. 高校后勤管理改革制度创新研究 [J]. 辽宁教育行政学院学报，2010，27 (1)：176-177.

[19] 赵莹莹，李思妍. 浅析新公共服务理论 [J]. 商品与质量，2011 (S3)：48.

谋创新之策　建校友之家

杨丽[①]

校友是影响高校发展的重要资源，这在国内外知名高校的研究与实践中早已得到证明。广州工商学院校友会的发展经历了初创、发展、创新、稳定四个阶段，是一个不断成长与探索发展的过程。学院领导高度重视校友资源，扎实做好校友工作，把校友工作作为学院发展的重要战略来推动，特别是紧紧围绕高水平应用型本科院校的目标，提升校友会的组织建设能力、实践创新能力、文化活动能力、服务沟通能力，集智、合智、融智而为，顺势、借势、造势而动，推动校友会各项工作逐步走上规范化运作的轨道。

一、加强基本建设，奠定发展基础

广州工商学院校友会的建设，经历了人员、机构与经费的"三落实"，最终形成了完整的办会格局。

一是通过部门兼职转专职，落实管理人员。校友会成立之初，领导和秘书都由其他部门人员兼任，无法全身心投入各项工作，使校友会的工作停滞。学院升本后，配备了专职领导和人员，成立了校友会办公室，为校友会后期工作开展奠定了良好的基础，为校友会活动的开展提供了强大的后盾，提高了校友会的服务基础。

二是通过设置办公室，落实专门的管理机构。架构组织起来后，校友会申请了独立的办公室，方便接待校友、开展工作。现在已经有3间独立的办公室，办公设备齐全。

三是通过部门经费预算，保障了校友会工作的正常运行。由于学院领导重视，校友会有独立的部门经费，在勤俭节约、不铺张浪费的前提下，能更好地开展各项校友活动。

二、工作重创新，持续伴发展，稳中求跟进

（一）提升组织建设能力，架构校友联络"立交桥"

组织架构是一个部门成立的框架和基础。全面建立校友联络"立交桥"，扩大校友工作区域面，让更多的校友参与进来，共同发展、共同进步，是校友会成立的初衷。

1. 以理事会建制，发挥引导作用

一个团体要形成凝聚力，避免成为一盘散沙，必须要有一个坚强的组织机构。为此，学院成立了第一届校友理事会，选举了会长、副会长、正副秘书长和理事。2014年9月4日，学院董事长、校友会会长邵宝华主持召开了新学期工作会议，开启了第二届校友代表大会的前期准备工作。2014年12月7日，第二届校友代表大会筹备工作会议召开，对校友会的工作提出了具体的要求，对第二届校友代表大会的召开进行了更详细的安排。为做好第二届校

---

①作者简介：杨丽，原校友会主任科员，现图书资料管理员。

友代表大会准备工作，成立校友会工作领导小组，在张学斌副董事长和朱特威副院长的带领下，多次召开会议、制订方案、落实计划、汇总信息、研究工作，稳步推进代表大会的各项工作。

2015年12月，正值学院20周年校庆之际，广州工商学院第二届校友代表大会在我院三水校区隆重召开，400多名校友从各地汇聚在一起，选举推荐了150名校友成为校友会理事会成员。校友会重要职位均由学院教授、专家、分会负责人等担任，更好地为校友会的发展指明方向，引导校友会不断发展。会上，校友会副会长兼秘书长朱特威副院长对近年校友会的发展和工作进行了汇报，并重点介绍了校友会下一阶段的工作计划。此次大会是我院校友会工作的里程碑，在学院领导的正确指导和校友的热心支持下，我院校友会工作进入了新阶段。

2. 以各系为依托，建立了院系二级校友工作管理机制

校友会在加强队伍建设的同时，高度重视组织建设和工作机制的创新，已逐步在学院建立起院、系二级校友工作管理机制。以系领导、系辅导员、专任老师等组成的各系校友分会，加大了宣传力度。校友会的发展离不开各系一线工作者的支持，校友会的大量工作需要依靠坚实的后盾，而各系就是学院校友会的依靠，从人力、物力、财力等各方面推动、促进校友会的发展。校友毕业后和系里的辅导员、班主任、教师都保持着一定的联系，为往届校友资料的收集提供了很大的帮助。

3. 以各地为主体，分片划区全面铺开校友工作

我院升本成功后，校友会办公室与各分会的召集人经过多次沟通，在确定分会召集人后去往各地与其组织召集人讨论分会成立的事宜，包括分会组织架构、分会章程、工作计划等，并成立了深圳、东莞、汕头、顺德、广州、佛山6个分会，目前正在筹备梅州、河源校友分会，扩大区域，为各地校友建设一个港湾。将各地的校友集中到一起开展活动，待条件成熟后考虑创办实体企业，最终建成有区域特色的分会组织。

4. 以班级校友联络员为中介，建立校友工作联络员制度

联络员聘任制已经成为一项常规性的工作，在毕业生离校前，校友会办公室会组织联络员召开座谈会，并提前准备好聘书和相关资料，包括对毕业生的祝福、联络员的职责和权利、校友会办公室联系方式、各系校友工作联络人的联系方式以及各地分会的微信公众号和联系人等，在合适的时间组织联络员座谈会，强调联络员的责任，同时方便毕业生离校后在各地工作时能感受到学院的关怀。鼓励和支持学生助理及在校学生利用课余和节假日走访校友，以增强在校生的校友意识。

5. 以学生助理团队为双翼，打造优质服务

2018年5月，校友会学生助理团队正式成立。团队统一管理，统一开展工作、协助校友会工作，为校友会办公室、各校友分会服务。学生助理团队在校友服务和各项校友活动中发挥了积极作用。

（二）提升开拓创新能力，架构成果转化的"立交桥"

校友会常规工作日趋稳定，在原有基础上要不断创新，开展更加丰富多彩的活动，将校友会打造成全面发展的部门，改变校友会的表面工作状态，转入更深层次的有效工作。

1. 致力于科研成果转化，构建学校与校友发展的共同体

由党委副书记、学生处处长、校友会副秘书长黄鹏老师领导，校友会办公室人员及各地校友分会负责人共同参与的"高校&校友发展共同体与创新生态系统研究——基于系统科学理论"课题获中国高等教育学会2017年高校校友工作重点课题立项。此项课题实现了我院校友会工作科研零的突破，同时也为校友工作开展提供了一定的理论指引。

2. 聘请校友为创新创业导师，搭建学院与校友的服务平台

为了适应社会的发展，鼓励更多的大学生自主创业，我院顺势而为，2018年11月正式启动广州工商学院创业孵化基地。我院优秀校友杨国华、潘寿璋被聘为创新创业导师，为学院和校友搭建了一个服务平台，促进学院和校友和谐发展。

3. 建立《校友通讯》刊物，为校友会保留了珍贵的宣传资料

为了让校友更加直接地了解学院，从2016年12月起，校友会办公室每学期编辑一本《校友通讯》。该刊物是向校友展示学校发展、展现名师风范、宣传校友事迹、展示各地校友会工作的重要载体，得到校友的一致好评。随着校友工作的不断推进，期刊栏目将会不断改进。

4. 邀请知名校友回校举办讲座和职业发展讲堂

为了提高摄影爱好者的技术水平，曾邀请校友杨国华返校举办摄影讲座，丰富了学生的课余生活，增强了校友间、校友和学院间的情感交流。后期将邀请资深校友为年轻校友和在校生分享职业发展经验，帮助年轻校友更加清晰地认识不同岗位的职业发展路径，根据自身兴趣和特长做好职业规划。

（三）提高文化活动层次，加大校友参与力度

任何一个校友会要始终保持生机和活力，除了校友拥有共同的理想和目标外，还必须采取多种形式，创造各种条件，举办各种活动，增进校友感情，从而促进校友会的深层次发展。

1. 校友走进学院，情暖意更长

在"校友同庆迎新年得道多助展宏图"校友元旦返校徒步活动和2018年新生奖学金活动中，邀请历届校友回校参加，充分挖掘有效资源，调动各种积极因素，在校友联络与接待、会议准备、会场布置、礼品制作等方面做了大量工作，为校友提供优质的服务，使其感受家的温暖。该活动将作为每年的常规工作考虑。学院举办的校友创业交流会活动上，朱特威副院长指出，各位优秀的创业校友和创业学生代表是引领大学生创新创业的榜样，体现了勇于创新、刻苦钻研、自强不息的优秀品质和勇于拼搏、奋发向上的蓬勃朝气。随后，为潘寿璋等24位校友颁发了"广州工商学院创业杰出校友"荣誉证书，进一步搭建了创业校友与在校师生之间的桥梁，拓宽了更多创业项目发展和实践的渠道，激发了在校学生的创新创业活力，营造了学院良好的创业氛围，推动了学院创新创业教育再上新台阶。

2. 促进校友分会互动，实现资源共享

各地校友分会成立后，广州、深圳、佛山等分会于2017—2019年连续三年举办了年会；2019年在佛山举行了第四届各地校友联谊会。年会及联谊会活动已成常态，不仅加强了各地校友会的联系，增加了校友的团队意识，也为校友提供了有效资源，进一步实现校友资源共享。

3. 走进校友企业，寻求共赢机会

（1）学院走进校友企业。各校友分会成立之际，学院院长邝邦洪教授带领校友会办公

室成员走访了各地校友企业,了解校友企业文化,为促进学院与校友的交流累积了资源。校友们也积极反馈对校友会的一些新想法,比如东莞校友分会会长谭家安校友提出了"三通一达"的创新理念。一是校友通,争取做到校友随时约,不管是东莞地区的校友还是在东莞工作的校友,甚至是其他地区的校友来东莞,都能及时找到组织。二是企业通,校友们分布在各行各业,不乏行业领头人,可以找项目相互合作,共同壮大,共同发展。三是路路通,通过聚会等活动形式,将企业特色和学院最新信息相互展示。"一达",即达成学院对东莞校友分会的美好愿望。杨锦全校友与学院领导分享了深圳校友分会成立的计划书,就校友会宗旨、目标、定位、口号、筹备、组织架构、战略构想、发展计划、管理办法、章程、工作计划等做出详细的解析。广州校友分会会长潘寿璋校友曾在授牌仪式上表示,将出资成立创业基金和奖教奖学基金,其他校友亦有意为学院的建设和发展添砖加瓦。在此基础上,学院董事长、校友会会长邵宝华多次表示将走访各地校友分会,看望各地优秀校友,对校友们的热心表示感谢。

(2)校友走进校友企业。各地校友分会将定期走访校友企业作为一项常规工作。为了加强、加深校友之间的了解,提前做好计划,邀约校友实施走访活动。为更好地将此项工作延续下去,走访人员选择接龙方式,自主选择,控制人数,人满为止。每次走访过后,校友们都保持着友好联系,积极为校友会出谋划策,同时增进了校友间的合作。

4. 采访校友,制作期刊

校友是重要的人力与智力资源、物力与财力资源、信息资源和社会关系资源。做好校友采访工作,不仅为《校友通讯》积累了素材,更是宣传校友的一大途径。展现学院关注校友的同时,也锻炼了学生助理的交际能力,为深入了解校友开辟了一条道路。

5. 轻松户外体验,强身促健康

各分会在学院校友会的指导下,积极开展各项户外活动,如深圳校友分会成立了篮球队、足球队,佛山校友分会成立了羽毛球队,广州校友分会经常组织露营等各项既能锻炼身体又能加强校友间沟通交流的活动。

(四)搭建服务沟通平台,注重宣传,扩大影响

校友会的基本职能是服务职能,要不断提高服务能力、沟通能力,切实为校友、校友企业、校友分会做好对接服务性工作,扩大校友会的影响力,加强校友会的宣传力。

1. 积极探寻校友企业间的合作

校友资源是学校发展最具亲和力、最具潜力的优质资源,是极为可靠的支持力量。校友会办公室多次应校友企业要求,在各系毕业班群发布招聘信息,向企业推荐优秀毕业生。学院每年都会组织大型的招聘会,校友会办公室会联系校友企事业单位,组织邀请校友单位参与。一来加强校友和学院的联系,二来为校友企业物色合适人才,也为学院人才的输送形成了一条龙服务,最终形成互利共赢局面,推动校企合作工作的不断深化。

2. 感情召唤,组织毕业生服务日

悠悠母校情,同窗友好情。为了更好地服务学院、服务校友,2018年6月,校友会开展了第一次毕业校友服务日活动,为校友们准备了精美的、有纪念意义的礼品。此项活动将作为每年的常规性工作。

3. 积极做好校友返校的接待和服务工作

多年来，一届届毕业的学子带着对母校的眷恋，从四面八方返校聚会，如 2007 届电商专业、2006 届经管系、2002 级国贸 1 班、1999 级计算机系等。校友会办公室多次参与了校友返校聚会活动，积极为校友提供支持和服务，认真征求他们对学校及校友工作的意见和建议，带校友们参观了校园，让校友感受到学院发生的翻天覆地的变化，提高了校友对学院的关注度和对母校教育的认可度。

4. 引入新媒体技术，提供信息交流新平台，打造智慧校友网络

我们始终坚持"不做最大、只做最好"的理念，坚持走内涵式发展的道路。一是搭建了交流平台。依托现代化信息手段，积极搭建校友交流平台，如微信群及公众号，目前共有 32 个校友微信群。二是完善校友会网站，作为对外宣传的主阵地，做好网站的建设维护工作；设立了校友 QQ 群、联络员群等校友工作联系群 26 个，方便校友及时交流；建立了广州工商学院校友会微博等，及时向校友传达学院最新消息。

5. 暖心举措，节日慰问

寄送新年贺卡，逢年过节发送慰问祝福信息，让校友切身感受到学院的关心和问候。

6. 积极为校友协调、沟通，做好服务工作

校友如有需要，校友会办公室将积极为其处理、代办校内的各项事宜，让校友感受贴心的服务，增加其归属感。

（五）提供教育发展基金保障，为校友提供后勤帮助

我院教育发展基金会制度相对完善，由专职人员管理，公开、透明，真正落到实处，帮助我院学子解决困难、完成学业，为困难学子点燃了希望。

1. 实施校友奖学金、助学金、无息借款

每学年组织校友奖学金、助学金、无息借款评选，用于奖励优秀的学生，资助学院品学兼优的家庭贫困学生，鼓励他们勤奋学习，帮助他们完成学业。2008 至 2018 年共资助了 579 名学生，金额达 1 192 100 元，其中无息借款 26 名学生，金额为 121 100 元。截至 2015 年 6 月，前期校友无息借款已全部还款。

2. 潘寿璋校友捐赠

潘寿璋校友事业有成后心念母校，连续三年为学院师生共捐赠了 124 000 元，这是我院校友捐赠的起步。希望通过潘寿璋校友的带领，激发更多校友加入，为母校发展添砖加瓦。

3. 各地校友分会心系母校，感恩回馈

广州、深圳校友分会捐赠校友会办公室会议桌椅、设备、墙面装修，共计 26 450 元。

4. 走访慰问特殊校友

校友会办公室积极跟进，在校友会群、网站和微博等发出倡议，为特殊校友捐款，鼓励特殊校友勇敢、坚强面对困难。

三、服务为基础，建设有平台，全面促发展

校友会经历了探索阶段，仍处于不断完善之中，前期的工作初有成效，也有不足之处。总结前一阶段的工作内容，按照学院领导的要求，结合学院新阶段的工作重心，我们将紧紧围绕以下几个方面来开展工作。

（一）牢牢把握为校友服务的办会思想

在校友会逐步成熟起来后，各项工作步入正轨，校友会的工作任务归纳起来就是"三项服务"，即服务校友、服务学院、服务社会。我们要加强服务理念，加大服务建设，发挥服务优势，最终实现校友、学院、社会共赢的局面。

1. 增强观念，促进融合，服务校友

把校友会办成"校友之家"，既是校友会的工作内容，也是校友会的工作目标。这就要求校友会树立服务校友意识，急校友所急，排校友所难，从多方面关心校友的学习、工作和生活，为校友在招生咨询、档案查询、发展深造等方面提供力所能及的服务。创造机会，定期与各分会的校友见面、交流、互动，不断增强与母校的联系，及时传发最新动态，继续举办系列特色活动，关注在校毕业生需求，竭力为其提供实践、锻炼、发展的平台。此外，各系也设立了校友会机构，为本系校友服务，为他们在知识更新、事业合作、创业发展方面提供服务。

2. 加强建设，改善管理，服务学院

广州工商学院是民办应用型本科院校，基础薄、经验少、困难大，但我们是走在前面的探路者，有领先的时间优势。要扬长避短有许多方法，非常重要的一点就是利用校友资源，使校友为学院发展服务，建立新型的校企合作关系。学院建立20多年，许多校友通过不断努力拥有了自己的企业，走在了社会的前端，而学院近年的发展也是日新月异。利用校友企业资源，寻求合作，从而推动学院发展。

3. 发挥优势，加强合作，服务社会

校友会（包括各地校友分会）和校友密切交流，充分发挥广大校友与当地企业和政府联系密切的优势，发挥校友会的桥梁和纽带作用，结合母校的有效资源，积极促进母校与地方企业和政府开展产学研合作，有力地促进母校和校友个人事业的发展，为经济社会的发展作出应有的贡献。

（二）紧紧抓住校友分会的建设

继续加强各地校友分会和专业组织的建设。在已有基础上将其他地区的校友分会和其他专业组织筹建起来，采用校友"以一带一、以一带多"，（一位校友带动一位校友、一位校友带动多位校友）的模式让更多校友加入到学院校友会的大家庭中来。我们要通过校友会，将各地校友的力量进一步凝聚到一起，共同为母校的发展贡献力量。

要通过加大宣传力度，增强校友会的吸引力，不断吸引更多校友加入校友会；宣传优秀校友，提高校友积极性；倡导开展分会、专业领域活动，推动整体活跃；继续发挥网站、微信等信息媒体的作用，全面搭建校友联络平台；充分发挥校友会优势，帮助校友发展事业，为校友排忧解难。要继续加强与各地区校友的联络与交流，充分发挥校友会的人才优势，在现有基础上把校友会的活动、工作范围扩大，使校友会工作进一步规范化。

（三）加强学习，努力工作，促进校友会的发展

通过学习典型，积极参与全国高校校友工作研讨会的活动，有计划、有目标地走访兄弟院校校友会，与兄弟院校校友会开展学习和交流活动，"走出去"与"请进来"结合，将理论与实践结合起来，扩大校友会影响力，全面发展校友会。结合学院各系的情况开发校友捐赠系统，秉承宣传动员全面化、后续服务规范化、感情投入长期化、捐赠项目持续化、捐赠

途径多元化的理念和以服务求支持、以贡献促共建的工作思路，将所有个人和集体捐赠归入教育发展基金会，并成立对应项目，鼓励校友为学院的建设贡献自己的一份力量。目前已有校友有意在其读书时所在系设立奖学金项目，校友会办公室正在接洽中。在今后的工作中，我们将继续积极探寻适合开展校友会工作的新途径和新方法，拓展校友会工作服务的新领域，不断提升校友会工作的质量和效益，争取在整体上发挥更大的作用。总之，要把校友会办成校友服务部、感情联络部、信息交流部和资源开发部，办成真正的校友之家。

参考文献

［1］曹永刚. 清华校友会：发展与善用校友资源［J］. 人力资源，2009（13）：12-17.

［2］朱洪斌. 高校校友工作创新发展的若干思考［J］. 湖州师范学院学报，2018，40（12）：101-105.

民办高校创新工会工作的思路与实践

魏杰 高亮 伍妙琼[①]

广州工商学院伴随着国家经济的发展,步入了高等教育快速发展的快车道,2014年升格本科并更为现名。建校二十余载,学院为珠三角地区输送了大批优质人才,为区域经济的发展作出了应有的贡献。广州工商学院工会委员会(以下简称"学院工会")也在学院发展的进程中逐渐成长、壮大。学院工会在事业留人、感情留人的服务宗旨指引下,为稳定学院教职工队伍、助力学院发展发挥了重要的作用。

在创建高水平应用型本科高校的征途上,学院工会积极探索,勇于尝试,在组织建设、制度建设、民主管理、宣传教育、社会保障、女工和青工工作等方面逐渐形成了符合自身发展特点的工作思路和工作方法,并在实践中取得了一定的成绩。

一、工会工作开展立足"三个一"

(一)制定一个目标

作为新时期中国教育改革和发展的重要组成部分,民办高校要把自身的发展摆在国家发展的总体目标中进行考量。在学院创办高水平应用型本科大学的目标下,学院工会深入探讨新时期工会工作重心,充分发挥工会工作职能,承担起团结、引导职工听党话、跟党走的政治责任,坚持维护职工合法权益、竭诚服务职工的基本职责,围绕着创建高水平应用型大学的总目标展开各项工作,为最终实现学院的美好愿景添砖加瓦,贡献力量。

(二)突出一个中心

学院工会自成立以来,一直把为教职工谋求更大的权益放在工作首位,各项工作均围绕教职工切身利益展开。从政策的制定到具体工作的实施,无不把广大教职工的根本利益摆在第一位。坚持以职工为中心的工作导向,为广大职工提供具有工会特点的普惠性、常态性、精准性的服务。

(三)完成一个任务

在"以质立校、以生为本、突出特色、崇尚创新"的办学理念引领下,学院的目标是创办高水平应用型本科大学。当前,应用型本科教育已发展为我国高等教育大众化的重要力量,是我国高等职业教育体系的重要组成部分。广州工商学院是在这样的高等教育改革与发展的大背景和大环境下诞生的。如何办好这所新的民办应用型本科院校?如何为区域经济社会发展培养应用型、技术技能型人才?如何创新应用型本科院校人才培养模式?这对广州工

---

①作者简介:魏杰,工会主席。
高亮,工会委员。
伍妙琼,工会委员。

商学院人来说是新的命题、新的任务。不仅要创办有特色、有影响力的高水平应用型大学，更要把广州工商学院创办成一所百年高校，为国家和社会培养出更多的应用型人才。在这个过程中，工会的主要任务就是调动广大教职工的积极性，激发教职工的工作热情和创造活力，充分发挥广大教职工在学院发展建设中的主力军作用，把握当前面临的新形势、新任务、新要求，在发展形势、发展方式、发展动力上统一思想，在办学理念、教学方向、重点任务上凝聚共识，号召全院教职工团结一心、形成合力，为把学院创建成高水平应用型本科院校而努力。

二、依法履职，以民主参与为基石

工会坚持教职工代表必须参与学校重大决策和校务公开原则，组织教职工积极参与学院民主决策、民主管理和民主监督。教职工代表大会（简称"教代会"）代表是教职工利益的代言人，代表依法履职是实现教职工参与学校民主管理与监督的重要方式。工会围绕学院中心工作真抓实干，认真组织，以迎接本科合格评估为契机，鼓励全院教职工以主人翁姿态为学校的改革发展建言献策。

近年来，工会通过组织召开教代会，以征集提案及其他民主的形式解决了一系列教职工最关心的实际问题。通过"调整校车出行时间及作息时间，提高员工学习考察费用标准，增加和优化教职工体检项目及费用额度，提高教职工福利待遇，以及制订两校区教职工福利性周转房分配方案、广州工商学院专业技术职务评审办法、学院教职工校龄工资执行方案的制订等，实现了教代会在重大事项上的全程参与。事实证明，教代会制度的顺利运行，离不开工会的有力组织，离不开工会疏通上下沟通渠道，更离不开教工代表依法积极履行职责。

在第三届第三次教代会上，共征集提案36条，其中教学方面9条，科研方面1条；后勤保障方面10条，福利待遇方面15条，学生管理方面1条。从这些提案的撰写到提出具体的实施建议，都寄托着代表们对学院发展的高度关注和对美好愿景的殷切期盼。

提案是教代会代表行使民主管理权利的显性载体。就教代会自身的职权和工作流程而言，参与民主管理不仅是一个过程，更是一个促成教职工合理表达心声和真正解决实际问题的结果。这就需要工会工作紧扣学院工作主题，积极与职能部门协商配合，做好上情下达、下情上传的传递工作。在听取教职工意见和建议的同时，还要向教职工准确耐心地解释上级政策意图和学院的实际情况，不但为家长分忧，还要为员工解难。

从借鉴外单位做法来看，协商合作是办理教代会提案的最有效方式。提案人之间、提案人与教代会之间、提案人与职能部门之间以及教代会与职能部门之间的充分协商沟通，不仅有利于提案的确立，更能提高提案办理的满意度。

三、规范管理，以制度建设为保障

健全制度是抓好民主管理制度建设的重要前提。通过加强和规范工会民主制度和工作制度建设，从而推进工会工作群众化、民主化和法制化进程。我们从完善组织架构到加强制度建设，从提高干部素质到规范开展工作，一步步走向成熟。借2014年升本契机，学院工会委员会正式加入广东省教科文卫工会。在上级工会的指导下规范动作、修正不足、完善组织架构、理顺基层分会，相继成立了工会经费审查委员会和工会女工委员会。

一直以来，学院董事会和院领导都十分重视办学过程中的民主管理与制度建设，深刻认识到依法治校、规范管理、民主办学才是民办高校持续发展的根本途径。学院工会相继制定了《工会工作职责》《学院校务公开制度》《教职工代表大会制度》《学院教职工校内申诉管理规定》以及《教工之家管理规章》《协会章程》等一系列工作制度，为规范工作提供了制度保障。

为强化和规范工会维权机制、增强工会干部民主意识、提高干部工作能力和管理水平，定期参加省工会举办的工作委员培训和外出学习交流，激发工会干部在工作中的能动性和创造力，使工会干部真正成为有职工情怀的贴心人和"娘家人"。

四、树立形象，以宣传工作为抓手

信息时代背景下，信息的掌握程度直接影响人们的学习、工作与生活，新闻媒介功能的重要性不言而喻。工会宣传教育工作是党领导的宣传思想战线的组成部分，加强工会宣传教育工作建设是宣传党的工作的需要，也是工会自身宣传工作的需要。学院工会以搭建宣传平台为基础，着力突出工会宣传工作实效性，提升工会工作效率。在不重复建设的基础上，建立了教工信息数据库和"工会活动"数据采集系统，利用信息平台优化整合工会工作模式，及时推送工会开展的各项服务项目，提高服务的精准性、及时性。通过网络平台为广大教职工开辟更多服务端口，建立便捷的问题反映渠道，使他们能够及时准确地了解工会的最新动态，提高全员参与度。新媒体信息平台的建立为提升学院工会影响力、树立学院工会形象起到了积极的推动作用。

五、稳定队伍，以教职工需求为导向

关心教职工生活、稳定教师队伍、促进学院各项工作协调发展是工会的工作职责，也是民办高校生存、发展的前提保障。吸引人才、稳定教师队伍离不开单位的优越条件，更离不开与之配套的暖心工程。工会要把如何满足教职工需求作为工作导向，坚持创建和营造事业凝聚人、感情留住人、榜样带动人的和谐氛围，在工作中给予提携和帮助，让他们感觉到事业上有发展空间；在生活上给予关心，让他们感受到大家庭的和谐与温暖。重视教职工诉求，关注教职工所需，从而提高教职工对学院的认同感。

学院工会在提倡爱岗、爱校的同时还提倡爱员工、爱家属，通过成立各类社团协会、举办丰富多彩的文体活动增强学院的吸引力、凝聚力，提高教职工归属感、幸福感、荣誉感。几年来，工会以教职工需求为导向，以服务教职工为宗旨，组建了乒乓球、羽毛球、足球、篮球协会及读书协会和舞蹈队、健身队、混声合唱队及童声合唱队等多个社团组织，最大程度地满足了广大教职工对各类业余文化活动的需求，让教职工通过参与活动去感知学院的温暖，感知工会组织的贴心。工会借力学院这个和谐的"大家"，建立了工会"小家"，在两校区开设了用于教职工休闲健身的多功能活动厅、乒乓球和桌球棋牌室、舞蹈健身室等多个活动场所。在两校区还通过共享方式向教职工开放了篮球场、羽毛球场，体现了工会以人为本、服务大局的工作理念。

为做到精准服务，我们在活动的开展上更加关注教职工的感受和意愿，在活动场地的改造上不求大气，只在乎细节，力求用温馨的"小家"体现广州工商学院的"大爱"，以情留人，用情暖人。

六、关注健康，以社会保障为根本

教职工利益无大小，教职工社会福利保障工作也是工会工作的根本。开展社会保障工作，充分发挥工会在社会保障制度建设中的作用，更好地维护职工群众的社会保障权益，必须要有正确的工作方法。学院工会经过多年的工作积累，逐渐形成一套既满足教职工基本需求、又体现学院自身特点的保障体系，通过建立健全保障机制来实现对教职工个体健康情况的管理及相应的后续服务。

建立互助金制度，用以缓解教职工在就医、购房等民生方面遇到的资金周转问题；建立住院慰问金制度和福利帮扶制度，在合情、合理、合法的前提下，利用自身现有条件，同时借助外部力量，为身患重病的教师争取帮扶最大化。

学院的蓬勃发展离不开教职工的健康体魄，关注他们的身心健康就是关注学院的长远发展。在购买"五险一金"的基础上，学院工会连续两年为教职工（会员）补充购买了住院二次医疗保险，以缓解教职工因病就医造成的资金压力，截至目前，受助教职工有30余名，受助金额共计7万余元。

七、总结

学院工会工作逐步得到领导的肯定和广大教职工的认可，以及广东省教科文卫工会的关注。2019年5月，学院工会会计系分会被广东省教科文卫工会评为"模范职工小家"，两名工会委员分别被评为优秀工会工作者、优秀工会积极分子。2017年9月院长邝邦洪教授、朱特威副院长亲临学院三水校区教工活动中心视察工作，对"教工之家"的建设表示高度关切，嘱咐工会干部要全心全意为教职工服务，尽早开放"教工之家"，让三水教职工早一天感受到"家"的温暖。2018年9月，教师节来临之际，广东省教科文卫工会主席谢岩梅同志一行来到我院对一线教育工作者进行慰问，作为全省唯一一所被省教育工会领导问候的民办院校，我们深受鼓舞。2019年3月，学院工会女工委组织了以"以花为伴、花香女神、魅力工商"为主题的插花比赛，学院院长邝邦洪和副院长乔丽媛、朱特威、易露霞等同志亲临现场为选手们加油喝彩。

学院升本以来，在董事会和学院行政领导的关心和支持下，在上级工会和学院党委的领导下，在广大教职工的倾力协助下，我们牢记工会工作职责和使命，紧紧围绕学院的中心工作，本着把好事做好、把事做实的服务宗旨，坚持学院办学方向、办学理念、办学方针和以德为行、以学为上的教育思想，格外珍惜全院教职员工对我们的信任和重托，认真履行职责，不断提高管理能力，充分发挥工会的桥梁纽带作用，带领全院教职工紧紧围绕学院本科教学合格评估这一近期工作目标，求真务实、开拓创新、凝心聚力，为推动学院和谐校园建设和学院改革发展作出应有的贡献。

参考文献

［1］邝邦洪. 创建高水平应用型大学的探索与实践［M］. 广州：广东高等教育出版社，2015.

［2］张雷. 工会宣传教育工作浅谈［J］. 兵团工运，2016（5）：39.

［3］戴文宪，田青. 基层工会工作手册［M］. 北京：中国言实出版社，2016.